PRAG

MICHAEL BUSSMANN | GABRIELE TRÖGER

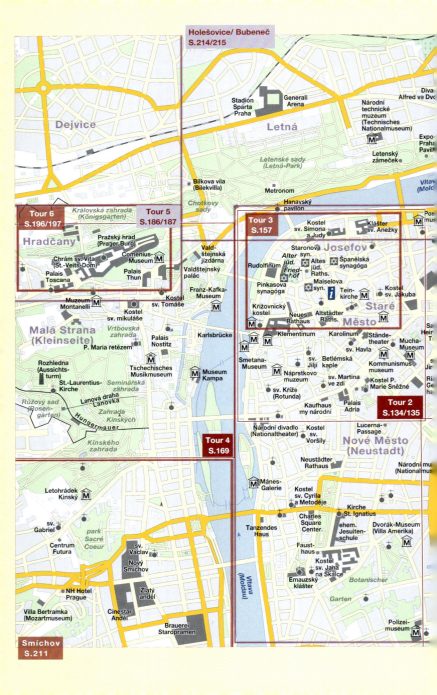

- Hintergründe & Infos
- Tour 1 **Nové Město** (Neustadt)
- Tour 2 **Staré Město** (Altstadt)
- Tour 3 **Josefov** (Josefstadt)
- Tour 4 **Malá Strana** (Kleinseite)
- Tour 5 **Hradčany** (Hradschin)
- Tour 6 **Pražský hrad** (Prager Burg)
- Smíchov Holešovice & Bubeneč
- Žižkov
- Tour 7 **Vinohrady**
- Ziele rund um die Innenstadt
- Ziele rund um Prag

Unterwegs mit Gabriele Tröger und Michael Bussmann

Prag pulsiert, ist eine weltoffene Metropole. Das war nicht immer so. Willkommen in der Stadt des Wandels! Vergessen Sie Ihre Erinnerungen an die Klassenfahrt von anno dazumal. Die Tristesse des Sozialismus ist längst passé, das Grau der Fassaden übertüncht. Das Attribut „golden" trägt Prag wieder zu Recht. Vorbei sind aber auch die wilden, anarchistischen Zeiten nach der Samtenen Revolution, als sich der Underground noch mitten im Zentrum traf. In schrillen Bars wie dem Marquis de Sade, das in einem plüschigen Ex-Bordell untergebracht war, oder im Technoschuppen Luxor direkt unter dem Wenzelsplatz. Verschwunden sind auch die miefigen Hospodas, wo man mitunter noch oben ohne bedient wurde oder von einem knorrigen Kauz, der einem den stets gleich zähen Lendenbraten nur so vor den Latz knallte. Heute geht im Zentrum alles seinen geordneten Gang. Für die Besucher aus aller Welt ist es aufpoliert, eine farbenprächtige Inszenierung, geleckt sauber und voller charmanter Cafés und Restaurants. Die Prager haben es weitestgehend verlassen. Aber sie werden wiederkommen. Abertausende Wohnungen stehen leer und warten auf ihre Restaurierung. Und mit den neuen Mietern wird der Wandel Prags zu einer neuen Identität im Herzen Tschechiens und Europas weitergehen. Viel Spaß in einer Stadt, die keine Stagnation kennt. In einer Stadt mit viel Geschichte und noch viel mehr Geschichten.

Impressum

Text und Recherche: Gabriele Tröger und Michael Bussmann **Lektorat:** Angela Nitsche, Dagmar Tränkle (Überarbeitung) **Redaktion:** Heike Dörr **Layout:** Susanne Beigott **Karten:** Torsten Böhm, Carlos Borrell, Judit Ladik, Michaela Nitzsche **Fotos:** siehe Fotonachweis S. 275 **Covergestaltung:** Karl Serwotka **Covermotive:** oben: Karlsbrücke©LianeM/fotolia.com unten: Masaryk-Kai am Moldauufer©Vladimir-Sazonov/fotolia.com Innentitel: Blick vom Altstädter Rathausturm © apops /fotolia.com.

8. KOMPLETT ÜBERARBEITETE UND AKTUALISIERTE AUFLAGE 2015

Inhalt

Prag – Hintergründe & Infos

Anreise 16

Unterwegs in Prag 22
Mit der Metro 23
Mit Straßenbahn und Bus 24
Mit dem Taxi oder Velotaxi 24
Mit dem Rad 25
Auf der Moldau 26
Kutsch- oder Oldtimerfahrten 27

Wissenswertes von A bis Z 28
Ärztliche Versorgung 28
Baden und Schwimmen 29
Behinderte 29
Casinos und Spielotheken 29
Diplomatische Vertretungen 30
Elektrizität 30
Feste und Feiertage 30
Fundbüro 30
Geld und Geldwechsel 30
Goethe-Institut und Österreichisches Kulturforum 31
Gottesdienste 31
Information 32
Im Internet 32
Internetzugang 33
Klima 33
Kriminalität 33
Literatur 34
Mietwagen 37
Museen und Galerien 37
Öffnungszeiten 37
Parken 38
Polizei 39
Post 39
Preise 39
Prostitution 40
Reisedokumente 41
Reisezeit 41
Sauberkeit 42
Schwule und Lesben 42
Sport und Freizeit 43
Stadtführungen 45
Telefonieren 46
Toiletten 46
Waschsalons/Reinigung 46
Zeit 46
Zeitungen und Zeitschriften 47
Zollbestimmungen 47

Essen und Trinken 48
Wo isst man? 49
Wann isst man? 49
Böhmische Standards 50
Fast Food auf Tschechisch 51
Was isst man als Vegetarier? 51
Pivnice, die Bierstube 52
Vinárna, die Weinstube 53
Kavárna, das Kaffeehaus 53
Kulinarischer Wegweiser 54

Übernachten 56

Kultur 66
Klassische Musik, Oper und Ballett 66
Theater, Musicals 68
Kino 70

Nachtleben 72
Clubszene 73
Bars und Kneipen 76
Jazz 78
Schwules und lesbisches Nachtleben 78
Veranstaltungskalender 80

Inhalt

Einkaufen 82
Kunsthandwerk & Souvenirs 82
Mode 83
Shoppingmalls 84
Märkte 85
Lebensmittel 85
Musik 85
Antiquitäten und Trödel 85
Buchhandlungen
 und Antiquariate 86
Sonstiges 87

Geschichte 88
Böhmen und Tschechen –
 die Vorgeschichte 88
Aller Anfang war die Burg 89
Von Boleslav, Vratislav,
 Vladislav … 89
Von Böhmens Niedergang
 und dem Aufstieg Prags 90
Jan Hus und die Folgen 91
Dreißig Jahre Krieg 93
Doba temna,
 das dunkle Zeitalter 93
Die nationale Frage stellt sich 94
Der letzte Hochmut
 vor dem Fall 94
Erster Weltkrieg,
 erste Republik 95
Braune Hosen 95
Rote Socken 96
Prager Frühling 97
Langer Winter 97
Samten fällt der
 Eiserne Vorhang 97
Die Spaltung des Landes
 und der Beitritt zur EU 99
Prag heute – und morgen? 101
Zeittafel – die wichtigsten
 Daten im Überblick 101

Architektur 104
Romanik 104
Gotik 104
Renaissance 105
Barock 105
Rokoko 106
Klassizismus 106
Historismus 107
Jugendstil 107
Kubismus 108
Rondokubismus 108
Funktionalismus 108
Architektur während der
 sozialistischen Zeit 109
Architektur nach 1989 109

Zeichenerklärung für die Karten und Pläne

Inhalt

Prag – Stadttouren und Ausflüge

		Seite	Karte
Tour 1	**Nové Město (Neustadt)**	112	114/115
Tour 2	**Staré Město (Altstadt)**	132	134/135
Tour 3	**Josefov (Josefstadt)**	154	157
Tour 4	**Malá Strana (Kleinseite)**	166	169
Tour 5	**Hradčany (Hradschin)**	184	186/187
Tour 6	**Pražský hrad (Prager Burg)**	193	196/197

	Seite	Karte
Smíchov	208	211
Holešovice und Bubeneč	212	214/215
Žižkov	220	222/223
Tour 7 **Vinohrady**	228	230/231
Ziele rund um die Innenstadt	238	Umschlag vorne

Ziele rund um Prag

	Seite	Karte
	246	249
Nelahozeves (Mühlhausen an der Moldau)	246	
Hrad Karlštejn (Burg Karlstein)	247	
Schloss Konopiště	250	
Kutná Hora (Kuttenberg)	251	
Terezín (Theresienstadt)	252	

Etwas Tschechisch 255
Register 267

 Mit dem grünen Blatt haben unsere Autoren Betriebe hervorgehoben, die sich bemühen, regionalen und nachhaltig erzeugten Produkten den Vorzug zu geben.

Inhalt

Alles im Kasten

Masarykovo nádraží – Sackbahnhof im Herzen der Neustadt	20
Sightseeing mit der Straßenbahn	24
Ein Haus – zwei Nummern	31
Das Prager Literaturhaus deutschsprachiger Autoren	34
Vietnamesen in Tschechien	38
Klein-Amsterdam an der Moldau?	41
Sieben Fälle, sieben Fallen: Schwierigkeiten beim Tschechischlernen	42
Wie das Känguru an die Moldau kam …	44
Touristenabzocke in Restaurants – noch kein Schnee von gestern	49
Pivo – des Tschechen liebstes Kind	52
Prager Saisonpreise – ein Durcheinander	61
Barrandov, das Hollywood des Ostens	71
The Plastic People of the Universe – die tschechische Underground-Legende	75
Pub Crawling statt Sightseeing – die Invasion der Hirsche	77
Die Nepomuk-Legende	91
Václav Havel – vom Dichter zum Präsidenten und zurück	98
Prag unter Wasser – die Fluten 2002 und 2013	100
David Černý, Meister der Provokation	117
Von grünen Feen und grünen Schnäpsen	119
Hamburg liegt nicht an der Moldau und Böhmen nicht am Meer	123
Der Bekannteste aller Tschechen – Hašeks braver Soldat Švejk	141
Královská cesta oder Prag in 90 Minuten	145
Karlsbrücken-Legenden	147
Das Jüdische Museum	159
Jehuda Liwa ben Bezal'el, genannt Rabbi Löw, und die Legende vom Golem	160
Zuerst kamen die Kranken – die Anfänge des Tourismus in Prag	170
Kult und Kitsch und weltberühmt – das Prager Jesulein	178
Heiliger oder Lebemann – Wenzel und kein Ende	199
Prager Fensterstürze – eine lange Tradition	203
Sie nannten ihn „Mozart"	209
Das „Auf und Ab" in der Geschichte	218
Die Republik Žižkov	220
Ostalgie-Tipps	224
Nobelpreisträger und Persona non grata – Jaroslav Seifert	225
Jan Saudek – vom Buhmann zum Aushängeschild	233
Leben zwischen Plattenbau und Datscha	242
Libušes Liebe und Visionen	245
Von böhmischen Dörfern und der Boheme	250

Unsere Highlights

Prager Burg Das Wahrzeichen der Stadt bietet einen prächtigen Dom, Museen, Paläste und Kirchen. Auch empfängt hier der Präsident des Landes Staatsgäste aus aller Welt. → S. 178

Bier trinken im Schwarzen Ochsen Die urige Schenke „U černého vola" ist der ideale Ort für die Einkehr nach der Burgbesichtigung. Bei ein paar Humpen Schwarzbier und einem eingelegten *Hermelín* lässt sich die Zeit wunderbar vertrödeln. → S. 192

Kleinseite Der Stadtteil ist fast zu schön, um wahr zu sein. Enge Passagen und steile Treppen, Katzenkopfpflaster und Durchhäuser, Parks, Kirchen und Paläste – lassen Sie sich einfach treiben. → S. 166

Museum Kampa Das Museum im gleichnamigen Park gibt einen guten Einblick in die tschechische und tschechoslowakische Kunst des 20. Jh. Auch finden immer wieder hochrangige Wechselausstellungen statt. → S. 175

Karlsbrücke Als die schönste Brücke der Welt wird sie gepriesen. Etwas hoch gegriffen. Eine der schönsten ist sie aber auf jeden Fall. An eiskalten oder vernebelten Wintertagen ist ein Spaziergang darüber am romantischsten. → S. 146

Franz-Kafka-Museum Das Museum, das dem berühmtesten Sohn der Stadt gewidmet ist, dokumentiert Kafkas Leben und Werk in wahrlich kafkaesker Atmosphäre. Sehenswert. → S. 177

Altstädter Ring mit Rathaus Ein Superlativ unter den Marktplätzen Europas, am Abend ganz bezaubernd in Szene gesetzt. Treffpunkt dort ist die Astronomische Uhr am Altstädter Rathaus, wo stündlich die zwölf Apostel defilieren. → S. 143

Petřín-Hügel Eine Standseilbahn bringt Sie hinauf auf den Prager Hausberg, von dessen Aussichtsturm man einen wunderbaren Blick über die Moldaumetropole mit ihren unzähligen Türmen genießen kann. → S. 178

Jüdisches Erbe An Josefov, das einstige jüdische Viertel Prags, erinnern noch heute ein paar Synagogen und ein uralter Friedhof. Zentrum des Stadtteils ist die elegante Pariser Straße mit edlen Boutiquen internationaler Designer. → S. 154

Wenzelsplatz Der Fokus der Neustadt, lebendig, umtriebig, laut und etwas verrucht. An seinem oberen Ende erhebt sich stolz und mächtig das Nationalmuseum, das jedoch derzeit generalsaniert und nicht vor 2017 wiedereröffnet wird. → S. 121

Ein Opern- oder Ballettabend Nationaltheater, Ständetheater, Staatsoper oder Rudolfinum – ein Abend in einem dieser prunkvollen Häuser kann zum Highlight Ihres Pragaufenthaltes werden. → S. 66

Sankt-Nikolaus-Kirche Wer sich in Prag nur eine einzige Kirche anschauen will, sollte diese prachtvolle, von Kilian Ignaz Dientzenhofer projektierte Kirche auf der Kleinseite aufsuchen – überall tanzen Putten, ein Barockbau wie aus dem Bilderbuch. → S. 173

Gemeindehaus Das Obecní dům steht für den Prager Jugendstil par excellence. Der extravagante Monumentalbau ist bis ins Detail ausgeschmückt. → S. 145

Messepalast Der ehemalige, im funktionalistischen Stil errichtete und 1928 eröffnete Messepalast dient heute als Museum für moderne und zeitgenössische Kunst. Die Sammlung ist riesig und an einem Tag kaum zu bewältigen. → S. 213

Technisches Nationalmuseum Auch in diesem Museum kann man locker einen verregneten Tag überbrücken. Ein Highlight ist die Verkehrshalle, ein Traum für Liebhaber alter Automobile. Auch für Familien mit Kindern sehr zu empfehlen. → S. 216

Prag: Die Vorschau

Prag – eine Schatztruhe

Prag zeigt seine Reize freizügig: eine erhabene Burg, hundert Türme und Kuppeln, verschlungene Gassen und prächtige Straßenzüge mit Bauten aus der Gründerzeit. Zwei Weltkriege hat die Stadt dank der ausgebliebenen Bomber nahezu unbeschadet überstanden, das kommt ihr zugute. Die Schätze liegen nicht wie in anderen Metropolen in Museen versteckt. Das historische Zentrum Prags präsentiert sich gar als einzigartiges Freilichtmuseum, nicht umsonst ist es UNESCO-Welterbe. Gotik, Barock, Jugendstil, Kubismus – die architektonische Vielfalt ist überwältigend. Dazu die Synthese von „Moderne und kobolchafter Romantik", die schon Thomas Mann in der Moldaumetropole entdeckte. Daran hat sich bis heute nichts geändert, als Beispiel sei nur Frank Owen Gehrys „Tanzendes Haus" genannt. Zudem besitzt Prag erstklassige Museen wie den Veletržní palác, eine architektonische Meisterleistung der 1920er, und spannende Galerien, die sich über die ganze Stadt verteilen.

Eine Stadt zum Schlendern

Um all die Facetten der tausendjährigen Stadt zu entdecken, bräuchte man Wochen. Um sie zu verstehen, Jahre. Genießen aber kann man Prag auf Anhieb. Prag ist überschaubar. Wie kaum eine andere europäische Metropole lässt sich die Stadt weitestgehend zu Fuß erobern. Vom Wenzelsplatz zur Prager Burg sind es Luftlinie gerade mal 2 km. Dazwischen liegen die pittoresken Stadtteile mit ihrer geballten Pracht – mehr als 2000 historische Gebäude auf einer Fläche von rund 860 ha. In keiner anderen Stadt kann man sich schöner treiben lassen als in Prag. Und will man weiter außerhalb gelegene Viertel erkunden oder einfach nur schneller unterwegs sein, steht das gut ausgebaute öffentliche Verkehrsnetz zur Verfügung. Metro, Straßenbahn

„Wo das süffigste Bier der Welt gebraut wird"

und Busse sind zuverlässig und erreichen fast jeden Winkel Prags.

Zwischen Figaro und den Foo Fighters

Sie haben die Qual der Wahl zwischen Aufführungen in prunkvollen Opernhäusern, in prächtigen Barockkirchen oder unter freiem Himmel in einem Rosengarten. Klassische Konzerte, Ballett, Theater – jeden Abend stehen unzählige Veranstaltungen auf dem Programm. Berühmt ist Prag aber auch für seine Jazzclubs, rockenden Revivalbands, Avantgarde-Sessions, Festivals, Lesungen und so fort – auf irgendeiner Bühne laufen die Verstärker immer heiß. Und zum Glück muss man sich in Prag nicht wie anderswo die Beine in den Bauch stehen, bis es endlich losgeht: Konzerte beginnen pünktlich, und zwar oft schon gegen 19 Uhr. Und wer es ganz anders mag: Blas- und Volksmusik zum Schunkeln auf Karel-Gott-Niveau servieren viele Touristenkneipen gratis zum Gulasch.

Bestes Bier der Welt

Nicht nur Gotik und Barock haben Prag berühmt gemacht, auch die einst über 1000 Pivnices, die traditionsreichen, schwer-rustikalen Bierstuben. Viele von ihnen, v. a. im historischen Zentrum, wurden mittlerweile (leider) modernisiert und dem Allerweltsgeschmack angepasst. Ein paar urige Exemplare haben die Zeiten jedoch überdauert, schauen Sie unbedingt einmal im „Schwarzen Ochsen" im Stadtteil Hradčany vorbei. Das *Pivo* fließt dort noch in rauen Mengen, dazu werden deftige Happen serviert, und es wird geraucht auf Teufel komm raus. Das tschechische Grundnahrungsmittel Nr. 1 enthält übrigens weniger Alkohol als deutsches Bier. Den bekannten Krug zu viel trinkt man dennoch – kein Wunder beim süffigsten Bier der Welt. Wer nicht nur wissen will, wie das Bier ins Glas, sondern auch wie es ins Fass kommt, kann sich bei den

Prag: Die Vorschau

Brauereien Staropramen und U Fleků darüber informieren.

Clubben und Chillen

Geht ganz unkompliziert. Aufgrund kurzer Distanzen kann man von Bar zu Club und von Club zu Bar ziehen, dazwischen in einer Lounge chillen und so die Nacht zum Tag machen. Die meisten Clubs der Innenstadt sind fest in der Hand von Touristen – die im Gegensatz zu den Pragern eher trinkfreudig als trinkfest sind … Authentischer schlägt man sich eine Nacht in Smíchov, Žižkov oder Holešovice um die Ohren, wo sich die lokale Szene trifft. Viele Clubs haben bis zum Morgengrauen geöffnet, manche schräge Afterhour-Location füllt sich gar erst gegen drei Uhr morgens. Egal, ob man nun auf Punkrock, Modern Jazz, elektronische Beats oder afroamerikanische Rhythmen steht – alles ist zu haben, und zwar ohne ein Vermögen dafür auszugeben.

Ab ins Himmelbett!

Die verträumteste Hauptstadt Europas ist zugleich der Tipp für Flitterwöchner mit oder ohne Trauschein. Die schönsten Augenblicke für Verliebte versprechen der Frühling und der Sommer. Duftende Gärten und lauschige Parks laden dann zum Trödeln, Plaudern oder Picknicken ein. Hand in Hand durch verwunschene Gassen spazieren, auf der Moldau rudern und die Schwäne füttern – Prag kann verführerisch sein. Bei romantischem Kerzenlicht im „Pálffy palác" dinieren oder Frühstücken in der Himmelbettsuite des „Nebozízek" – träumen Sie nicht nur davon. Übrigens: Eine Münze, von der Karlsbrücke geworfen, besiegelt die ewige Liebe!

Kind an der Hand

Kein Problem. Kaum eine andere Metropole weltweit, die für Reisen mit Kindern besser geeignet ist. Einfach deshalb, weil der mittelalterliche Stadtkern wei-

„Die verträumteste Hauptstadt Europas"

testgehend verkehrsberuhigt ist (wegen des Kopfsteinpflasters empfiehlt sich allerdings ein Buggy mit breiten Reifen). Zudem kommt jeder auf seine Kosten. Gaukler und Marionettenspieler begeistern Jung und Alt genauso wie eine Moldauschifffahrt. Abwechslung versprechen auch der Besuch des Spielzeugmuseums, des Technischen Nationalmuseums, des Spiegellabyrinths oder des Zoos. Noch zwei Tipps zum Essengehen: In der Neustädter Pizzeria Nuova gibt es Ballons und eine Spielecke für Kinder, und im Höhlenrestaurant Pravěk in Smíchov vertreiben Mammutköpfe und -zähne jede Langeweile. Und ganz nebenbei: In vielen Hotels wohnen die Kleinen bis zwölf Jahre umsonst.

Die anderen Gesichter der Stadt

So schön wie alles klingt, so schön ist an der Moldau doch nicht alles. Während sich in trendigen Restaurants und Cocktailbars die neureiche Oberschicht zu Sushi und Caipirinha trifft, in schicken Shoppingmalls die noch unentdeckten Karolína Kurkovás und Petra Němcovás in High Heels herumstöckeln und in prächtigen Jugendstilcafés Touristen aus aller Welt über Kafka und den Golem plaudern, sitzen die einfachen Arbeiter in den Eckkneipen am Stadtrand dicht gedrängt beim Feierabendbier und studieren die Quoten der Fußballwetten. Ihre Frauen durchwühlen die Wäscheberge der Secondhandläden, von der glamourösen Hochglanzwelt können sie nur träumen. Abseits der aufgebrezelten Showseite knattern noch Presslufthämmer und Ampeln um die Wette. Am Gehweg daneben erledigt der humpelnde Rauhaardackel sein Geschäft. Sein verarmtes Frauchen – zum Zaungast im neuen Prag geworden – kramt in der Mülltonne. Prag hat leider auch andere Gesichter.

Prag, Stadt des Jugendstils

Hintergründe & Infos

Anreise	→ S. 16	Kultur	→ S. 66
Unterwegs in Prag	→ S. 22	Nachtleben	→ S. 72
Wissenswertes von A bis Z	→ S. 28	Einkaufen	→ S. 82
Essen und Trinken	→ S. 48	Geschichte	→ S. 88
Übernachten	→ S. 56	Architektur	→ S. 104

Einfahrt nach Prag

Anreise

Welche Papiere Sie für eine Reise nach Prag mit sich führen müssen, erfahren Sie im Kapitel „Reisedokumente" (→ S. 41). Damit Sie die richtige Währung parat haben, lesen Sie das Kapitel „Geld und Geldwechsel" (→ S. 30). Und wie viele Zigaretten Sie bei der Ausreise aus Tschechien dabeihaben dürfen, steht im Kapitel „Zollbestimmungen" (→ S. 47).

Besondere Verkehrshinweise

Höchstgeschwindigkeit: Sofern nicht anders angegeben für Pkws innerorts 50 km/h, außerorts 90 km/h und auf Autobahnen (die stets vignettenpflichtig sind) und vielen Schnellstraßen (die fast immer vignettenpflichtig sind) 130 km/h. Fahrzeuge über 3,5 t und Gespanne dürfen außerorts nie schneller als 80 km/h fahren. Vor Bahnübergängen gilt ein Tempolimit von 30 km/h.

Straßenbahnen: Abbiegende Straßenbahnen haben grundsätzlich Vorfahrt (auch gegenüber Fußgängern!).

Licht: Pkws und Motorräder müssen das ganze Jahr über auch tagsüber mit Licht fahren, andernfalls drohen bis zu 2000 Kč (ca. 75 €) Strafe. Zudem müssen Sie ein Set an Ersatzbirnen mit sich führen, die Polizei kontrolliert diesbezüglich gerne Ausländer. Wer die Birnen nicht vorweisen kann, sollte sich nicht mehr als 300 Kč (ca. 11 €) Strafe dafür abknöpfen lassen, und das auch nur mit Beleg.

Alkohol: Es gelten 0,0 Promille!

Kinder: Bis 12 Jahre und kleiner als 1,50 m dürfen nur im Kindersitz mitreisen.

Mit dem Auto oder Motorrad

Seit dem Beitritt Tschechiens zum Schengenraum (2008) hat man freie Fahrt über die deutsch-tschechische und die österreichisch-tschechische Grenze. Dennoch kommt es häufig zu innerstaatlichen Zoll- und Polizeikontrollen im Grenzgebiet.

Fahrzeuge mit ausländischen Kennzeichen verschwinden gerne. Die besseren Marken werden ins Ausland transferiert, ältere Modelle im Land ausgeschlachtet. Infolgedessen verbieten viele international operierende Autoverleiher Fahrten mit Fahrzeugen der Mittel- und Luxusklasse nach Tschechien. Um sicherzugehen, dass Sie mit Ihrem Fahrzeug auch wieder abreisen können, parken Sie am besten auf bewachten oder abschließbaren Parkplätzen (viele Hotels verfügen über entsprechende Parkmöglichkeiten oder können sichere Parkplätze für Sie reservieren). Ausführlichere Informationen zu sicheren Parkplätzen finden Sie auch auf S. 38. Lassen Sie zudem niemals Wertsachen – egal ob sichtbar oder nicht – im Fahrzeug liegen.

Ein eigenes Fahrzeug in Prag ist nicht vonnöten. Das öffentliche Verkehrsnetz ist sehr gut ausgebaut und zudem preiswert (→ Unterwegs in Prag). Die Fahrt ins Zentrum ist bislang noch kostenfrei, es gibt jedoch Überlegungen, eine City-Maut ähnlich wie in London einzuführen, um das hohe Verkehrsaufkommen einzudämmen.

Entfernungen
Prag – München 365 km
Prag – Frankfurt/Main 531 km
Prag – Hamburg 631 km
Prag – Berlin 348 km
Prag – Zürich 670 km
Prag – Wien 309 km

Autobahngebühren: Für tschechische Autobahnen und Schnellstraßen benötigen Sie eine **Vignette**. Diese ist an den Grenzübergängen und an vielen Tankstellen erhältlich. Sie bekommen sie zudem in allen tschechischen Postämtern. Für Kfz bis 3,5 t kostet der Aufkleber für ein Kalenderjahr umgerechnet ca. 55 €, für 30 Tage (ab Stempelloch) 16 € und für 10 Tage (ab Stempelloch) 11,50 €. Wer ohne Vignette erwischt wird, - zahlt mindestens 185 € Strafe (Stand 2014).

Vorsicht: Auf der Autobahn D5 von Nürnberg nach Prag und der D8 von Dresden nach Prag versuchen Banden (auch in Fahrzeugen mit deutschen Kennzeichen!) immer wieder, deutsche Autos zu stoppen, indem sie z. B. eine Panne vortäuschen oder beim Überholen gestikulierend mitteilen, dass an Ihrem Fahrzeug etwas nicht in Ordnung ist. Halten Sie nicht an! Rufen Sie stattdessen die Polizei, ✆ 112.

Parken: → Wissenswertes von A bis Z/ Parken, S. 38.

Tanken: Viele Tankstellen haben rund um die Uhr geöffnet. *Natural 95* entspricht Bleifrei Super, *Natural 98* Bleifrei Super plus, Diesel heißt *Nafta*. E 85 ist Biosprit mit 85 % Bioethanol. Für eine Betankung mit Gas benötigen Sie einen DISH-Anschluss oder einen Adapter.

Pannenhilfe: Leistet der Automobilclub **UAMK ČR**, ✆ 1230. Die Mitarbeiter am Telefon sprechen i. d. R. Deutsch o. Englisch. Auch der **ADAC** hat eine Vertretung in Prag, zu erreichen unter ✆ 261104351.

Unfall: Bei Schäden ab rund 800 € muss die Polizei gerufen werden (Notruf ✆ 112). Am Unfallort nichts verändern!

Mietwagen: → S. 37.

Papiere: → S. 41.

Mit dem Flugzeug

Maximal 1 ½ Stunden dauert der Flug aus dem deutschsprachigen Raum. Egal ob Sie von Deutschland, Österreich oder aus der Schweiz nach Prag fliegen wollen, je nach Saison und Sondertarif müssen Sie bei den meisten Airlines mit Preisen zwischen 100 und 350 € für einen Hin- und Rückflug rechnen. Sie können natürlich auch viel mehr bezahlen (z. B. in der Business-Class), aber auch viel weniger (z. B. mit Billigfliegern) – ein Vergleich lohnt auf jeden Fall. Aber Achtung: Für aufgegebenes Fluggepäck verlangen viele Low-Cost-Airlines zusätzlich hohe Gebühren.

Prag besitzt zwei Flughäfen: den **Václav Havel Airport Prague** (auch: **Letiště Ruzyně**, Flughafencode PRG) etwa 20 km nordwestlich des Zentrums und den bislang noch privaten **Letiště Vodochody** (LKVO) ca. 30 km nordwestlich des Zentrums. Letzterer soll bis 2016 zu einer internationalen Drehscheibe für Billigflieger ausgebaut werden.

> Nützliche Internetadressen: Wie Sie am schnellsten und billigsten nach Prag kommen – egal ob per Bus, Bahn oder Flugzeug –, erfahren Sie u. a. auf www.goeuro.de. Billige Flüge finden Sie auch über www.kayak.com. Airlines, die Prag ansteuern, finden Sie unter folgenden Adressen: **Austrian Airlines**: www.austrian.com; **Brussels Airlines**: www.brusselsairlines.com; **Czech Airlines**: www.csa.cz; **EasyJet**: www.easyjet.com; **Germanwings**: www.germanwings.com; **Lufthansa**: www.lufthansa.com; **Swiss**: www.swiss.com.

Der **Václav Havel Airport Prague** (www.prg.aero) verfügt über drei Terminals. Terminal 3 dient in erster Linie der Abfertigung kleiner Privatjets, Terminal 2 der Abfertigung von Maschinen, die zu Schengenstaaten pendeln (u. a. Deutschland, Österreich und Schweiz), und Terminal 1 der Abfertigung von Maschinen aus der restlichen Welt. Die Terminals 1 und 2 sind miteinander verbunden, in ihren Ankunftsbereichen befinden sich Bankomaten und Geldwechselmöglichkeiten (schlechte Kurse!), dazu Schalter von AAA-Radiotaxi, Cedaz-Minibus und Info-Schalter der Prager Verkehrsbetriebe. Terminal 1 beherbergt zudem Zimmervermittlungen und eine Gepäckaufbewahrung (mit „Baggage Deposit" beschildert), Terminal 2 eine offizielle Touristeninformation der Stadt Prag (tägl. 8–20 Uhr). Eine Post findet man im Verbindungsgang zwischen beiden Terminals.

Die nationalen und internationalen Autoverleiher haben ihre Schalter im Parkhaus C gegenüber Terminal 1.

Transfer zwischen Flughafen Ruzyně und Zentrum

Öffentliche Verkehrsmittel: Der Prager Flughafen besitzt bislang noch keinen Metroanschluss – bis 2018 soll aber einer gebaut sein. Die billigste Alternative, um ins Zentrum zu gelangen, ist von 4–24 Uhr der **Linienbus Nr. 119** (auf gelbe Schilder mit der Aufschrift „Bus MHD Centrum" achten). Der Bus fährt ca. alle 5–20 Min. bis zur Metrostation Dejvická, von dort sind es mit der Ⓜ A noch 4 Stationen bis zum Wenzelsplatz. Von der Metrostation Dejvická ist die Abfahrtsstelle des Busses mit „Airport bus" ausgeschildert. Gesamtdauer ins Zentrum: ca. 30–60 Min., bei viel Verkehr bis zu 90 Min. Achtung: keine Metro von 0–5 Uhr! Von 0–4 Uhr verkehrt dafür vom Flughafen der Nachtbus 510 zur Metrostation I. P. Pavlova ca. alle 30 Min.

Tickets für die gesamte Strecke kosten 1,20 € (32 Kč, Stand 2014). Sofern Sie keine Tages- o. Mehrtagekarte lösen, brauchen Sie ein zusätzliches Ticket (0,60 €, 16 Kč) für ein großes Gepäckstück (über 70 cm). Die Busse halten bzw. starten vor Terminal 1 und Terminal 2.

Zudem gibt es den sog. **Airport Express Bus (AE)**. Er fährt zwischen 5.30 und 21 Uhr ca. alle 30 Min. vom Flughafen über die Metrostation Dejvická (Ⓜ A) zum Hauptbahnhof (Hlavní nádraží, Abfahrt dort vor dem historischen Gebäudetrakt, mit „Historická budova nádraží" ausgeschildert, erste Fahrt gegen 6.30 Uhr, letzte gegen 22 Uhr). Tickets (Fahrpreis inkl. Gepäck 2,20 €, 60 Kč) löst man im Bus beim Fahrer, die Fahrscheine der Prager Verkehrsbetriebe gelten hier nicht. Fahrtdauer ca. 40 Min.

Cedaz-Minibus-Shuttleservice: Von 7.30–19 Uhr fahren alle 30 Min. Minibusse der Firma Cedaz (www.cedaz.cz) von Terminal 1 (Ausgang F) und 2 (Ausgang E) in die Straße V

Celnici (Abfahrtstelle dort vor dem ČSA-Büro) nahe dem Náměstí Republiky und zurück. Preis 5,50 €/Pers.

Taxis ins Zentrum (Prag 1) kosten ca. 24 €. Am besten über einen AAA-Schalter buchen. Wer den Preis davor nicht klärt, glaubt manchmal, Prag sei größer als New York und ist Stunden unterwegs. Die Strecke zwischen Flughafen und Zentrum dauert ca. 30 Min., planen Sie zu den morgendlichen und abendlichen Stoßzeiten zur Sicherheit 1 Std. ein.

> **Zur Orientierung**
>
> Zu fast allen Straßen, Plätzen und Sehenswürdigkeiten der Innenstadt existiert neben dem tschechischen Namen auch eine deutsche Bezeichnung. Im Buch werden beide angegeben

Mit der Bahn

Die gemütlichste Anreisevariante. Zudem fahren von mehreren deutschen Städten und von Zürich Nachtzüge mit Liege- und Schlafwagen nach Prag. Prag hat mehrere Bahnhöfe. Die Züge aus Deutschland, Österreich und der Schweiz enden entweder am Hauptbahnhof (Hlavní nádraží) im Zentrum oder im Norden Prags am Bahnhof Holešovice (Nádraží Holešovice, auch: Nádraží Franze Kafky). Ins Zentrum gelangt man von Letzterem mit der Ⓜ C, nach Mitternacht mit der Ⓢ 54. In beiden Bahnhöfen finden Sie Gepäckaufbewahrungs-, Geldwechsel- und Duschmöglichkeiten.

Information: Im Internet unter www.bahn.de, www.mobil-mit-alex.de, www.sbb.ch, www.oebb.at oder www.cd.cz. Telefonisch erreichen Sie die Bahnauskunft in Prag unter ✆ 840112113. Mit etwas Glück hebt jemand ab, der Deutsch oder Englisch spricht.

Preise: Über die diversen Sondertarife und Ermäßigungen informieren die Bahngesellschaften. Falls Sie den Normaltarif zahlen müssen, kommen Sie i. d. R. billiger, wenn Sie das Rückfahrtticket in Prag lösen.

Mit dem Bus

Busverbindungen mit Student-Agency- und Eurolines-Bussen gibt es von vielen deutschen, österreichischen und Schweizer Städten nahezu täglich. Meist fährt man über Nacht. Die Preise liegen

Deutsche und tschechische Straßenschilder – bis 1945 Normalität in Prag

Masarykovo nádraží – Sackbahnhof im Herzen der Neustadt

Der *Masarykovo nádraží* im Herzen der Neustadt ist für Reisende aus dem Ausland uninteressant, für bis zu 30.000 Pendler täglich jedoch das Tor zur Stadt. Erbaut wurde der älteste Bahnhof Prags in den Jahren 1844/45 im Empirestil, seit Jahren wird er peu à peu restauriert, die Arbeiten an der Eingangshalle sind bereits abgeschlossen. Auf den alten angrenzenden, heute aber überflüssigen Gleisanlagen sind moderne Geschäfts- und Bürogebäude im Entstehen. Das Technische Nationalmuseum hat die Gebäude des einstigen Lokomotivdepots auf dem Bahnhofsgelände übernommen, um dort in Zukunft seine Sammlung historischer Züge zu zeigen.

unter dem Normaltarif der Bahn. Die meisten international verkehrenden Busse starten und enden in Prag am Busbahnhof Florenc (mit Gepäckaufbewahrung); hier befindet sich auch die gleichnamige Metrostation (Ⓜ B, C).

Des Weiteren verkehren tagsüber in Zusammenarbeit mit der Deutschen Bahn Busse zum Prager Hauptbahnhof (Abfahrt dort vor dem historischen Gebäudetrakt, mit „Historická budova nádraží" ausgeschildert). Busverbindungen bestehen zum Nürnberger Hauptbahnhof (per Bus geht's schneller als mit der Bahn, Dauer ca. 3 ¾ Std.) und zum Münchener Hauptbahnhof (Dauer ca. 4 ½–5 Std.).

Information und Fahrpläne der **Student-Agency-Busse** unter www.studentagency. cz (in Prag vertreten am Busbahnhof Florenc und in der Revoluční 25, Nové Město, ✆ 841101101), der **Eurolines-Busse** unter www.eurolines.de (Zentrale in Frankfurt, ✆ 069-7903501), www.eurolines.at (Zentrale in Wien, ✆ 0900128712, 0,39 €/Min.), www.alsa-eggmann.ch (Zentrale in Genf, ✆ 022-7169120) und www.elines.cz (in Prag im Busbahnhof Florenc, ✆ 245005245). Informationen zu den **Bahnbussen** auf www.bahn.de.

Mitfahrzentralen

Angebote unter www.mitfahrgelegenheit.de (Berlin – Prag ab ca. 25 €) bzw. www.mitfahrgelegenheit.ch (von Zürich ca. 60 CHF) oder www.mitfahrgelegenheit.at (von Wien rund 20 €). Des Weiteren ist die Adresse www.spolujizda.cz. (auch auf Deutsch) zu empfehlen.

Flirt am Moldauufer

Tschechien und Prag in Zahlen und Fakten

Geografie: Mit 78.866 km² ist Tschechien nur wenig größer als Bayern. Das Stadtgebiet von Prag beträgt 496 km² und ist in 22 Verwaltungsbezirke gegliedert. Prag liegt auf etwa 50°05'19" nördlicher Breite, d. h. ungefähr auf gleicher Höhe wie Frankfurt. Der höchste Punkt Tschechiens, der Gipfel der Schneekoppe (Sněžka), misst 1602 m über dem Meer, der niedrigste 115 m, die Daten für Prag lauten 399 m und 177 m.

Bevölkerung: Von den ca. 10,5 Mio. Einwohnern bezeichnen sich 63,7 % als Tschechen, 5 % als Mährer und Schlesier, 1,4 % als Slowaken, 0,4 % als Polen, 0,3 % als Vietnamesen und 0,3 % als Deutsche (die fehlenden Prozent verweigerten bei der letzten Umfrage die Antwort). Die Zahl der Roma schätzt man auf 250.000–300.000. In Prag sind offiziell etwa 12 % aller Einwohner des Landes registriert, d. h., hier wohnen rund 1,27 Mio. Menschen. 14 % der Einwohner Prags sind Ausländer, dabei sind am stärksten Ukrainer vertreten (die als Billigkräfte am Bau arbeiten), gefolgt von Russen und Slowaken. Prag 1, das touristische und historische Zentrum, zählt gerade mal 30.000 Einwohner.

Sprache: Landes- und Amtssprache ist Tschechisch, eine Minderheit spricht Slowakisch.

Religion: Tschechien ist das am stärksten säkularisierte Land des ehemaligen Ostblocks. Nach der letzten Volkszählung 2011 bekannten sich nur 20 % überhaupt zu einer Konfession, davon die meisten zur römisch-katholischen Kirche (10 %).

Wirtschaft: Die Wirtschaft des Landes boomte bis zum Ausbruch der Finanzkrise mit jährlichen Wachstumsraten von über 6 %, dann kam der Absturz. Auf ihn folgten Jahre der Rezession. Erst 2014 nahm die Wirtschaft wieder an Fahrt auf, für 2015 wird ein Wirtschaftswachstum von 2,2 % erwartet. Die Arbeitslosenquote ist in Tschechien regional extrem unterschiedlich, mancherorts sucht man händeringend Personal, andernorts ist beinahe ein Fünftel der Bevölkerung ohne Arbeit. Im Schnitt schwankte die Arbeitslosenquote zuletzt um die 7 %, in Prag herrscht nahezu Vollbeschäftigung. Das Bruttoinlandsprodukt hat sich in den vergangenen 15 Jahren mehr als verdoppelt und betrug 2014 etwa 80 % des EU-Durchschnitts (in Deutschland über 120 %). Zum BIP trägt die Industrie 27,7 % bei, nur 1,9 % die Landwirtschaft. Das durchschnittliche Monatseinkommen lag im 1. Quartal 2014 landesweit bei 918 €, in Prag bei 1220 €. Die Inflationsrate schwankte in den letzten Jahren zwischen 2 und 4 %. Die bedeutendsten Handelspartner sind die EU-Staaten, unter diesen steht Deutschland an erster Stelle. Rund ein Viertel der tschechischen Wirtschaft befindet sich auch in deutscher Hand. Für mehr als die Hälfte der tschechischen Industrieproduktion, für über ein Drittel der Beschäftigten in der Industrie und für 70 % der tschechischen Exporte sorgen Tochtergesellschaften ausländischer Unternehmen.

Politisches System: Die Česká Republika ist eine parlamentarische Demokratie. Das Parlament besteht aus 2 Kammern, dem Abgeordnetenhaus (200 Mitglieder nach dem Verhältniswahlrecht auf 4 Jahre gewählt) und dem Senat (alle 2 Jahre wird ein Drittel der 81 Mitglieder für 6 Jahre per Mehrheitswahl bestimmt).

Der Staatspräsident, seit 2013 Miloš Zeman, wird vom Volk für eine Amtszeit von 5 Jahren gewählt und besitzt ein aufschiebendes Vetorecht. Der Staatspräsident ernennt auch den vom Abgeordnetenhaus gewählten Ministerpräsidenten (seit 2014 Bohuslav Sobotka, ČSSD). Seit den letzten Wahlen zum Abgeordnetenhaus im Oktober 2013 sind im Parlament folgende Parteien vertreten: Česká strana sociálně demokratická/ČSSD (Sozialdemokraten, 50 Sitze), ANO (Protestpartei des Milliardärs Andrej Babiš, 47 Sitze), Komunistická strana Čech a Moravy/KSČM (Altkommunisten, 33 Sitze), TOP 09 (Konservative, 26 Sitze), Občanská demokratická strana/ODS (Demokratische Bürgerpartei, 16 Sitze), Úsvit Přímé Demokracie (Rechtspopulisten, 14 Sitze) und KDU-ČSL (Christdemokraten, 14 Sitze). Oberbürgermeister von Prag ist der junge Lehrer Tomáš Hudeček (geb. 1979).

Tourismus: Rund 7,3 Mio. ausländische Gäste besuchen Tschechien jährlich, rund zwei Drittel davon reisen direkt nach Prag. Die meisten Besucher kommen aus Deutschland – knapp ein Sechstel aller ausländischen Gäste sind Deutsche. Im Ranking folgen Russen, US-Amerikaner, Engländer und Italiener.

Ruderpartie auf der Moldau

Unterwegs in Prag

Zur Auswahl stehen v. a. Metro, Straßenbahn und Busse. Die historischen Stadtteile Hradčany, Malá Strana, Josefov, Staré Město und Nové Město kann man aber auch problemlos zu Fuß erkunden. Das Auto lässt man besser stehen, will man sich nicht vom Stop-and-go-Verkehr nach Arbeitsschluss, von einem auf den ersten Blick undurchsichtigen Einbahnstraßensystem oder von nervtötender Parkplatzsucherei die Stimmung verderben lassen.

Tarifzonen

Die **Zone P** (Prag Stadt) umfasst sämtliche Metro- und Straßenbahnlinien, die Busse des städtischen Nahverkehrs mit den Nummern 100–299 und 501–599, die Seilbahn auf den Petřín, die Fähren und ausgewählte Eisenbahnabschnitte. D. h. zu nahezu allen im Buch angegebenen Adressen und Sehenswürdigkeiten einschließlich jener im Kapitel „Rund um die Innenstadt", genügen, je nach Start, Kurz- oder Grundfahrkarten (s. u.). Bei Zielen, die ein höheres Beförderungsentgelt verlangen, ist dies angegeben.

Nahverkehrstarife

Tickets: Fahrscheine, die für alle öffentlichen Verkehrsmittel – egal ob Metro, Straßenbahn, Bus, Standseilbahn oder Fähre – gültig sind, erhält man an den gelben Fahrkartenautomaten in den Metrostationen. Nur wenige Bus- und Straßenbahnhaltestellen haben Automaten! Informationen zum Fahrkartenkauf finden Sie an fast allen Automaten auch in deutscher Sprache. Zudem verkaufen Tabak- und Zeitungsläden zuweilen Fahrscheine. Und auch über die *SEJF-App* kann man Tickets kaufen (Infos unter www.mobilnipe nezenka.cz). Kinder *(dítě)* bis 6 Jahre fahren kostenlos, zwischen 6 und 15 Jahren bezahlen sie die Hälfte (zum Nachweis des Alters ist ein Ausweis vonnöten). Senioren

> Aktuelle Infos findet man auch auf der Internetseite der Prager Verkehrsbetriebe unter **www. dpp.cz**.

Unterwegs in Prag

(senior) über 70 Jahre fahren ebenfalls kostenlos, sofern sie eine Bescheinigung *(PID)* der Prager Verkehrsbetriebe haben (für 0,75 € erhältlich z. B. an der Metrostation Florenc, Lichtbild mitbringen).

Preise: Mit *Kurzfahrkarten (krátkodobá)* zu 0,90 € (24 Kč; alle Angaben Stand Sommer 2014, eine Preiserhöhung für 2015 war angekündigt, aber noch nicht beschlossen) darf man nicht länger als 30 Min. in Straßenbahnen, Bussen oder in der Metro unterwegs sein. Mit der *Grundfahrkarte (základní)* zu 1,20 € (32 Kč) 90 Min.

Für größere Gepäckstücke müssen Extratickets zu 0,60 € (16 Kč) gelöst werden – wer jedoch im Besitz einer Tages- oder Mehrtagekarte ist, kann ein größeres Gepäckstück umsonst mitnehmen.

Schwarzfahren lohnt nicht, Kontrollen sind häufig. Wer ohne Fahrkarte erwischt wird, bezahlt – sofern er sofort bezahlt – 32 € (800 Kč) Strafe. Wer nicht erwischt werden will, lädt sich die App „Fare Bandits" herunter, übrigens ein Prager Startup-Unternehmen.

Tages- und 3-Tage-Karten gibt es am Flughafen (Schalter der Prager Verkehrsbetriebe in den Ankunftsbereichen beider Terminals) und an den Ticketschaltern der Metrostationen zu kaufen. Das 24-Stunden-Ticket kostet 4 € (110 Kč) und das 3-Tage-Ticket 11,50 € (310 Kč). Wochenkarten gibt es nicht, dafür eine übertragbare 30-Tage-Karte, die kein Lichtbild erfordert (24,80 €, 670 Kč). Diese bekommen Sie jedoch nur in der Ticketverkaufsstelle der Metrostation Můstek an der gelben Linie B (Zugang vom Jungmannovo náměstí), und nur Mo–Fr von 6–20 Uhr sowie Sa von 7–14 Uhr.

> **Tipp**: Kaufen Sie sich Tages- bzw. Mehrtagekarten, auch wenn Sie mit Einzelfahrscheinen vielleicht billiger wegkämen. Die Sucherei nach dem nötigen Kleingeld und dem nächsten Automaten erledigt sich damit.

Mit der Metro

Zwischen den Stadtteilen stellt sie die schnellste Verbindung dar. Das Netz ist klein und übersichtlich. Es besteht aus drei Linien, die mit Buchstaben und Farben A (grün), B (gelb) und C (rot) unterschieden werden. Im Zentrum überschneiden sich die Linien. Die Metro fährt täglich von 5 Uhr morgens bis Mitternacht, zu Stoßzeiten alle 3–5 Min.,

Im Prager Underground

in den verkehrsschwachen Zeiten alle 5–10 Min. Das Streckennetz wird laufend ausgebaut. Jüngste Ankündigung: Die Metro soll „Dating Wagons" für Singles bekommen.

Die Metrostationen werden in den Zügen stets per Lautsprecher durchgesagt. Zuerst die, an der Sie gerade halten, und daraufhin die folgende.

Mit Straßenbahn und Bus

Das Straßenbahnnetz ist sehr dicht, und die meisten Linien sind auf die Minute pünktlich. Vor allem das Zentrum lässt sich besser mit der Straßenbahn als mit der Metro erkunden. Die holpernden, rot-beigefarbenen Bahnen aus den 1960ern werden (leider) nach und nach durch moderne, silberne, von Porsche designte Bahnen ersetzt. Straßenbahnen *(tramvaj)* fahren i. d. R. von 4.30–0.15 Uhr, werktags alle 8–10 Min., am Wochenende und an Feiertagen alle 8–15 Min. Danach sind Nachttrams im Abstand von etwa 30 Min. unterwegs, sie tragen 50er-Nummern und passieren das Stadtzentrum. Orientieren kann man sich an den Fahrplänen an jeder Haltestelle. Hängen für eine Straßenbahnlinie gelbe anstelle von weißen Plänen aus, fährt die Linie infolge von Bauarbeiten nicht die übliche Route. Umleitungen sind häufig, auch kommen hin und wieder neue Straßenbahnabschnitte und -linien hinzu. Achtung: In den Stoßzeiten am späten Nachmittag sind die Bahnen häufig restlos überfüllt, und Taschendiebe haben Hochkonjunktur.

Auch die Busse verkehren meist auf die Minute genau, jedoch fahren sie vorrangig die Prager Außenbezirke an. Es existieren auch Nachtbuslinien – sie tragen 500er–Nummern und verkehren im 40-Min.-Takt.

Mit dem Taxi oder Velotaxi

Lassen Sie sich von einem Taxifahrer nie irgendetwas empfehlen, sei es ein Hotel, ein Restaurant oder einen Nacht-

Sightseeing mit der Straßenbahn

Eine fast kostenlose Stadtrundfahrt lässt sich mit der **Linie 22** unternehmen, die die Schriftstellerin Libuše Moníková in ihrem Roman *Verklärte Nacht* als die schönste Straßenbahnstrecke der Welt bezeichnete. Am besten steigt man im Stadtteil Vinohrady am Náměstí Míru (zu erreichen mit Ⓜ A) Richtung Stadtmitte zu. Die Linie passiert von dort zunächst den Karlovo náměstí (Karlsplatz), dann die belebte Einkaufsstraße Národní třída. Vorbei am Nationaltheater geht es über die Most legií (Legionärsbrücke) hinein in die malerische Kleinseite. Danach folgt der schönste Streckenabschnitt auf der Serpentinenstraße Chotkova mit herrlichen Panoramablicken über Prag. Etwas später taucht links der Sankt-Veits-Dom auf. Bleibt man bis zur Endstation sitzen, kommt man an Prager Seiten vorbei, die den meisten Touristen verborgen bleiben.

Ein schönes, wenn auch klapprig-lautes und zugiges Erlebnis ist zudem eine Fahrt mit der **historischen Straßenbahnlinie Nr. 91**. Diese Bahn stammt aus dem Jahr 1928 und startet vom Ausstellungsgelände Výstaviště im Stadtteil Holešovice einen Kurs durch die historischen Viertel und vorbei an der Burg zur Station Vozovna Střešovice. Zusteigen kann man u. a. am Wenzelsplatz oder am Nationaltheater. Die Tickets (35 Kč, etwa 1,30 €, Ermäßigungen nur für Tschechen) löst man direkt in der Bahn. Die Linie 91 verkehrt nur von Anfang April bis Mitte November nachmittags an Wochenenden.

Mit der Straßenbahn lässt sich das historische Zentrum spielend erkunden

club. Sie werden Stunden unterwegs sein und irgendwo in der Peripherie landen.

Es gibt keinen einheitlichen Taxitarif. Bei AAA (→ Kasten) kostet 1 km rund 1,05 € (28 Kč, Stand 2014), der Einstiegssatz beträgt 1,50 € (40 Kč) – eine Fahrt von der Burg zum Wenzelsplatz dürfte demnach nicht mehr als ca. 9 € (250 Kč) kosten. Die Taxi-App von www.taxi.eu hilft Ihnen, die Taxipreise im Voraus zu berechnen. Quittungen müssen auf Verlangen ausgestellt werden. Falls Sie das Gefühl haben, bitterböse abgezockt zu werden, bestehen Sie auf einer Quittung, auf der Fahrtstrecke, Preis und Wagennummer vermerkt sind – ohne Quittung brauchen Sie nicht zu bezahlen.

> Am besten fahren Sie mit Taxis von **AAA radiotaxi s.r.o.** (✆ 14014 o. 222333222). Die seriöse Gesellschaft verfügt über eigene Taxistandplätze mit Preistafeln überall im Zentrum. Betrügerische Fahrer werden fristlos entlassen.

Weniger der alltäglichen Beförderung als den Sightseeing-Touren fußfauler Touristen durch die Innenstadt dienen die **Velototaxis**. Das sind windschnittige, von einem Elektromotor unterstützte Fahrradrikschas, die von Mai bis Oktober unterwegs sind. Abfahrtsstellen finden Sie u. a. am Altstädter Ring, am Wenzelsplatz und am Náměstí Republiky. Für eine 30-minütige Stadtrundfahrt müssen Sie mit rund 17 € (450 Kč) rechnen.

Mit dem Rad

Zu einer Stadterkundung mit dem Rad lädt Prag bislang nicht ein. Radfahrer sind in erster Linie wagemutige Fahrradkuriere, die auch vor stark befahrenen Hauptstraßen und Straßenbahnschienen nicht zurückschrecken. Rücksicht im Straßenverkehr erfahren sie keine. Anders als in deutschen Großstädten sind Radwege noch weitestgehend Fehlanzeige, doch das soll sich ändern, die Stadtverwaltung will ein flächendeckendes Radwegenetz einrichten. Bislang führen durch die tschechische

Hauptstadt noch vorrangig Radwanderwege, auf die mit kleinen gelben Hinweisschildern aufmerksam gemacht wird. Wer die Metropole per Rad erkunden will, kann u. a. bei folgenden Anbietern Räder leihen (etwa 20 €/Tag, E-Bikes 35–40 €/Tag) oder geführte Touren buchen (2 ½–3 ½ Std. ab etwa 20 €, i. d. R. nur April–Okt.):

City Bike, ✆ 776180284 (mobil), www.citybike-prague.com. Kralodvorská 5, Staré Město, Ⓜ B Náměstí Republiky.

Praha Bike Tours, ✆ 732388880 (mobil), www.prahabike.cz. Dlouhá 24, Staré Město, Ⓜ B Náměstí Republiky.

Electric Bike Tours, ✆ 604474546 (mobil), www.ilikeebike.com. Vlašská 15, Malá Strana, Ⓢ 12, 20, 22 Malostranské náměstí.

Green Lemon, ✆ 226200117, www.greenlemon.cz. Myslíkova 22, Nové Město, Ⓜ B Karlovo náměstí.

Auf der Moldau

Das Angebot an Boots- und Schiffsausflügen ist groß und reicht von Trips auf kleinen Tuckerbooten mit Platz für acht Leute über Touren auf Moldaudampfern mit Schaufelrad bis zu Nachtfahrten mit Discobetrieb. Die meisten Boote dümpeln zwischen Nationaltheater und Burg Vyšehrad vor sich hin. Wer längere Touren bucht, verbringt die halbe Zeit davon in Schleusen. Empfehlenswerter sind – sofern man ganz viel Zeit hat – ganztägige Ausflüge per Schiff, beispielsweise in die nördlich von Prag gelegene Weinstadt Mělník oder zum Stausee Slapy.

Personenfähren

Von den Personenfähren des öffentlichen Nahverkehrs sind für Touristen, wenn überhaupt, nur die Fährlinien 3 und 5 von Interesse.

Das Boot der **Fährlinie Nr. 3** (April–Okt. alle 20 Min. zwischen 6 und 22 Uhr) pendelt zwischen Lihovar (Stadtteil Smíchov am westlichen Moldauufer) und der Insel Veslařský ostrov vorm Strandbad Žluté Lázně auf der anderen Seite (Stadtteil Podolí).

Fährlinie Nr. 5 (April–Okt. alle 30 Min. zwischen 8 und 20 Uhr) verkehrt zwischen Kotevní (Stadtteil Smíchov), der Moldauinsel

Einer der schönsten Plätze der Welt: der Staroměstské náměstí

Kutsch- oder Oldtimerfahrten 27

Musikantenstadl in der Straßenbahn

Císařská louka (interessant für Camper) und Výtoň (Neustadt).

Für eine Fahrt genügt – sofern Sie keine Tages- oder Mehrtagekarte haben – eine Kurzfahrkarte zu 0,90 € (24 Kč, Stand 2014) der Prager Verkehrsbetriebe. Infos unter www.dpp.cz und www.prazskeprivozy.cz.

Ausflugsboote

Ein 1- bis 2-stündiger Ausflug kostet 8–15 €, wer Live-Musik und Essen dabeihaben will, muss mit etwa 25–30 € rechnen. Tagesausflüge kosten ab ca. 13 €.

Gesellschaften/Anlegestellen: Evropská vodní doprava Praha, Ablegestelle an der Čechův-Brücke (gegenüber Hotel Interconti nental), Josefov, ℅ 224810030, www.evd.cz. Bietet neben Kurztrips auch Abendfahrten und längere Fahrten mit Essen und Musik.

Pražská paroplavební společnost (Prager Dampfschifffahrtsgesellschaft), Rašínovo nábřeží (Nähe Palackého-Brücke), Nové Město, ℅ 224931013, www.paroplavba.cz. Neben Kurztrips auch Tagesausflüge nach Mělník (im Sommer jeden letzten Sa im Monat, Abfahrt 7 Uhr) und zum Stausee Slapy (im Sommer Sa/So und feiertags, Abfahrt 8.30 Uhr).

Jazzboat (tägl. um 20.30 Uhr), Pier Nr. 5 unter der Čechův-Brücke, Josefov, ℅ 731183180 (mobil), www.jazzboat.cz. Ab 22 € ohne Essen.

Kleine **Boote** legen auf der Kleinseite, rechts und links der Karlsbrücke, ab.

Bootsverleih

Tret- und Ruderboote werden südlich der Karlsbrücke am Altstadtufer und auf der Slovanský ostrov (Slaweninsel) vermietet.

Kutsch- oder Oldtimerfahrten

Wer will, kann mit der Kutsche eine Stadtrundfahrt unternehmen. Pferdekutschen stehen in den Sommermonaten am Staroměstské náměstí (Altstädter Ring) bereit. Die Preise sind Verhandlungssache. Stadtrundfahrten mit dem Oldtimer (stehen entlang der Touristenpfade parat) kosten für 40 Min. rund 45 €.

Trinkgeld erwartet

Wissenswertes von A bis Z

Ärztliche Versorgung

Für eine ärztliche Behandlung in Kliniken und Praxen, die dem staatlichen Versicherungssystem angeschlossen sind, benötigen Sie die Europäische Krankenversicherungskarte (EHIC). Darüber hinaus empfiehlt sich der Abschluss einer privaten Auslandskrankenversicherung, die einen Krankenrücktransport mit einschließt.

> **Besondere Hinweise**: Eine Impfung gegen Hepatitis A wird empfohlen! Personen mit Atemwegsproblemen sollten wegen des extrem hohen Schwefeldioxydgehalts der Luft Prag nicht in den Wintermonaten besuchen!

Apotheke heißt übrigens *Lekárna*. Medikamente sind in Tschechien deutlich billiger als im deutschsprachigen Raum.

Ärzte und Krankenhäuser

Von der deutschen Botschaft empfohlene Krankenhäuser:

Medizinische Fakultät der Karlsuniversität, die Ärzte sind deutsch- oder englischsprachig. Die Aufnahme ist unkompliziert. EHIC wird akzeptiert. Zentral gelegen: U nemocnice 2 (Karlsplatz), ✆ 224961111, Ⓜ B Karlovo náměstí.

Krankenhaus Na Homolce, Roentgenova 2, Motol, ✆ 257271111. Notfallbereitschaft nachts, Sa/So und feiertags ✆ 257272522. Ⓜ B Anděl, weiter mit Ⓑ167 Na Homolce.

Millenium Dental Care, Zahnklinik im Millenium Plaza, Nové Město, ✆ 221033405, Notdienst am Wochenende ✆ 724222255 (mobil). V Celnici 10. Ⓜ B Náměstí Republiky.

Non-Stop-Apotheken

Nové Město, Palackého 5, ✆ 224946982. Ⓜ B Národní třída.

Vinohrady, Belgická 37 (Ecke Rumunská), ✆ 22251973. Ⓜ A Náměstí Míru.

Baden und Schwimmen

Es wird zwar in der Moldau geschwommen, doch angesichts bedenklich stimmender Wasserwerte muss davon abgeraten werden. Frei- oder Hallenbäder liegen außerhalb des Zentrums, sind jedoch mit öffentlichen Verkehrsmitteln gut zu erreichen. Freibäder haben i. d. R. vom 1. Mai bis 15. September geöffnet und kosten 2,50–6,50 € Eintritt.

Freibäder – eine Auswahl

Žluté Lázně, das traditionsreiche Moldaubad ist heute eine moderne Beachmeile. Restaurant (zugleich Treffpunkt an Sommerabenden), Bar, Biergarten, Beachvolleyball-Felder, Tretbootverleih, Sandstrandabschnitt, Liegewiesen, Kinderbecken (Erwachsene baden wie seit über 80 Jahren in der Moldau) etc. In Podolí. Ⓢ 3, 17 Dvorce (vom Zentrum kommend kurz vor der Straßenbahnhaltestelle rechter Hand).

Koupaliště Motol, ein Stück Idylle zwischen Stadtautobahn und Industrieanlage. Badesee mit FKK-Bereich. Zahradníčkova, Motol. Ⓢ 9, 10, 16 Motol. Nach der Haltestelle erste Möglichkeit rechts.

Divoká Šárka, beliebtes Naturschwimmbad (→ Ziele rund um die Innenstadt, S. 240).

Spaß- und Wellnessbad

Aquapalace Praha, eines der größten seiner Art in Mitteleuropa. Wellenbad, Schwimmbad, Rutschen, Sauna, Spa- und Fitnesszentrum u. v. m. Sämtliche Preise (2 Std. Wasserwelt z. B. 16 €) und Öffnungszeiten auf www.aquapalace.cz. Etwas außerhalb in Čestlice, mit öffentlichen Verkehrsmitteln in ca. 30 Min. vom Zentrum zu erreichen: Ⓜ C Opatov, weiter mit Ⓑ328 bis Haltestelle Kika Aquapalace. Wer im Besitz einer Zeitfahrkarte ist, muss beim Busfahrer ein Anschlussticket für 12 Kč (ca. 0,45 €) erstehen. Alle anderen zahlen pro Fahrt 40 Kč (ca. 1,50 €, Stand 2014).

Behinderte

Prag ist, was Infrastruktur und Einrichtungen angeht, bislang keine behindertenfreundliche Stadt. Doch es wird einiges unternommen, um das zu ändern, u. a. wurden bereits Niederflurbusse und -bahnen eingeführt.

Tipps für Rollstuhlfahrer enthält die englische Broschüre „Accessibility Atlas for People with Impaired Mobility", die die Touristeninformationen (leider nicht immer) bereithalten oder über die **Prager Rollstuhlfahrerorganisation** (Pražské organizace vozíčkářů, www.pov.cz, ✆ 224827210) bezogen werden kann. Eine Reiseagentur vor Ort, die sich auf Rollstuhlfahrer spezialisiert hat, ist **Avantgarde Prague** (www.avantgarde-prague.com, ✆ 226235080); hier können Sie Hotels und Stadtführungen buchen, die Internetseite der Agentur bietet zudem zahlreiche Tipps zu Kultur, Nachtleben und Rumkommen. Motorisierte Rollstühle verleiht **Accessible Prague** (www.scootableprague.com, mobil ✆ 608531753). Organisierte Pragbusreisen für Behinderte haben immer wieder folgende Agenturen im Programm:

Reiseagentur für Behindertenreisen Carsten Müller, Straße 6/116, 13059 Berlin, ✆ 0049-30/9244035, www.reiseagentur-c-mueller.de.

mare nostrum, Oudenarderstr. 7, 13347 Berlin, ✆ 0049-30/45026454, www.mare-nostrum.de.

Casinos und Spielotheken

Die meisten Prager Casinos liegen in der Neustadt rund um den Wenzelsplatz. Entsprechend einer Verordnung sollen diese künftig – wie sämtliche Casinos in Prag 1 – verschwinden. Ob dieser Fall wirklich eintritt, ist in Anbetracht der Steuereinnahmen in Millionenhöhe allerdings mehr als fraglich. Ein offizieller Dresscode besteht nicht, erwartet wird dennoch feinere Kleidung als ein Jogginganzug. Gespielt werden Roulette, Black Jack, Bakkarat usw. Auch finden regelmäßig Pokerturniere statt. Der Mindesteinsatz beträgt in den meisten Casinos 1 €. Eintritt wird i. d. R. nicht verlangt, jedoch müssen Sie sich ausweisen und registrieren lassen.

Die Casinos für die einfachen Leute nennen sich **Herna Bars** – schummrige

Wissenswertes von A bis Z

Höhlen voller Spielautomaten und einarmiger Banditen. Sie haben größtenteils rund um die Uhr geöffnet und ziehen ein recht gemischtes Publikum an: Arbeiter zum Frühstücksbier, Penner zum Aufwärmen und Beamte zum Kaffee. Um gegen die Spielsucht vorzugehen, soll in den nächsten Jahren die Hälfte der rund 650 Prager Herna Bars geschlossen werden.

Diplomatische Vertretungen

Botschaften der Tschechischen Republik: Wilhelmstr. 44, 10117 **Berlin**, ℡ 0049-30/226380, www.mzv.cz/berlin.

Penzingerstr. 11–13, 1140 **Wien**, ℡ 0043-1/89958111, www.mzv.cz/vienna.

Muristr. 53, 3006 **Bern**, ℡ 0041-31/3504070, www.mzv.cz/bern.

Ausländische Botschaften in Prag: Botschaft der Bundesrepublik Deutschland, Vlašská 19, Malá Strana, ℡ 257113111, www.prag.diplo.de. Ⓢ 12, 20, 22 Malostranské náměstí.

Botschaft der Republik Österreich, Viktora Huga 10, Smíchov, ℡ 257090511, www.bmeia.gv.at/botschaft/prag.html. Ⓢ 6, 9, 12, 20 Arbesovo náměstí.

Botschaft der Schweiz, Pevnostní 7, Střešovice, ℡ 220400611, www.eda.admin.ch/prag. Ⓢ 1, 2, 18 Vozovna Střešovice.

Elektrizität

Die elektrische Spannung beträgt 230 V. Sofern Ihre Geräte einen schmalen Eurostecker haben, brauchen Sie keinen Adapter. Sind die Stecker jedoch runde Schukostecker, so benötigen Sie einen Adapter für Südosteuropa!

Feste und Feiertage

1. Januar	Neujahr
Ostern	Lediglich Ostermontag ist Feiertag, am Karfreitag wird gearbeitet.
1. Mai	Tag der Arbeit
8. Mai	Tag der Befreiung Prags vom Faschismus 1945
5. Juli	Tag der Slawenapostel Kyrill und Method
6. Juli	Gedenktag für Jan Hus
28. September	Todestag des heiligen Wenzel (Landespatron)
28. Oktober	Gründungstag der ersten Tschechoslowakischen Republik (1918)
17. November	Gedenktag an die Novemberdemonstration von 1989
24. bis 26. Dez.	Weihnachten

> **Hinweis**: An Hochsommerwochenenden und wenn sich die tschechischen Feiertage für ein verlängertes Wochenende anbieten, sind die Stadtteile, die außerhalb der touristischen Viertel liegen, wie ausgestorben!

Fundbüro

Verlorene Sachen bekommt man mit sehr viel Glück beim städtischen Fundbüro *Ztráty a nálezy* wieder.

Karolíny Světlé 5, Staré Město, ℡ 224235085. Mo–Do 8–12 und 12.30–16 Uhr, Fr nur bis 14 Uhr. Ⓜ B Národní třída.

Geld und Geldwechsel

Gesetzliches Zahlungsmittel ist die Tschechische Krone *(koruna česká)*, abgekürzt Kč. Im Umlauf sind Banknoten zu 100, 200, 500, 1000, 2000 und 5000 Kč, Münzen zu 1, 2, 5, 10, 20 und 50 Kč. Der Euro wird erst mit dem Beitritt zur Europäischen Währungsunion eingeführt (voraussichtlich nicht vor 2019). Der Beitritt ist allerdings noch nicht beschlossen und im Land umstritten, zudem müssten erst die Maastrichtkriterien erfüllt werden.

> 1 € entsprach im November 2014 ca. 27,66 Kč, 1 sfr ca. 22,93 Kč.

Geldwechsel: Wechselstuben findet man im Zentrum an jeder Ecke. Fragen Sie aber vor dem Umtausch nach, wie viele Kronen Sie für Ihr Geld bar ausbezahlt bekommen und lassen Sie sich den Betrag schriftlich bestätigen! Die beworbenen Umtauschkurse gelten oft nur für Wechselbeträge über 1000 oder 2000 €, und „No commission" bezieht sich in 99 % aller Fälle nur auf den Rückumtausch von Kronen. Teils werden auch satte Gebühren verlangt! Besser zieht man das Geld am Automaten.

Geldautomaten: Gibt es im Zentrum ebenfalls an vielen Ecken. Beim Abheben mit der Maestro-Karte ist der Kurs i. d. R. erheblich besser als beim Bar-Umtausch. Um keine horrenden Gebühren zu bezahlen, wählt man am besten Automaten renommierter Banken wie z. B. die der *Česká Spořitelna* (die Tschechische Sparkasse hat das gleiche Logo wie die deutschen Sparkassen).

Kreditkarten: Werden in allen besseren Restaurants, Hotels und Geschäften akzeptiert.

Bei Verlust einer Kredit- oder Maestro-Karte wählen Deutsche die Servicenummer ✆ 0049-116116. Abhängig vom Ausstellungsland der Karte gelten zudem folgende Sperrnummern:

Für **American Express**: ✆ 0049-69-97972000 (D/A), ✆ 0041-44-6596333 (CH). **Diners Club**: ✆ 0049-69-900150 (D), ✆ 0041-58-6661111 (CH), ✆ 0043-1-50135135 (A). **Visa**: ✆ 800-142121 (Servicenr. in CZ für D, A, CH). **Master/Eurocard**: ✆ 800-142-494 (Servicenr. in CZ für D, A, CH). **Maestro-Karte**: ✆ 0049-30-40504050 (D), ✆ 0043-1-2048800 (A), ✆ 0041-848888601 (UBS), ✆ 0041-800800488 (Credit Suisse), ✆ 0041-442712230 (für alle weiteren schweizerischen Maestro-Karten).

Goethe-Institut und Österreichisches Kulturforum

Beide Kulturinstitute verfügen über kleine Bibliotheken und haben Zeitungen und Zeitschriften ausliegen. Zudem tragen sie mit eigenen Veranstaltungen zur kulturellen Vielfalt der Stadt bei.

Goethe-Institut, Masarykovo nábřeží 32. ✆ 221962111, www.goethe.de/praha. Bibliothek, Di–Do 13–19 Uhr, Fr/Sa 11–17 Uhr. Ⓢ 14, 17 Jiráskovo náměstí.

Ein Haus – zwei Nummern

Jedes Haus in Prag hat zwei Nummern. Die weiße Nummer auf blauem Hintergrund ist die eigentliche Hausnummer, wie man sie bei uns kennt. Die Zahl mit rotem Hintergrund ist die Nummer, unter der das Haus im Grundbuch eingetragen ist. So bezeichnet sie zugleich die Reihenfolge, in der die Häuser im jeweiligen Stadtteil gebaut worden sind.

Österreichisches Kulturforum, Jungmannovo náměstí 18. ✆ 221181777, www.oekf prag.at. Bibliothek Mo–Fr 10–13 u. 14–16 Uhr. Galerie Mo–Fr 10–17 Uhr. Ⓜ A, B Můstek.

Česká centra: Das Tschechische Zentrum ist so etwas wie das Pendant zum Goethe-Institut und Österreichischem Kulturforum. Es fördert den Dialog zwischen Tschechien und dem Rest der Welt. Tschechische Zentren findet man u. a. in Berlin, Düsseldorf, München und Wien. In Prag sitzt das Česká centra in der Altstadt an der Rytířská 31 (Ⓜ A, B Můstek). Oft zeigt es sehenswerte Ausstellungen. Di–Fr 10–18 Uhr, Sa 12–18 Uhr. www.czech centres.cz.

Gottesdienste

Römisch-katholische Gottesdienste in deutscher Sprache finden jeden Sonntag um 11 Uhr in der Kirche Sankt Johannes Nepomuk am Felsen beim Karlsplatz (Kostel sv. Jana na Skalce, Ⓜ B

Karlovo náměstí) statt. Evangelische Gottesdienste in deutscher Sprache können Sie jeden Sonntag um 10.30 Uhr in der Kirche Sankt Martin an der Mauer (Kostel sv. Martina ve zdi) besuchen (Ⓜ A, B Můstek).

Information

Die offiziellen Touristeninformationen der Stadt Prag firmieren unter dem Namen **Prague City Tourism** und sind aus dem Ausland telefonisch unter ✆ 00420/221714714 zu erreichen (vor Ort die Landesvorwahl weglassen). Die offiziellen Touristeninformationen im Zentrum sind im Folgenden aufgelistet (für das Büro am Flughafen → Anreise). Die offizielle Internetseite der Stadt Prag ist www.praguewelcome.cz (auch in deutscher Sprache). Neben den offiziellen Informationsbüros gibt es diverse private Informationsbüros, die lediglich Stadtpläne bereithalten und Auskünfte zu kulturellen Veranstaltungen erteilen, für die sie Tickets verkaufen.

Staré Město (Altstadt): Staroměstská radnice (Altstädter Rathaus), Staroměstské náměstí 1. Tägl. 9–19 Uhr. Ⓜ A Staroměstská. Ein weiteres Büro befindet sich in der Rytířská 31. Mo–Sa 9–19 Uhr. Ⓜ A, B Můstek.

Malá Strana (Kleinseite): im Kleinseitner Brückenturm an der Karlsbrücke. April–Okt. tägl. 10–18 Uhr. Ⓢ 12, 20, 22 Malostranské náměstí.

Internet

www.czechtourism.com: Die offizielle Internetseite der Tschechischen Zentrale für Tourismus bietet Informationen zum ganzen Land auch in deutscher Sprache. Zugleich unterhält die Tschechische Zentrale für Tourismus ein Büro am Altstädter Ring (Staroměstské náměstí 5, Staré Město, ✆ 224861476. Ⓜ A Staroměstská) und in Berlin (Wilhelmstr. 44, ✆ 0049-30/2044770), an das sich auch Schweizer und Österreicher wenden können.

www.prag-aktuell.cz: Nachrichten, Hintergrundinformationen und ein kommentierter Veranstaltungskalender – alles auf Deutsch.

www.radio.cz: Das tschechische Pendant zur Deutschen Welle – aktuelle Nachrichten und sämtliche deutschsprachige Radiobeiträge zum Nachlesen und -hören.

www.czech.cz: Die offizielle Seite der Tschechischen Republik, auch in deutscher Sprache.

www.praha.eu: Die offizielle Seite des Prager Rathauses, z. T. auch in englischer Sprache.

www.expats.cz: Englischsprachige Seite für in der Stadt lebende Ausländer (Wohnungen, Jobs, Veranstaltungen etc.).

www.ticketpro.cz: Hier erfahren Sie, welche kulturellen Veranstaltungen während Ihres Besuches über die Bühnen gehen und können dafür auch gleich Tickets kaufen.

> Für die Hotelsuche im Internet → S. 61.

Lachen verboten – die Burgwache

Aktuelle Informationen zu diesem Reiseführer, die nicht mehr berücksichtigt werden konnten, finden Sie auf den Pragseiten des Michael Müller Verlags unter www.michael-mueller-verlag.de.

Internetzugang

Das Gros aller Hotels, egal welcher Kategorie, bietet WLAN, viele verfügen auch über einen oder mehrere Terminals mit Internetzugang. Zudem offerieren viele Bars und Cafés WLAN, auch kann man in Internet-Cafés surfen (2–5 €/Std.). Internet-Cafés sind im Reiseteil nicht aufgeführt, da sich deren Adressen erfahrungsgemäß ständig ändern. Für das mobile Internet tschechischer Telefonanbieter → Telefonieren.

Klima

Das Wetter in Prag wird zum einen vom ozeanischen Klima Westeuropas beeinflusst, zum anderen vom kontinentalen Klima, das Polen und Russland dominiert. Dabei fungieren die Randgebirge zuweilen als Wetterscheide – so kann es passieren, dass Tiefdruckgebiete vom Atlantik Regen bis nach Bayern bringen, über Prag aber die Sonne scheint.

Kriminalität

Wie in jeder Großstadt gibt es auch in Prag Kriminalität. Touristen haben jedoch wenig zu befürchten, zumal über 1000 Kameras die innere City überwachen. Dennoch sollten Sie sich an die üblichen Vorsichtsmaßnahmen halten, insbesondere gegen Taschendiebstahl, eines der größten Prager Probleme. Schon der Reisende Umberto Decembria notierte vor 600 Jahren: „Aber Diebe gibt es hier so meisterhafte, dass sie dir, falls du nicht ganz gut aufpasst, die Schuhe von den Füßen stehlen." Heute hat man es eher auf Handys und Geldbeutel von Ausländern abgesehen, von zehn Bestohlenen sind neun Ausländer. Besondere Vorsicht gilt diesbezüglich im Gedränge, v. a. in Straßenbahnen und dort ganz besonders in den Linien 9, 20 und 22! Achten Sie zudem beim Abheben mit der Bank- oder Kreditkarte darauf, dass niemand Ihren PIN-Code ausspäht. Falls Ihre Karte gestohlen werden sollte → Geld/Sperrnummern, S. 31. Falls Sie mit dem Auto anreisen, so stellen Sie es am besten auf einem bewachten oder abschließbaren Parkplatz ab.

Klima

Monat	Ø Lufttemperatur (Min./Max. in °C)		Ø Niederschlag (in mm)	Ø Regentage	Ø tägl. Sonnenstunden
Januar	-5	0	24	7	2
Februar	-4	3	23	6	3
März	-1	8	28	6	4
April	3	13	38	7	6
Mai	7	18	77	10	7
Juni	11	21	73	10	8
Juli	12	23	66	9	8
August	12	22	70	9	7
September	9	19	40	7	6
Oktober	4	13	30	6	4
November	0	6	32	7	2
Dezember	-3	2	25	7	2

Literatur

Im Folgenden einige Anregungen für die Reiselektüre, dazu eine kleine Auswahl an empfehlenswerter und weiterführender Literatur zu Prag und Tschechien. Leider ist so manches, obwohl erst vor wenigen Jahren verlegt, nur noch antiquarisch erhältlich.

Sachliteratur

Demetz, Peter: Prag in Schwarz und Gold. Piper, München 2000. Die *Welt* schrieb dazu: „Ein Glanzstück lebendiger Geschichtsschreibung". Im flüssigen Erzählduktus werden sieben bedeutsame Epochen der Stadt vorgestellt. Der Autor (1922 geb.) ist in Prag aufgewachsen, wurde unter den Nazis deportiert, flüchtete kurz nach dem Krieg vor den Kommunisten nach England und wurde später Professor für deutsche und vergleichende Literaturwissenschaft in den USA. Wer noch tiefer in die Geschichte Prags einsteigen will, findet im Anhang eine weiterführende Bibliografie. Vom gleichen Autor erschien 2007 im Paul Zsolnay Verlag Wien die autobiografische Dokumentation *Mein Prag. Erinnerungen 1939 bis 1945*, die sich mit dem Leben im Protektorat beschäftigt.

Weger, Tobias: Kleine Geschichte Prags. Pustet, Regensburg 2011. Erheblich dünner, nur 175 Seiten. Die über 1000-jährige Geschichte Prags und Böhmens ist kompakt und lesenswert zusammengefasst.

Albright, Madeleine: Winter in Prag. Siedler Verlag, München 2013. Weniger eine Autobiografie der Grande Dame der amerikanischen Außenpolitik (→ S. 186) als vielmehr tschechoslowakische Zeitgeschichte.

Arens, Detlev: Literarische Streifzüge. Prag in der Literatur – Literaten in Prag. Artemis & Winkler, Düsseldorf 2007. Detlev Arens ist zugleich der Autor des hervorragenden DuMont-Kunstführers Prag (die älteren Auflagen sind die umfangreicheren).

Rokyta, Hugo: Prag. Vitalis, Prag 1997. Hier liegt nicht der Schwerpunkt auf den Baumeistern, sondern darauf, welche Persönlichkeit wann und wo lebte. Die Buchhandlung dieses Verlages finden Sie auf S. 86.

Das Prager Literaturhaus deutschsprachiger Autoren

Das Prager Literaturhaus deutschsprachiger Autoren *(Pražský literární dům autorů německého jazyka)* erinnert mit einer kleinen interaktiven Ausstellung an deutschsprachige Literaten aus Prag und den böhmischen Ländern. An Autoren wie Egon Erwin Kisch (1885–1948), Franz Kafka (1883–1924), Max Brod (1884–1968), Johannes Urzidil (1896–1970), Franz Werfel (1890–1945), Rainer Maria Rilke (1875–1926) und an viele mehr – im Reiseteil dieses Buches werden Sie diesen Autoren immer wieder begegnen. Zudem beherbergt das Literaturhaus die Bibliothek der letzten deutschsprachigen Prager Autorin Lenka Reinerová (→ Literaturtipps). Die Schriftstellerin, 1916 in Prag geboren, musste als Jüdin 1939 vor den Nazis nach Frankreich flüchten, lebte danach in Mexiko und Jugoslawien. 1948 kehrte sie nach Prag zurück und wurde während der stalinistischen Säuberungen für über ein Jahr inhaftiert. 1968 erhielt sie Publikationsverbot. 2008 starb sie 92-jährig in ihrer Prager Wohnung, noch zwei Jahre vor ihrem Tod war sie mit dem Bundesverdienstkreuz ausgezeichnet worden. Lenka Reinerová war eine der Initiatoren des Literaturhauses, das heute u. a. von der Robert-Bosch-Stiftung gefördert wird und die Tradition des multikulturellen, künstlerischen Lebens in Prag wiederbelebt. Dazu werden Stipendien an ausländische Autoren vergeben. Auch veranstaltet das Literaturhaus regelmäßig Lesungen und andere kulturelle Events. Bibliothek nur Di 10–17.30 Uhr, Ausstellung Di u. Do 11–17 Uhr. Ječná 11, Nové Mesto, Ⓢ 4, 10, 16, 22 Štěpánská. www.prager-literaturhaus.com.

Binder, Hartmut: Prag. Literarische Spaziergänge durch die Goldene Stadt. Vitalis, Prag 2008. Der Schwerpunkt liegt auf Kafka. Schön zu lesen.

Antikomplex: Zústali tu s námi/Bei uns verblieben. Antikomplex, Prag 2013. 14 spannende Porträts tschechischer Deutscher, die die Frage aufwerfen: Was ist Identität? Veröffentlicht von der Bürgerinitiative Antikomplex (www.antikomplex.cz).

Schmidt, Hans-Jörg/Steinz, Björn: Tschechien für Deutsche. Eine Nachbarschaftskunde. Links Verlag, Berlin 2006. Eine unterhaltsame Einstimmung v. a. für diejenigen, die einen längeren Aufenthalt im Land planen.

Tschechischsprachige Belletristik

Urban, Miloš: Mord in der Josefstadt. Rowohlt, Berlin 2010. Spannend-gruseliger Historienroman, der von einer Mordserie in der Prager Judenstadt des 19. Jh. handelt.

Hrabal, Bohumil: Ich habe den englischen König bedient. Suhrkamp, Frankfurt 2008. Bohumil Hrabal (1914–1997) schrieb vornehmlich über den Alltag der einfachen Menschen und konnte nicht zuletzt deswegen meist der Zensur entgehen. *Ich habe den englischen König bedient* ist ein Schelmenroman über einen strebsamen Kellner aus dem Jahr 1971.

Andrea Fischerová/Marek Nekula (Hg.): Ich träume von Prag. Karl Sturz, Passau 2012. Der Sammelband vereint Texte von 19 Autoren, die in der einstigen Tschechoslowakei geboren wurden und die es in deutschsprachige Länder verschlug.

Kundera, Milan: Die unerträgliche Leichtigkeit des Seins. Fischer TB, Frankfurt 2009. Die bewegende Liebesgeschichte vor dem Hintergrund des Prager Frühlings wurde 1988 von Philip Kaufman mit Juliette Binoche in der Hauptrolle verfilmt. Kundera (geb. 1929) ist der international bekannteste tschechische Schriftsteller. Er lebt seit 1975 in Frankreich. Erst 2006 wurde *Die unerträgliche Leichtigkeit des Seins* in tschechischer Sprache verlegt.

Škvorecký, Josef: Feiglinge. Deuticke, Wien 2000. Auch Josef Škvorecký (geb. 192 5, gest. 2012 in Kanada) gehört zu den großen tschechischen Autoren. Zu Ruhm gelang er aber erst im Ausland: 1969 verließ er die Tschechoslowakei, 1978 wurde ihm die tschechoslowakische Staatsbürger-

Winterliches Idyll

schaft entzogen. Der Roman *Feiglinge* trägt viele autobiografische Züge und erzählt von den letzten Tagen der Naziherrschaft im Protektorat.

Rudiš, Jaroslav: Grand Hotel. Luchterhand, München 2008. Ein futuristisches Hotel in der nordböhmischen Provinz und ein junger Mann, der Orientierung im Leben sucht. Der Roman wurde 2006 verfilmt. 2014 erschien beim gleichen Verlag Rudiš' Roman *Vom Ende des Punk in Helsinki*, eine deutsch-tschechische Punkgeschichte.

Viewegh, Michal: Blendende Jahre für Hunde. Piper, München 2000. Humorvolle Familiengeschichte, die den Faden von den 1960er-Jahren bis zum Fall des Kommunismus spannt. Die leicht lesbaren Romane Vieweghs sind in Tschechien überaus populär.

Božena Němcová: Die Großmutter. Prag: Vitalis 2002. Der populärste und erfolgreichste tschechische Roman erschien Mitte des 19. Jh. (→ S. 124). Mit den naiv-idyllischen Bildern aus dem ländlichen ostböhmischen Leben werden viele tschechische Kinder bis heute in den Schlaf gelesen. Němcová selbst wuchs zweisprachig auf.

Neruda, Jan: Kleinseitner Geschichten. Vitalis, Prag 2005. Eine zu Tränen rührende Geschichte aus dem alten Prag. Mehr zu Jan Neruda → S. 174.

Topol, Jáchym: Engel Exit. Volk und Welt, Berlin 1997. Die wilde Story eines drogensüchtigen Aussteigers spielt u. a. rund um die Metrostation Anděl im Stadtteil Smíchov. Topols jüngster Roman *Teufelswerkstatt* erschien 2010 im Suhrkamp Verlag. Der *Tagesspiegel* dazu: „Ein provozierender Kommentar zu den Fallstricken der modernen Erinnerungskultur". Topol gilt als Star des tschechischen Undergrounds. Bereits mit 16 Jahren unterzeichnete er die Charta 77. Er war Mitbegründer des politischen Wochenmagazins *Respekt*, dem tschechischen *Spiegel*.

Havel, Václav, → S. 98. Sein Werk ist in Deutschland im Rowohlt Verlag erschienen.

Deutschsprachige Belletristik

Reinerová, Lenka: Närrisches Prag: Ein Bekenntnis. Aufbau Verlag, Berlin 2006. Lenka Reinerová, die letzte deutschsprachige Prager Autorin (s. o.), blickt auf das „alte Prag" zurück. Im Audio Verlag erschien 2006 die Hörbuchversion ihrer Erzählsammlung *Mandelduft*, die sie selbst liest – interessant, um dem Klang des alten Pragerdeutsch zu lauschen, das Josef Urzidil als „nicht akzentfrei, aber dialektfrei" bezeichnete.

Perutz, Leo: Nachts unter der steinernen Brücke. dtv, München 2002. Der historische Roman aus dem rudolfinischen Prag erschien erstmals 1953. Perutz selbst wurde 1882 in Prag geboren und verstarb 1957 in Bad Ischl.

Werfel, Franz: Abiturientag. Fischer, Frankfurt am Main 2011. Werfels Roman mit Pragbezug (auch wenn Prag nicht explizit als Handlungsort genannt wird) ist eine Geschichte von Schuld und Sühne. Werfels berühmtester Roman ist übrigens *Die 40 Tage des Musa Dagh*.

Kisch, Egon Erwin: Der Mädchenhirt. Aufbauverlag, Berlin 1988. Der einzige Roman Kischs spielt wie so viele seiner Reportagebände (z. B. *Aus Prager Gassen und Nächten* oder *Die Abenteuer in Prag*) in der Prager Unterwelt, die er als Lokalreporter bestens kannte.

Urzidil, Johannes: Die verlorene Geliebte. Langen/Müller, München 1996. Charmante Erzählungen aus Prag und vom böhmischen Lande, als es noch deutschsprachig war.

Puppenstubenflair: Blick vom Altstädter Rathausturm

Stadtpläne

Wer's ganz genau haben will: Das **Marco Polo Ringbuch Praha** präsentiert auf 272 Seiten die Stadt im Maßstab 1:10.000, das Zentrum im Maßstab 1:5000.

Mietwagen

Die preiswertesten Fahrzeuge liegen bei den großen, international operierenden Gesellschaften und bei den lokalen Verleihern bei 60–90 € pro Tag inkl. Diebstahlversicherung, für eine Mietdauer von zwei bis vier Tagen bei 50–80 € pro Tag. Viele Lockangebote lokaler Verleiher existieren nur auf dem Papier oder beinhalten keine Diebstahlversicherung (wichtig!). In der Regel kann nicht bar bezahlt werden! Eine Kreditkarte ist Voraussetzung, z. T. wird sogar eine zweite Kreditkarte als Sicherheit verlangt. Alle hier aufgeführten Anbieter verfügen über Zweigstellen am Flughafen, hier gelistet sind die Stationen im Zentrum.

Europcar: Elišky Krasnohorské 9, Josefov, ℡ 232000600, www.europcar.com. Ⓜ A Staroměstská.

Sixt: Pobřežní 1 (Hilton), Nové Město, ℡ 222324995, www.sixt.com. Ⓜ B, C Florenc.

Hertz: Evropská 15 (Hotel Diplomat), Dejvice, ℡ 225345041, www.hertz.com. Ⓜ A Dejvická.

Budget: Wilsonova 8 (Hauptbahnhof), Nové Město, ℡ 222319595, www.budget.com. Ⓜ C Hlavní nádraží.

Museen und Galerien

Rund 200 Museen und Galerien kann man in Prag besuchen. Eine Auswahl der wichtigsten und schönsten finden Sie im Buch. Der Besuch von Galerien ist i. d. R. kostenlos. Der Eintritt für das Gros der Museen, Kirchen und Paläste liegt bei 4–15 €; Kinder *(děti)* bis sechs Jahre kommen meist umsonst hinein. Schüler *(školáci)* zwischen sechs und 16 Jahren, Studenten *(studenti)* und Senioren *(senioři oder důchodce)* über 65 Jahre bezahlen i. d. R. die Hälfte. Schüler und Studenten sollten sich mit der ISIC-Karte ausweisen können. Ausländische Senioren haben zuweilen Pech, denn manchmal wird nur der tschechische Personalausweis akzeptiert. Familientickets *(rodinné vstupenky)* gibt es nicht überall, aber fragen Sie stets danach – sie kosten meist nur 30–50 % mehr als das Ticket für einen Erwachsenen. Die meisten Museen und Paläste haben **montags geschlossen**. Wer ein leidenschaftlicher Museumsgänger ist, dem sei die **Prague Card** empfohlen. Diese bietet freien oder ermäßigten Eintritt in viele Ausstellungen und Museen (nicht enthalten sind jedoch die Sehenswürdigkeiten in Josefov), dazu Ermäßigungen für ausgewählte Restaurants, Bootsausflüge usw. Die Prague Card kostet für zwei Tage 48 € inkl. eines Tickets für den öffentlichen Nahverkehr, für drei Tage 58 € und für vier 67 €. Kinder bezahlen ca. 30 % weniger. Man bekommt die Prague Card u. a. am Flughafen, am Ticketschalter der Prager Burg und in diversen Infostellen. Weitere Infos auf www.praguecitycard.com.

Öffnungszeiten

Es gibt kein Ladenschlussgesetz, an das der Einzelhandel gebunden ist, die Öffnungszeiten sind von Geschäft zu Geschäft unterschiedlich. Im touristischen Zentrum und in den großen Shoppingcenter am Stadtrand öffnen die Geschäfte tägl. um 9 oder 10 Uhr und schließen zwischen 18 und 20 Uhr, manche auch später. Die „Alltagsgeschäfte" in den abseits gelegenen Vierteln haben hingegen nur werktags von 9–18 Uhr geöffnet, samstags schließen die meisten davon mittags, andere ziehen den Rollladen erst gar nicht hoch. Banken haben i. d. R. Mo–Fr von 8–16.30 Uhr geöffnet. Bei Lokalen, Clubs und Kneipen sind die Öffnungszeiten nur angegeben, wenn sie von den herkömmlichen Zeiten extrem abweichen.

Parken

Parken Sie auf bewachten oder durch Schranken gesicherten Parkplätzen! Viele Hotels und Pensionen haben eigene, sichere Parkplätze, oft aber nur in kleiner Zahl – bei der Zimmerbuchung sollte man sie am besten gleich mitreservieren. Oft muss man dafür Zuschläge von 10–40 € pro Tag zahlen. Falls Ihre Unterkunft keine eigenen Parkplätze haben sollte und der Rezeptionist auch nicht weiß, wo sich der nächste sichere Parkplatz befindet, hier eine kleine Auswahl, nach Stadtteilen gegliedert:

Nové Město: Nonstop bewachter Parkplatz an der Na Florenci (1,10 €/Std.) und an der Hybernská hinter dem Masaryk-Bahnhof (1,10 €/Std., 22 €/Tag). Recht sicher parkt man zudem in der Tiefgarage des Nationaltheaters (Zufahrt über die Ostrovní, bis zu 8 Std. 1,90 €/Std., danach 0,80 € für jede weitere Std.) und im Parkhaus Garáže Slovan (neben der Staatsoper, Zufahrt über die Wilsonova, 1,50 €/Std.). Nur tagsüber bewachte Parkplätze (2 €/Std.) auch an der Ecke Revoluční/Řásnovka und rund um den Karlsplatz.

Staré Město/Josefov: 24 Std. bewachter Parkplatz gegenüber dem Rudolfinum, 1,80 €/Std. Die Tiefgarage unter dem Rudolfinum nennt sich Garáže náměstí Jana Palacha (Zufahrt über den Dvořáko nabřeží), 2,20 €/Std., 24 €/Tag.

Malá Strana: Von 8–23 Uhr bewachte Parkplätze am Malostranské náměstí, 2,20 €/Std.

Hradčany: Parkplatz am Pohořelec-Platz, max. Parkdauer 6 Std., 8–18 Uhr 1,20 €/Std. Zudem bewachte Parkplätze (tägl. 9–21 Uhr) in der U Prašneho mostu (1,40 €/Std.).

Smíchov: Nonstop bewachter Parkplatz an der Ženskými domovy, 1,40 €/Std., 15 €/Tag. In der Tiefgarage des Hotels NH Prague an der Mozartova 1 kostet der Tag 20 €.

Holešovice: Nonstop bewachte Tiefgarage an der Bubenská, 15 €/Tag, zudem parkt man recht sicher auf dem Parkplatz des Park Hotels (Zufahrt von der Veletržní), 29 €/Tag.

Žižkov: Nonstop Garáže an der Lupáčova (Zufahrt über die Táboritská), 11 €/Tag.

Ansonsten ist beim Parken auf der Straße Folgendes zu beachten: *Pro Držitele Povolení* oder *S Platnou Parkovací Karton* steht für Anwohnerparken – das gilt fast für die gesamte Innenstadt. Anwohnerparkplätze sind zudem i. d. R. blau gekennzeichnet. Grün oder orange markierte Parkplätze sind stets kostenpflichtig, bei ersteren beträgt die max. Parkdauer 6 Std., bei letzteren 2 Std. Gebührenfreie Parkabschnitte sind oft durch das Schild *Bez Poplatku* gekennzeichnet. Gelbe Linien am Straßenrand bedeuten Parkverbot. *Zakaz zastavení* bedeutet Halteverbot. Zu Straßenbahn-

Vietnamesen in Tschechien

Die bis spät in den Abend geöffneten Tante-Emma-Läden *(večerka)* rund ums Zentrum, die neben Obst und Gemüse meist auch eine bunte Mischung an Alkohol und Zigaretten offerieren, sind größtenteils in vietnamesischer Hand. Die Vietnamesen kamen v. a. nach dem Vietnamkrieg (ab 1975) ins Land. Die offene Rechnung für die tschechoslowakischen Waffen- und Sprengstofflieferungen (insbesondere Semtex) an die kommunistischen Brüder in Nordvietnam beglich Vietnam durch Entsendung von Arbeitern für die hiesigen Industriebetriebe. Nach 1990 folgte der Nachzug der Verwandten. Heute leben etwa 40.000 bis 60.000 (offiziell 32.000) Vietnamesen in Tschechien, in Prag ca. 6000. In Vietnam selbst sprechen rund 200.000 Vietnamesen Tschechisch. Den tschechischen Einzelhändlern sind die Vietnamesen ein Dorn im Auge – ihre Dumpingpreise verderben das Geschäft. Die vietnamesischen Händler haben hingegen mit Schutzgelderpressungen zu kämpfen. Viele Läden müssen bis zu 40 % ihres Gewinns an die Mafiaorganisation *Boi Doi* abgeben.

schienen muss Ihr Fahrzeug mindestens 3,5 m Abstand haben. Parken Sie nie auf Brücken, vor oder nach Bahnübergängen, Tunnels oder Unterführungen. Falschparker müssen mit Krallen und Bußgeldern von 35 € bis zu 175 € rechnen.

Polizei

Grundsätzlich unterscheidet man zwischen der dem Innenministerium unterstellten **Staatspolizei** (Policie České Republiky) und der von den Städten unterhaltenen **Stadtpolizei** (Městská Policie). Erstere stellt Ihnen bei Diebstählen jeglicher Art ein Protokoll aus –freundlich und fremdsprachig ist z. B. die Dienststelle am Jungmannovo náměstí 9 nahe dem Wenzelplatz (Ⓜ A, B Můstek, ✆ 974851750). Eine Fremdenpolizei, die sich um touristische Belange kümmert, gibt es nicht.

Notruf: Den polizeilichen Notruf erreichen Sie unter ✆ 112, ✆ 158 (Staatspolizei) und ✆ 156 (Stadtpolizei).

Post

Egal, ob die Grüße nach Österreich, Deutschland oder in die Schweiz gehen, das Porto ist einheitlich. Es lag 2014 bei umgerechnet 0,90 € (25 Kč) für Postkarten und Briefe bis 50 g. Damit Sie in der Post wissen, an welchen Schalter Sie müssen, achten Sie auf folgende Schilder: *známky* für Briefmarken und *balíky* für Pakete. Falls Sie eine Wartenummer ziehen müssen, drücken Sie *Listovní zásilky* für Briefe (Nr. 1 in der Hauptpost), *Balíkové zásilky* für Pakete (Nr. 3 in der Hauptpost). Briefmarken verkaufen neben der Post auch viele Kioske. Bis die Karte bei der Oma an der Küchenwand hängt, vergehen zwei bis fünf Tage.

Hauptpost, Jindřišská 14, Nové Město. Tägl. 2–24 Uhr. Ⓜ A, C Muzeum.

Preise

Prag ist – je nach dem, wo man sich in der Stadt aufhält und wann man anreist

Provokative Kunst im Centrum Futura

– kein Billigziel mehr. Und wer an die Preise von seinem letzten Pragbesuch vor ein paar Jahren zurückdenkt, könnte meinen, die Devise in der Stadt lautet: Touristen melken. So kostet die Monatsfahrkarte für Prager nicht einmal das Doppelte der Drei-Tage-Karte für Touristen. Jede Turmbesteigung – früher für einen Obolus zu haben – geht mittlerweile ebenfalls ins Geld. Auch die Preise der Restaurants im historischen Zentrum haben sich in den letzten Jahren mehr als verdoppelt. 12 € für einen Braten, der schmeckt wie der 4-Euro-Braten am Stadtrand, sind dort keine Seltenheit. Die preiswerte Mittagskarte, ohnehin i. d. R. nur in tschechischer Sprache, wird Touristen oft nicht gereicht, sie lässt man aus der teureren Abendkarte wählen. Wer

Wissenswertes von A bis Z

Blick von der Nikolauskirche auf die Kleinseite

blindlings ein Lokal an den touristischen Trampelpfaden wählt, bezahlt für ein Bier schnell mehr als in München. Keine Sorge aber, im Schnitt sind die Prager Bierpreise noch immer unschlagbar günstig. Und wer bei der Auswahl seines Lokals ein wenig aufpasst, wird noch immer ein insgesamt recht faires Preisniveau vorfinden. Von Preisen wie in London oder Paris ist Prag ohnehin zum Glück noch weit entfernt. Und wer in der Saure-Gurken-Zeit anreist, bekommt ein Zimmer in einem Vier-Sterne-Hotel oft für unter 50 €.

Was kostet was?
Bier in der Kneipe ab 1 €
Essen im Restaurant ab 5–6 €
Päckchen Zigaretten ab 2,70 €
1 l Super ca. 1,36 €
Tageskarte der Prager Verkehrsbetriebe 4 €
Museumseintritt 4–15 €
Bratwurst ab 1 €
Ticket Schwarzes Theater ab 25 €

Prostitution

Tschechien gehört einer *BBC*-Reportage zufolge zu den 20 beliebtesten Sextourismus-Destinationen der Welt. Die Zahl der Prostituierten im Land wird auf rund 10.000 geschätzt (es gibt auch Quellen, die von der dreifachen Zahl ausgehen), das Gros davon arbeitet in Prag und an den Grenzen zu Deutschland und Österreich. Aus dem Zentrum Prags soll die Prostitution zwar verbannt werden, doch die Bordellbetreiber haben Geld und damit Einfluss: Weit über 30 Mio. Euro lassen die Freier Monat für Monat in den hiesigen Häusern liegen. Unter den Prostituierten sind viele Asylbewerberinnen, dazu Frauen aus Bulgarien, Russland, Vietnam, China und der Ukraine, aber auch Roma-Frauen, deren Familien in Armut leben. Ein großes Problem stellt die Kinderprostitution dar. Immerhin wächst seit dem EU-Beitritt des Landes der Druck auf die tschechischen Politiker, dagegen vorzugehen. Aus Sicherheitsgründen rät die Polizei in Tschechien zum Bordellbesuch – auf dem Straßenstrich werden Freier öfter auch mal ausgeraubt.

Klein-Amsterdam an der Moldau?

Süße Marihuanaschwaden in Prager Kellerkneipen sind nichts Neues, schon seit Ewigkeiten ist Tschechien für seine Freizügigkeit in Sachen Drogen bekannt. Jeder zweite Jugendliche hat in Tschechien bereits Erfahrungen mit weichen Drogen gemacht – ein Spitzenwert in Europa! Tschechien besitzt ein derart liberales Drogengesetz, dass es in puncto „Freimengen" für den Eigenbedarf selbst das klassische „Kifferland" Holland in den Schatten stellt. So darf man mit bis zu 10 g Marihuana (auf Rezept bekommt man es auch in der Apotheke), 1 g Kokain, 1,5 g Heroin oder 1,5 g Methamphetamin umherspazieren, ohne eine Straftat zu begehen. Doch Prag ist noch lange kein Klein-Amsterdam an der Moldau. Das Dealen selbst mit weichen Drogen ist weiterhin verboten, und der Besitz von Drogen auch in kleinen Mengen kann noch immer als Ordnungswidrigkeit geahndet und mit bis zu 600 € Ordnungsgeld belegt werden.

Im Land stellt der Konsum von Methamphetamin das größte Drogenproblem dar – mehr als drei Viertel der tschechischen Drogenabhängigen konsumieren diese stark euphorisierende Partydroge (in Deutschland als Crystal Meth bekannt, vor Ort als Pervitin). Das leicht herzustellende Methamphetamin ist auch ein tschechischer Exportschlager, die Zutaten kommen vielfach aus Polen, den Vertrieb übernehmen oft Vietnamesen. Man schätzt, dass allein nach Deutschland jährlich 1,5 t geschmuggelt werden.

Reisedokumente

Deutsche, Österreicher und Schweizer können mit einem gültigen Reisepass oder Personalausweis bzw. der Identitätskarte nach Tschechien einreisen.

Bei der Einreise mit Fahrzeug: Selbstverständlich Führerschein und Fahrzeugschein, zudem die grüne Versicherungskarte. Ein Auslandsschutzbrief ist empfehlenswert. Ist man nicht mit dem eigenen Fahrzeug unterwegs, so bedarf es einer beglaubigten Vollmacht des Fahrzeughalters.

Bei der Einreise mit Haustieren: Sie benötigen für das mit einem Mikrochip versehene Tier den EU-Heimtierausweis bzw. das Schweizer Pendant. Welche Impfungen neben der Tollwutimpfung im Heimtierausweis bzw. in der Veterinärbescheinigung verzeichnet sein müssen, erfahren Sie bei Ihrem Tierarzt. Hunde benötigen in öffentlichen Verkehrmitteln einen Maulkorb.

Bei Verlust der Ausweispapiere stellt die Botschaft einen Ersatzausweis gegen Gebühr aus. Hierfür ist es hilfreich, Kopien der Originaldokumente bei sich zu haben. Benötigt werden 2 Passbilder, ein Verlustprotokoll der Polizei und ein Nachweis Ihrer Identität.

Reisezeit

Prag ist ein ganzjähriges Reiseziel. „An Sommertagen am schönsten, im Winter am seltsamsten", so Alfred Kerr 1920. Überlaufen ist die Stadt an Ostern, Pfingsten und Silvester, dann wird in vielen Hotels auch der sog. Top-Season-Zuschlag verlangt. Was für den Sommer spricht, sind Open-Air-Konzerte, egal ob Klassik oder Rock, Straßencafés, gemütliche Parks und alles, was mit *summer in the city* zu tun hat. Was den Winter reizvoll macht, ist, dass das Zentrum nicht überlaufen ist und an manchen Tagen ein geheimnisvoller Nebel aus der dunklen Moldau über die Stadt zieht. Fußstapfen in den Schnee kann man dagegen seltener machen.

Sieben Fälle, sieben Fallen:
Schwierigkeiten beim Tschechischlernen

Peníze heißt Geld, *škoda* schade, *popelník* ist der Aschenbecher und mit *Kozel* ist eine Biermarke gemeint. Nur selten klingen Wörter vertraut, haben wie beim *šnuptychl* deutsche („Schnupftüchel") oder wie beim *piškoty* (biscotti = Keks/Gebäck) italienische Paten. Auch der umgekehrte Weg, nämlich dass Wörter aus dem Tschechischen in andere Sprachen entlehnt werden, ist eher die Ausnahme, z. B. *pistole, polka* oder *roboter*.

Wer nie eine slawische Sprache gelernt hat, wird sich mit Tschechisch schwer tun. Das Kapitel Grammatik schlägt man am besten erst gar nicht auf. Sieben Fälle – sieben Fallen. Ein Graus. Mal taucht eine Endung auf, mal geht sie unter. Das erinnert an die Delfine auf See – vielleicht erklärt das, warum sich die Tschechen mit *ahoj* grüßen. Hinzu kommt die Aussprache und die Tatsache, dass sich die Umgangssprache stark von der Schriftsprache unterscheidet.

Wo ein Haken drübersteht, steckt auch einer drin. Nahezu ein Ding der Unmöglichkeit ist die Aussprache des ř – r und *sch* sollten dabei gleichzeitig über die Lippen kommen (denken Sie bei der Aussprache an den Komponisten Dvořák). Zum Stottern verdammen auch die Wörter, die ganz und gar ohne Vokale auskommen, z. B. *vlk* (Wolf). Zu einschüchternden Demonstrationszwecken kann man sogar ganze, nichts sagende Sätze ohne Vokale konstruieren: *strč prst skrz krk*, d. h. „Stecke den Finger durch den Hals". Zum Glück kann rund ein Viertel der Tschechen Deutsch, insbesondere ältere Menschen. Die Jugend – früher zum Russischlernen verpflichtet – übt sich heute fleißig in Englisch. Als Tourist in Prag sind Tschechischkenntnisse nicht dringend vonnöten. In vielen Geschäften, Restaurants oder Hotels, insbesondere im Zentrum, wird perfektes Verkaufs- oder Speisekartendeutsch gesprochen. Zudem gibt's Erläuterungen auf vielen Hinweisschildern und Prospekten auch in deutscher und englischer Sprache. Um wenigstens die Namen der Sehenswürdigkeiten einigermaßen passabel vor sich hinstottern zu können, finden Sie am Ende des Reiseführers Hilfen zur Aussprache und einen kleinen Grundwortschatz.

Sauberkeit

Die Luft ist es nicht, die Stadt optisch schon. Schließlich will man sich den Millionen Touristen aus aller Welt von seiner Schokoladenseite präsentieren. In das tschechische Bild einer perfekten Kapitale passen auch keine Penner: Um sie vom touristischen Zentrum fernzuhalten, hat man das Trinken von Alkohol außerhalb von Gaststätten verboten. Das Gesetz gilt auch für Touristen: Ein „Wegbier", wie in Berlin allgegenwärtig, ist in Prag tabu – die Stadtpolizei drückt bei Touristen aber meist ein Auge zu. Auch steht das Wegwerfen von Zigarettenkippen, Kaugummis oder sonstigem Müll auf der Straße unter Strafe. An Straßenbahn- und Bushaltestellen darf nicht geraucht werden!

Schwule und Lesben

Tschechien war das erste Land des ehemaligen Ostblocks, in dem gleichgeschlechtliche Ehen anerkannt wurden, allerdings mit Adoptionsverbot. Laut einer Umfrage haben 70 % der Bevölkerung keine Vorurteile gegenüber Homo-

Sport und Freizeit

sexuellen. Outings Prominenter gibt es jedoch mit Ausnahmen in der Künstlerszene kaum – ein Erbe der kommunistischen Ära, als Homosexualität öffentlich überhaupt nicht existierte, als man mit dem Strom schwamm und Privates nicht nach außen kehrte. Über die schwul-lesbische Szene (Nachtleben, aber auch gayfreundliche Unterkünfte) informieren die Seiten www.prague saints.cz und http://prague.gayguide. net. Auch das Stadtmarketing hat die Schwulen und Lesben entdeckt und bewirbt Prag als internationale Queer-Destination. Tipps zum Ausgehen → S. 78, Veranstaltungstipp → S. 81.

Sport und Freizeit

Egal, ob man selbst schwitzen möchte oder anderen dabei zuschauen will, Prag hat diesbezüglich viel zu bieten. Informationen zu Sportveranstaltungen finden Sie in der deutschsprachigen *Prager Zeitung* und in ihrem englischsprachigen Pendant *Prague Post* (→ Zeitungen und Zeitschriften).

Adventure und Spaß

Prague on Segway, bietet verschiedene Segway-Touren durch die Stadt an, je nach Länge der Tour 46 € (1 ½ Std.) oder 73 € (3 Std.). Vlašská 2, Malá Strana, ✆ 775588588 (mobil), www.pragueonsegway.com. Ⓢ 12, 20, 22 Malostranské náměstí.

Skyservice, bietet Tandem-Skydiving (140 €) und Rundflüge (für 2 Pers. ab 50 €). Dlouhá 6, Staré Město, ✆ 724002002 (mobil), www.skyservice.cz. Ⓜ B Náměstí Republiky.

Ballonfahrten

Ballonfahrten bei Konopiště bietet **Ballooning CZ**, ab 176 €/Pers. Infos unter ✆ 739318121 (mobil) und www.ballooning.cz.

Eishockey

Die Eishockeysaison dauert von September bis April. Hauptspieltage sind Fr und So, hin und wieder auch Di. Die Eintrittspreise liegen bei 5–25 €.

Prager Marathon

HC Sparta Praha, spielt in der Tipsport-Arena beim Ausstellungsgelände Výstaviště, Holešovice. Ⓢ 12, 17, 24 Výstaviště. www.hcsparta.cz.

HC Slavia Praha, spielt in der modernen O2-Arena, Ocelářská 460/2, Libeň. Ⓜ B Českomoravská. www.hc-slavia.cz.

Fußball

Prag stellt – je nach Saison – 3 bis 5 Teams in der Gambrinus-Liga, der höchsten Liga des Landes: Sparta Praha, Slavia Praha, Bohemians 1905, Dukla Praha und Viktoria Žižkov.

Am spannendsten sind die Lokalderbys. Stadionwürste und Bier im Plastikbecher gibt es auch. Fußballspiele finden i. d. R. am Samstag- und Sonntagabend statt, gelegentlich auch am Montag. Tickets für Ligaspiele kosten 5–30 €. Wo spielt wer:

TJ Viktoria Žižkov, → S. 221, spielt in der eFotbal Arena (Zápasový-Stadion), Seifertova/Ecke Krásova, Žižkov. Ⓢ 5, 9, 26 Husinecká. www.fkvz.cz.

AC Sparta Praha, der erfolgreichste Verein der Stadt und des Landes, spielt in der Generali Arena, Milady Horákové 98, Bubeneč. Ⓜ C Vltavská, weiter mit Ⓢ 1, 8, 12, 25, 26 Sparta. www.sparta.cz.

In der engsten Gasse Prags

SK Slavia Praha, spielt in der Eden-Arena (auch Synot-Tip-Arena genannt). Vladivostocká 10, Vršovice. Ⓢ 4, 7, 22, 24 Slavia. www.slavia.cz.

Deutsche Bundesliga, Champions-League-Spiele usw. zeigt u. a. die **Sportbar Lion & Ball** (**16**, → Karte S. 134/135), nahe dem Altstädter Ring in der Týnská 6. Internationales Publikum, leider satte Bierpreise. Ⓜ A Staroměstská.

Bohemians 1905, der Verein mit den schönsten Trikots (→ Kasten) spielt im Ďolíček-Stadion, Vršovická 31, Vršovice. Ⓢ 7, 24 Bohemians. www.bohemians.cz.

FK Dukla Praha, die einstige Mannschaft der Armee, spielt im Areál Juliska (gehört dem Verteidigungsministerium), Na Julisce 28, Dejvice. Ⓜ A Dejvická, weiter mit Ⓢ 5, 8 Podbaba. www.fkdukla.cz.

Golf

Am zentrumsnächsten ist der 18-Loch-Platz des **Golf Clubs Praha**, Plzeňská 401/2, Motol. Greenfee ab 30 €. ✆ 257216584, www.gcp.cz. Ⓢ 9, 10, 16 Hotel Golf. Deutlich schöner ist jedoch das **Golf Resort Karlštejn** (27 Loch) in Běleč bei der Burg Karlštejn (→ S. 247). Greenfee ab 50 €. ✆ 311604999, www.karlstejn-golf.cz.

Joggen und Inlineskating

Die besten Möglichkeiten bietet der Stromovka-Park im Norden der Stadt, beliebt ist auch der Letná-Park. Beide Parkanlagen finden Sie im Kapitel „Holešovice und Bubeneč".

Pferderennen

Galopp- und Trabrennen finden April–Okt. (Ausnahme Juni) nahezu jedes Wochenende auf der Rennbahn in **Velká Chuchle**

Wie das Känguru an die Moldau kam ...

... und ins Wappen der *Bohemians*. Der 1905 gegründete Fußballverein AFK Vršovice aus dem gleichnamigen Prager Stadtteil machte sich 1927 per Schiffsreise zu einem Turnier ins ferne Australien auf. Da die Australier mit Vršovice (damals noch ein Vorort) nichts anzufangen wussten und den Namen auch nicht aussprechen konnten, trat die Elf als *Bohemians* auf. Und das so erfolgreich, dass die Mannschaft zwei Kängurus geschenkt bekam. Nach der Rückkehr hüpften die Kängurus in den Prager Zoo und eines davon ins Wappen des Vereins, der fortan unter dem Namen Bohemians fungierte.

(www.velka-chuchle.cz) statt, ca. 8 km südlich des Zentrums. Es kann auch gewettet werden. Ⓜ B Smíchovské nádraží, weiter mit Ⓑ129, 172, 241, 244 bis Dostihová. Von dort aus noch ca. 10 Min. zu Fuß, ausgeschildert.

Stadtführungen

Organisierte Stadtrundfahrten und Spaziergänge bieten unzählige Veranstalter in der Innenstadt an. Neben den klassischen Standardtouren gibt es auch Thementouren. So kann man z. B. den Spuren Franz Kafkas folgen, sich über die Prager Vetternwirtschaft aufklären lassen, eine organisierte Kneipentour unternehmen oder das Prag der Geister und Gespenster entdecken. Die Rundfahrten und Spaziergänge dauern i. d. R. zwischen 2 und 6 Std., die Tarife liegen zwischen 15 und 40 €. Preisvergleiche lohnen sich.

Prague Walks, Spaziergänge zu speziellen Themen, aber auch einfach zu den Highlights. Keine Voranmeldung nötig, auf Flyer achten, Treffpunkt Altstädter Ring links der Astronomischen Uhr, ✆ 222322309, www.praguewalks.com. Ⓜ A Staroměstská.

Premiant City Tour, bietet neben Standardtouren zu Fuß und mit dem Bus auch Fahrten nach Karlsbad, Pilsen usw. Stand vor der Na příkopě 23, Nové Město, ✆ 606600123 (mobil), www.premiant.cz. Ⓜ A, B Můstek.

Precious Legacy Tours, Kaprova 13, ✆ 222321954, www.legacytours.net. Hat sich auf Touren durch das jüdische Viertel spezialisiert. Ⓜ A Staroměstská.

Corrupt Tour, bietet verschiedene Touren durch das „bestechende Prag" und deckt die Skandale der Stadt auf. Auch in deutscher Sprache. Um sich den korrupten Millionären nicht wie ein neidischer Kleinbürger zu nähern, kann man die Touren auch in einem Jaguar EV 12 unternehmen. ✆ 739990080 (mobil), www.corrupttour.com.

Pargulic, Obdachlose und einstige Obdachlose zeigen die Stadt aus ganz anderen Perspektiven. Auch englischsprachige Touren im Programm. Infos und Anmeldung unter ✆ 725314939 (mobil), www.pragulic.cz.

Prague Special Tours, bietet verschiedene Touren, darunter eine sog. „Communism Nuclear Bunker Tour", bei der es u. a. in einen Atombunker aus den 1950er-Jahren geht. Malé nám. 11, Staré Město, ✆ 777172177 (mobil), www.prague-special-tours.com.

Im Kommen: Bike-Akrobatik

Telefonieren

Das Telefonieren mit dem **Mobiltelefon** ist problemlos möglich, das Festnetzfreizeichen ist ein kurzer Ton, gefolgt von einem langen.

> **Notrufnummern**
> Polizei ✆ 112 o. ✆ 156 o. ✆ 158
> Feuerwehr ✆ 150
> Rettungsdienst ✆ 155

Internationale Vorwahlnummern: Nach Deutschland ✆ 0049, nach Österreich ✆ 0043, in die Schweiz ✆ 0041. Danach wählt man die Ortsvorwahl, jedoch ohne die Null am Anfang, dann die Rufnummer. Wer nach Tschechien telefonieren möchte, wählt ✆ 00420, dann die Rufnummer. In Tschechien gibt es keine Vorwahlen.

Telefonauskunft: National ✆ 1180, international ✆ 1181. Da letztere Nummer mit Deutsch sprechendem Personal besetzt ist, das meist sehr hilfsbereit ist, kann man es hier als Ausländer auch versuchen, wenn man eine tschechische Nummer braucht.

Prepaid SIM-Karten/Mobiles Internet: Vodafone, T-Mobile und O_2 bieten Prepaid-SIM-Karten (ab ca. 8 €), mit denen sich bei Gesprächen innerhalb Tschechiens und von Tschechien ins Heimatland Geld sparen lässt. Die Twist-Online-SIM-Karte von T-Mobile eignet sich auch bestens fürs mobile Internet. Infos auf www.vodafone.cz, www.t-mobile.cz und www.o2.cz.

Kleinseite by night

Toiletten

Sofern keine Symbole angebracht sind, sollten Damen auf die Bezeichnungen *Dámy* oder *Ženy* achten, Herren auf *Muži* oder *Páni*. Öffentliche Toiletten (u. a. an fast jeder Metrostation) sind meist gebührenpflichtig oder die Klofrau erwartet ein Trinkgeld!

Waschsalons/Reinigung

Sofern Ihre Unterkunft keinen Reinigungsservice anbietet, hier zwei Adressen zur Auswahl.

Andy's Laundromat, ältester Waschsalon der Stadt, auch Selbstbedienung. Kostenlos Wifi und Kaffee während aller Waschvorgänge. Korunní 14, Vinohrady. Ⓜ A Náměstí Míru.

Čistírna oděvů/Laundromat, Trockenreinigung und Waschsalon. Karoliny Světlé 11, Staré Město. Ⓜ B Národní třída.

Zeit

Auch wenn bekanntlich in Städten die Uhren etwas schneller gehen, im altehrwürdigen Prag merkt man nichts davon. Es gilt wie in Deutschland die Mitteleuropäische Zeit (MEZ) inkl. Sommerzeit.

Zeitungen und Zeitschriften

Hintergrundinformationen und Aktuelles zu Politik, Wirtschaft, Sport und Kultur bietet die deutschsprachige, stets donnerstags erscheinende *Prager Zeitung* (www.pragerzeitung.cz). Die Leserschaft der 1991 gegründeten Zeitung setzt sich aus in Prag lebenden Deutschen, deutschsprachigen Tschechen und Touristen zusammen. Die *Prager Zeitung* ist jedoch kein – wie manche vielleicht vermuten – rechtskonservatives Organ der Sudetendeutschen.

Ebenfalls empfehlenswert ist die englischsprachige Wochenzeitung *Prague Post* (www.praguepost.com), die mittwochs als E-Paper herauskommt. Tagesaktuelle Zeitungen sowie Zeitschriften aus Deutschland werden an den Kiosken im Zentrum verkauft, die beste Auswahl hat man am Wenzelsplatz.

Zollbestimmungen

Für Bürger der EU: Bei Reisen innerhalb der EU unterliegen Waren für den Eigenbedarf keinen Beschränkungen. Jedoch gibt es Richtmengen, bei deren Überschreitung die Zöllner den Eigenbedarf in Frage stellen (kritische Marke bei Bier z. B. 110 l). Die Obergrenze für Zigaretten beträgt im Reiseverkehr innerhalb der EU 800 Stück.

> Antiquitäten dürfen nur ausgeführt werden, wenn man eine Bescheinigung hat, dass sie nicht zum kulturellen Erbes des Landes gehören.

Für Schweizer: Eidgenossen haben die Möglichkeit, sich am Prager Flughafen die Mehrwertsteuer für die in Tschechien gekauften Produkte erstatten zu lassen (→ Tax-Free-Einkauf, S. 87). Um aber bei der Heimreise keine Schwie-

Marionetten sind beliebte Souvenirs

rigkeiten mit dem Schweizer Zoll zu bekommen, sollte der Gesamtwert der in Tschechien gekauften Waren 300 sfr nicht übersteigen. Ansonsten gelten für Schweizer für die zollfreie Ein- bzw. Ausfuhr folgende Beschränkungen:

Tabak: 200 Zigaretten oder 50 Zigarren oder 250 g Tabak.

Alkohol: 1 l über 15 % Vol. und 2 l unter 15 % Vol.

Au Gourmand in Josefov: eine Frühstücksadresse der oberen Liga

Essen und Trinken

In Tschechien trinkt man angeblich nicht zum Essen, sondern isst zum Trinken. So ist für viele Prager nicht die Qualität der Küche der ausschlaggebende Punkt, sondern die des gezapften Bieres. Aber keine Sorge, in der Moldaustadt kann man auch hervorragend dinieren – und nicht nur Braten, Kloß & Soß.

Die handfeste, kräftige Kost aus Böhmen hatte während der k.u.k.-Zeit einen nahezu legendären Ruf. In jedem Wiener Haushalt, der etwas auf sich hielt, stammte die Köchin aus Böhmen. Jenen Kochkünstlerinnen verdankt die viel gerühmte Wiener Cuisine bis heute so manche Spezialität, man denke nur an Palatschinken. Doch die Rezepte der böhmischen Kultköchinnen, die mit besten Zutaten, frischen Kräutern und extravaganten Gewürzen Köstlichkeiten zauberten, wurden während der sozialistischen Zeit in den Restaurants ad acta gelegt und am heimischen Herd vergessen. Das häusliche Kochen erstarb, da über 90 % der Frauen berufstätig waren. Und wie die Küchenchefs die Gerichte zuzubereiten hatten, war bis ins Kleinste staatlich geregelt, damit der Kategorisierung der Restaurants Genüge getan werden konnte. Köchen wurde jegliche Kreativität untersagt. Wer die Einheitsküche verfeinern wollte, dem drohte Strafe. Natürlich beugten sich nicht alle dem Küchendiktat des Staates und wagten im stillen Kämmerlein Experimente. Einige dieser „kulinarischen Dissidenten" stiegen nach 1989 zu tschechischen Starköchen auf.

Noch heute liegt die Ausbildung der Köche z. T. in den Händen jener, die einst – und das tut dem Gaumen noch immer nicht gut – die Einheitsküche förderten. Zum Glück aber kommen immer mehr junge kreative Köche nach, die sich zum einen auf die hervorragenden alten Rezepte zurückbesinnen und zum anderen versuchen, die böhmischen Standards mit neuen Ideen aufzupeppen. Und seitdem sich auch in Prag gutes Geld verdienen und Karriere machen lässt, gehört die Abwanderung der besten Jungköche ins Ausland der Vergangenheit an. Mittlerweile leuchten gar zwei Michelinsterne über der Stadt (→ „La Degustation Bohème Bourgoise" in Josefov und „The Alcron" in der Neustadt). Trotzdem: Von einer Weltklasse-Cuisine ist die konventionelle tschechische Restaurantküche noch immer weit entfernt, eine Kostprobe aber allemal wert. Für Abwechslung sorgen zudem allerlei Ethnoküchen.

Wo isst man?

Lokale gibt es an der Moldau wie Sand am Meer. Am günstigsten isst man in einer *pivnice* (→ S. 52), *hospoda* bzw. *hostinec*. Erstere ist eine Bierstube, die beiden anderen sind simpel-rustikale Mischungen aus Bierstube und Restaurant. Einfache Mittagsgerichte (insbesondere Schnitzel und Braten mit Kloß) werden dort ab ca. 4 € serviert, zudem kommen auch kalte Speisen auf den Tisch. Diese urigen Bierlokale sind im historischen Zentrum jedoch leider vom Aussterben bedroht.

Eine größere Auswahl bieten i. d. R. *restauraces*. Sie gibt es in der einfachen Version mit speckigen Tischdecken (Hauptgerichte ab 5 €) genauso wie in der leger-coolen oder gepflegt-gediegenen mit Kronleuchtern und Kellnern im Frack (Preise nach oben offen). Auch diesbezüglich gilt: Die einfachen *restauraces* verschwinden im Zentrum mehr und mehr.

Egal wo, ein gesetzliches Rauchverbot in Restaurants und Kneipen gibt es bislang nicht. Zahlreiche Lokale untersagen das Rauchen aber mittlerweile oder haben Nichtraucherräume bzw. -ecken eingerichtet.

Wann isst man?

Die Hauptmahlzeit nehmen die Tschechen mittags ab 11 Uhr ein. In den meisten *restaurace* werden dann preiswerte

---

Touristenabzocke in Restaurants – noch kein Schnee von gestern

Leider verstehen sich manche Restaurants im historischen Zentrum weniger aufs Kochen, sondern eher aufs Kassieren. Das gilt insbesondere für traditionsbetonte und an den Haupttrampelpfaden gelegene Lokale ohne Stammpublikum, die oft mit einem „Touristenmenü" werben. Das Essen ist dort meist keinen Deut besser als in der miefigsten Vorstadtkneipe, nur um ein Vielfaches teurer. Das Gros der Ausländer bekommt das gar nicht mit, da man von zu Hause solche Preise gewohnt ist oder sie für eine Großstadt noch immer als angemessen erachtet. So manch traditionsreiches Lokal, das Sie im Buch vielleicht vermissen, wird deswegen nicht aufgeführt. Auch ist die alte Faustregel „Dort essen, wo die Einheimischen essen" für Prag nicht immer zutreffend. Noch immer kommt es vor, dass ausländischen Gästen mehr abgeknöpft wird als dem „tschechischen Nachbartisch". Bereits im Mittelalter gab es übrigens eine Zeit skrupelloser Kneipiers in Prag, woraufhin sich eine Art Bürgerschutzverein gründete, der eine besondere Vergeltungsmaßnahme praktizierte: Man steckte die Betrüger in Körbe und tunkte sie in die Moldau ... Kontrollieren Sie also stets Rechnung und Wechselgeld! Schreiben Sie uns, falls Sie mit einem der empfohlenen Restaurants unzufrieden waren, damit wir es ggf. aus der nächsten Auflage streichen können.

Tagesgerichte angeboten. Falls Sie keine Tageskarte (meist nur in tschechischer Sprache) bekommen, fragen Sie nach den Tagesangeboten *(denní nabídky)*. Am Abend wird früh gegessen. Nach 22 Uhr ist die Küche vieler typisch tschechischer Restaurants bereits geschlossen. Im historischen Zentrum, v. a. in den schickeren Lokalen mit internationaler Küche, wird jedoch i. d. R. bis spät in die Nacht serviert.

> Hinweis: Die Preisangaben im Buch beziehen sich auf Hauptgerichte (Hg.). Beilagen müssen, von den Tagesgerichten abgesehen, oft separat bestellt werden. Die Grammangaben vor Fleisch- und Fischgerichten sind Relikte aus sozialistischer Zeit. Bedauerlicherweise zählen auch manche Kellner dazu – charmant wie der Eiserne Vorhang. Zum Glück werden Altlasten dieser Art von Jahr zu Jahr weniger. Als Trinkgeld gibt man 5–10 %, in touristischen Lokalen wird dieses oft automatisch berechnet.

Böhmische Standards

Auf keiner Karte fehlen Suppen als Vorspeise. Der Klassiker ist die Rinderbouillon, mal bekommt man sie mit Griesnockerln, mal mit Flädle, mal auch nur mit Nudeln. Empfehlenswert sind zudem die sämigen und herzhaften Kraut-, Kartoffel- oder Linsensuppen.

Zu den böhmischen Standards in Sachen **Hauptgerichte** zählt zuallererst das „Dreigestirn" *vepřová pečeně* (Schweinebraten), *svíčková na smetaně* (Lendenbraten mit Sahnesoße und Preiselbeeren) und *guláš*. Beliebt sind zudem *kachna pečena* (Entenbraten) oder der legendäre *moravský vrabec* (Mährischer Spatz) – kein knochiges Federvieh, sondern gewürfeltes Schweinefleisch mit Knoblauch. Auch das panierte Schweineschnitzel *(vepřový řízek)* fehlt auf keiner Karte. Zudem kommen Wild und Fisch auf den Tisch.

Wichtigste **Beilage** und quasi der Schwamm zum Aufsaugen der Bratentunke sind Klöße, die in verschiedenen Variationen serviert werden: als *houskové knedlíky* (in Scheiben geschnittene Mehlklöße, für böse Zungen „geschmacksneutrale Pappscheiben"), *bramborové knedlíky* (Kartoffelklöße) und – seltener – als *špekové knedlíky* (Speckklöße). Braten isst man zudem mit Kraut oder Spinat, Kurzgebratenes meist mit Pommes und ein bisschen Gemüsegarnitur. **Salate** tauchen als Hauptgerichte auf, als Beilage sind sie in der traditionellen böhmischen Küche jedoch weniger geläufig.

> **Bioprodukte** sind in Tschechien stark im Kommen. Wer es sich leisten kann, isst „bio" – angefeuert durch die vielen Lebensmittelskandale der jüngeren Vergangenheit. Mittlerweile werden 12 % der landwirtschaftlichen Flächen Tschechiens ökologisch bewirtschaftet, das ist doppelt so viel wie in Deutschland.

Berühmt ist das Land für seine **Süßspeisen**. Fragen Sie nach *livance* (Liwanzen, mit Pflaumenmus bestrichene Hefeplätzchen), *buchty* (Buchteln, eine mit Pflaumenmus oder Mohn gefüllte Mehlspeise), Obstknödeln *(ovocné knedlíky)* oder den bekannten gefüllten Pfannkuchen *(palačinky)*.

Den zwickenden Magen beruhigt hinterher ein *Slivovice* oder ein *Becherovka*, die tschechischen Nationalschnäpse schlechthin.

In vielen Bierstuben gibt es nur **kalte Speisen**. Zu den beliebtesten zählen *utopenci* („Ertrunkene"), das sind dicke Fleischwürste in Essig und Zwiebeln. Oder *pivní sýr* (Bierkäse), ein würziger

Griechisch, indisch, böhmisch – man hat die Qual der Wahl

Quarkkäse, der mit Zwiebeln, warmem Senf und Bier vermischt aufs Brot gestrichen wird. Äußerst lecker ist *nakládaný hermelín*, kein zähes Wiesel, sondern der tschechische Camembert, in Öl, Gewürzen und Knoblauch mariniert. *Topinka* schließlich ist ein mit Knoblauch bestrichenes, belegtes Röstbrot.

Fast Food auf Tschechisch

Fast Food auf Tschechisch ist z. B. *párek v rohlíku* (Hotdog) oder eine dicke *klobása* (gegrillte Wurst) mit Brot und Senf. Probieren Sie mal eine am Wenzelsplatz: ein fettig-spritzendes Bisserlebnis, das die Handcreme ersetzt. Gern gegessen werden auch *bramborák* (dünner Kartoffelpuffer mit Knoblauch und Majoran) und *chlebíčky*, kunstvoll arrangierte und reich mit Schinken, Edamer, Mayonnaise und Ei belegte Weißbrotscheiben. Diese heute vom Aussterben bedrohten „Brötchen fürs Volk" gibt es auch in anderen Variationen. Wer sie kosten will, muss nach einem *lahůdky* (Delikatessengeschäft) Ausschau halten.

Was isst man als Vegetarier?

Der durchschnittliche Fleischkonsum Tschechiens zählt zu den höchsten der Welt. Verhungern müssen Vegetarier deswegen aber noch lange nicht. In vielen Restaurants findet man unter der Überschrift *„Bezmasa"* (ohne Fleisch) ein paar Gerichte. Doch Achtung: Darunter fallen manchmal auch Speisen, deren Hauptbestandteil nicht aus Fleisch besteht, wie ein Omelett mit Schinken oder Bratkartoffeln mit Speck. In den traditionellen Lokalen können Vegetarier i. d. R. stets auf *Knedlíky s vejce* (gebratene Knödel mit Ei), *smažený sýr* (warmer panierter Käse) oder *šopský salát* (Gurken-Tomaten-Salat mit geriebenem Schafskäse) zurückgreifen. Größer ist die Auswahl natürlich in Restaurants mit zeitgemäßer internationaler Küche. Zudem schossen in Prag in den letzten Jahren vegetarische und selbst vegane Restaurants wie Pilze aus dem Boden (→ Kulinarischer Wegweiser, S. 54/55). Eine Alternative für Vegetarier sind zudem Pizzerien und asiatische Restaurants.

Alkfreies: Die Softdrinks sind im Grunde die gleichen wie zuhause. Ausnahme: *Kofola*, eine koffeinhaltige Brause, die in den 1960ern als tschechoslowakisches Gegenprodukt zu Coca Cola und Pepsi entstand und noch heute überaus beliebt ist. Das Leitungswasser ist zwar trinkbar, schmeckt aber nicht (Chlor).

Pivnice, die Bierstube

Prager Bierstuben sind so berühmt wie Pariser Bistros oder Wiener Kaffeehäuser. Biertrinken ist in Tschechien eine demokratische Angelegenheit: In Anzug und Krawatte ist man in einer Pivnice ebenso willkommen wie im ölverschmierten Overall. Vor dem Zapfhahn einer Pivnice sind alle Menschen gleich.

Wer sich nur im touristischen Zentrum aufhält, wird den traditionellen Schankstuben jedoch kaum mehr begegnen, sie wurden abgelöst von modern-rustikalen Einheitslokalen. Also auf nach Smíchov oder Holešovice! Zum Interieur einer typischen Bierstube gehören ein paar einfache lange Holztische, ein Pin-up-Girl-Kalender über der Schanktheke, ein bisschen Kitsch an den Wänden und ein derber Kellner. Frischluft ist ein Fremdwort, dicke Rauchschwaden vernebeln den Raum. Das Bier wird in traditionellen Pivnices so lange unaufgefordert auf den Tisch gestellt, bis man zahlt oder umfällt. Je weiter man sich

Pivo – des Tschechen liebstes Kind

„Wo andere Städte Grundwasser haben, hat Prag Bier." Was Bohumil Hrabal, der 1997 verstorbene tschechische Literat und Biertrinker, so treffend formulierte, beweist auch die Statistik. 154 Liter Bier pro Kopf und Jahr konsumieren die Tschechen im Durchschnitt – Kinder und Abstinenzler eingerechnet (Deutsche 107 Liter). Überraschend ist es nicht, gehört doch tschechisches Bier zu den besten der Welt. Die Kommunisten ernannten es gar einst zum „Brot der Bevölkerung".

Die bekanntesten tschechischen Biere sind *Plzeňský prazdroj* (Pilsner Urquell) und *Budvar* (Budweiser). In vielen Kneipen wird zudem *Krušovice, Velkopopovický kozel* oder *Gambrinus* gezapft, zudem ist es en vogue, Biere kleinerer Brauereien aus den letzten Winkeln des Landes auszuschenken. Prags größte Brauerei ist *Staropramen* (→ S. 210). Die berühmte Kleinbrauerei *U Fleků* schenkt ein dunkles, schweres Bier aus (→ S. 126). Allgemein unterscheidet man zwischen hellem *(světlé)* und dunklem Bier *(tmavé oder černý),* eine Art Malzbier für Erwachsene. Beide lassen sich auch mischen. Was dabei herauskommt, heißt *řezané*, „Geschnittenes". In manchen Bierlokalen bekommt man auch unpasteurisiertes Lagerbier aus speziellen Tanks. Zudem entstehen mehr und mehr kleine Mikrobrauereien, deren Bier es nur im angeschlossenen Restaurant gibt.

Tschechisches Bier wird nicht nach seinem Alkoholgehalt, sondern den Platograden unterschieden, d. h. dem Anteil löslicher Stoffe in der Würze vor dem Gärungsprozess. Faustregel zum Ausrechnen des Alkoholgehaltes: Stammwürze geteilt durch Zweieinhalb. Meist wird 10- oder 12-gradiges Bier ausgeschenkt, das mit etwa 4–4,8 % Alkohol schwächer ist als deutsches Bier. Wer es dennoch verdünnt haben will: Seit Kurzem kennt man auch *Radler* (heißt hier genauso!).

vom Stadtzentrum entfernt, desto billiger wird das Bier. Einen halben Liter bekommt man ab 1 €.

Vinárna, die Weinstube

Tschechischen Weinen schenkt man auf dem Weltmarkt kaum Beachtung. Das hat weniger mit der im internationalen Vergleich geringen Ausstoßmenge zu tun, sondern vielmehr mit der Qualität – im Sozialismus wurde mehr Wert auf Masse als auf Klasse gelegt. Erst seit einigen Jahren versuchen Winzer, ihre Weine zu verbessern und dem internationalen Niveau anzupassen. So manchem ist das schon gelungen.

Die größten Weinanbaugebiete findet man in Mähren. Folgende Weißweinsorten werden dort überwiegend angebaut: Müller-Thurgau, Weißer Burgunder *(Rulandské bílé)*, Grüner Veltliner *(Veltlínské zelené)*, Welschriesling *(Ryzlink vlašský)* und Rheinriesling *(Ryzlink rinský)*. Zu den gängigsten Rotweinen zählen Blaufränkischer *(Frankovka)*, Blauer Portugieser *(Modrý Portugal)*, Zweigeltrebe und St. Laurent *(Svatovavřinecké)*. Die Weißweine sind i. d. R. gut trinkbar, vor so manchen Rotweinen, insbesondere in Flaschen unter 5 €, sollte man sich hüten.

Der bekannteste böhmische Wein kommt aus Mělník. Es ist der *Ludmila*, ein herber Rotwein. *Burčák*, der tschechische Federweiße, wird im Herbst angeboten. Wein trinkt man am besten in den *vinárnas*, kleinen Weinkneipen. Ein Gläschen bekommt man in einer Vinárna ab ca. 1,50 €.

Kavárna, das Kaffeehaus

„Hier debattierte man bei Lagen schwarzen Kaffees und bei Mělníker Wein über Kierkegaard, Augustinus und die letzte Theaterpremiere, die halbnackten Mädchen bildeten bunte Reihe mit den knabenhaften Philosophen, und es gehörte zum guten Ton, nicht zu

Im Café Imperial

bemerken, wenn eines der Paare für eine halbe Stunde verschwand, aufs Zimmer ging." So beschrieb Max Brod die Blütezeit der Prager Kaffeehauskultur 1957 im Rückblick. Und dass kein Mensch die Kaffeehäuser des Kaffees wegen aufsuchte, meinte gar Jaroslav Seifert (→ S. 225): „Der Kaffee war dort stadtbekannt schlecht."

Im Kommunismus war es vorbei mit den Kaffeehäusern, ihrem avantgardistischen Publikum und den Kellnern, die sich angeblich 2-mal am Tag rasierten. Zahlreiche Häuser wurden geschlossen, um der „Bourgeoisie" den Raum zu nehmen. Mittlerweile aber kann man fast von einer Renaissance sprechen. Viele alte Cafés wurden restauriert, teils aber auch totrestauriert. Künstler sieht man darin keine mehr, die Cafés gehören vorrangig den Touristen aus aller Welt. Trotzdem, und auch wenn Prag nicht Wien ist: Ein Cappuccino oder *presso* (ein guter, verlängerter Espresso) in einem der traditionsreichen Kaffeehäuser mit ihren großen Salons und ihrer oft prachtvollen ornamentalen Ausschmückung ist ein Erlebnis. Die schönsten Kaffeehäuser finden Sie im „Kulinarischen Wegweiser" auf S. 55.

Kulinarischer Wegweiser

Weitere besuchenswerte Cafés und Kneipen, in denen man u. a. auch essen kann, finden Sie am Ende der Spaziergangskapitel.

Amerikanisch

Bohemia Bagel
  Burger → S. 219
Dish Fine Burger Bistro
  → S. 234

Biergärten

Divorká Šarka → S. 240
Letenské sady → S. 219
Park Café → S. 236
Containall → S. 182
Mlíkárna → S. 236
Parukářka → S. 227
Anděl → S. 210

Böhmisch (einfach)

U Dělového Kříže → S. 210
Baráčnická rychta → S. 182
U medvídků → S. 152
U Rudolfina → S. 165
V Korunní → S. 236
Klášterní Pivovar
  Strahov → S. 192
Česká Kuchyně
  Havelská Koruna → S. 151
U Parlamentu → S. 165
U Žíznivého jelena → S. 210

Böhmisch (gediegen)

Zvonice → S. 129
Lví Dvůr → S. 207
Villa Richter → S. 207
La Degustation Bohème
  Bourgoise → S. 163

Böhmisch (gehoben)

Kolkovna
  Palác Savarin → S. 129
Anděl → S. 210
Lokál nad
  Stromovkou → S. 219
Deminka → S. 235
Vinohradský
  Parlament → S. 235
Kuře ve Hodinkách → S. 227
Lokál U Bílé
  Kuželky → S. 182
Bredovský Dvůr → S. 130
Malostranská
  beseda → S. 181
Sokolovna → S. 236
Lokál → S. 151
Kolkovna → S. 164
U Katr → S. 164
Olympia → S. 182
Petřínské Terasy → S. 181
Pivovárský dům → S. 129
Vikárka → S. 207
Lavička → S. 227

Brasilianisch

Brasileiro → S. 150

Brunchadressen

Fraktal	→ S. 219
Radost FX	→ S. 236
Příčný Řez	→ S. 131

Essen mit Aussicht

Zvonice	→ S. 129
Villa Richter	→ S. 207
Terasa	→ S. 180
Petřínské Terasy	→ S. 181
La Terrassa	→ S. 210
Hergetova Cihelna	→ S. 181
Kampapark	→ S. 181
Zvonařka	→ S. 235
Grosseto Marina	→ S. 165
Bellavista	→ S. 192

Französisch

Chez Marcel	→ S. 165
U bílé krávy	→ S. 234
La Gare	→ S. 129

Gut mit Kindern

Jeskynní Restaurant Pravěk	→ S. 210
Nuova	→ S. 129

International

Čestr	→ S. 129
Home Kitchen	→ S. 130
Notabene	→ S. 235
Terasa	→ S. 180
Bar Bar	→ S. 182
Bellevue	→ S. 150
Brasserie Ullmann	→ S. 219
Nostress	→ S. 164
Hergetova Cihelna	→ S. 181
U zlaté hrušky	→ S. 192
Jeskynní Restaurant Pravěk	→ S. 210
Sudička	→ S. 235
Kampapark	→ S. 181

Mozaika	→ S. 235
Oliva	→ S. 129
Pálffy palác	→ S. 181
Století	→ S. 151
Zvonařka	→ S. 235

Italienisch/Pizza

Aromi	→ S. 234
La Bottega di Aromi	→ S. 226
Ichnusa Botega Bistro	→ S. 210
Bellavista	→ S. 192
Grosseto Marina	→ S. 165
La Finestra	→ S. 150
Giardino	→ S. 236
Villa Richter	→ S. 207
Nuova	→ S. 129

Koscher

Dinitz	→ S. 164
Shalom	→ S. 164

Mexikanisch/Tex-Mex

La Casa Blů	→ S. 165
Cantina	→ S. 182
Fraktal	→ S. 219

Orientalisch und asiatisch

Sansho	→ S. 129
N.EBO	→ S. 150
Mamy	→ S. 151
Mailsi	→ S. 227
SaSaZu	→ S. 219
Pho Vietnam	→ S. 236
The Sushi Bar	→ S. 181

Österreichisch

Kočár z Vídně	→ S. 184

Spanisch

La Terrassa	→ S. 210

Sternelokale

The Alcron	→ S. 129
La Degustation Bohème Bourgoise	→ S. 163

Traditionsreiche Kaffeehäuser

Evropa	→ S. 130
Imperial	→ S. 130
Louvre	→ S. 130
Montmartre	→ S. 152
Obecní dům	→ S. 152
Grand Café Orient	→ S. 152
Rudolfinum	→ S. 165
Savoy	→ S. 182
Slavia	→ S. 130
Erhartová Cukrárna	→ S. 219
Cukrárna Myšák	→ S. 130

Vegetarisch

Loving Hut	→ S. 129
Lehká hlava	→ S. 151
Maitrea	→ S. 151
Plevel	→ S. 236
Radost FX	→ S. 236

Wo das Bier fließt – Pivnices

U Kocoura	→ S. 182
U Hrocha	→ S. 182
U Holanů	→ S. 236
Ferdinand	→ S. 130
Jelínkova	→ S. 130
Pivovarský Klub	→ S. 244
U černého vola	→ S. 192
U Fleků	→ S. 126
U medvídků	→ S. 152
U Rudolfina	→ S. 165
U vystřeleného oka	→ S. 227
U Dělového Kříže	→ S. 210
U Sadu	→ S. 227
U zlatého tygra	→ S. 152

Grand Hotel Evropa und Meran Hotel: Jugendstilperlen am Wenzelsplatz

Übernachten

Das Angebot an Quartieren in Prag ist vielseitig. Von prunkvollen Hotels, die keinen Komfort vermissen lassen, bis zu muffeligen Absteigen mit verkeimten Teppichböden ist alles vorhanden. Alternativ dazu gibt es Apartments und nette Hostels für Low-Budget-Reisende.

Das Niveau der Hotels und Pensionen entspricht weitestgehend westeuropäischem Standard. Der mittlerweile enorme Konkurrenzkampf (85.000 Gästebetten) sorgt bis auf wenige Ausnahmen ganzjährig für faire Preise, selbst in der Hauptsaison. Lediglich in der Topsaison (→ Kasten, S. 61) wird es teuer, bei angesagten Häusern sogar sehr teuer. In der Nebensaison aber purzeln die Preise, dann ist ein Doppelzimmer in einem zentral gelegenen Vier-Sterne-Hotel zuweilen auch schon mal für 40 € inkl. Frühstücksbüfett zu bekommen.

Wo wohnt man am besten?

Na klar – zentral. Die im Folgenden aufgeführten Unterkünfte liegen im Zentrum oder in zentrumsnahen, gut erreichbaren Stadtbezirken.

Um bei der Hotelsuche im Internet die Lage der Häuser leichter einordnen zu können, hier ein kurzer Überblick: **Prag 1** umfasst die touristischen Stadtteile Malá Strana, Hradčany, Staré Město, Josefov und Nové Město – hier befinden sich auch die meisten Unterkünfte. Günstigere Preise bei gleichem Niveau bieten die Unterkünfte in den Bezirken **Prag 2** und **Prag 3**: Dazu zählen die Stadtteile Vinohrady und Žižkov. In beiden wohnt man recht nah zur Innenstadt und hat zugleich den Vorteil, dass man auch Cafés und Restaurants vor der Tür hat, die auch Prager besuchen.

Achtung: In Hotels an den Straßen Wilsonova, Mezibranská, Legerova, Sokolská, Žitná und Ječná (allesamt Prag 1 und Prag 2) müssen Sie mit einer extremen Lärmbelästigung rechnen!

Danach wird's kompliziert. Prag 4, 5, 6, 7, 8 und 10 grenzen einerseits ans Zentrum, die Bezirke schließen aber auch kilometerweit außerhalb liegende Stadtteile ein, wo Plattenbauten den Horizont abschließen und der sprichwörtliche Hund begraben liegt. Im Bezirk **Prag 4** ist der Stadtteil Nusle mit Abstrichen noch zu empfehlen. Von dort gelangen Sie schnell ins Zentrum. Absolut zentral wohnt man gar noch in Smíchov, Teil von **Prag 5** – aber nur dann, wenn Sie eine Unterkunft in jenem Teil Smíchovs wählen, der im Süden an Malá Strana anschließt. Nett wohnen lässt es sich auch in den gut ans Zentrum angeschlossenen Stadtteilen Dejvice (**Prag 6**), Holešovice, Bubeneč (**Prag 7**) und – falls Sie campen – Troja (ebenfalls **Prag 7**). Im Bezirk **Prag 8** stellt Karlín eine Alternative dar, in **Prag 10** Vršovice.

Hotels und Pensionen

Im Zentrum dominieren luxuriöse Vier- und Fünf-Sterne-Hotels, darunter auch die Ableger internationaler Hotelketten. Sie sind oft in wunderschönen Jugendstilhäusern oder Barockgebäuden untergebracht und bieten eine geschmackvolle Ausstattung. Pensionen sind aus der touristischen Innenstadt weitestgehend verschwunden oder sind, was Komfort, Service und Preise angeht, mit Mehrsternehotels vergleichbar.

Die Fassadenherrlichkeit vieler Mittelklassehotels und einfacher Häuser abseits der touristischen Stadtteile verblasst hingegen oft schon in der Eingangshalle. Die Sterne, mit denen diese Häuser teils werben, haben sie sich nicht selten selbst verliehen. Offiziell klassifizierte Häuser weisen eine stets nur für drei Jahre vergebene „Czech-Tourism-Plakette" im Eingangsbereich auf.

Hradčany → Karte S. 186/187

U Raka 🟥1 Ruhiger geht es kaum. Hier wohnt man fast wie auf dem Land und ist doch direkt in der Stadt. Schönes Fachwerkhaus aus dem 18. Jh., innen wie außen sehr rustikal dekoriert. Unterschiedlich große, komfortable Zimmer. Eigene Parkplätze vor der Tür (15 €/Tag extra). Café, idyllischer Garten. EZ ab 90 €, DZ ab 135 €. Černínská 10, PLZ 11800, Ⓢ 22 Brusnice, ✆ 220511100, www.romantikhotel-uraka.cz.

*** **Loreta** 🟥3 Kleines, nettes und günstiges 18-Betten-Hotel beim Loreto-Heiligtum. Die ländlich-nostalgisch eingerichteten Zimmer mit Holzböden betritt man von einem ruhigen Innenhof. Familiäre Atmosphäre. Kein eigener Parkplatz. EZ 69 €, DZ 79 €. Loretánské náměstí 8, PLZ 11800, Ⓢ 22 Pohořelec, ✆ 739994347 (mobil), www.hotelloreta.cz.

Malá Strana → Karte S. 169

Mandarin Oriental 🟥28 In einem ehemaligen Kloster untergebracht. Lediglich die Hofeinfahrt ist etwas nüchtern, danach entfaltet sich Luxus pur in stilsicher eingerichteten Zimmern und Suiten. EZ bzw. DZ (gleicher Preis) ab ca. 405 € zzgl. Steuern, Parkgebühr 40 €/Nacht! Nebovidská 459/1, PLZ 11800, Ⓢ 12, 20, 22 Hellichova, ✆ 233088888, www.mandarinoriental.com.

》》 Unser Tipp: ***** **The Augustine** 🟥9 Nobelherberge in einem historischen, labyrinthartigen Klosterkomplex, in dem bis heute Mönche leben. 101 überaus komfortable Zimmer, davon 4 Suiten, sehr gemütlich, individuell und mit Liebe zum Detail gestaltet: rustikale Holzböden, kubistische Reproduktionen, kuschelige Sofas, geschmackvolle Accessoires, Bücher zum Schmökern. Garten. Parken im Hof möglich. Perfekter Service. Wellnessbereich, Fitnessstudio. In der angeschlossenen „1887 Bar" bekommt man das süffige Sankt-Thomas-Bier, das heute jedoch nicht mehr im Kloster selbst, sondern außerhalb Prags gebraut wird. DZ ab ca. 395 €. Letenská 12, PLZ 11800, Ⓢ 12, 20, 22 Malostranské náměstí, ✆ 266112242, www.augustinehotel.com. 《《

**** **U zlaté studně (Golden Well Hotel)** **1** In traumhafter Lage neben dem Ledebour-Garten. 17 komfortable Zimmer, 2 Suiten. Die Räume sind mit stilvollen Repliken klassischer Möbelstücke ausgestattet. Panoramablick von der Dachterrasse. Ruhig. Zuvorkommender Service. Angeschlossen ein sehr gutes, aber auch entsprechend teures Restaurant. Parkplätze 10 Fußmin. entfernt (28 €/Nacht extra). DZ ab 245 €. U zlaté studně 4, PLZ 11801, Ⓜ A Malostranská, ✆ 257011213, www.goldenwell.cz.

***** **Aria** **20** Schickes Hotel im Zeichen der Musik, von Versace-Designer Rocco Magnoli gestaltet. Schon Heidi Klum, Bill Clinton und Gérard Depardieu fielen hier in die weichen Betten. Die 52 Zimmer sind nach Komponisten oder Musikern benannt und passend dazu eingerichtet. Wählen Sie ganz nach Ihrem persönlichen Geschmack. Manche Teppichböden mit Notendekoration! Sehr zuvorkommendes Personal, Chauffeurservice, Türkisches Bad, Restaurant auf der Dachterrasse, Musikbibliothek und und und ... DZ ca. 275 €. Parken in der Tiefgarage 28 €/Nacht. Tržiště 9, PLZ 11800, Ⓢ 12, 20, 22 Malostranské náměstí, ✆ 225334111, www.ariahotel.net.

Alchymist Residence Nosticova **29** Ruhig gelegenes Haus aus dem 17. Jh. Sehr stilvoll, Niveau über einem 4-Sterne-Hotel. Luxuriöse Zimmer und Suiten mit Kochnische – alle individuell eingerichtet: hier mit Himmelbett, da unter einer herrlichen Stuckdecke, dort mit Flügel usw. Parkmöglichkeiten (18 €/Nacht extra). Für 2 Pers. ab 215 €. Nosticova 1, PLZ 11800, Ⓢ 12, 20, 22 Hellichova, ✆ 257312513, www.nosticova.com.

**** **Waldstein** **5** Gebäude aus dem 14. Jh. Die 34 rustikaler Zimmer und Suiten (oft mit antiken Möbeln und Heiligenbildern über dem Bett) sind um einen kleinen Hof angelegt. Am schönsten sind die „Deluxe-Zimmer", manche mit toll bemalten Renaissance-Holzdecken. Ruhige Lage. Nur wenige Parkplätze (17 €/Nacht). EZ ab 107 €, DZ ab 119 €. Valdštejnské náměstí 6, PLZ 11800, Ⓜ A Malostranská, ✆ 257533938, www.hotelwaldstein.cz.

**** **Sax** **13** Alteingesessenes Haus nahe der deutschen Botschaft. Im 70er-Jahre-Retrostil durchgestylt. Jedes Zimmer sieht anders aus, es überwiegen die Farben Orange, Weiß und Schwarz. Witzige Bettwäsche, schöne Bäder. Ruhige Lage. Parkplätze (22 €/Nacht extra). DZ ab 92 €. Jánský Vršek 3, PLZ 11800, Ⓢ 12, 20, 22 Malostranské náměstí, ✆ 257531268, www.sax.cz.

Lokál Inn **17** Hübsche Unterkunft auf 3-Sterne-Niveau über dem gleichnamigen Lokal (→ S. 182). 10 Zimmer und 4 Suiten in einem restaurierten Gebäude aus dem 18. Jh., die Suiten mit Deckenmalereien, die Dachzimmer mit tollem Gebälk. Sehr freundliches junges Personal. EZ oder DZ 112 € (gleicher Preis). Míšeňská 12, PLZ 11800, Ⓢ 12, 20, 22 Malostranské náměstí, ✆ 257014800, www.lokalinn.cz.

Little Town Budget Hotel **14** Altes Stadthaus in bester Lage am Kleinseitner Ring. Darin eine Mischung aus Hotel und Hostel, eine empfehlenswerte Adresse für den kleineren Geldbeutel. Zimmer mit privatem Bad, Zimmer in Apartments, die sich Küche und Bad teilen, sowie Betten im Dormitory. Spartanisch, aber freundlich im IKEA-Stil eingerichtet. Kleine Innenhofterrassen. DZ mit Bad 80 €, ohne Bad 72 €, Bett im Schlafsaal 20 €, Frühstück extra. Malostranské náměstí 11, PLZ 11800, Ⓢ 12, 20, 22 Malostranské náměstí, ✆ 242406965, www.littletownhotel.cz.

Staré Město → Karte S. 134/135

***** **Four Seasons** **22** Eines der besten Prager Hotels, untergebracht in einem Gebäudekomplex, zu dem u. a. eine Barockvilla und ein Neorenaissancebau gehören. Großzügige, elegante Zimmer mit Marmorbädern, Telefon auf der Toilette und z. T. mit Blick auf die Burg. EZ und DZ ab 510 €, jedoch regelmäßig Specials. Veleslavinova 2A, PLZ 11000, Ⓜ A Staroměstská, ✆ 221427000, www.fourseasons.com.

》 **Unser Tipp:** *****Buddha-Bar Hotel Prague **16** Kein Hotel für biedere Snobs, sondern für flippige Leute mit Geld. Altstadthaus mit 39 stylishen und sehr komfortablen, schwarz-rot-braun gehaltenen Zimmern, die asiatische Kitschelemente mit westlicher Eleganz verbinden. Frische Orchideen auf den Kingsize-Betten, in der Mosaikwanne kann man den legendären Buddha-Bar-Chillout- Compilations lauschen. In den Gängen schummriges Licht und Räucherstäbchen, in der Minibar Champagner satt. Bar-Restaurant mit einer 3 m hohen Buddha-Statue aus Fiberglas, DJ-Beschallung und satten Preisen. EZ und DZ ab

Hotels und Pensionen

312 €. Jakubská 8, PLZ 11000, Ⓜ B Náměstí Republiky, ☏ 221776300, www.buddhabarhotelprague.cz. ⟪

***** **Mamaison Pachtův Palace** 44 First-Class-Boutiquehotel in einem Palast gleich bei der Karlsbrücke. 6 Zimmer und 44 überaus komfortable Suiten von bis zu 100 m². Gediegene, klassisch-moderne, individuelle Ausstattung, schöne Parkettböden, teils Deckenfresken. Viele Zimmer mit herrlichstem Flussblick, z. T. auch mit Balkon. Lauschiger Innenhofgarten. Auf Wunsch privater Butler. Parkplätze nahebei (40 €/Nacht extra). DZ ab 256 €. Karoliny Světlé 34, PLZ 11000, Ⓢ 17, 18 Karlovy lázně, ☏ 234705111, www.mamaison.com.

***** **Iron Gate** 40 In ein historisches Häuserensemble integrierter 5-Sterne-Komplex mitten in der Altstadt. 48 völlig unterschiedliche Zimmer und Suiten, die 2013 zeitgemäß aufgehübscht wurden: fröhlich bunte Teppiche auf edlen Holzböden, Flügeltüren, schöne Bäder unter altem Gebälk, Deckenfresken über manchen Betten. Nettes Innenhofcafé. Bewachter Parkplatz nahebei (30 €/Nacht extra). DZ ca. 209 €. Michalská 19, PLZ 11000, Ⓜ A, B Můstek, ☏ 225777777, www.irongate.cz.

**** **Unitas** 61 Teil eines Nonnenklosters. Einst ein Gefängnis der Geheimpolizei, in dem auch Václav Havel einsaß, später Pension für Budgetreisende, seit seiner letzten Restaurierung ein schmuckes 4-Sterne-Haus – der Knastcharakter ist seitdem komplett verschwunden. 37 komfortable Zimmer mit Minibar, Tresor und DVD-Player. Parkplätze im Innenhof (15 €/Nacht extra; anmelden). EZ 159 €, DZ 169 €. Bartolomějská 9, PLZ 11000, Ⓜ B Národní třída, ☏ 224230533, www.unitas.cz.

**** **Josef** 6 Die Adresse für alle, die auf lichtes, minimalistisches Design stehen. Entworfen von der in London geborenen tschechischen Architektin Eva Jiřičná. Parken 27 €/Tag extra. Eine gute Wahl ist auch das Schwesterhotel Maximilian nahebei: ebenfalls zeitgemäßes Design, hier aber nicht in einem Neubau, sondern in einem historischen Stadthaus. EZ ab 144 €, DZ ab 159 €. Rybná 20, PLZ 11000, Ⓜ B Náměstí Republiky, ☏ 221700111, www.hoteljosef.com.

U červené židle 46 Komfortables kleines Hotel auf 3-Sterne-Niveau. Ordentliche Zimmer mit Safe und Minibar. Ruhige Lage, freundlicher Service. Parkmöglichkeiten (25 €/Nacht). EZ ab 129 €, DZ ab 139 €. Liliová 4, PLZ 11000, Ⓜ B Národní třída, ☏ 296180018, www.redchairhotel.com.

*** **U medvídků** 57 Man hat die Wahl zwischen klassischen Standardzimmern und liebevoll eingerichteten Zimmern mit bemalten Renaissancedecken. Gepflegter 3-Sterne-Komfort und die populäre gleichnamige Bierstube nebenan. Freundliches Personal. Keine Parkplätze. EZ 88 €, DZ 108 €. Na Perštýně 7, PLZ 10001, Ⓜ B Národní třída, ☏ 224211916, www.umedvidku.cz.

U zeleného věnce 41 Die Familienpension „Zum Grünen Kranz" liegt in einer ruhigen Altstadtgasse. 9 großzügige, ordentliche Zimmer mit schwedischen Holzmöbeln, eigenem Bad und Deckenbalken. Sehr sauber, nette Betreiber. Bewachter Parkplatz 5 Fußmin. weiter. EZ 86 €, DZ ab 97 €. Řetězová 10, PLZ 11000, Ⓢ 17, 18 Karlovy lázně, ☏ 220220178, www.uzv.cz.

Nové Město → Karte S. 114/115

Evropa 28 Das geschichtsträchtige einstige „Grand Hotel", das bekannteste Haus der Stadt, bot seinen Gästen bis zu seiner Schließung im Jahr 2013 Etagenbad statt Regendusche, Falten und Flecken statt Butler und Concierge. Bis 2016 soll aus der Jugendstilperle am Wenzelsplatz eine Luxusherberge werden. Václavské náměstí 25, PLZ 11000, Ⓜ A, C Muzeum oder A, B Můstek.

**** **The Icon** 45 Modern und trendig eingerichtetes Hotel mit 31 Zimmern: schwedische Hästens-Betten, Eames-Stühle, der Safe funktioniert via Fingerabdruck. Wellnessbereich. Frühstücksraum und Tapas-Bar-Restaurant im Loungestil, wo zuweilen abends Deep und Minimal House aufgelegt werden. DZ 185 €. V jámě 6, PLZ 11000, Ⓢ 3, 9, 14, 24 Vodičkova, ☏ 221634100, www.iconhotel.eu.

**** **Yasmin** 23 Ein Hotel mit etwas außergewöhnlichem Design, z. T. sehr futuristisch. 196 helle Zimmer mit schwarzen Bädern. DZ ab 128 €. Politických vězňů 12, PLZ 11000, Ⓜ A, C Muzeum, ☏ 234100100, www.hotel-yasmin.cz.

**** **Élite** 38 Schmuckes Hotel in historischen Gemäuern. Alle 79 Zimmer sind unterschiedlich, aber sehr komfortabel eingerichtet. Teils mit herrlich bemalten Decken. Gutes Restaurant angeschlossen. EZ ab

90 €, DZ ab 112 €, Garagenparkplatz 30 €/Nacht. Ostrovní 32, PLZ 11000, Ⓜ B Národní třída, ✆ 211156500, www.hotelelite.cz.

*** **Hotel 16** 🔢 Kleines, gut geführtes und etabliertes Haus. 14 leicht biedere Zimmer. Zuvorkommender Service, deutschsprachig. Kleiner Garten. Am besten bucht man direkt über die hoteleigene Webseite, dort liegen die Preise 10 % unter denen der Hotelbuchungsseiten! Wer früh bucht, bekommt einen kostenlosen Parkplatz (sonst 17 €/Tag). EZ ca. 89 €, DZ ca. 130 €. Kateřinská 16, PLZ 12800, Ⓜ B Karlovo náměstí, ✆ 224920636, www.hotel16.cz.

»› Unser Tipp: Botel Matylda 🔢 Neueres Hotelboot – eigentlich 2 nebeneinander liegende Boote – mit 25 freundlichen, modernen Zimmern (keine engen Kajüten wie bei den Hotelbooten aus sozialistischer Zeit). 7 davon befinden sich auf dem namengebenden Boot Matylda (dort ist auch das Restaurant, wo das Frühstück serviert wird), die 18 anderen auf dem benachbarten Boot Klotylda (mit Panoramadeck). Schön die oberen Zimmer zur Flussseite, aber auch die Suite am Bug mit Blick auf die Slaweninsel ist herrlich. EZ ab 79 €, DZ ab 89 €. Masarykovo nábřeží, PLZ 11000, Ⓢ 14, 17 Jiráskovo náměstí, ✆ 222511826, www.botelmatylda.cz. **‹‹**

Fusion Hotel Prague 🔢 Eine Mischung aus Livestyle-Hotel und Hostel für coole Leute. Fürs Ambiente zeichneten junge tschechische Designer verantwortlich. Schwarze Lobby mit lauter Clubmusik, Zimmer ganz unterschiedlicher Kategorien: Vintage-Zimmer mit entsprechendem Mobiliar, „Love"-Zimmer mit Spiegel über dem Bett, Zimmer mit nur einem (!) Bett, in dem bis zu 6 Pers. schlafen können, aber auch Betten im Dormitory. Im Haus ein „Soup to go"-Restaurant, eine DJ-Lounge und ein „Czech Gastro Pub" – es gibt also kaum mehr einen Grund, nach draußen zu gehen … DZ ca. 85 €, Bett im Dormitory ab 12 €. Panská 9, PLZ 11000, Ⓜ A, B Můstek, ✆ 226222888, www.fusionhotels.com.

Mosaic House, → Hostels.

Museum 🔢 In bester Lage schräg gegenüber dem Nationalmuseum. Die Zimmer und Suiten (viel Furnierholzmöbel, z. T. behindertengerecht) sind um einen gepflegten Innenhofgarten mit Sitzgelegenheiten angelegt. Bewachter Parkplatz nahebei. EZ 60 €, DZ 80 €. Mezibranská 15, PLZ 11000, Ⓜ A, C Muzeum, ✆ 296325186, www.hotelmuseum.cz.

*** **Mušketýr** 🔢 Gleich nebenan. Zimmer unterschiedlichen Niveaus, von sehr komfortablen bis hin zu einfach-abgewohnten mit simplen Bädern – Letztere sollen aber peu à peu restauriert werden. Die meisten Zimmer gehen zur Rückseite (lassen Sie sich keines zur Mezibranská geben – laut!). Wer einmal König von Prag spielen will, sollte eines der beiden Dachzimmer mit Traumterrasse buchen – das Goldene Prag liegt Ihnen hier zu Füßen. Für alle anderen gibt es eine gemeinschaftliche Aussichtsterrasse. Restaurant angegliedert. EZ 69 €, DZ ab 80 €, Parken gegen Aufpreis. Mezibranská 13, PLZ 11000, Ⓜ A, C Muzeum, ✆ 222522508, www.pension-apartment.cz.

»› Unser Tipp: Miss Sophie's 🔢 Moderne Pension, schickes Hotel, cooles Hostel und lässige Apartmentvermietung in einem. Egal, was man bucht – gutes Preis-Leistungs-Verhältnis. Sehr freundlich. DZ ab 80 €, Bett im Schlafsaal ab 14 €, geräumige Apartments für 4 Pers. ab 106 €. Melounová 3, Ⓜ C I. P. Pavlova, PLZ 12000, ✆ 246032620, www.miss-sophies.com. **‹‹**

Church Pension 🔢 Unter der Leitung der evangelischen Brüdergemeinde. Zentral gelegen, aber ruhig. 22 schlichte, altbackene, aber sehr saubere Zimmer in 3 Kategorien: mit Du/WC im Zimmer, mit Du im Zimmer (aber WC auf dem Korridor) oder nur mit Waschbecken (Sanitäranlagen auf dem Korridor). Bewachte Parkplätze in der Nähe. Freundliches Personal. EZ ab 36 €, DZ ab 47 €, Frühstück 4,30 € extra. Jungmannova 9, PLZ 11000, Ⓜ B Národní třída, ✆ 296245432, www.churchpension.cz.

Art Harmony, → Hostels.

Vinohrady → Karte S. 230/231

***** **Le Palais** 🔢 Eine Nobelherberge in einer mondänen Stadtvilla aus dem 19. Jh. Belle Époque trifft dekadenten Komfort (z. B. in unterschiedlichen Farben angestrahlte und mit verschiedenen Duftnoten versehene Duschen in der Sauna). DZ ab 215 €, Suiten ab 313 €. U Zvonařky 1, PLZ 12000, Ⓜ C I. P. Pavlova, ✆ 234634111, www.lepalaishotel.eu.

**** **Pure White** 🔢 Durchgestylte, hippe Adresse in einem historischen Gebäude,

Hotels und Pensionen 61

Prager Saisonpreise – ein Durcheinander
Die hier angegebenen Preise beziehen sich auf die **Hochsaison**, bei einem DZ handelt es sich um die Endpreise für zwei Personen, i. d. R. inklusive Frühstück. Die Preise sind nur als Anhaltspunkte zu verstehen, da sie sich in vielen Häusern, je nach Auslastung, teils täglich ändern. Ein hier im Buch mit 200 € angegebenes DZ bekommen Sie zuweilen für die Hälfte des offiziellen Preises. Grundsätzlich kennt das Gros der Prager Hotels vier Saisons: Die **High Season** dauert ungefähr von Ende März bis Ende Juni und von Anfang September bis Ende Oktober. Im Juli und August, in der **Middle Season**, bezahlen Sie rund 20–40 % weniger als in der Hochsaison. In der **Low Season**, von November bis Mitte März, bezahlen Sie gar 30–70 % weniger als in der Hochsaison. In der **Topsaison** jedoch steigen die genannten Preise z. T. um 20–30 % an. Zur Topsaison gehören die Tage über Weihnachten, Silvester, Ostern, Pfingsten und (je nachdem, wie die Feiertage liegen) die verlängerten Wochenenden. Für die **Zimmersuche im Internet** sind u. a. folgende Seiten hilfreich: www.hotelscombined.com, www.booking.com, www.hotelopia.com, www.hrs.de, www.hotel.cz oder www.travel.cz. Auch über *Čedok* (www.cedok.de o. www.cedok.at) können Sie viele der hier aufgeführten Hotels günstig buchen. Wer noch für den gleichen Tag eine Unterkunft buchen muss, findet unter www.hipmunk.com teils sehr verlockende Angebote.

gut gelegen. Gayfriendly. 37 trendige und, wie der Name schon sagt, weitestgehend weiße Zimmer mit viel Komfort, manche mit schönem Blick über die Stadt, andere mit in den Schlafbereich integrierten Bädern. Sicherheit wird großgeschrieben. EZ ab 113 €, DZ ab 117 €, Parken nahebei möglich (20 €/Nacht extra). Koubkova 12, PLZ 12000, Ⓜ C I. P. Pavlova, ✆ 220990100, www.purewhitehotel.com.

*** **Anna** [20] Kleines, leicht biederes Hotel in einem Bürgerhaus aus dem 19. Jh. Flügeltüren, Jugendstilelemente im Eingangsbereich. Zimmer größtenteils mit Teppichböden und 3-Sterne-Standardmobiliar. Sehr zuvorkommendes Personal. Gutes Preis-Leistungs-Verhältnis: EZ ab 62 €, DZ ab 66 €. Budečská 17, PLZ 12000, Ⓜ A Náměstí Míru, ✆ 222513111, www.hotelanna.cz.

Žižkov → Karte S. 222/223

*** **Three Crowns Hotel** [7] Hotelkomplex, der aus 3 verschiedenen benachbarten, historischen Stadthäusern besteht. Die 57 Standardzimmer sind eher altbacken, die 21 Superior-Zimmer eher stylish und mit Klimaanlagen versehen. Tiefgarage. EZ ab 55 €, DZ ab 65 €. Cimburkova 28, PLZ 13000, Ⓜ B, C Florenc, weiter mit Ⓑ 133 Tachovské náměstí, ✆ 222781112, www.three-crowns-hotel-prague.com.

Hotel Columbo [8] Familiäres 15-Zimmer-Hotel. Geräumige und sehr saubere Zimmer mit Teppichböden, ruhige Lage. Sichere Parkplätze nahebei (15 €/Nacht extra). EZ offiziell 65 €, DZ 92 €, jedoch meist super Rabatte. Milíčova 15, PLZ 13000, Ⓢ 5, 9, 26 Lipanská, ✆ 222211560, www.hotelcolumbo.cz.

*** **City Crown** [18] Ebenfalls ein kleineres Haus, jedoch etwas einfacher. Mucha-Bilder in den Aufgängen. 17 Zimmer mit Laminatböden, Föhn und Safe. Garagenparkplätze. Gutes Preis-Leistungs-Verhältnis. EZ 55 €, DZ 59 €. Bořivojova 94, PLZ 13000, Ⓢ 5, 9, 26 Husinecká, ✆ 222716803, www.citycrown.cz.

Pension 15 [16] Renovierter Altbau. 15 einfache, saubere Zimmer mit Waschbecken, mit etwas IKEA aufgepeppt und mit Etagenbad. Dazu im Hinterhof noch Apartments für bis zu 5 Pers. Laundryservice. Parken im Hof möglich (8 €/Nacht). Preiswert: DZ 25 €, Apartments für 4 Pers. 71 €, Frühstück 2,60 € extra. Vlkova 15, PLZ 13000, Ⓢ 5, 9, 26 Husinecká, ✆ 222721800, www.pension15.cz.

Smíchov → Karte S. 211

**** Riverside 7 4,5-Sterne-Unterkunft direkt am Moldau-Ufer. Das bedeutet z. T. tolle Ausblicke, aber auch viel Verkehr vor der Nase. 80 der Sterneanzahl entsprechend ausgestattete Zimmer und Suiten mit tollen Bädern, manche mit Balkon. Parkmöglichkeiten. EZ mit Glück ab 110 €, DZ ab 122 €. Janáčkovo nábřeží 15, PLZ 15000, Ⓢ 4, 7, 10, 14, 16 Zborovská, ✆ 225994611, www.mamaison.com.

*** Botel Admirál 13 Hotelboot. Die Schiffsromantik hat ihre Vor- und Nachteile: herrliche Ausblicke auf die Prager Brücken und Burg Vyšehrad vom Deckrestaurant, dafür nicht mal wohnwagengroße, biedere Kajüten. Alle mit eigenem Bad. EZ 70 €, DZ 88 €. Hořejší nábřeží, PLZ 15000, Ⓜ B Anděl, ✆ 257321302, www.admiral-botel.cz.

Hostels

Die Palette der Hostels reicht von charakterlosen Jugendherbergen bis zu sehr gepflegten Budget-Unterkünften mit Charme und/oder trendigem Design. Viele bieten nicht nur Betten in Schlafsälen, sondern auch Doppel- und Einzelzimmer, zuweilen sogar mit eigenem Bad. Einen Zapfenstreich gibt es i. d. R. nicht, Schlafsack oder Bettwäsche müssen nicht mitgebracht werden. Manche Hostels haben nur in den Sommermonaten geöffnet, dazu gehören kurzzeitig zu Jugendherbergen umfunktionierte Studentenwohnheime.

Malá Strana → Karte S. 169

Little Town Budget Hotel 14 → Hotels und Pensionen.

Nové Město → Karte S. 114/115

Art Harmony 57 Lustige Mischung aus Pension und Hostel, zurückversetzt von der Straße in ruhiger Lage, untergebracht in einem historischen Gebäude. Etwas für junge Leute. Ein herrlich kitschiges Plätzchen mit Plastikblumen, Plastikefeu und Stofftieren satt. Alle Zimmer sehen komplett unterschiedlich aus, mal fühlt man sich wie im Wald (Waldtapeten!), mal wie in Afrika. Neben Dormitory-Betten gibt es Zimmer mit geteiltem Bad, Zimmer mit privatem (aber externem) Bad sowie kleine Apartments. Sehr witzig und sehr freundlich. DZ ab 64 €, Bett im Dormitory ca. 18 €. Ječná 12, PLZ 12000, Ⓢ 4, 10, 16, 22 Štěpánská, ✆ 222542931, www.artharmony.cz.

🌿 **Mosaic House** 53 hippe Mischung aus Megahostel und -hotel, wird mit Biogas und erneuerbarer Energie betrieben. Neben Mehrbettzimmern auch viele DZ mit Bad auf dem Niveau eines 3-Sterne-Hotels, manche davon mit Terrasse und herrlichen Blicken über die Stadt. Mit dem La Loca (→ S. 75) befindet sich auch eine angesagte Bar im Mosaic House. Viele coole Babyfaces. DZ ab 92 €, im Schlafsaal ab 15 €/Pers., Frühstück stets extra. Odborů 4, PLZ 12000, Ⓜ B Karlovo náměstí, ✆ 221595350, www.mosaichouse.com. ■

Rosemary 14 In bester Lage werden ordentliche Zimmer mit Bad und Küche geboten, Zimmer ohne alles sowie Betten im Schlafsaal. Keine eigenen Parkplätze. Auch für Gäste jenseits der 25 geeignet. DZ mit Bad 63 €, ohne Bad 48 €, im Schlafsaal ab 14 €/Pers. Růžová 5, PLZ 11000, Ⓢ 3, 9, 14, 24 Jindřišská, ✆ 222211124, www.praguecityhostel.cz.

Miss Sophie's 59 → Hotels und Pensionen.

Fusion Hotel Prague 17 → Hotels und Pensionen.

Holešovice → Karte S. 214/215

》》》 Unser Tipp: Sir Toby's 8 125 Betten in 25 liebevoll und kreativ eingerichteten Zimmern in einem Jugendstilbau. Zimmer in allen Größen, etwa die Hälfte davon mit privatem Bad. Waschservice, Innenhof für Grillpartys im Sommer, gemütliche Gemeinschaftsküche (Tee stets gratis). Deutscher Besitzer. Raucher müssen auf den Balkon oder in den Hof ausweichen. Bewachte Parkplätze nahebei. Radverleih. EZ ab 35 €, DZ ab 45 €, im Mehrbettzimmer ab 12 €/Pers., Frühstück 5 € extra. Dělnická 24, PLZ 17000, Ⓜ C Vltavská, weiter mit Ⓢ 1, 14, 25 Dělnická, ✆ 246032610, www.sirtobys.com. 《《

Vinohrady → Karte S. 230/231

Czech Inn 26 Topadresse in einem neogotischen Stadtpalast. Designerhostel von der Lobby über die Bar bis zu den Zimmern, einige Gebrauchsspuren sind jedoch mittlerweile vorhanden. Witzig die „Basement Bar".

Keine Parkplätze. Im Dormitory ab 9 €/Pers., DZ mit Bad 60 €, mit Etagenbad ab 48 €, Apartments für 5 Pers. 115 €. Frühstück extra. Francouská 76, PLZ 10100, Ⓢ 4, 22 Krymská, ✆ 267267600, www.czech-inn.com.

Žižkov → Karte S. 222/223

Hostel Elf 6 Sympathisches Hostel mit viel Graffiti an den Wänden. Gut geführt. Gemeinschaftsraum, kleine Küche, Tee gratis. Auf der kleinen Terrasse direkt am Vítkov-Hügel wird gegrillt. Nette Zimmer mit Holzböden. DZ mit Bad 55 €, ohne Bad 48 €, Bett im Schlafsaal ab 14 €. Husitská 11, PLZ 13000, Ⓜ B, C Florenc, weiter mit Ⓑ 133 U Pamatníku, ✆ 222540963, www.hostelelf.cz.

Clown & Bard 19 Besteht seit 1995. Umtriebiges Hostel für Partypeople – viele Kneipen ums Eck und eigene Bar im Keller. Freundliches internationales Personal. Simpel-spartanische Zimmer und große Schlafsäle für teils über 30 Leute, die nicht nach Geschlechtern getrennt sind. Im Schlafsaal ab 7,50 €, DZ mit Bad 44 €, ohne Bad 37 €, Frühstück extra. Bořivojova 102, PLZ 13000, Ⓢ 5, 9, 26 Husinecká, ✆ 222716453, www.clownandbard.com.

Apartments

Eine gute Auswahl an Apartments überall in der Stadt bieten u. a. die Seiten www.mypragueapartments.com, www.ferienwohnung-prag.de und www.praglodge.com. Auch bieten manche Pensionen und Hostels Apartments an (s. dort).

Malá Strana → Karte S. 169

Appia Residences 11 Historisches Gebäude in einem malerischen, absolut ruhigen Viertel. 22 klassisch-moderne, teils etwas nostalgisch dekorierte Zimmer, Suiten und Apartments mit Kitchenette und 2 Schlafzimmern, komfortabel ausgestattet, Dielenoder Parkettböden. Garten, Sauna. Tiefgarage (25 €/Tag). Mindestaufenthalt 3 Nächte. Für 2 Pers. ab 121 €. Šporkova 3, PLZ 11000, Ⓢ 12, 20, 22 Malostranské náměstí, ✆ 257215819, www.hhotels.cz.

Nebozízek 33 Ein Traum für Flitterwöchner: 2 klassisch-elegante Suiten (ohne Küche) mit Himmelbett und herrlichem Blick auf die Stadt. Dem gleichnamigen Restaurant

Ein Abend im SaSaZu

am Petřín-Berg angeschlossen. 130 €/Tag. Petřínské sady 411, PLZ 11800, Ⓢ 12, 20, 22 Újezd, weiter mit der Drahtseilbahn bis zur Station Nebozízek, ✆ 257315329, www.nebozizek.cz.

U malého Glena 25 Über der gleichnamigen populären Jazzbar werden 2 nette, jugendlich eingerichtete Apartments mit Küche für bis zu 4 Pers. vermietet. Für 2 Pers. 51 €, für 4 Pers. 74 €. Karmelitská 23, PLZ 11800, Ⓢ 12, 20, 22 Malostranské náměstí, ✆ 257531717, www.malyglen.cz.

Little Town Budget Hotel 14 → Hotels und Pensionen.

Staré Město → Karte S. 134/135

Residence Řetězová 36 9 erstklassig und liebevoll ausgestattete Luxusapartments. Alle tragen Städtenamen, haben Stein- oder Holzboden. Schöne, ruhige Lage. Zuvorkommender Service. Keine Parkplätze. Je nach Größe und Anzahl der Schlafzimmer für 2 Pers. ab 158 €, Frühstück extra. Řetězová 9, PLZ 11000, Ⓢ 17, 18 Karlovy lázně, ☏ 222221800, www.retezova.com.

Apartmány Puškin 🟥32 Mehr Altstadt geht nicht – vor der Haustür laufen sich die Touristen die Füße platt. 18 eher schlichte, wenig geschmackssicher eingerichtete Apartments in einem historischen Gebäude; erfüllen ihren Zweck und sind günstig. Keine Parkplätze. Achtung, sehr populär – die Apartments sind oft über Monate hinweg ausgebucht! Für 1 Pers. ab 32 €, für 2 Pers. ab 63 €. Husova 14, PLZ 11000, Ⓜ A Staroměstská, ☏ 224267500, www.apartmentspushkin.com.

Nové Město → Karte S. 114/115

Apartments Wencelas Square 36 🟥27 In bester Lage direkt am Wenzelsplatz. 30 teils sehr geräumige Apartments (teils für bis zu 8 Pers.) mit eigener Küche. Dank jüngster Restaurierung kommen sie mittlerweile allesamt recht zeitgemäß daher. Weitere Einheiten in der Altstadt. Für 2 Pers. ab 70 €, für 4 Pers. ab 145 €. Václavské náměstí 36, PLZ 11000, Ⓜ A, B Můstek, ☏ 222242431, www.pragueapartment.cz.

Miss Sophie's 🟥59 → Hotels und Pensionen.

Vinohrady → Karte S. 230/231

Residence Belgická 🟥24 Etabliertes Haus mit 30 luftigen, hübschen Suiten, Studios und Apartments. Business-Publikum. Gartenterrasse, ruhige Lage. Fitness-Center, Sauna, Babysitting etc. Studio für 2 Pers. (33 m²) 92 €, Apartments (45–68 m²) ab 112 €. Belgická 12, PLZ 12000, Ⓜ A Náměstí Míru, ☏ 221401800, www.mamaison.com.

Michal Machek 🟥27 Michal Machek (ein überaus freundlicher Typ) vermietet 6 Studios und Apartments, einfach, aber völlig okay. Ruhige Lage. Gutes Preis-Leistungs-Verhältnis, daher auch von Lesern gelobt. Sehr zuverlässig. Für 2 Pers. ab 53 €, günstiger ab 3 Tagen. Vorausbuchung nötig, da keine Rezeption. Zahřebská 18, PLZ 12000, Ⓜ A Náměstí Míru, ☏ 234099999, www.apartmentsinprague.cz.

Czech Inn 🟥26 → Hostels.

Žižkov → Karte S. 222/223

Sklep Accomodation 🟥10 Über dem gleichnamigen Restaurant, gute Lage zwischen Hauptbahnhof und Žižkov-Zentrum. 5 solide Studios und Apartments für bis zu 6 Pers., dazu ein paar einfache Zimmer. Sichere Parkplätze nahebei (8 €/Nacht extra). Zudem werden weitere Unterkünfte in anderen Stadtteilen vermittelt. Apartment für 2 Pers. ab 55 €, für 4 Pers. ab 66 €. Seifertova 53, PLZ 13000, Ⓢ 5, 9, 26 Husinecká, ☏ 222720755, www.sleepinprague.cz.

Pension 15 🟥16 → Hotels und Pensionen.

Camping

Rund 20 Campingplätze gibt es im Stadtgebiet. Darunter befinden sich spartanisch-provisorische ebenso wie recht komfortable Plätze. Im Sommer sollte man, v. a. auf den zentrumsnahen Plätzen, reservieren. Eine gute Wahl treffen Sie mit den im Folgenden beschriebenen Plätzen:

Troja → Karte S. 214/215

Im Stadtteil Troja im Norden Prags reihen sich an der Straße Trojská 7 Plätze, meist auf Obstbaumwiesen, aneinander. Wegen der Auswahl – für jeden Geldbeutel ist etwas dabei – und der guten Anbindung ans Zentrum (auch nachts) eine der besten Anlaufstellen. Anfahrt am einfachsten mit Ⓢ 17 Trojská. Oder: Ⓜ C Nádraží Holešovice, weiter mit Ⓑ 112 Trojská oder Kazanka. Mit dem eigenen Fahrzeug folgt man vom Zentrum (Neustadt, auf der Wilsonova am Hauptbahnhof vorbei) der Beschilderung „Teplice/Dresden" und, kurz nachdem man das zweite Mal die Moldau überquert hat, der Beschilderung „Troja/Zoo". Die Campingplätze passiert man auf dem Weg zum Zoo. Die 3 von uns empfohlenen Plätze besitzen allesamt 3 Sterne (gute Sanitäranlagen) und sind ganzjährig geöffnet.

Autocamp Trojská 🟥2 Klein, aber nett und gepflegt, deswegen auch sehr beliebt. Bungalows und Zimmer, Gartenküche, Restaurant. Trojská 375/157, PLZ 17100, ☏ 283850487, www.autocamp-trojska.cz.

Camp Dana Troja 🟥3 Recht schöner, schmaler Platz, ebenfalls gepflegt und mit Zimmervermietung. Waschmaschine. Zusätzliches Plus: am nächsten zur Straßenbahnhaltestelle gelegen. Trojská 129, PLZ 17100, ☏ 283850482, www.campdana.cz.

Sokol Troja 🟥1 Für alle mit großen Gespannen oder größeren Wohnmobilen die beste

Camping

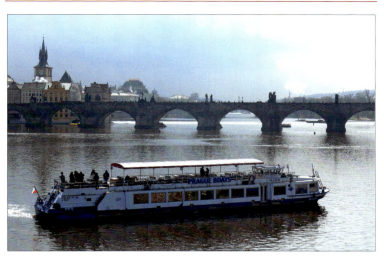

An einer Boostfahrt auf der Moldau führt für viele Touristen kein Weg vorbei

Adresse in Troja. Leider kein Obstgartencharme, sondern eher Parkplatzambiente. Trojská 171 a, PLZ 17100, ✆ 233542908, www.camp-sokol-troja.cz.

Moldauinsel
Císařská Louka → Karte S. 211

Caravan Park Praha 16 Nicht ganz so idyllisch, wie es klingen mag. Einer von 2 Campingplätzen auf der Insel. April bis Ende Sept. geöffnet. Genug Platz auch für größere Gespanne. Sanitäranlagen im Container. Tagsüber gute Fährverbindungen nach Smíchov und nach Výtoň (Neustadt). Nachts muss man von der Metrostation Smíchovské nádraží weiter mit Ⓢ 6, 12, 14 o. 20 Lihovar und sich von dort auf einen mind. 15-minütigen, einsamen Spaziergang gefasst machen. Anfahrt mit dem Fahrzeug: von Süden kommend auf der Schnellstraße Nr. 4 stets links der Moldau gen Zentrum fahren und bei einer Shell-Tankstelle bzw. dem River Business Centre auf die Beschilderung achten. Císařská louka 599, PLZ 15000, ✆ 257318387, www.volny.cz/convoy.

Žižkov → Karte S. 222/223

Camp Žižkov Prague 1 Der dem Zentrum nächstgelegene Platz, aber eher etwas für Reisefreaks und junge Partypeople, zudem nicht sehr idyllisch (von Sportplätzen und Wohnblöcken umringt). Kneipe (manchmal Livemusik am Abend), Lagerfeuerstelle, Sanitäranlagen im Container. Schwimmbad in der Nachbarschaft. Hostel angeschlossen. Mit der Straßenbahn ca. 10 Min. bis Hauptbahnhof. Nad Ohradou 17 (von der Koněvova ausgeschildert), PLZ 13000, Ⓢ 1, 9, Vozovna Žižkov, ✆ 607296507 (mobil), www.praguecamping.com.

Campingpreise

Mit folgenden Preisen müssen Sie auf den Campingplätzen rechnen: Erwachsene 4–7 €, Kinder 3–5 €. Zelt je nach Größe 4–9 €. Pkw 3–5 €, Motorrad 2–4 €, Wohnmobil 8–13 €. Strom pro Tag 3–6 €. Hunde dürfen auf dem einen Platz umsonst das Zelt bewachen, auf anderen hat man für sie bis zu 2 € zu zahlen. Für eine Übernachtung in einem Zimmer mit Bad sollte man mit 35–40 € rechnen.

Swingherbst am Altstädter Ring

Kultur

In Sachen Kultur mausert sich Prag von einer großen Provinzstadt zu einer kleinen Metropole. Das Veranstaltungsangebot ist überaus breit gefächert.

Einen Überblick über kulturelle Veranstaltungen bieten die deutschsprachige *Prager Zeitung* (www.pragerzeitung.cz) und die als E-Paper erscheinende englischsprachige *Prague Post* (www.praguepost.com). In Informationsbüros und vielen Kneipen liegen zudem Flyer und Programmhefte aus. Im Internet listet u. a. die Seite www.ticketportal.cz nahezu sämtliche Events auf, für die man Tickets kaufen kann.

Klassische Musik, Oper und Ballett

„Wer Tscheche ist, ist Musiker", lautet ein altes Sprichwort. Große Komponisten wie Bedřich Smetana und Antonín Dvořák bezeugen dies. Leider hat heute die Crème de la Crème der tschechischen Musiker der Stadt den Rücken gekehrt – im Ausland lässt sich mehr verdienen. Dennoch sind die Prager Ensembles gut und die prachtvollen Konzertsäle und Opernhäuser allein schon eine Augenweide. Zudem finden während der Sommermonate in vielen Gärten und Parks nahezu täglich Konzerte statt.

Eher abzuraten ist von den in diversen Kirchen dargebotenen Mozart-, Vivaldi- und Dvořák-Potpourris. Über ihre Zweitklassigkeit helfen auch keine historischen Kostüme hinweg. Solche *Best-ofs* gibt es nur, weil viele Touristen glauben, ein Konzertbesuch gehöre einfach zu einer Pragvisite. Mit den im Folgenden genannten Konzertsälen treffen Sie i. d. R. die bessere Wahl.

Klassische Konzerte/Oper/Ballett

Rudolfinum, Sitz der Tschechischen Philharmonie (→ S. 162). Vorverkauf u. a. im Haus. ℡ 227059227, www.ceskafilharmonie.cz.

Kultur 67

Tickets für kulturelle Veranstaltungen: Karten können in der Innenstadt an diversen Vorverkaufsstellen erstanden werden – Plakate machen darauf aufmerksam. Die Preise sind niedriger als zu Hause, Karten für klassisches Theater, Oper oder Ballett bekommt man oft schon ab 10 €, lediglich die Schwarzen Theater sind teurer (25–30 €). Da viele Vorverkaufsstellen versuchen, zuerst oder ausschließlich die teuersten Tickets zu verkaufen (mehr Provision), lohnt es sich, die Häuser direkt aufzusuchen! Tickets verkaufen auch alle offiziellen städtischen Informationsbüros (→ S. 32). Bereits von zu Hause aus kann man auch über www.ticketportal.cz oder www.bohemiaticket.cz Tickets bestellen.

Smetana-Saal, im Jugendstilbau Obecní dům (→ S. 145). Karten bekommt man im Haus. ✆ 222002101, www.obecnidum.cz.

Villa Amerika, April–Okt. regelmäßig Konzerte über dem Dvořák-Museum (→ S. 126). ✆ 224923363, www.nm.cz.

Španělský Sál (Spanischer Saal), grandioser Saal im Neorenaissance-Look auf der Prager Burg (→ S. 194). Leider finden Konzerte nur sehr unregelmäßig statt. Infos unter ✆ 224372415, www.kulturanahrade.cz.

Lobkowicz Palace, einstündige Klavier-, Flöten- und Violinkonzerte stets um 13 Uhr im gleichnamigen Palast auf der Prager Burg (→ S. 206). Infos unter ✆ 777227853 (mobil) und www.prague-castle-concerts.cz.

Stavovské divadlo (Ständetheater), zählt mit Recht zu den schönsten Theatern Europas (→ S. 139). Vorverkauf gegenüber in der Touristeninformation. ✆ 224901448, www.narodni-divadlo.cz.

Národní divadlo (Nationaltheater), neben anspruchsvollen Theateraufführungen auch tschechische Opern und Ballett in prunkvollem Ambiente (→ S. 124). Ticketverkauf u. a. hinter dem Haus. ✆ 224901448, www.narodni-divadlo.cz.

Státní opera (Staatsoper), wesentlich kleiner als das Nationaltheater, aber ebenfalls eine Augenweide (→ S. 127). Allerdings sind Spielplan und Inszenierungen i. d. R. wenig innovativ. Seit Jahrzehnten auf dem Spielplan: *Tosca*, *Carmen*, *La Traviata*, *Aida* ... Ticketverkauf u. a. im Haus. ✆ 224901448, www.narodni-divadlo.cz.

Hudební divadlo v Karlíně, einziges Prager Haus, dessen Schwerpunkt auf Operetten liegt. Geboten werden aber auch Musicals.

Der Smetana-Saal: Heimat des Prager Symphonieorchesters

Was steht auf dem Programm?

Vorverkauf im Haus. ℅ 221868666, www.hdk.cz. Křížíkova 10 (neben dem Busbahnhof Florenc), Karlín. Ⓜ B Florenc.

Theater, Musicals

Prag besitzt über 200 Bühnen – man hat die Qual der Wahl, sofern man des Tschechischen mächtig ist. Doch viele Bühnen stehen vor dem Aus, da die staatlichen Zuschüsse seit Jahren nicht erhöht wurden (in manchen Jahren gar gekürzt wurden) und gleichzeitig die Kosten steigen.

Die **Schwarzen Theater (Černé divadlo)**, für die die Stadt berühmt ist, haben unter den Kürzungen weniger zu leiden. Sie sind ein Stück Touristenkult und können höhere Einrittspreise verlangen. Viele Vorstellungen bedienen sich rein pantomimischer Darstellung, Musik untermalt die einfach erzählten Geschichten. Dabei bewegen dunkel gekleidete Schauspieler vom Publikum unbemerkt leuchtende Gegenstände vor einem schwarzen Hintergrund. Zu viel des Zaubers, wie oft angepriesen, sollte man jedoch nicht erwarten.

Eine lange Tradition haben auch die **Marionettentheater**. Leider passten sich auch diese überwiegend dem touristischen Allerweltsgeschmack an. Die Endlosaufführungen von Mozarts *Don Giovanni* kann man sich sparen. Andere Puppentheater versprechen durchaus anspruchsvolle Unterhaltung – nicht nur für Kinder.

In der folgenden Auswahl sind nur Theater berücksichtigt, die auch für Pragbesucher ohne Tschechischkenntnisse interessant sein können.

Theater

Divadlo Archa, eines der wenigen Prager Theater mit ausgesprochen avantgardistischem und experimentellem Programm. Gastspiele, ausgefallene Konzerte, Lesungen (vieles in Englisch). Ticketvorverkauf u. a. im Haus. ℅ 221716333, www.archatheatre.cz. Na Poříčí 26, Nové Město. Ⓜ B Náměstí Republiky.

Nová scéna, der Glasbau aus den frühen 1980ern beherbergt die zweite Bühne des Nationaltheaters (→ S. 67). Buntes Programm: Theater (viele Dramen, zuweilen auch ausländische Gastspiele), Kabarett, Musicals usw. Ticketverkauf im Haus. ℅ 224931482, www.novascena.cz.

Švandovo divadlo, einziges Theater der Stadt, das seine (oft recht anspruchsvollen) Stücke nahezu regelmäßig englisch „übertitelt". ℡ 257318666, www.svandovodivadlo.cz. Štefánikova 57, Smíchov, Ⓢ 6, 9, 12, 20 Švandovo divadlo.

La Fabrika, durchgestylte Location in einer ehemaligen Fabrik. Vielfältiges Programm abseits des Mainstreams: Theater, Tanz, aber auch Filmvorführungen und Konzerte. Mit Bar. www.lafabrika.cz. Komunardů 30, Holešovice, Ⓜ C Vltavská, weiter mit Ⓢ 1, 14, 25 Dělnická.

Divadlo Ponec, modernes Tanztheater. Einige der weltbesten Tanzgruppen traten hier schon auf. Die Vorstellungen sind schnell ausverkauft. ℡ 222721531, www.divadloponec.cz. Husitská 24a, Žižkov, Ⓜ B, C Florenc, weiter mit Ⓑ133, 504 U Památníku.

Divadlo Alfred ve Dvoře, innovatives nonverbales Theater, das auf den kommerziellen Schwarzlicht-Schnickschnack gut verzichten kann. Viel Tanz, die Vorstellungen sind stets auf hohem Niveau. ℡ 233376985, www.alfredvedvore.cz. Fr. Křížka 36, Holešovice, Ⓢ 1, 8, 12, 17, 25, 26 Strossmayerovo náměstí.

Nationaltheater, → Oper/Ballett.

Schwarzes Theater

Černé divadlo Jiřího Srnce, gilt als weltweit erstes Schwarzes Theater, zudem als das beste Prags. Keine eigene Bühne, Aufführungen zuweilen im Divadlo Broadway (s. u.) oder in der Nová Scéna (s. o.). Infos zum Programm unter ℡ 774574475 (mobil) oder www.blacktheatresrnec.cz. Ticketverkauf u. a. über Ticketportal, www.ticketportal.cz.

Laterna Magika, touristenüberlaufenes Multimediatheater mit Projektionen, Pantomime und Tanz – hört sich spannender an, als es ist. Spielort ist die Nová Scéna (s. o.). Ticketverkauf im Haus, ℡ 224931482, www.narodni-divadlo.cz.

Divadlo Image, neben Schwarzlichteffekten auch Pantomime und moderner Tanz. Ticketverkauf vor Ort. ℡ 222329191, www.imagetheatre.cz. Pařížská 4, Josefov, Ⓜ A Staroměstská.

Marionettentheater

Divadlo Spejbla a Hurvínka, weltbekanntes Puppentheater, das bereits seit 1930 besteht und schon in 31 Ländern gastierte. Zukunft wegen finanzieller Nöte jedoch ungewiss. Erkundigen Sie sich, wann Aufführungen in Deutsch stattfinden.

Ticketverkauf vor Ort. ℡ 224316784, www.spejbl-hurvinek.cz. Dejvická 38, Dejvice, Ⓜ A Dejvická.

Musicals

Internationale Gastspiele finden für gewöhnlich im **Kongresszentrum** im Stadtteil Vyšehrad statt (5. května 65, Ⓜ B Vyšehrad, www.kcp.cz). Die ortsansässigen Musicaltheater präsentieren überwiegend Stücke in tschechischer Sprache, das Niveau reicht nicht an Stella-Produktionen heran.

Goja Music Hall, hier stehen Klassiker wie *Phantom der Oper* oder *Les Misérables* auf dem Programm. Im Ausstellungsareal Výstaviště in Holešovice, → S. 217. ℡ 272658337, www.goja.cz.

Divadlo Hybernia, neben Musicals auch Ballett. Im Empirebau Domu U Hybernů am Náměstí Republiky 3, Staré Město. Vorverkauf u. a. im Haus, ℡ 221419420, www.hybernia.eu. Ⓜ B Náměstí Republiky.

Divadlo Broadway, Bühne für Musicals, aber auch andere Veranstaltungen. Vorverkauf u. a. im Haus. ℡ 225113311, www.divadlo-broadway.cz. Na příkopě 31, Nové Město, Ⓜ B Náměstí Republiky.

Foyer des Rudolfinums

Divadlo Kalich 39 → Karte S. 114/115. Ticketverkauf im Haus. ✆ 296245311, www.divadlokalich.cz. Jungmannova 9, Nové Město, Ⓜ A, B Můstek.

Hudební divadlo v Karlíně, → Oper/Ballett.

Kino

Große Hollywoodproduktionen laufen in Prag zum gleichen Zeitpunkt wie im restlichen Europa an, unkommerzielle Filme oft mit ein paar Monaten Verzögerung, manchmal sind sie nur auf den Filmfestivals (→ Veranstaltungskalender, S. 80 f.) zu sehen. Ausländische Produktionen werden überwiegend in der Originalfassung mit Untertiteln gezeigt – erkundigen Sie sich am besten vorher. Die Kinokarten kosten selten mehr als 8 €, manchmal sind sie schon ab 4 € zu bekommen. Für Festivalbeiträge sollte man sich die Karten früh besorgen.

Multiplexkinos findet man in nahezu allen Shoppingmalls, im Folgenden eine kleine Auswahl außergewöhnlicher Kinos:

Lucerna, grandioser Kinopalast aus den 20er-Jahren des letzten Jahrhunderts. Prächtige ornamentale Ausschmückung. 500 Sitzplätze. Schönes Kinocafé. Standardfilmprogramm. www.lucerna.cz. Vodičkova 36, Nové Město, Ⓜ A, B Můstek cder A, C Muzeum.

Světozor, traditionsreiches Kino mit alternativem Programm, viele tschechische Filme mit englischen Untertiteln. Dazu Filmplakateverkauf. www.kinosvetozor.cz. Vodičkova 41 (Eingang von der Passage), Nové Město, Ⓜ A, B Můstek.

Cinestar Anděl, moderner Kinokomplex mit 14 Sälen, darunter auch ein „Gold-Class-Saal" mit Bar und großen Lümmelsesseln samt Fußlehne. www.cinestar.cz. Radlická 1E, Smíchov, Ⓜ B Anděl.

Theatre Cinema Café Royal, plüschige und sehr atmosphärische Retrolounge in einem Theatersaal aus dem Jahr 1929, der später als Kino genutzt wurde. Die neuen Betreiber planen eine Mischung aus Kinocafé (Klassiker genauso wie tschechische Filme mit engl. Untertiteln), Konzert- und Kleinkunstbühne. Bleibt zu hoffen, dass das Konzept aufgeht. Nicht billig. www.leroyal.cz. Vinohradský 48, Vinohrady, Ⓢ 11, 13 Vinohradská tržnice.

Aero, großes alternatives Kino mit netter Bar. Überwiegend anspruchsvolle Filme. www.kinoaero.cz. Biskupcova 31, Žižkov, Ⓢ 9, 10, 16 Biskupcova.

IMAX, hier laufen 3-D-Filme (i. d. R. in Tschechisch) auf angeblich einer der größten IMAX-Kino-Leinwände (20 x 25 m) der Welt. www.cinemacity.cz. Im Shoppingcenter Palác Flora, Žižkov, Ⓜ A Flora.

Theatre Cinema Café Royal: Retrolounge im alten Kino

Barrandov, das Hollywood des Ostens

Auf einem Hügel südlich von Smíchov liegen die Filmstudios Barrandov (leider nur für Gruppen nach Voranmeldung zugänglich). Erbaut wurden sie von der Familie Havel, Václav Havels Onkel Miloš leitete den Betrieb anfangs höchstpersönlich. Die Erfolgsgeschichte der Studios begann in den 1930ern mit Gustav Machatýs deutschsprachigem Skandalstreifen *Ekstase* – die Kinos wurden förmlich überrannt, als zum ersten Mal nackte Haut auf der Leinwand zu sehen war. Während des Protektorats drehten die Nazis über 100 Propagandafilme in den Studios. Unter den Kommunisten wurden sie verstaatlicht. In dieser Zeit entstieg auch *Pan Tau* den Hügeln Barrandovs, genauso wie *Aschenbrödel* – das mit den drei Nüssen. Die Kinderfilme aus der damaligen Tschechoslowakei erweckten weltweite Begeisterung. Nach der Samtenen Revolution entdeckte Hollywood Barrandov als billigen Drehort. In Prag drehte man u. a. zwei Teile von

Dreharbeiten vor dem Außenministerium

Mission: Impossible mit Tom Cruise (1996 und 2011), Szenen des Jack-the-Ripper-Thrillers *From Hell* mit Johnny Depp (2001), von Roman Polanskis *Oliver Twist* (2004), des James-Bond-Films *Casino Royale* (2006) sowie *Child 44* (2014), produziert von Ridley Scott. Überaus beliebt ist Prag auch bei „Kostümfilmern", da die Altstadt schnell in eine x-beliebige historische Umgebung verkleidet und in Szene gesetzt werden kann.

Die staatliche Filmförderung in Tschechien ist lächerlich gering, obwohl das Land eine qualitativ hochwertige Filmindustrie hat und tschechische Regisseure weltweite Anerkennung genießen – man denke nur an Miroslav Ondříček *(Zeit des Erwachens, Garp)* und Jan Svěrák. Svěráks Film *Kolya* wurde 1996 mit dem Oscar ausgezeichnet, 2007 feierte der Regisseur zudem große Erfolge mit dem Film *Vratné lahve (Leergut)*, einer warmherzigen Komödie über einen alten Mann, der das Leben neu entdeckt. Svěráks jüngstes Werk ist der Musikspielfilm *Drei Brüder* (2014). Auch Jiří Menzel zählt zu den wichtigsten tschechischen Regisseuren. Für seine Komödie *Ostře sledované vlaky (Liebe nach Fahrplan)*, die Verfilmung einer Novelle von Bohumil Hrabal, erhielt er bereits 1966 den Oscar für den besten fremdsprachigen Film. Mit *Obsluhoval jsem anglického krále (Ich habe den englischen König bedient,* 2006) wagte sich Altmeister Menzel nochmals an eine Vorlage von Hrabal heran. Aufsehen erregten in den letzten Jahren auch Ondřej Trojans Liebesdrama *Želary*, das 2004 für den Oscar nominiert wurde, Bohdan Slámas Tragödien *Venkovský učitel (Der Dorflehrer,* 2009) und *Čtyří Slunce (Vier Sonnen,* 2012) oder Jan Hřebejks Familiendrama *Kawasaki's Rose* (2010). Der berühmteste tschechische Filmemacher ist aber ohne Zweifel Miloš Forman, der 1968 ins amerikanische Exil ging und dort mit *Hair* oder *Einer flog übers Kuckucksnest* Riesenerfolge feierte. Für den Dreh von *Amadeus* (1984) kam er zurück nach Prag.

Bei Nacht noch schöner als tagsüber: Altstädter Ring

Nachtleben

Prague by night – es gibt viel zu erleben: Techno oder Ethno, Jazz oder Jungle, Funk oder Fusion, Punkrock oder Trip-Hop – live oder vom Plattenteller.

Viele Prager Clubs und Kneipen kennen keinen Ruhetag, und eine offizielle Sperrstunde gibt es nicht. So manchem Innenstadtclub jedoch besorgten Anwohner und Hoteliers per Gerichtsentscheid frühe Schließzeiten. Andererseits startet man in Prag ohnehin früher als anderswo in die Nacht, Rockkonzerte beginnen nicht selten bereits um 19 Uhr. Für Konzerte ist jeden Abend gesorgt. Jazz, Rock, Punk, Avantgarde – Sie haben die Wahl! Zu den erfolgreichsten tschechischen **Rockbands** gehören die *Plastic People of the Universe* (→ S. 75), *Už jsme doma* („intellektueller Punk"), *Tří sestry* (Punkrock), *Kazety* (Electro-Post-Punk), *MIG 21* (Rock), *Priessnitz* (Punk aus dem Altvatergebirge) und *Support Lesbiens* (New-Age-Rock auf Englisch). Anklänge an traditionelle Balkanmusik bieten *Ahmed má hlad* und *Neočekávaný dýchánek*. *Tatabojs* präsentiert tschechischen Hip-Hop, *Švihadlo* „Moldaureggae". Empfehlenswert sind zudem die Auftritte der erfolgreichen Songwriterin *Radůza* und der Violinenvirtuosin *Iva Bittová*. Eine der genannten Bands oder Künstlerinnen tritt während Ihres Pragbesuchs garantiert irgendwo auf – ein Erlebnis mit viel Lokalkolorit. Internationale Bands sind leider oft recht zögerlich, wenn es darum geht, Prag in ihre Europatourneen einzuplanen.

In den Danceclubs finden die großen Partys am Wochenende statt, die Prager Szenekneipen sind hingegen immer fröhlich-voll. Letztere verlassen jedoch mehr und mehr das Zentrum und verlagern sich in die Stadtteile Vršovice, Vysočany, Smíchov, Žižkov und Holešovice.

Nachtleben

Clubszene

Prag ist nicht Berlin oder London, und wirklich originelle Clubs sind an einer Hand abzuzählen. Trotzdem, wer nur ein paar Tage oder eine Woche bleibt, wird den Mangel an innovativeren Locations nicht bemerken. Trendige Clubs im Zentrum, welche die Charts hoch und runter spielen, gibt es zumindest en masse. Dort lernen Sie John aus Australien oder Paolo aus Italien kennen. Wollen Sie aber mit Honza aus Prag an der Theke stehen, besuchen Sie lieber eine der häufig stattfindenden **80s-** bzw. **90s-Partys** oder gehen Sie zu einem **Konzert** einer Bluescombo oder Revivalband, die es von Abba bis Zappa gibt.

Was **elektronische Musik** angeht, so präsentiert sich die DJ-Szene der Stadt reger und internationaler als die Rock- und Jazzszene. Relativ oft stehen ausländische DJs am Plattenteller. Wer sich die Nächte mit wummernden Beats um die Ohren schlagen will, hat die Wahl zwischen gestylten Danceclubs und verräuchert-heruntergekommenen, aber einfach witzigen DJ-Kneipen. Am Wochenende geht die Party in manchen **Afterhour-Clubs** bis zum Nachmittag weiter. Im Sommer werden zuweilen Open-Air-Raves veranstaltet.

Die **Eintrittspreise** der Clubs sind niedrig. Selbst für die schicksten Locations der Stadt muss man selten mehr als 10 € hinlegen, manchmal ist der Eintritt ganz frei. Auch die Getränkepreise halten sich im Rahmen.

Clubs

SaSaZu 18 → Karte S. 214/215. Einer der größten Spaßtempel der Stadt – Platz für bis zu 2500 Partypeople! Schwarze Wände, minimalistische Deko, VIP-Lounge, da sehr promiastig. Gemischtes Programm, neben Tanzevents für den Allerweltsgeschmack auch gute DJ-Partys (Paul van Dyk war auch schon da) und Konzerte zwischen Kool & The Gang und Nina Hagen. Nebenan die gleichnamige Restaurantsensation (→ Holešovice/Essen und Trinken). Nur Fr/Sa, gelegentlich auch unter der Woche. www.sasazu.com. Bubenské nábřeží 13 (im Markt Pražská tržnice), Holešovice, Ⓜ C Vltavská, weiter mit Ⓢ 1, 14, 25 Pražská tržnice.

Lucerna Music Bar 34 → Karte S. 114/115. Touristen und junge Prager geben sich hier ein Stelldichein. Gute Konzerte, 80s-Partys am Wochenende. Faire Preise für die Lage. Nebenan die Kellerkneipe **Hospoda v Lucerně** – preiswertes Bier und durchschnittliches Essen. www.musicbar.cz. Vodičkova 36, Nové Město, Ⓜ A, B Můstek oder A, C Muzeum.

》》》 Unser Tipp: Palác Akropolis 22 → Karte S. 222/223. Kulturzentrum mit riesigem Angebot. Originelle Kneipe im Erdgeschoss (mit Gehwegterrasse im Sommer). Im Keller regelmäßig Konzerte (u. a. spielten hier schon *Nouvelle Vague*, die *Strokes*, *Ween*, aber auch schräge Trompeter aus Rumänien und und und). Dazu tägl. wechselnde DJs. Sehr empfehlenswert. www.palacakropolis.cz. Kubelíkova 27, Žižkov, Ⓜ A Jiřího z Poděbrad. **《《《**

Pilot Klub 28 → Karte S. 230/231. Der Club mit Platz für rund 400 Gäste war z. Z. d. letzten Recherche mit das Innovativste, das Prag zu bieten hatte. Spaßige Konzerte (Blixa Bargeld war auch schon da), coole Partys (www.pilotklub.cz). Zukunft wegen Anwohnerprotesten (Lärmbelästigung) und möglichem Hausverkauf jedoch ungewiss. Donská 19, Vršovice, Ⓢ 4, 22 Krymská.

Malostranská beseda 12 → Karte S. 169. Ein wiedererweckter Klassiker. Im ehemaligen Kleinseitner Rathaus fanden schon in den 1970er-Jahren legendäre Folkrockkonzerte statt, die dem Regime ein Dorn im Auge waren. Heute gibt es hier Jazz, Blues, Indie, Funk und Folk im bunten Wechsel. www.malostranska-beseda.cz. Malostranské náměstí 21, Malá Strana, Ⓢ 12, 20, 22 Malostranské náměstí.

Radost FX 17 → Karte S. 230/231. Seit bereits rund 2 Jahrzehnten einer der angesagteren Clubs der Stadt. Schicke Sofas, Parketttanzfläche. Viel US-amerikanisches Publikum. Angegliedert sind ein vegetarisches Restaurant (→ S. 236) und eine etwas protzige Lounge. House, Techno, Soul und Latin überwiegen. Lounge tägl., Club nur Di–Sa. www.radostfx.cz. Bělehradská 120, Vinohrady, Ⓜ C I. P. Pavlova.

Vagon 21 → Karte S. 114/115. Verqualmter Laden für Altfreaks, die sich nicht von Jimi

Hendrix und Led Zeppelin lösen können. Fast tägl. Live-Gigs. Viel Blues, faire Preise. Trotz zentralster Lage vornehmlich tschechisches Publikum. www.vagon.cz. Národní třída 25, Nové Město, Ⓜ B Národní třída.

Rock Café ☒ → Karte S. 114/115. Schräg gegenüber dem Vagon. Ebenfalls ein Kellerclub, ebenfalls viele Live-Gigs – eine gute Adresse, um witzige Newcomer zu erleben. Zuweilen auch Filme und Theateraufführungen www.rockcafe.cz. Národní třída 20, Nové Město, Ⓜ B Národní třída.

Futurum ☒ → Karte S. 211. Ein Dauerbrenner. Unspektakulär dekorierter Club im Untergeschoss eines Mehrzweckpalasts. Beliebt sind die 80s- und 90s-Partys, bei denen Haus-DJ Jirka Neumann sein Bestes gibt. Dazu witzige Konzerte einheimischer Newcomer. Günstig. www.futurum.musicbar.cz. Zborovská 7, Smíchov, Ⓢ 4, 7, 10, 14, 16, Zborovská.

MeetFactory → Karte S. 211. In der ehemaligen Fleischfabrik (→ S. 209) im Stadtteil Smíchov gibt es immer wieder spannende Events und Konzerte.

Club Kain ☒ → Karte S. 222/223. Wer auf langhaarige Bartträger mit Harley-Davidson-Shirts und handgemachten Rock steht, ist hier richtig. Oben rustikale Kneipe, im Keller fast tägl. ab 21 Uhr Konzerte (Revivalbands zwischen Van Halen und Ozzy Osbourne überwiegen). So geschl. www.kain.cz. Husitská 1, Žižkov, Ⓢ 5, 9, 26, Husinecká.

Mecca ☒ → Karte S. 214/215. Durchgestylter Danceclub in einem ehemaligen Fabrikgebäude. Mischung aus illustrem, reichem und schönem Publikum. Viel House. Nur Fr/Sa ab 22 Uhr. www.mecca.cz. U Průhonu 14, Holešovice, Ⓜ C Nádraží Holešovice, weiter mit Ⓢ 12, 14 U Průhonu.

Klub Strahov 007 ☒ → Karte S. 169. Im Untergeschoss eines heruntergekommenen Plattenbau-Studentenwohnheims im Viertel Strahov westlich der Kleinseite. Empfehlenswerter Undergroundclub, der bereits seit 1969 (!) einheizt, aber seit Jahren von der Schließung bedroht ist (Lärm!). Fast tägl. Konzerte oder DJs: Ska, Hip-Hop, Punk, Hardcore, Jungle, Electroclash etc. Illustre Gäste aus der ganzen Welt, selbst Jello Biaffra und die Black Lips waren schon hier. Mit 150 Besuchern ist es allerdings bereits knallvoll. Günstig. www.klub007strahov.cz. Chaloupeckého, Strahov, Ⓜ C Anděl, weiter mit Ⓑ 191 Stadion Strahov (nachts zurück mit Ⓑ 510 in die Innenstadt).

Klub Lávka ☒ → Karte S. 134/135. Beliebteste Touri-Disco (nur Do–Sa) mit mehreren Bars und Restaurant. Tolle Lage an der Karlsbrücke, im Sommer Terrasse und Bootsverleih. www.lavka.cz. Daneben liegt der Musicclub Karlovy lázně ☒, der sich mit seinen 4 Dancefloors (und einer „Ice Bar", in der man besoffener Eskimo spielen darf) gerne als der größte Club Mitteleuropas bezeichnet. Musik in beiden Locations ähnlich: 80s, Rock, Pop, House, dazu Gogo-Tänzerinnen. www.karlovylazne.cz. Novotného lávka, Staré Město, Ⓢ 17, 18 Karlovy lázně.

Duplex Dine & Dance ☒ → Karte S. 114/115. Hier, über den Dächern des Wenzelsplatzes, feierte Mick Jagger seinen 60. Geburtstag. Trotzdem ein reiner Touristpot, dazu oft Studentenpartys, empfehlenswert jedoch wegen der herrlichen Ausblicke auf das nächtliche Prag. Angegliedert ein Restaurant. Nicht billig. So/Mo/Di nur Restaurantbetrieb. www.duplex.cz. Václavské náměstí 21, Nové Město, Ⓜ A, B Můstek oder A, C Muzeum.

Roxy ☒ → Karte S. 134/135. Die Techno-, House- und Reggae-Partys im großen Kellerclub ziehen seit Jahren ein internationales Publikum an, gelegentlich auch gute Konzerte renommierter Bands. Mo freier Eintritt. www.roxy.cz. Im 1. Stock das NOD, ein großräumiges, karges Szenecafé mit Künstler- und Intellektuellenpublikum. Galerie angegliedert, Sessions und Performances. Man kann auch Kleinigkeiten essen. www.roxy.cz. Dlouhá 33, Staré Město, Ⓢ 5, 8, 24, 26 Dlouhá třída.

Le Clan ☒ → Karte S. 230/231. Afterhour-Club. Schöne Männer und noch schönere Frauen mit viel Koks im Handtäschchen. Kerzenlicht, Madonnenbilder an der Wand, rote Vorhänge. Internationales Publikum. Dancemusic, zu der aber selten jemand tanzt. Am interessantesten Sa und So gegen 6 Uhr morgens, noch um 3 Uhr herrscht gähnende Leere. Bitte klingeln. Di–So ab 2 Uhr. www.leclan.cz. Balbínova 23, Vinohrady, Ⓜ A, C Muzeum.

2. Patro ☒ → Karte S. 134/135. Der „Zweite Stock" ist fast noch ein Geheimtipp. Man erreicht ihn über einen morbiden Renaissancehof, klingelt dort auf der linken Seite und steigt dann in den zweiten Stock hoch. Vorne eine stylishe Bar, hinten bearbeiten DJs die Turntables, und es wird getanzt, zuweilen witzige Performances. So geschl. Dlouhá 37, Staré Město, Ⓢ 5, 8, 24, 26 Dlouhá třída.

Clubszene

Cross Club 4 → Karte S. 214/215. Populärer, touristenarmer Club. Schräger Biergarten, innen wie außen wurde Metallschrott zu skurrilen Kunstwerken verarbeitet. Im Kneipencafé im 1. Stock kann man auch essen. Breites Programm zwischen DJ-Abenden (Jungle, Breakbeat, House, Acid etc.) und Liveacts (Punk, Blues etc.). Sehr junges Publikum. www.crossclub.cz. Biergarten/Café tägl. ab 14 Uhr, Club ab 20 Uhr. Plynární 23, Holešovice, Ⓜ C Nádraží Holešovice.

Storm Club 3 → Karte S. 222/223. Angesagter Szeneclub in einer ehemaligen Gefrierfleischfabrik. Für alle unter 25. Hier vergewaltigen die besten Nachwuchs-DJs der Stadt den Plattenteller, und die tanzwütige Menge ist unter der dicken Graswolke kaum zu sehen. Themenabende (meist Fr/Sa) zwischen Techno, Punk, Hip-Hop, D'n'B und Dub. www.stormclub.cz. Koněvova 13 (Zugang jedoch vom Tachovské nám.), Žižkov, Ⓜ B, C Florenc, weiter mit Ⓑ 133 Tachovské náměstí.

La Loca Music Bar 53 → Karte S. 114/115. Dem Mosaic House (→ Übernachten, S. 62) angegliederte Location, deren Konzerte und Partys (i. d. R. kein Eintritt) bei jungen Pragern und den hauseigenen Hostelgästen überaus populär sind. www.lalocaa.cz. Odborů 4. Ⓢ 14 Myslíková.

The Plastic People of the Universe – die tschechische Underground-Legende

Die Psychedelic-Rock-Band „The Plastic People of the Universe" (→ Geschichte, S. 97) wurde 1968 gegründet, ihr Name geht auf den Frank-Zappa-Song *Plastic People* zurück. Der abgekürzte Bandname PPU war das Geheimsymbol des Widerstands zu sozialistischer Zeit. Schräg, schrill und schreiend kämpfte die Band gegen das rockfeindliche System an. Auf ein Verbot der Plastic People im Jahr 1976 folgten Scheinprozesse wegen „öffentlicher Ruhestörung, grob unsittlichen Verhaltens und Verbreitung einer dekadenten Weltanschauung". Einige Bandmitglieder wanderten in den Knast. Bis zur Samtenen Revolution konnten die Plastic People nur noch im geheimen Rahmen auftreten, zweimal taten sie dies in Václav Havels Chata. Havel gehörte übrigens zu den großen Verehrern der Band – 1998, als Havel Präsident war, nahm er auf Einladung von Bill Clinton den Bassisten Milan Hlavsa mit ins Weiße Haus. Zusammen mit Lou Reed, einem Velvet-Underground-Gründungsmitglied, veranstalteten sie dort eine Session. Milan Hlavsa verstarb 2001. Der grauhaarige Rest der Plastic People gibt in Prag noch heute hin und wieder Konzerte vor einer noch immer großen Fangemeinde – achten Sie auf Plakate oder werfen Sie einen Blick auf www.plasticpeople.eu. Ganz nebenbei: Die Bezeichnung „Samtene Revolution" für den Novemberumsturz von 1989 geht auf die Begeisterung vieler Bürgerrechtler für die Musik von Velvet Underground (Velvet = Samt) zurück.

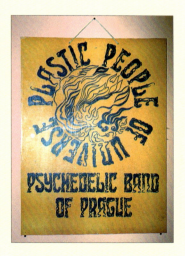

Bars und Kneipen

Bars und Kneipen, die auch tagsüber geöffnet haben, finden Sie bei den Stadtteilkapiteln unter der Rubrik „Essen und Trinken". Hier noch ein paar zusätzliche Adressen für den Abend:

Bar & Books 12 → Karte S. 134/135. Der Tipp für die gediegene Abendgestaltung. Gepflegt-geschmackvolle Whiskeybar (ein Ableger aus New York) mit großen Fenstern und langer Theke im Stil eines englischen Herrenclubs. Bücherwand, Kellner im Anzug, satte Preise. Týnská 19, Staré Město, Ⓜ A Staroměstská.

Čili Bar 29 → Karte S. 134/135. Süße, kleine Cocktailbar mitten im historischen Zentrum, in der man hin und wieder auch noch auf junge Tschechen trifft. Rote Tapeten, leicht schrabbelig, dazu – natürlich – mit vielen, vielen getrockneten Chilis dekoriert. Gute Cocktails und süffiges Bernard-Bier aus kleinen Gläsern. Kožná 8, Staré Město, Ⓜ A, B Můstek.

Hemingway 52 → Karte S. 134/135. Eine gehobene, kuschelige Cocktailbar in der Altstadt – dennoch verirrt sich kaum ein Tourist hierher. Extrem adrette wie nette Barkeeper, unendliche Auswahl an Cocktails (etliche auch mit Absinth), dazu feiner Champagner und feine Zigarren. Ohne Reservierung sollte man am besten schon vor 20 Uhr da sein. Karoliný Světlé 26, Staré Město, Ⓢ 17, 18 Karlovy Lázně.

Prager Cafékultur

U staré studny 21 → Karte S. 169. Wein- und Cognacbar für Schlechtwettertage. Der namengebende „alte Brunnen" ist im weitverzweigten Keller mit seinen Treppchen und kleinen Séparées tatsächlich zu finden. Kleine Häppchen, kompetente Beratung. Der Eingang ist völlig unscheinbar – Augen auf. Tržiště 3, Malá Strana, Ⓢ 12, 20, 22 Malostranské náměstí.

Bukowski's 17 → Karte S. 222/223. Keine Absturzkneipe, wie der Name vielleicht suggerieren mag, sondern eine gemütliche, bei Tschechen wie Expats populäre Cocktailbar im Ausgehviertel Žižkov. Mobiliar vom Trödler, gedämpftes Licht, nette Musik und an den Wänden Bilder von berühmten Trinkern wie Hemingway oder Lowry. Am Wochenende sehr voll und gute Partystimmung. Bořivojova 86, Žižkov, Ⓢ 5, 9, 26 Husinecká.

Malkovich 20 → Karte S. 222/223. Liegt's am Rauchverbot? Tatsache ist, dass in dieser witzigen Vintagebar ein paar Türen weiter deutlich weniger los ist als im Bukowski's. Retromobiliar, auf den Tapeten flattern Vögel herum, gute Cocktails und noch besseres Bier aus dem nordböhmischen Žatec. Bořivojova 100, Žižkov, Ⓢ 5, 9, 26 Husinecká.

Beer Museum Pub 5 → Karte S. 134/135. Mit einem Museum hat das Ganze wenig gemein, trotzdem eine gute Adresse für Bierliebhaber. In der meist sehr vollen, langgezogenen, rustikalen Kneipe werden rund 30 verschiedene böhmische Biere überwiegend kleinerer Brauereien gezapft. Dlouhá 46, Staré Město, Ⓢ 5, 8, 24, 26 Dlouhá třída. Zudem eine Zweigstelle am Náměstí Míru (Americká 43) in Vinohrady (21, Karte S. 230/231).

Duende 47 → Karte S. 134/135. Eine gemütliche Oase in der Altstadt, mit viel Trödel eingerichtet (Achtung: So manchem Gast brach hier schon der Stuhl unterm Hintern zusammen). Kunterbuntes Publikum – nach ihrem Prager Gig schauten auch die Pixies vorbei. So lange offen, bis die Bedienungen keine Lust mehr haben. Karoliny Světlé 30, Staré Město, Ⓢ 17, 18 Karlovy lázně.

Újezd 34 → Karte S. 169. Johnny Rotten is not forgotten, zumindest hier nicht. Bunte Kneipe auf 3 Etagen. Junges und älteres, aufgedrehtes und hängengebliebenes Publikum aus aller Herren Länder. Unten spielen Bands auf (neben viel Punk auch Hardcore und Breakbeat), im EG trinkt man Bier und oben kifft man zum Bier. www.klubujezd.cz. Újezd 18, Malá Strana, Ⓢ 6, 9, 12, 20, 22 Újezd.

Bars und Kneipen

Wakata 12 → Karte S. 214/215. Gemütliche DJ-Kneipe mit simpler Einrichtung. Breakbeat, Jungle, Dancehall und Downbeat, ab und zu Jam Sessions. Gemischtes, originelles Publikum, Fr/Sa wird aufgetanzt. Malířská 14, Holešovice, Ⓜ C Vltavska, weiter mit Ⓢ 1, 8, 12, 25, 26 Letenské náměstí.

M1 11 → Karte S. 134/135. Minimalistische Dielenbar. Ambient, Rythmic House oder Acid Jazz. Üppiges Angebot an Cocktails. Vor 22.30 Uhr herrscht tote Hose. Oft sehr junges Publikum. Dresscode: *smart and casual*. Masná 1, Staré Město, Ⓜ B Náměstí Republiky.

Bokovka 50 → Karte S. 114/115. Geschmackvoll eingerichtete, ruhige Weinbar in einer netten Ecke der Neustadt. Neben internationalen Weinen auch gute mährische Tropfen und kleine Leckereien. Nichtraucher. Pštrossova 8, Nové Město, Ⓢ 14 Myslíkova.

DJ's Bar Ryba 54 → Karte S. 114/115. Kleine unprätentiöse Musikkneipe in Wenzelsplatznähe. Nichts Besonderes, aber sehr tschechisch. Oft schräges Völkchen, Graffiti an den Wänden, billiges Bier. Nebenan werkelt ein Tätowierer. Žitná 47, Nové Město, Ⓜ A, C Muzeum.

Pub Crawling statt Sightseeing – die Invasion der Hirsche

Sie tragen Shirts mit Aufdrucken wie „Prague Drinking Team", sind tagelang im Dauerrausch und dazwischen im Bordell. Unzählige englische Männergrüppchen fallen jedes Wochenende nach Prag ein, um hier sog. „Stag Parties" (*stag* = Hirsch) zu feiern – feuchtfröhliche Junggesellenabschiede ganz nach dem Motto „Cheap beer and cheap sex". Kein Wunder, kommt doch ein Wochenende in Prag mit Freunden billiger als die Kneipentour zu Hause. Rund 70 % aller Stag Parties finden mittlerweile außerhalb von England statt (beliebt sind neben Prag mehr und mehr auch Tallinn, Riga und Bratislava). Im Internet bieten an die 70 Agenturen Stag-Reisen im Paket an. Am bekanntesten ist „Prague Pissup" („Saufgelage in Prag"), hier kann man alles buchen: von „partyfreundlichen Apartments" bis zu „Milchmädchen-Stripshows". Die Gruppen lassen viel Geld in der Stadt, doch etliche Hoteliers und Kneipiers haben von zertrümmerten Möbeln und vollgeko... Toiletten mittlerweile die Nase voll. Daher prangt vor mehr und mehr Bars das Schild „No stag groups allowed".

Nachtleben

Chapeau Rouge 🔟 → Karte S. 134/135. Bar ganz in Rot, vorrangig amerikanisches Publikum. In der Vergangenheit machte die Kneipe immer wieder Schlagzeilen, weil aufgebrachte „Obermieter" Wasser auf Gröler und Dealer vor der Tür kippten. Im Keller ein Dance- (Dubstep, House, Minimal etc.) und ein Livemusikclub (Rock, Crossover, Blues, Punkrock etc.). www.chapeaurouge.cz. Jakubská/Ecke Malá Štupartská, Staré Město, Ⓜ B Náměstí Republiky.

Azyl 5 → Karte S. 211. Simpler D'n'B-Schuppen (auch Chicago House oder Minimal ist möglich). Zuweilen Events. Kleine Tanzfläche. www.klub-azyl.cz. Krovtova 1, Smíchov, Ⓢ 6, 9, 12, 20 Švandovo divadlo.

Jazz

Vorbei sind die Prager Zeiten, als Jazz noch ein Politikum war, ein antikommunistisches Lebensgefühl darstellte und als subversiv galt. Heute ist Jazz einfach nur noch Jazz. Den präsentiert man gut, aber nicht unbedingt innovativ, selten sind neue Töne zu hören. Zu den auch international bekannten Prager Jazzgrößen gehört der Flötist *Jiří Stivín* (Jahrgang 1942). Auf den Prager Bühnen machte er ihn bereits seit den 60er-Jahren – mit Ausnahme der Jahre nach dem Prager Frühling, als er London zu seiner vorübergehenden Heimat machte. Einen Stivín-Liveauftritt sollte man sich nicht entgehen lassen. Neben Stivín touren noch 10–15 einheimische Combos regelmäßig durch die Prager Clubs, zuweilen sorgen internationale Jazz-Musiker für Abwechslung. Je nach Band und Club kann man mit Eintrittspreisen von 8 bis 15 € rechnen. Die Konzerte beginnen i. d. R. gegen 21 Uhr.

Jazzclubs

Reduta 25 → Karte S. 114/115 Legendärer Jazzschuppen seit 1958. Bill Clinton packte hier vor Václav Havel sein Saxophon aus. Dixie, Swing und Jazz-Rock. www.redutajazzclub.cz. Národní třída 20, Nové Město, Ⓜ B Národní třída.

Jazz Dock 4 → Karte S. 211. Der verglaste Pavillon, umspült von den Wogen der Moldau, ist eine der trendigsten Jazzlounges der Stadt. Fast jeden Abend Live-Jazz, dazu gute Snacks, und das alles zu fairen Preisen. www.jazzdock.cz. Janáčkovo nábřeží 2, Smíchov, Ⓢ 6, 9, 12, 20 Švandovo divadlo.

Jazz Club U staré Pani 43 → Karte S. 134/135. Etwas gestyltere Ambiente, trotzdem gemütliche Atmosphäre. Blues, Soul, Jazz, hin und wieder macht man aber auch auf Latinodisco. Konzerte meist Mi–Sa ab 21 Uhr, www.jazzstarapani.cz. Michalská 9, Staré Město, Ⓜ B Národní třída.

The Loop Jazzclub 2 → Karte S. 169. Neuester Jazzclub der Stadt (seit 2014) im einstigen Bürgerschwimmbad aus dem frühen 18. Jh., einem neoklassizistischen Bau an der Moldau. Tolle, leicht plüschige, gehobene Atmosphäre. Draußen kann man sich auf coolen Liegeflächen direkt am Fluss ausstrecken. Konzerte finden nicht jeden Tag statt, Programm unter www.loopjazzclub.cz. Nebenan ein Thai-Restaurant. U Plovámy 8, Mala Strana, Ⓢ 5, 17 Čechův most.

U malého Glena 25 → Karte S. 169. Der Tipp für die Kleinseite. Gemütliche Bar im Erdgeschoss, winziger Club im Keller. Tägliche Live-Gigs zwischen Funk, Blues und Modern Jazz. Sehr beliebt unter US-Amerikanern. www.malyglen.cz. Karmelitská 23, Malá Strana, Ⓢ 12, 20, 22 Malostranské náměstí.

AghaRTA Jazz Centrum 26 → Karte S. 134/135. Für viele bester Jazzclub der Stadt, zudem auch noch in einem wunderschönen Gewölbekeller untergebracht. Fusion und Modern Jazz. Kleiner Shop angeschlossen. www.agharta.cz. Železná 16, Staré Město, Ⓜ A, B Můstek.

Jazzclub Ungelt 21 → Karte S. 134/135. Kleiner, verwinkelter Club im mittelalterlichen Kellergewölbe. Jazz, Blues, Funk und Fusion. Wer vom Musikhören hungrig wird, findet über dem Club ein Restaurant. www.jazzungelt.cz. Týn 2 (Eingang von der Týnská), Staré Město, Ⓜ B Náměstí Republiky.

Schwules und lesbisches Nachtleben

Die Prager Gayszene bietet ein recht breit gefächertes Angebot, das von gemütlichen Kneipen über Danceclubs bis zu SM-Treffs reicht, in denen sich auch Strichjungen herumtreiben. Das Angebot

Schwules und lesbisches Nachtleben

Künstlertreff: die MeetFactory in Smíchov

für Lesben ist dagegen eher bescheiden, in vielen Gayclubs und -bars sind aber auch Lesben willkommen. Weitere Infos → Wissenswertes von A bis Z/Schwule und Lesben, S. 42.

Clubs und Bars

Friends 59 → Karte S. 134/135. Für viele der netteste, niveauvollste und sympathischste Gayclub Prags, offen auch für Frauen. Tägl. 19–6 Uhr, wechselndes Programm. www.friendsprague.cz. Bartolomejská 11, Staré Město, Ⓜ B Národní třída.

Termix 9 → Karte S. 230/231. Schwulen- (vorrangig) und Lesben- (weniger) Club. Nüchterne, langgezogene Bar mit gläserner Theke. Großer Videoscreen, Darkroom. Tschechische Musik und Elektronisches im Wechsel. Mi–Sa 21–5 Uhr, vor 23 Uhr ist tote Hose. www.club-termix.cz. Třebízského 4a, Vinohrady, Ⓜ A Jiřího z Poděbrad.

Érra 53 → Karte S. 134/135. Gestylte, aber dennoch kuschelige Schwulen- und Lesbenbar auf 2 Etagen. Trendige Hintergrundmusik, nettes Personal, gute Cocktails. Es gibt etwas zu essen (auch Frühstück möglich). Angenehme Atmosphäre, auch für Heteros. Im Sommer sitzt man draußen auf dem Gehweg. Konviktská 11, Staré Město, Ⓢ 6, 9, 18, 22 Národní divadlo.

Klub 21 8 → Karte S. 230/231. Etwas versteckte Gaykneipe mit Galerie im Backsteinkeller. Auch Lesben sind willkommen. Nettes Publikum. Římská 21, Vinohrady, Ⓜ A Náměstí Míru.

> Im Club **Radost FX** (→ S. 73) findet mit der *Lollypop* einmal im Monat eine sehr beliebte Gayparty statt.

Piano Bar 25 → Karte S. 222/223. Extrem verspielte, mit altem Trödel eingerichtete Kneipe für Schwule und Lesben. Sehr gemütlich. Das namengebende Klavier ist natürlich auch zu finden. Milešovská 20, Žižkov, Ⓜ A Jiřího z Poděbrad.

JampaDampa 55 → Karte S. 114/115. Lesbenclub im Backsteingemäuer – nicht gerade stilvoll, aber witzig. Häufige Karaoke- und Burlesquepartys. V Tůních 10, Nové Město, Ⓜ C I.P. Pavlova.

Alcatraz 14 → Karte S. 222/223. Reiner Gayclub im Backsteingemäuer. Sauna, Käfige, am Wochenende Darkrooms. Viel Leder. Sexbetont: „Naked-" und „Fist-Partys". www.alcatraz.cz. Bořivojová 58, Žižkov, Ⓢ 5, 9, 26 Lipanská.

Veranstaltungskalender

Aktuelle Informationen zu den diversen Veranstaltungen können Sie der *Prager Zeitung* (www.pragerzeitung.cz) oder der *Prague Post* (www.praguepost.com) entnehmen.

Januar

An **Neujahr** feiert und feuert Prag. Menschenmassen und Rauchbomben gibt's am Wenzelsplatz und auf der Karlsbrücke. Wer das Feuerwerk in Ruhe genießen will, geht auf den Vítkov-Hügel in Žižkov oder auf die Moldauinsel Střelecký ostrov. Das offizielle Neujahrsfeuerwerk der Stadt Prag findet übrigens erst am 1. Januar um 18 Uhr statt.

Beginn der **Ballsaison**. Jeder Stadtteil, jeder Verein feiert seinen repräsentativen Ball: Die Spannbreite reicht von feucht-fröhlichen Polkapartys bis zu elitären Veranstaltungen mit dem Wiener Opernball als Vorbild.

Kurzfilmfestival – dauert 4 Tage und findet im Kino Světozor statt. www.prague shorts.com.

Spectaculare – genreübergreifendes Schaufenster der elektronischen Musikkultur mit Tanz, Theater und Kunstinstallationen. Veranstaltungsorte sind u. a. das DOX und das Palác Akropolis. www.spectaculare.cz.

Februar

Karneval wird seit Jahren im Stadtteil Žižkov gefeiert. **Masopust** nennt sich das dortige kleine, lustige Spektakel mit einem Umzug am Faschingsdienstag, bei dem es von Kneipe zu Kneipe geht. Die Feierlichkeiten in der Innenstadt, darunter Umzüge und Maskenbälle, wurden jüngst von der Hoteliers- und Gastrobranche wiederbelebt, um als „Rio an der Moldau" punkten zu können.

März

Matthäus-Kirmes – traditionsreichster Rummelplatz der Stadt mit allem, was dazugehört: Lebkuchenherzen, Karussells und Schießbuden. Auf dem Ausstellungsgelände Výstaviště, geht meist bis nach Ostern.

Febiofest – ein populäres Filmfestival. Es läuft Neues und Kultiges im Cinestar Anděl. www.febiofest.cz.

Art Prague – Kunstmesse, an der diverse Galerien der Stadt teilnehmen. www.artprague.cz.

One World – Dokumentarfilmfestival mit Schwerpunkt auf Menschenrechten, auf kleinere Kinos der Stadt verteilt. www.oneworld.cz.

April

Traditionelles **Hexenfeuer** am Ausstellungsgelände Výstaviště, stets am 30. April.

Days of European Film – dauert rund eine Woche und liefert ein sehr interessantes Programm. Die meisten Filme laufen mit englischen Untertiteln. Hauptveranstaltungsorte sind die Kinos Světozor und Lucerna. www.eurofilmfest.cz.

Prague Writers Festival – internationales Schriftstellertreffen mit öffentlichen Lesungen. In manchen Jahren im Oktober. www.pwf.cz.

Mai

Das klassische Musikfestival **Prager Frühling** beginnt am 12. Mai mit einer Prozession vom Grab Smetanas (Ehrenfriedhof Vyšehrad) zum Obecní dům. Konzerte an verschiedenen Orten, Dauer 4 Wochen. www.festival.cz.

Marathon – die Strecke führt durch die ganze Stadt. Jeder kann nach Voranmeldung mitmachen. www.runczech.com.

Khamoro – größtes Romafestival Mitteleuropas mit Filmen, Tänzen und Konzerten, auf verschiedene Locations verteilt. www.khamoro.cz.

Prague Fringe Festival – das unkonventionelle Kleinkunstfestival dauert 9 Tage. Alle Aufführungen in englischer Sprache. www.praguefringe.com.

Dance Prague – internationales Festival für zeitgenössische Tanzkunst. Geht bis weit in den Juni hinein. Hauptveranstaltungsort ist das Divadlo Ponec. www.tanecpraha.cz.

Juni

Prague Biennale – in allen ungeraden Jahren stattfindendes Kunstspektakel mit verschiedenen Ausstellungen und Events. Geht bis in den September. www.praguebiennale.org.

Respect Festival – zweitägiges Worldmusic-Open-Air im Ladronka-Park (im Westen Prags). www.respectfestival.cz.

Festival United Islands of Prague – an dem dreitägigen Musikfestival nehmen rund 100 Bands und DJs aus aller Herren Länder teil. Auf verschiedene Parks und Moldauinseln der Stadt verteilt. www.unitedislands.cz.

Prague PROMS – buntes Musikfestival mit dem Schwerpunkt auf Klassik, Jazz und Weltmusik. Für gewöhnlich begleitet dabei das Nationale Symphonieorchester internationale Stars. Hauptveranstaltungsorte sind das Obecní dům und der Loop Jazz Club (der dafür auch das Hybernia-Theater nutzt). www.pragueproms.cz.

Juli

Rock-, Folk- und Technofestivals – achten Sie auf Plakate! In den Sommermonaten finden in und rund um Prag größere und kleinere Festivals im Grünen statt.

Sommerfestival der alten Musik – von Mitte Juli bis Anfang Aug. Teils hochkarätige Konzerte internationaler Musiker an den verschiedensten Orten. Aber nicht nur Barockmusik, im Programm auch Fado und anderes. www.letnislavnosti.cz.

August

Prague Pride – die Queerparade durch Prag. Als Touristenattraktion von der Stadt gefördert. www.praguepride.com.

Audite Organum – internationales Festival der Orgelmusik. Die Konzerte fanden zuletzt stets donnerstags in der Sankt-Jakobs-Kirche in der Altstadt statt. Dauert bis weit in den Sept. hinein. www.auditeorganum.cz.

September

Festival der sakralen Musik (Svatovaclavské Slavnosti) – dem Hl. Wenzel gewidmetes Festival, bei dem der Fokus auf geistlicher Musik aus aller Welt liegt. Auf verschiedene Kirchen, Theater und Synagogen der Stadt verteilt. www.svatovaclavske.cz.

Vinohradské vinobrání – Weinfest am Náměstí Jiřího z Poděbrad (Vinohrady). Open-Air-Konzerte und Markttreiben an verschiedenen Plätzen, dazu läuft der Federweiße in Strömen.

Strings of Autumn – internationales Musikfestival, das Klassik und Jazz bietet. Geht bis in den Nov. Verschiedene Veranstaltungsorte. www.strunypodzimu.cz.

Oktober

International Jazz Festival – ältestes Jazzfestival Mitteleuropas, u. a. im Club Reduta. www.jazzfestivalpraha.cz.

Architekture Week – internationales Festival der Gegenwartsarchitektur. Ausstellungen, Vorträge und Konferenzen. Unter anderem in der Galerie Mánes. www.architectureweek.cz.

Signal – für 4 Tage werden bekannte und unbekanntere Orte und Ecken Prags kunstvoll illuminiert. www.signalfestival.com.

Das Filmfest – das Festival deutschsprachiger Filme entspringt der Zusammenarbeit von Goethe-Institut, Österreichischem Kulturforum, Schweizer Botschaft und Kino Lucerna. www.dasfilmfest.cz.

November

Prager Theaterfestival deutscher Sprache – auf mehrere Theater der Stadt verteilt. Hervorragende Gastspiele verschiedener deutschsprachiger Bühnen. www.theater.cz.

Mezipatra – schwullesbisches Filmfestival, in den letzten Jahren in den Kinos Světozor und Aero. www.mezipatra.cz.

Festival Alternativa – unkonventionelles Festival von Avantgarderock über Jazz bis zu moderner Klassik, dazu Ausstellungen, Filmvorführungen, experimentelles Theater usw. Verschiedene Veranstaltungsorte. www.unijazz.cz.

Dezember

26. Dez.: Beim traditionellen **Moldauschwimmen** (seit 1923!) organisiert der „1. Prager Schwimmverein der Abgehärteten" den Sprung ins kalte Nass. Start am Nationaltheater. Die ältesten Schwimmer gehen schon auf die 90 zu.

Im Shoppingcenter Palladium

Einkaufen

Von einem Shoppingparadies à la Mailand oder Paris ist Prag weit entfernt. Zum Stöbern aber – egal ob in kleinen Boutiquen junger Designer oder in verstaubten Trödelläden – ist die Moldaumetropole eine gute Adresse.

Im touristischen Zentrum reiht sich Laden an Laden – kitschige Mitbringsel überwiegen: böhmisches Kristall, Töpferwaren für den nächsten Polterabend, Holzspielzeug, Marionetten, Bernsteinschmuck und bemalte Ostereier (man bekommt sie ganzjährig). Zudem decken sich viele Touristen mit Zigaretten (noch immer billiger als daheim), Karlsbader Oblaten, böhmischem Sekt (gut der *Bohemia Brut*), Becherovka oder Absinth ein. Auch mit neuen Fingernägeln reist so manche Frau nach Hause. Aus der Reihe tanzen nette kleine Boutiquen und Designerläden – in Prag entwickelt sich allmählich so etwas wie eine eigene, individuelle Kreativszene. In den Shoppingmalls finden Sie hingegen die gleichen internationalen Textildiscounter und Flagshipstores wie daheim. Einkaufen macht dort jedoch oft weniger Spaß: Insbesondere höherwertige Ware ist bestens gesichert oder hinter Glas geschützt, was das schnelle Hineinschlüpfen oder „In-die-Hand-Nehmen" erschwert – in punkto Umsatzeinbußen durch Ladendiebstahl ist Tschechien nach Russland europaweit Spitzenreiter.

Kunsthandwerk und Souvenirs

Faktor Traktor 4 → Karte S. 186/187. Hier werden die Produkte verschiedener tschechischer Kunsthandwerker und Designer verkauft. Lederwaren, Schuhe, Schmuck, Kleidung aus Naturstoffen etc. Radnické schody 9, Hradčany, Ⓢ 12, 20, 22 Malostranské náměstí.

Truhlář Marionety 23 → Karte S. 169. Marionettenläden gibt es viele, einer der schönsten ist der des Marionettenspielers und Regisseurs Pavel Truhlář im Schatten der Karlsbrücke. Handgeschnitzte Puppen, de-

Einkaufen

ren Kostüme vor Ort genäht werden. Verschiedenste Modelle, darunter auch die Prager Gespenster. Keine Stadt kennt übrigens mehr Gespenster und Geister pro Quadratkilometer als Prag. Und wer nicht weiß, wie man die Puppen tanzen lässt, kann an einem Marionettenspielkurs teilnehmen (www.marionety.com). U Lužického semináře 5/78, Malá Strana, Ⓢ 12, 20, 22 Malostranské náměstí.

Erpet 27 → Karte S. 134/135. Museumsgroßer Glaspalast für böhmisches Kristall in allen Variationen, darunter auch Moser-Gläser, die zu den kostbarsten der Welt gehören und Standard in jedem zweiten Königshaus sind. Staroměstské náměstí 27, Staré Město, Ⓜ A Staroměstská.

Manufaktura 33 → Karte S. 134/135. Kunsthandwerk und Naturprodukte von bemalten Ostereiern über Holzspielzeug bis zu wohl duftenden Seifen. Mehrere Filialen, eine große in der Melantrichova 17, Staré Město, Ⓜ A, B Můstek.

Gingerbread Museum 8 → Karte S. 169. Mehr Shop als Museum. Hier kann man sich mit überaus witzigen Lebkuchenherzen und -figuren einfinden. Dazu originelle Schürzen und Backformen, mit denen man zu Hause seinen eigenen Golem zaubern kann. Nerudova 9, Malá Strana, Ⓢ 12, 20, 22 Malostranské náměstí.

Jan Petr Obr Bohemian Paper Shop 19 → Karte S. 134/135. Schönes handgemachtes Papier. Sie können sich auch Ihr eigenes Briefpapier oder Siegel anfertigen lassen. Nostalgische Ladeneinrichtung. Nur Mo–Fr 10–18 Uhr. Staroměstské náměstí 12 (Palais Kinský), Staré Město, Ⓜ A Staroměstská.

Jarmila Mucha Plocková 23 → Karte S. 157. Die Enkelin des Jugendstilkünstlers Alfons Mucha kreiert Vasen, Broschen, Gläser, Ohrringe und Ketten (vorrangig aus Silber). Ihre kleine Boutique findet man in der Maiselova 5, Josefov, Ⓜ A Staroměstská.

Mode

In Prag gibt es die gleichen Allerweltskollektionen von *C & A* über *H & M* bis *Zara* zu ähnlichen Preisen wie daheim. Designerware à la *Armani* oder *Versace* kauft man besser zu Hause (mehr Auswahl und i. d. R. erheblich billiger). Es lohnen jedoch Blicke in die Boutiquen junger tschechischer Designer(innen) und in die witzigen Vintage-Läden, von denen in den letzten Jahren mehr und mehr entstanden sind. Die meisten finden Sie im Stadtteil Josefov, einen kleinen Überblick bietet die Seite www.czechfashion.cz.

Pavla & Olga 21 → Karte S. 169. Lustige Boutique der freundlichen Schwestern Pavla und Olga Michalková. Jedes Stück ist ein Unikat, manche sind sehr originell, andere schlicht-elegant. Auch Maßanfertigungen. Schon die britische Popband Blur und das tschechische Model Teresa Maxová ließen sich von Pavla und Olga einkleiden. Tržiště 3, Malá Strana, Ⓢ 12, 20, 22 Malostranské náměstí.

Leeda Fashion Store 32 → Karte S. 134/135. Viel beachtetes Label. Junge Mode, teils in knalligen Farben. Dazu coole Schuhe. Fast alles tragbar und noch bezahlbar. Bartolomejská 1, Staré Město, Ⓜ B Národní třída.

beata RAJSKA 18 → Karte S. 157. Sie schneidert Abendkleider und Kostüme (z. T. mit Sixties-Touch). Dlouhá 3, Josefov, Ⓢ 5, 8, 24, 26 Dlouhá třída.

Phase 2 Boutique 18 → Karte S. 169. In diesem Lädchen liegt der Schwerpunkt auf gehobener, fast edler Vintage-Mode für die Dame. Auch originelle Schuhe und Accessoires. Tržiště 8, Malá Strana, Ⓢ 12, 20, 22 Malostranské náměstí.

La Femme Mini 40 → Karte S. 114/115. Der Laden der in Vietnam geborenen Prager Designerin Mimi Lan. Romantisch-verspieltkitschige, mädchenhafte Röcke und Kleider, dazu witzig bestickte Stofftaschen. Außerdem: handgefertigte Winterjäckchen für Ihren Bello. Štěpanská 51, Nové Město, Ⓢ 3, 9, 14, 24 Vodičkova.

Kuráž 9 → Karte S. 134/135. Klamotten und Accessoires verschiedener junger Designer, die sich im bezahlbaren Rahmen halten und teils recht kitschig oder provokant daherkommen: Wie wäre es mit einer penisbedruckten Strumpfhose? Benediktská 7, Staré Město, Ⓢ 5, 8, 24, 26 Dlouhá třída.

Bohemart 53 → Karte S. 134/135. Dem Kuráž ähnlich: Textilien, Gürtel, Keramik, Schmuck und handgemachte Seifen – alles aus den tschechischen Landen. Karolíny Světlé 9, Staré Město, Ⓢ 6, 9, 18, 22 Národní divadlo.

Helena Fejkova 60 → Karte S. 134/135. Dezente Frauenmode aus Woll-, Leinen- und Seidenstoffen, dazu Schmuck, Kleider für den tschechischen Filmball und eine kleine Herrenkollektion. Martinská 4, Staré Město, Ⓜ B Národní třída.

Einkaufen

La Gallery Novesta 9 → Karte S. 157. Witzige Sneakers und Gummistiefel, dazu hippe Modeaccessoires von tschechischen und slowakischen Designern. Elišky Krásnohorské 9, Josefov, Ⓜ A Staroměstská.

Camilla Solomon 1 → Karte S. 157. Pfiffige, farbenfrohe Abendkleider. Winzige, leicht abgewetzte, aber süße Boutique. Kozí 12, Josefov, Ⓢ 5, 8, 24, 26 Dlouhá třída.

Timoure Et Group 12 → Karte S. 157. Sportlich-dezente Designerkleidung in schlichten Farben. V Kolkovně 6, Josefov, Ⓜ A Staroměstská.

Tatiana 21 → Karte S. 157. Die Besitzerin schneidert auch Filmkostüme. Mal elegant, mal cool und überaus sexy. Dušní 1, Josefov, Ⓜ A Staroměstská.

Bohème 17 → Karte S. 157. Unter anderem Taschen und Schlicht-Elegantes. Vieles ist unifarben. Dušní 8, Josefov, Ⓜ A Staroměstská.

Martina Nevařilová 5 → Karte S. 157. Sie hat sich auf nette Strickklamotten wie Pullis oder Schals spezialisiert. Dazu aber auch Kleider mit Sixties-Touch und diverse Accessoires. Elišky Krasnohorské 4, Josefov, Ⓜ A Staroměstská.

Klára Nademlýnská 18 → Karte S. 157. Luxusmode, vorrangig in Schwarz und Grau, aber auch farbige Sachen für den Alltag.

Neustadtlädchen

Die Inhaberin hat lange Jahre in Paris gelebt. Dlouhá 3, Josefov, Ⓜ A Staroměstská.

Hana Havelková / Radka Kubková 13 → Karte S. 157. Schlichte Eleganz für die noch nicht ganz ausgewachsene Dame. Hana Havelková ist Gewinnerin vieler tschechischer Designerauszeichnungen, Radka Kubková bekannt für ihre hübschen Accessoires. Dušní 10, Josefov, Ⓜ A Staroměstská.

Jozef Sloboda 49 → Karte S. 134/135. Trendige Klamotten für Männer, ein wenig à la *Hugo Boss Orange*. Rytířská 13, Staré Město, Ⓜ A, B Můstek.

TIQE 8 → Karte S. 134/135. Die Boutique der tschechischen Modeschöpferin Pedra Balvínová. Extravagant-coole, aber auch romantisch-verspielte Damenmode. Benediktská 9, Staré Město, Ⓜ B Náměstí Republiky.

》》 Unser Tipp: Botas Concept Store 15 → Karte S. 211. Hier bekommt man die tschechischen Sneakerklassiker der Marke Botas. Seit dem Relaunch der 1966er-Kollektion gehören sie zum tschechischen Vorzeigedesign und gewannen schon einige Preise. Sehr trendy, bunt und gar nicht teuer: das Paar ab 55 €. Radická 11, Smichov. Umzug in die Innenstadt geplant, checken Sie die Adresse (www.botas.cz) vor Ihrem Besuch. Ⓢ 7 Křížová. 《《

Pietro Filipi 18 → Karte S. 114/115. Wo Italien draufsteht, muss nicht Italien drin sein – die Modekette wurde 1993 in Tschechien ins Leben gerufen. Schnörkellose Damen- und Herrenmode. Mehrere Geschäfte, u. a. in der Národní 31, Nové Město, Ⓜ B Národní třída.

Dara bags 10 → Karte S. 211. Bunte und unifarbene Umhängetäschchen und -taschen des gleichnamigen Labels aus Mähren. Lidická 35, Smíchov, Ⓜ B Anděl.

Studio Šperk 7 → Karte S. 134/135. Schöner, hochwertiger Granatschmuck aus Tschechien. Dlouhá 19, Staré Město, Ⓜ B Náměstí Republiky.

Shoppingmalls

Palladium → Karte S. 114/115. Größte Shoppingmall der Innenstadt. 170 Läden. Alle bekannten Marken sind vertreten. Ein Tipp ist die Foodmeile im Obergeschoss! Náměstí Republiky, Staré Město, Ⓜ B Náměstí Republiky. Nicht weit davon kann man zudem einen Blick in die kleineren Shoppingtempel **Slovanský dům** 8 und **Černá Růže** 12

Einkaufen

werfen, beide an der Einkaufsmeile Na příkopě in der Neustadt (→ Karte S. 114/115).

Am Rande des touristischen Zentrums liegen zudem die Malls **Palác Flora** (→ Karte S. 222/223. Ⓜ A Flora) und **Nový Smíchov** (→ Karte S. 211. Ⓜ B Anděl).

Märkte

Märkte à la *Camden Market* gibt es in Prag nicht.

Bleší trhy Kolbenova, großer Flohmarkt auf dem Gelände einer ehemaligen Stahlgießerei im nordöstlichen Stadtteil Vysočany. Überwiegend billigster Trödel (Bücher, Wohnmüll, Kleidung usw.), dazu geklaute Autoradios und Neuware von Plastikschuhen bis Waschpulver. Imbissstände mit Speckwürsten und Kartoffelpuffern. Sa/So 7–14 Uhr. Ⓜ B Kolbenova, dann den Massen hinterher.

🌿 **Bleší trh Tylovo náměstí**, kleiner Flohmarkt auf dem Tylovo náměstí im Stadtteil Vinohrady. Qualitativ deutlich hochwertiger als der Kolbenka-Markt: Antiquitäten, Platten, Bücher, alte Klamotten. März–Okt. etwa jeden 2. Sa, Termine unter www.pravyblesitrh.cz. Di–Fr findet auf dem Platz ein Bauernmarkt mit vielen leckeren lokalen Bioprodukten statt. Über sämtliche Bauernmärkte Prags informiert die Seite www.trhytylak.cz. Ⓜ C I.P.Pavlova. ∎

SAPA, der größte Vietnamesenmarkt Tschechiens, ca. 10 km südlich des Zentrums. Riesiges, irgendwie trostloses Gelände mit Lagerhallen, ramschigen Basarzeilen (Koffer, Plastikblumen, Lebensmittel usw.) und sehr authentisches Asiabistros. Hier bestücken die Tante-Emma-Vietnamesen ihre Läden, hier kaufen aber auch Tschechen so manches Schnäppchen ein. Am besten Fr oder Sa kommen, sonst eher tote Hose. Ⓜ C Budějovická (dort den Ausgang zu den Bussen nach „Barrandov, Roztyly, Spořilov" wählen), weiter mit Ⓑ331 o. 333 bis Sídliště Písnice. Oder: Von Ⓜ C Kačerov weiter mit Ⓑ113 bis Sídliště Písnice. Der Eingang zum Gelände liegt noch vor der Haltestelle linker Hand.

Sammlermarkt in Buštěhrad, der 2-mal monatlich freitags stattfindende Antiquitäten- und Trödelmarkt im ca. 30 km westlich von Prag gelegenen Örtchen Buštěhrad gilt laut eigener Webseite als drittgrößter Markt dieser Art in Europa. Ein Treffpunkt von Händlern, Sammlern und Neugierigen. Früh kommen! Infos über genaue Zeiten auf www.bustehradantik.cz. Ca. alle 30 Min. von Ⓜ A Dejvická mit dem Bus zu erreichen (Abfahrt gegenüber dem Hotel Diplomat). Der Markt befindet sich von Prag kommend am Ortseingang rechter Hand.

Havelské tržiště 42 → Karte S. 134/135. Tägl. Touristenmarkt in der Altstadt (→ Spaziergang, S. 133). Havelská, Staré Město, Ⓜ A, B Můstek.

Pražská tržnice 13 → Karte S. 214/215. Der trashige „Prager Markt" ist ein Tohuwabohu aus asiatischen Ramschständen, kleinen Läden, Supermärkten, Imbissständen und einem Gemüsemarkt. So geschl. Ⓜ C Vltavská, weiter mit Ⓢ 1, 14, 25 Pražská tržnice.

Lebensmittel

Julius Meinl 16 → Karte S. 114/115. Feinkosttempel, in dem es Köstlichkeiten aus der ganzen Welt gibt. Dazu die hauseigenen Kaffees und Schokoladen. Mehr dazu im Neustadt-Spaziergang → S. 118. 28. Října 13, Nové Město, Ⓜ A, B Můstek.

Pivní galerie 6 → Karte S. 214/215. Originelle Mischung aus Laden, Museum und Kneipe. Mindestens 180 Sorten Bier auf Lager, darunter so fremd klingende Namen wie „Černá horá", „Bohemia Regent", „Pernštejn" oder „Primátor" (die dunkle Variante mit 10 % Alkohol!). Dazu kann man Krüge, Gläser, T-Shirts usw. erstehen oder in der angeschlossenen Bierstube mit ein paar alten Emailleschildern und Fotos an den Wänden degustieren – tägl. sind 2 andere Biersorten im Ausschank. Nur Di–Fr 11–19 Uhr. U Průhonu 9, Ⓜ C Nádraží Holešovice, weiter mit Ⓢ 12, 14 U Průhonu.

Musik

Maximum Underground 35 → Karte S. 134/135. Versteckter Platten- und CD-Laden (Punk, Hardcore und Indie). Dazu Tattoo- und Piercingstudio, Trend-, Gothic-, Metal- und Skaterkleidung. Jilská 22/1. Stock, Staré Město, Ⓜ A, B Můstek.

Bontonland 15 → Karte S. 114/115. Größter Plattenladen Tschechiens. Pop und Rock, Jazz und Klassik. Na příkopě 2 (UG), Nové Město, Ⓜ A, B Můstek.

Antiquitäten & Trödel

Hochwertigere Antiquitätengeschäfte findet man v. a. in Josefov und in der Altstadt. In allen anderen Stadtteilen dominieren Trödelläden *(bazar zastavárna)* mit einem oft recht bunten Warensortiment. Wer Glück

86 Einkaufen

hat, findet dort noch Relikte aus vorrevolutionärer Zeit. Ein paar interessante Adressen:

Vetešnictví 35 → Karte S. 169. Uriger Trödelladen, von innen wie von außen. Auf engem Raum stapeln sich Gläser, Bücher, Spielzeug, Messer, Lampen, Möbel, Bilder etc. Vítězná 16, Malá Strana, Ⓢ 6, 9, 12, 20, 22 Újezd.

Antique Cinolter 19 → Karte S. 157. Böhmischer Granatschmuck, Biedermeierbroschen, Meissner Porzellan, Glas etc. Maiselova 9, Josefov, Ⓜ A Staroměstská.

Antique 27 → Karte S. 157. Ein paar Türen weiter. Vorrangig kostbares Porzellan, das bei der Rückreise nicht zu Bruch gehen sollte. Maiselova 4, Josefov, Ⓜ A Staroměstská.

Art deco Galerie 34 → Karte S. 134/135. Ausgefallener Nobeltrödler. Das meiste im Stil der 20er-Jahre, zudem viel Kleidung. Nur Mo–Sa 14–19 Uhr. Michalská 21, Staré Město, Ⓜ B Národní třída.

Bric à Brac 14 → Karte S. 134/135. Touritrödler mit viel Ramsch, darunter aber auch Überraschungen wie alte deutschsprachige Schilder, schöne Gläser. Tynská 7, Staré Město, Ⓜ A Staroměstská.

Starožitnosti Antique 28 → Karte S. 157. Neben feinen Porzellanfiguren auch alter Schmuck. Kaprova 12, Josefov, Ⓜ A Staroměstská.

Dorotheum 30 → Karte S. 134/135. Das älteste Auktionshaus Europas, gegründet 1707 in Wien. Alles, was angeboten wird, ist antik und teuer: Porzellan, Zigarettenetuis, Orden, Glas, Gemälde usw. Ovocný trh 2, Staré Město, Ⓜ A, B Můstek.

Art Deco 42 → Karte S. 114/115. Schöne und ausgefallene Lampen. Pštrossova 35, Nové Město, Ⓜ B Národní třída.

Antik v Dlouhé 3 → Karte S. 134/135. Tolle Stahlrohrmöbel im Bauhausdesign, zudem schöne Art-déco-Lampen, das Stück ab rund 250 €. Dlouhá 37, Staré Město, Ⓜ B Náměstí Republiky.

Buchhandlungen und Antiquariate

Vitalis 3 → Karte S. 196/197. Buchhandlung des gleichnamigen, deutschsprachigen Prager Verlags. Viel Literatur zur Stadt, Übersetzungen tschechischer Autoren, zudem Kafka & Co. Im Goldenen Gässchen, Zlatá ulička 22, Pražský hrad, Ⓢ 22 Pražský hrad.

Kanzelsberger 36 → Karte S. 114/115. Alteingesessene Buchhandlung mit 7 Filialen allein in Prag. In der Filiale am Václavské náměstí 42 auch Noten und deutschsprachige Literatur. Nové Město, Ⓜ A, B Můstek.

U Zlaté Číše 6 → Karte S. 169. Klein und chaotisch – eines der hübschesten Antiquariate der Stadt. Nerudova 16, Malá Strana, Ⓢ 12, 20, 22 Malostranské náměstí.

Antikvariát 16 → Karte S. 157. Unter anderem Literatur zum jüdischen Leben in Prag, zweisprachige Gebetbücher (deutsch/heb-

Englischsprachige Literatur bekommt man im Shakespeare & Sons

Einkaufen

räisch) und zuweilen Erstausgaben deutscher Klassiker. Široká 7, Josefov, Ⓜ A Staroměstská.

Shakespeare & Sons 22 → Karte S. 169. Englischsprachige Bücher jeder Art, gebraucht und neu. U Lužického semináře 10, Malá Strana, Ⓢ 12, 20, 22 Malostranské náměstí.

Sonstiges

Zlatá Loď 55 → Karte S. 134/135. Zeichen- und Künstlerbedarf; große Auswahl. Etwas versteckt gelegen. Národni 37/Platýz-Passage, Staré Město, Ⓜ A, B Můstek.

Botanicus 15 → Karte S. 134/135. Der tschechische Body Shop, ein wunderbar duftender Laden: Seifen, Kosmetik, echte Bienenwachskerzen, Gewürzmischungen. Vieles mit einem Bio-Zertifikat. Im Ungelt-Hof, Staré Město, Ⓜ B Náměstí Republiky. ∎

Qubus 5 → Karte S. 214/215. Der Shop der tschechischen Nachwuchsdesigner Maxim Velčovský und Jakub Berdych. Für die einen eigenwillige Interpretationen tschechischer Glas- und Porzellantradition, für die anderen schwerer Kitsch (wie die mit Zwiebelmuster verzierten Porzellanstiefel …). In der Galerie DOX in Holešovice (→ S. 216).

Kubista 25 → Karte S. 134/135. Bücher, Vasen, Möbel, Kaffeeservice, Aschenbecher – alles im Zeichen des Kubismus. Zukunft ungewiss. Ovocný trh 19, Staré Město, Ⓜ B Náměstí Republiky.

Futurista 45 → Karte S. 134/135. Designprodukte von Porzellan über Schmuck bis hin zu Kleidung und Möbeln. Auch Bildbände. Betlémské náměstí 5 a, Staré Město, Ⓜ B Národní třída.

Modernista 12 → Karte S. 211. Noch ein Tipp für Designfans. Gebrauchte und neue Designermöbel, darunter Stahlrohrmöbel im Bauhaus-Design, aber auch reproduzierte kubistische und Art-déco-Klassiker. Im Modern Pavillon, einem kleinen Tempel für Designermöbel. Vinohradská 50, Vinohrady, Ⓢ 11 Vinohradská tržnice.

Preciosa 26 → Karte S. 157. Böhmisches Kristall aus dem nordböhmischen Jablonec für die Wohnzimmerdecke: Kronleuchter über Kronleuchter, z. T. im Design der 80er-Jahre. Ecke Maiselova/Jáchymova, Josefov, Ⓜ A Staroměstská.

Harddecor 9 → Karte S. 114/115. Schmuck, Mode, Porzellan und Lampen überwiegend junger tschechischer und slowakischer Designer. Bezahlbar. Senovážné náměstí 10, Nové Město, Ⓢ 3, 9, 14, 24 Jindřišká.

Foto Škoda 33 → Karte S. 114/115. Das größte Fotogeschäft der Republik. Jede Menge neue und gebrauchte Kameras und Objektive sowie viel Zubehör. Im Haus auch die Langhans Galerie, die oft spannende Fotoausstellungen präsentiert. Vodičkova 37, Nové Město, Ⓜ A, B Můstek.

Belda Factory 31 → Karte S. 114/115. Überwiegend Schmuck, aber auch Vasen und Tassen in modernem, farbenfroh-pfiffigem Design aus Trutnov (Nordböhmen). Mikulandská 10, Nové Město, Ⓢ 6, 9, 17, 18, 22 Národní divadlo.

Koh-i-Noor Hardtmuth 7 → Karte S. 114/115. Das Warensortiment der 1790 gegründeten Papier- und Bleistiftfabrik aus Budweis. Na příkopě 26, Nové Město, Ⓜ B Náměstí Republiky.

Artěl 20 → Karte S. 134/135. Flippiger Schmuck und hübsche Kristallwaren, die sich vom Angebot der 08/15-Souvenirläden deutlich abheben und von der amerikanischen Ladenbesitzerin Karen Feldman selbst hergestellt werden. Celetná 29 (Eingang von der Rybná 2), Staré Město, Ⓜ B Náměstí Republiky.

Mehrwertsteuerrückerstattung: Schweizer Staatsbürger, die in Geschäften mit einem Tax-free-Symbol am Schaufenster einkaufen, können sich bei der Ausreise am Prager Flughafen in sog. „Cash Refund Offices" (z. B. bei Travelex, Terminal 1 u. 2) die Mehrwertsteuer von 21 % (ermäßigt 15 % u. a. auf Medikamente, Bücher, Nahrungsmittel) zurückerstatten lassen. Der Rechnungsbetrag muss jedoch mehr als 2000 Kč betragen. Dafür bedarf es eines vollständig ausgefüllten Tax-free-Schecks vom Verkäufer, der bei der Ausreise vom tschechischen Zoll abgestempelt werden muss. Mehr dazu unter www.globalblue.com.

Prag: Stadt der hundert Türme

Geschichte

Was der Stadt heute den besonderen Reiz verleiht, ist das Erbe des alten, multikulturellen Prags – das Prag der Tschechen, Deutschen und Juden. Die feudalen Palais, großen Theater oder prachtvollen Bürgerhäuser sind dabei aber nicht das Resultat eines einstigen Miteinanders. Das Gegenteil war der Fall. Bis zur Mitte des 20. Jh. herrschte eine vehemente Konkurrenz der Kulturen, insbesondere zwischen der deutschen und der tschechischen. Doch obwohl sich alle beteiligten Gruppen nicht sonderlich mochten, so wussten sie dennoch lange voneinander zu profitieren. Wie es dazu kam und was daraus wurde im Überblick:

Böhmen und Tschechen – die Vorgeschichte

Die ersten Siedlungen auf dem Gebiet des heutigen Prag entstanden ca. 3000 v. Chr. Alte Handelswege kreuzten hier, da sich die Moldau an einer Furt leicht überqueren ließ. Im 5. Jh. v. Chr. drangen die Bojer, einer der bedeutendsten keltischen Stämme nach Mitteleuropa vor. Es waren Prunk liebende Krieger, die befestigte, stadtähnliche Siedlungen schufen. Eine solche fanden Archäologen u. a. in Závist, im heutigen Prager Südwesten. Noch vor Christi Geburt wichen sie anderen einfallenden Stämmen, dem Land hinterließen sie aber ihren Namen, auf Lateinisch *Boiohaemum*, Böhmen. Aber nicht nur der Begriff Böhmen geht auf die Bojer zurück, auch „Bayern".

Im Zuge der Völkerwanderung stießen Anfang des 6. Jh. westslawische Stämme bis an die Moldau vor, der Mythologie zufolge auch einer mit einem Anführer namens Čech. Dessen Clan sollte ebenfalls namengebend für Land und Leute werden. Schon in der zweiten Hälfte des 6. Jh. aber wurden diese Stämme von den Awaren unterworfen, ein zu den Hunnen gehörendes, nomadisierendes Steppenvolk aus Zentralasien. Die Awaren, die eine ständige Bedrohung des Fränkischen Reiches darstellten, vertrieb wiederum Karl der Große im Jahr 796. Die Fürstentümer Böhmens, Mährens und der Westslowakei fielen damit an das Fränkische Reich. Aufgrund der geforderten hohen Tributzahlungen schlossen sie sich aber gegen das Fränkische Reich zusammen (Jahrhunderte später prägten Historiker dafür den Begriff „Großmährisches Reich"), wobei die Tschechen den dominierenden Stamm bildeten. Um auch religiös unabhängig zu werden (die Region gehörte zum fränkischen Bistum Regensburg), bat man Byzanz um Unterstützung. Missionare wurden gesandt, angeführt von den Brüdern Kyrill und Method, die das Evangelium nicht in Latein, sondern in der Landessprache verkünden sollten. Am 5. Juni 863 trafen die beiden „Apostel der Slawen" in Mähren ein (seit der Samtenen Revolution ist dieser Tag ein Feiertag in Tschechien).

Es war eines der letzten großen Ereignisse, das die Chronisten jener Zeit schilderten, ohne von Prag zu berichten. Die Entstehung der Stadt zeichnete sich aber bereits mehr als deutlich ab, und auf der heutigen Kleinseite existierte schon eine große Zahl an Gehöften.

Aller Anfang war die Burg

In der zweiten Hälfte des 9. Jh. siedelte der erste christliche Herrscher Böhmens, Herzog Bořivoj I., von seiner Burgstätte Levý Hradec (im Norden Prags) auf jenen Bergrücken über, der sich heute Hradčany nennt. 883 begann man mit dem Bau der Burg, zwei Jahre später zog der Herzog ein. Mit Bořivoj I. tritt zugleich der erste Herrscher aus dem Geschlecht der Přemysliden in den Chroniken des Landes auf, einem Geschlecht, dessen Ursprung sagenumwoben ist (→ Kasten „Libušes Liebe und Visionen", S. 245) und das die Geschicke Böhmens bis zum Anfang des 14. Jh. lenken sollte.

Bořivojs Sohn Spytihněv I. wandte sich wieder der lateinischen Kultur des Westens zu und löste die Tschechen aus der Sphäre des Großmährischen Reiches, was zugleich dessen Untergang einläutete. Darin wurzelt übrigens die soziale und kulturelle Trennung zwischen Tschechen und Slowaken, die trotz späterem gemeinsamen Staat nie überwunden wurde. Die Tschechen verbündeten sich mit dem fränkischen Kaiser Arnulf, die Slowaken wurden von den Magyaren, dem Urvolk der Ungarn, unterjocht.

Nach dem Tod Spytihněvs I. 915 übernahm dessen Bruder Vratislav I. die Regierung Böhmens. Als dieser starb, kamen seine Söhne an die Macht. Václav zuerst (→ Kasten „Heiliger oder Lebemann", S. 199), danach der jüngere Boleslav, der seinen Bruder kurzerhand ermordet hatte und daher den Beinamen „der Grausame" trägt. Dieser strebte eine weitgehende Autonomie seines Herzogtums an, doch seine Politik schlug fehl. 950 stand das Heer des deutschen Königs und späteren Kaisers Otto des Großen vor der Tür, und Böhmen wurde Teil des Ostfrankenreiches.

Von Boleslav, Vratislav, Vladislav …

Im Jahr 965 traf der aus Spanien stammende jüdische Gelehrte Ibrahim ibn Ya'qub ein. Seinem Reisebericht ist zu entnehmen, dass unterhalb der Prager Burg bereits ein blühendes Marktzentrum entstanden war, in dem Slawen, Muslime und Juden lebten. Gehandelt wurde damals mit Sklaven, Zinn und Pelzen.

Unter Boleslav II. wurde Prag 973 von der Diözese Regensburg unabhängig und zum selbstständigen Bistum erhoben; erster Bischof wurde der sächsische Benediktiner Thietmar. In jener Zeit

Wie gemalt: das Panorama der Prager Burg

entstanden auch die ersten Klöster. Gegen Ende des 10. Jh. wurde zudem flussaufwärts die Burg Vyšehrad (im heutigen Prager Süden gelegen) befestigt und mit einer Münzprägestätte ausgestattet. Als Herzog Vratislav II. 1061 den Thron bestieg, verlegte er die Residenz der Přemysliden nach Vyšehrad. Vratislav II. wurde übrigens aufgrund seiner militärischen Verdienste in Oberitalien von Kaiser Heinrich IV. 1085 zum ersten König Böhmens erhoben (von da ab nannte er sich Vratislav I.). Die Rückorientierung auf die Prager Burg erfolgte in der Regierungszeit Soběslavs I. (1125–1140) und keiner der nachfolgenden Regenten tat noch etwas, um den Prunk auf Burg Vyšehrad wieder aufleben zu lassen.

Im Jahr 1158 ließ Soběslavs Neffe Vladislav II. die erste Steinbrücke über die Moldau errichten, die nach seiner Frau Judithbrücke genannt wurde. Dieser wichtige Übergang trug erheblich zur Entwicklung der Stadt bei. Insbesondere am rechten Moldauufer siedelten daraufhin mehr und mehr Kolonisten, vorrangig aus Bayern und Sachsen. Und nachdem Soběslav II. Juden, Italienern und Deutschen das Recht auf Selbstverwaltung zugestanden hatte, war deren Zuzug enorm. Man schätzt, dass in der zweiten Hälfte des 13. Jh. bereits 35.000 Menschen dort lebten, denen Hungersnöte und Pestepidemien allerdings immer wieder schwer zu schaffen machten. Zu jener Zeit ging auch der Name „Prag" von der Burg auf die Stadt darunter über. Mehr als 15 Kirchen hatte sie bereits aufzuweisen, dazu zwei Synagogen. Das Handelszentrum, das aus mehreren Märkten bestand, umgab eine Befestigungsmauer, die entlang der heutigen Fußgängerzone Na příkopě (Am Graben) verlief. Drum herum erstreckten sich viele kleine Ansiedlungen.

Von Böhmens Niedergang und dem Aufstieg Prags

Mit dem Tode König Václavs III. 1306 endete die Přemysliden-Dynastie. Da die Přemysliden keinen männlichen Thronfolger mehr stellen konnten, erlebte Prag lang anhaltende innerpolitische Wirren mit Rebellion und Anarchie, die erst 1310 enden sollten, als der tschechische Adel Johann von Luxemburg die böhmische Krone anbot. Dieser verfolgte während seiner Regentschaft ehrgeizige militärische Ziele. Feldzüge aber sind bekanntlich teuer, der Adel und das Volk verarmten. Der König selbst bezahlte zuerst mit seinem Augenlicht und 1346 auf dem Schlachtfeld mit seinem Leben.

Die Nepomuk-Legende

Den Intrigen zwischen Kirche und Krone Ende des 14. Jh. fiel der Generalvikar des Prager Erzbischofs, Johann aus Nepomuk (ursprünglich nur Pomuk), zum Opfer. Wenzel IV. hatte ihn zu Tode foltern und in die Moldau werfen lassen. Drei Jahrhunderte später, während der Gegenreformation, spannen die Jesuiten daraus die Geschichte vom schweigsamen Beichtvater Nepomuk, der die Beichtgeheimnisse der Königin nicht preisgeben wollte und deswegen sterben musste. Zum Beweis für seine Schweigsamkeit exhumierten sie seinen Leichnam und fanden seine unverweste Zunge, die sie der Welt zur Schau stellten. (Laut weniger frommen Quellen soll es sich dabei um das verschrumpelte Gehirn gehandelt haben.) 1729 erfolgte schließlich die Heiligsprechung Johann Nepomuks. Acht Tage dauerten die prunkvollen Feierlichkeiten in Prag. Durch sein Denkmal auf der Karlsbrücke, 1683 errichtet, wurde er zum wichtigsten Brückenheiligen der katholischen Welt.

Als sein Sohn, der Kronprinz, 1333 aus Frankreich nach Böhmen kam, fand dieser die Burg in einem so verwahrlosten Zustand vor, dass er sich zunächst eine Unterkunft in der Altstadt suchen musste. Auf den Namen Wenzel war der junge Spross nach seiner Geburt im Jahr 1316 noch getauft worden, doch am königlichen Hof in Paris, wo er erzogen wurde, nahm er den Namen seines Idols und Onkels Karl an. Er galt als klug, kunstsinnig und sehr fromm. Bereits 1344 übertrug ihm sein Vater die Verwaltung Böhmens. Wer ahnte wohl damals, dass gerade dieser 28-Jährige ein goldenes Zeitalter einleiten und Prag zu den bedeutendsten Städten Europas, zum Mittelpunkt des Heiligen Römischen Reiches machen sollte.

Noch im selben Jahr 1344 ließ der neue Herrscher den Grundstein des Sankt-Veits-Doms legen, einer mächtigen Kathedrale für das ebenfalls neu geschaffene Erzbistum Prag. Und nachdem er als Karl IV. 1347 den böhmischen Königsthron bestiegen hatte, gründete er Mitteleuropas älteste Universität (1348), die bis heute seinen Namen trägt. Auch das auf der rechten Seite der Moldau gelegene Viertel Nové Město, die Neustadt, ließ er mit weiten Straßen und Plätzen anlegen. Der Grundriss dieses Stadtteils blieb übrigens bis ins 19. Jh. fast unverändert. Und nachdem er 1355 in Rom zum Kaiser des Heiligen Römischen Reiches gekrönt worden war, wurde für die Aufbewahrung der Reichskleinodien die Burg Karlštejn errichtet. 1357 schließlich ließ Kaiser Karl die durch Treibeis beschädigte Judithbrücke durch das heutige Wahrzeichen Prags – die Karlsbrücke – ersetzen.

Karls Sohn Wenzel IV., der nach dem Tod des Vaters 1378 den Königsthron bestieg, konnte das Erbe nicht auf dem Erfolgskurs weiterführen. Zwei Jahre nach seiner Krönung brach die Pest aus. Es war ein schwerer Schlag für sein Reich und die Stadt Prag. Schätzungen gehen davon aus, dass jeder Siebte dem Schwarzen Tod erlag. Auch politisch hatte Wenzel IV. wenig Glück, er hatte sowohl den böhmischen Adel als auch den hohen Klerus gegen sich aufgebracht, musste sich mit der eigenen Familie und mit den deutschen Kurfürsten herumschlagen und ging in die Geschichtsbücher schließlich als fauler Trunkenbold ein.

Jan Hus und die Folgen

Bereits 100 Jahre vor Martin Luther trat Jan Hus (vermutlich 1370–1415) für eine Reform der Gesellschaft und der

Kirche ein. Sein Denkmal blickt heute in Bronze über den Altstädter Ring. Berühmt in der Stadt wurde der Priester durch seine Predigten in der Bethlehemskapelle, wo er dem einfachen Volk aus der Seele sprach. In Anlehnung an die Thesen des englischen Reformators Wyclif forderte er die Abkehr der Kirche von Besitz und weltlichem Machtstreben. Das konnte nicht gut gehen. 1414 wurde er zum Konzil nach Konstanz beordert. Man sicherte ihm freies Geleit zu. Doch um der Gefahr einer immerwährenden Spaltung der Kirche entgegenzuwirken, verbrannte man ihn auf dem Scheiterhaufen. In Prag und Böhmen erreichte man mit seinem Tod genau das Gegenteil: Hus wurde zum Märtyrer. Die sozialen Spannungen verschärften sich. Es kam zu Unruhen und 1419 mit dem ersten Prager Fenstersturz (→ Kasten „Prager Fensterstürze – eine lange Tradition", S. 203) zur Revolte. Darüber erboste sich Wenzel IV. so sehr, dass er einen Herzinfarkt erlitt und, so überlieferte es ein Zeitgenosse, „brüllend wie ein Löwe starb".

Für den Papst waren die Hussiten nichts anderes als Ketzer aus Böhmen, und so erließ er eine Kreuzzugsbulle. Doch die Hussiten stellten Heere auf, triumphierten in der berühmten Schlacht auf dem Vítkov (Veitsberg) mit Jan Žižka als Anführer über das zahlenmäßig weit überlegene Kreuzfahrerheer und verhinderten damit die Einnahme Prags. Krieg auf Krieg folgte, 16 Jahre lang, dann war die Niederlage der Hussiten besiegelt.

In der Folgezeit löste nun ein böhmischer König den anderen ab, darunter waren welche aus dem Geschlecht der Luxemburger, dem der Habsburger und der polnischen Jagiellonen. Sie alle aber waren zu schwache Persönlichkeiten für ein Zeitalter religiöser Umwälzungen. Immer wieder kam es zu Konflikten zwischen den konfessionellen Richtungen. Es herrschte Misstrauen und häufig auch Gewalt. Zudem brach im 15. Jh. mehrmals die Pest in Böhmen aus. Die Vorzeichen für ein wieder erblühendes Prag waren alles andere als gut. Aber dennoch sollte sich die Stadt in der zweiten Hälfte des 16. Jh., mittlerweile zählte man rund 60.000 Einwohner, noch einmal zu einer der glanzvollsten Metropolen des Heiligen Römischen Reiches entwickeln.

Die größte bronzene Reiterstatue der Welt: das Jan-Žižka-Denkmal auf dem Vítkov

Am Ende der Regierungszeit von Ferdinand I. und unter seinem Nachfolger Rudolf II. leisteten sich der katholische Adel und der Klerus zahlreiche Paläste, entworfen von italienischen Baumeistern, die den Renaissancestil nach Prag brachten. Bezahlt hatten diese etliche protestantische Adelige mit ihrem Leben und Vermögen. Und das Volk in Böhmen, überwiegend reformierten Konfessionen zugehörig (70 % waren lutherisch), wurde unterdrückt: Protestantische Kirchen wurden eingerissen, Protestanten verloren Ämter und Privilegien, teilweise sogar ihren Besitz. Sie wurden mit Sondersteuern belegt und mussten andere Schikanen mehr erdulden.

Dreißig Jahre Krieg

So wundert es nicht, dass 1618 die Spannungen zwischen Protestanten und Katholiken erneut eskalierten. Es kam zum berühmten zweiten Prager Fenstersturz (→ S. 203), der den Dreißigjährigen Krieg zur Folge hatte. Die protestantischen böhmischen Stände verweigerten daraufhin den katholischen Habsburgern die Gefolgschaft und verwiesen den Erzbischof und die Jesuiten des Landes. Ein Jahr später wählten sie den jungen, protestantischen Friedrich von der Pfalz zu ihrem neuen König. Als „Winterkönig" sollte er in die Geschichte eingehen, was ungefähr die Zeitspanne seiner Regentschaft beschreibt. Denn bereits 1620 fügte der Habsburger Ferdinand II. mit seinem kaiserlichen Heer in der Schlacht am Weißen Berg (Bílá hora) den Protestanten eine böse Niederlage zu, mit der er seine Thronrechte über Böhmen wieder durchsetzte. Die Strafe für die Aufständischen folgte auf dem Fuß: 27 Adelige wurden am Altstädter Ring in einem Schauprozess hingerichtet, andere spießte man am Altstädter Brückenturm auf – zehn Jahre lang blieben ihre Überreste dort hängen. Fast die gesamte protestantische Aristokratie und alle nichtkatholischen Geistlichen wurden verfolgt. Wer konnte, verließ das Land. Grund und Vermögen der Geflüchteten fiel loyalen katholischen Adelsfamilien zu, die sich damit prächtige Palais finanzierten.

Als Folge des Dreißigjährigen Krieges war das Land verwüstet, die Bevölkerung um fast zwei Drittel dezimiert. Prag wurde vorübergehend von einem sächsischen Heer besetzt, und als der Westfälische Friede 1648 kam, waren die Schweden gerade dabei, die Kunstschätze der Prager Burg zu plündern.

Doba temna, das dunkle Zeitalter

Der Friede sollte sich für die Tschechen kaum vom Krieg unterscheiden. Die Habsburger regierten Böhmen von nun an aus Wien und ließen das Land durch hohe Steuern förmlich ausbluten. Prags kulturelle und wirtschaftliche Bedeutung war vorüber. Die nächsten zwei Jahrhunderte unter Habsburger Herrschaft bezeichnen die Tschechen daher als das „dunkle Zeitalter", die tschechische Geschichtsschreibung verwendet dafür den Begriff *Doba temna*.

Die Rekatholisierung des Landes wurde flächendeckend durchgesetzt. Alle Formen des Protestantismus wurden verboten. Die Tschechen wurden zu Menschen zweiter Klasse, ihre Sprache zu einem verachteten Dialekt, der nur von Leibeigenen, Bauern, Handwerkern und Dienstboten gesprochen wurde. Im Gegensatz dazu bestand die Händlerschicht überwiegend aus Deutschen, und die deutsche Sprache, die Lingua franca des habsburgischen Zentralismus, wurde zur alleinigen Amtssprache erhoben. Auch wenn die Tschechen unter den Habsburgern litten, der architektonischen Entwicklung Prags kam es zugute. Kirchen und Paläste schwelgten nun im Barock, der heute noch das „Goldene Prag" ausmacht.

1713 erlebte Prag ein verheerendes Jahr: Zum letzten Mal brach die Pest aus, 13.000 Menschen fielen ihr zum Opfer. In eine schwere Zeit geriet die Stadt zudem nach dem Tod Karls VI. 1740. Prag wurde von Bayern, Sachsen, Franzosen und Preußen belagert, die seiner Thronfolgerin Maria Theresia das Erbe streitig machen wollten. Dem Preußen Friedrich II. gelang es 1745 sogar, mit einem Heer von 80.000 Mann Prag vorübergehend einzunehmen. Zwölf Jahre später versuchte er sein Glück erneut: Diesmal stand er mit über 100.000 Mann vor den Toren der Stadt, und fast genauso viele Kanonenkugeln hagelten auf sie nieder, doch einnehmen konnte er Prag nicht mehr.

Maria Theresias Sohn Joseph II. (1765–1790) reformierte das Habsburgerreich nach den Ideen der Aufklärung. 1774 ließ er die Schulpflicht einführen, 1781 wurde die Leibeigenschaft abgeschafft, was viele Tschechen vom Lande veranlasste, ihr Glück in Prag zu suchen. 1782 gewährte das sog. Toleranzedikt die Glaubensfreiheit. Sie kam v. a. den Juden zugute. Protestanten gab es ohnehin fast keine mehr, denn die Rekatholisierung des Landes hatte Wirkung gezeigt, 90 % der Bevölkerung waren nunmehr katholisch. Aber weiterhin hielten die Spannungen zwischen reichem Bürgertum und armem Volk an, oder anders ausgedrückt, zwischen dem, was „deutsch" war, und dem, was „tschechisch" war.

Die nationale Frage stellt sich

Dank der Bildungsreform entstand zu Anfang des 19. Jh. ein kleines intellektuelles Bürgertum. Aus diesem ging die *Národní obrození* hervor, eine Bewegung, die zunächst die Gründung tschechisch-nationaler Vereinigungen in Kunst und Literatur zur Folge hatte. Diese fanden regen Zulauf, zumal durch die industrielle Revolution immer mehr Tschechen nach Prag kamen, so viele, dass auch das zahlenmäßige Verhältnis zwischen Deutschen und Tschechen zugunsten Letzterer kippte.

1843 bildete sich in der heutigen Havelská Nr. 3 ein geheimer politischer Zirkel, der sich *Repea Club* nannte. Junge böhmische Patrioten saßen darin, anti-deutsch eingestellt – kein Wunder in einer Monarchie, die keine Gleichberechtigung kannte, die Presse- und Versammlungsfreiheit verweigerte und deren Erhalt Polizeispitzel und eine Bürokratie garantierten, die für ganz Afrika gereicht hätten. Der Repea Club wandte sich schließlich an die Öffentlichkeit und mobilisierte die Massen gegen die Habsburger. Um die Aufständischen zu besänftigen, erfolgte am 8. April 1848 per kaiserlichem Dekret die Gleichstellung der Sprachen – ein Schritt, der zu spät kam. Der Traum von einem tschechischen Staat war bereits geboren, Straßenschlachten waren die Folge. Doch die Hoffnungen auf eine Hauptstadt namens Praha fanden schon bald ihr Ende. Bereits am 17. Juni 1848 verschaffte sich das österreichische Militär mit schwerem Geschützfeuer wieder Respekt. Aus Angst vor den Militärgerichten flüchteten ca. 20.000 Prager.

Der letzte Hochmut vor dem Fall

Nach der kurzen Erschütterung der Habsburger Herrschaft übte sich die alte Oberschicht deutsch-böhmischer Prägung wieder in Ignoranz und Überheblichkeit. Wie gewohnt belächelte man alles Tschechische. Als sie schließlich 1861 die Mehrheit im Prager Stadtparlament verlor, gefiel sie sich in Larmoyanz bei der Verteidigung ihrer Privilegien.

Die Deutschen machten schon bald nur noch ein Drittel der Bewohner Prags aus. Der Zuzug von Tschechen hielt weiter an. 1872 riss man gezwungenermaßen die Stadtmauern ein und ersetzte kleinere, ältere Gebäude durch neue Gründerzeithäuser. Prag wurde immer größer, auch durch Eingemeindungen, und verwandelte sich zudem in ein industrielles Zentrum (v. a. Schwer- und Textilindustrie). Das Streben der Tschechen nach Souveränität und kultureller Emanzipation war nicht mehr umkehrbar. Es drückte sich u. a. in Repräsentationsbauten wie dem Nationaltheater (1881) und dem Nationalmuseum (1893) aus. Bei der Eröffnung des ersten stand Smetanas *Libuše* auf dem Programm. Der Komponist hatte übrigens auch einen Gesangsverein gegründet, dessen Motto beispielhaft für den tschechischen Geist der Zeit war: „Durch Gesang zum Herzen, durchs Herz zum Vaterland". Die tschechische Kultur mit Musik von Dvořák oder dem Prager Jugendstil fand bald darauf in ganz Europa Anerkennung. Anders aber bei den Deutschen in Prag: Sie behielten ihren Hochmut bei, mehr als zur Unterhaltung in den Wirtshäusern taugten böhmische Musikanten in ihren Augen nicht.

Erster Weltkrieg, erste Republik

Als Erzherzog Franz Ferdinand d'Este, Schlossherr von Konopiště (→ Ziele rund um Prag, S. 250), am 28. Juni 1914 in Sarajevo einem Attentat zum Opfer fiel, ein Ereignis, das schließlich den Ersten Weltkrieg auslöste, sah eine Gruppe von Exilanten die Gelegenheit gekommen, bei den Entente-Mächten für eine unabhängige tschechoslowakische Republik zu werben. Eine Schlüsselrolle unter ihnen nahm Tomáš Garrigue Masaryk ein. Und als die habsburgische Monarchie zerschlagen war – Prag blieb übrigens von Kriegshandlungen verschont –, wurde die Republik Realität und Masaryk ihr erster Präsident.

Prag war wieder ins Zentrum des politischen Geschehens gerückt, als Hauptstadt der neuen Tschechoslowakischen Republik (ČSR). Und der neue Staat hatte gute Karten, ca. 60 % der Industrieanlagen Österreich-Ungarns waren ihm in intaktem Zustand zugefallen – von heute auf morgen befand sich das Land an 10. Stelle unter den Industrienationen der Welt. Die Bevölkerung war bunt gemischt: 6,8 Mio. Tschechen, 3,1 Mio. Deutsche (über 80 % davon lebten in geschlossenen Siedlungsgebieten in Böhmen und Mähren), 1,9 Mio. Slowaken, 750.000 Ungarn, 460.000 Ukrainer und 70.000 Polen. Um ethnischen und sozialen Spannungen vorzubeugen, wurde unter Masaryk eine der liberalsten Verfassungen jener Zeit verabschiedet. Mit Erfolg, die Stadt erlebte ein neues goldenes Zeitalter, die Moderne hielt Einzug, es entstanden etliche Gebäude im funktionalistischen und kubistischen Stil. Das Radio spielte ab 1923 und die junge Nation göttlichen Fußball: 1934 wurde die Tschechoslowakei Vizeweltmeister. Doch während dieser Zeitspanne wurden peu à peu auch Gesetze verabschiedet, die an den Besitzständen der deutschsprachigen Bevölkerung rüttelten und ihre Rechte einschränkten (z. B. Enteignung durch Agrarreform, Entlassung von über 30.000 deutschsprachigen Beamten, da diese der tschechischen Sprache nicht ausreichend mächtig waren, Schließung deutscher Schulen etc.). Vor allem in den grenznahen, fast rein deutschsprachig besiedelten Gebieten blickten die Menschen deshalb sehnsüchtig ins Reich, wo die Nazis nach der Weltwirtschaftskrise für Aufschwung sorgten, während in der ČSR allein 500.000 Deutsche arbeitslos waren. Die Deutschböhmen formierten sich daraufhin als Sudetendeutsche (die Bezeichnung existierte zuvor noch nicht) und forderten die Selbstbestimmung. 1933 wurde die „Sudetendeutsche Heimatfront" gegründet, aus der später die „Sudetendeutsche Partei" hervorging. Ihr Führer war Konrad Henlein, der die Nähe zum Führer in Berlin suchte.

Braune Hosen

Am 29. September 1938 unterzeichneten Hitler, Mussolini, Chamberlain und Daladier das Münchner Abkommen, das die Abtretung der Sudetendeutschen Gebiete ans Deutsche Reich regelte. Zwei Tage später marschierten deutsche Truppen ein. Doch die Nazis wollten mehr. Im März 1939 besetzten sie das restliche Staatsgebiet Tschechiens – die Slowakei war inzwischen auf deutschen Druck formal unabhängig geworden – und etablierten das Reichsprotektorat Böhmen und Mähren. Sie trafen kaum auf Widerstand, angesichts ihrer militärischen Überlegenheit war das auch kein Wunder. Lediglich in Prag gingen ein paar Studenten auf die Straße – Brutalität war die Antwort. Aufgrund einschüchternder Vergeltungsmaßnahmen der Nazis blieb Widerstand auch in der Folgezeit selten. Ein Beispiel: Auf das tödliche Attentat auf den Reichsprotektor Reinhard Heydrich im Prager Vorort Libeň wurde das ganze Dorf Lidice nordwestlich von Prag – dort vermutete man die Herkunft der Widerstandskämpfer – dem Erdboden gleichgemacht und alle männlichen Bewohner über 14 ermordet. Mit Unterdrückung und Terror ist für die Tschechen der Stadt das Kapitel Nazizeit verbunden, für ca. 36.000 Prager Juden, die nach 1941 über Theresienstadt in die Vernichtungslager deportiert wurden, mit dem Tod. Die Stadt selbst überstand den Krieg weitestgehend unversehrt. Nur einen Luftangriff musste Prag erleiden: Am 14. Februar 1945 hatten 62 Kampfflieger der US Army bei schlechtem Wetter Dresden mit Prag verwechselt. 637 Einwohner fielen dem Bombenangriff zum Opfer.

Am 9. Mai 1945 kam die Befreiung Prags durch die Russen. Der bereits erwähnte Henlein beging in alliierter Haft Selbstmord, der letzte Reichsprotektor Frick wurde in Nürnberg zum Tod verurteilt. Und nach dem Motto „Auge um Auge" folgten Vergeltungsmaßnahmen gegen die deutsche Bevölkerung und mutmaßliche tschechische Kollaborateure. Ihnen wurden die gleichen Lebensmittelrationen zugeteilt, wie sie die Juden während des Krieges erhalten hatten. Tausende starben an Hunger. Andere wurden in Schnellverfahren verurteilt und hingerichtet.

Rote Socken

Kurz nach Kriegsende wurde die Tschechoslowakische Republik (ČSR) wieder hergestellt und Edvard Beneš ihr erster Präsident. Unter seiner Führung wurden 1945 auch jene von der Potsdamer Konferenz gebilligten Dekrete verabschiedet, die der deutschen Bevölkerung das Recht auf die tschechoslowakische Staatsangehörigkeit aberkannten und deren gewaltsame Abschiebung zur Folge hatten. Fast drei Millionen Deutsche waren davon betroffen. Nur rund 200.000 Deutsche durften bleiben, insbesondere jene, die für die Industrie „unersetzlich" waren. Noch heute sind zwei Drittel der Tschechen davon überzeugt, dass die Vertreibung der Deutschen richtig war.

Ein Jahr später erhielten die Kommunisten bei den Wahlen zur Nationalversammlung knapp 40 %, das beste Ergebnis, das eine kommunistische Partei je in einer freien Wahl erzielte. 1948 führten sie eine Regierungskrise herbei, riefen den Generalstreik aus und organisierten die größte Demonstration, die Prag je gesehen hatte. Sie zwangen Beneš zum Rücktritt, neuer Staatspräsident wurde Klement Gottwald, eine tschechische Ausgabe Stalins. Mit ihm kamen eine neue Verfassung und die Entmündigung des Volkes. Es folgten die kommunistische Ideologisierung von Kultur und Wissenschaft, die Verstaatlichung von Industrie und Handel, die gewaltsame Kollektivierung der Landwirtschaft und Fünfjahresplan auf Fünfjahresplan. Etwa zwei Millionen Tschechen und Slowaken verließen ihr Land.

1960 zählte Prag eine Million Einwohner und rühmte sich der größten Stalinstatue der Welt. Auf arg viel mehr konnte man jedoch nicht stolz sein. Die einseitige Förderung der Schwerindustrie, Korruption und die Unfähigkeit der Regierenden führten das Land in die wirtschaftliche Krise. Wer das Regime kritisierte, wurde interniert oder zum Tod verurteilt. Einigen Quellen zufolge soll bis 1968 fast jeder fünfte männliche Erwachsene vorübergehend inhaftiert gewesen sein. Auf jeden Fall litt das Volk und mit ihm litten auch überzeugte Kommunisten, die sich eingestehen mussten, dass es so nicht mehr weitergehen konnte. Es folgten innerparteiliche Streitigkeiten zwischen den selbstgefälligen Genossen stalinistischer Prägung und Reformern, aus denen Letztere als Sieger hervorgingen.

Prager Frühling

Im Januar 1968 wurde Alexander Dubček Erster Parteisekretär und damit neuer Staatschef. Die von ihm vorgestellten Liberalisierungs- und Demokratisierungsprogramme sollten zu einem „Sozialismus mit menschlichem Antlitz" führen, was viel über die vorherige Gestalt des Systems aussagt. Das Volk jubelte Dubček zu. Es herrschte Optimismus, der Prager Frühling verwandelte die Stadt.

Walter Ulbricht aber gingen die geplanten Reformen vor seiner Haustür zu weit. Und der kalte Krieger Leonid Breschnew sah sogleich die Außengrenzen des Warschauer Paktes in Gefahr und pochte auf die beschränkte Souveränität der zugehörigen Staaten (Breschnew-Doktrin). Am 21. August 1968 marschierten die Truppen des Warschauer Paktes auf, insgesamt 650.000 Mann. Es kam zu lang anhaltenden Protesten. Die Bilder gingen um die Welt: Tausende Prager auf den Straßen, in ihrer Mitte sowjetische Panzer. Sechs Studenten übergossen sich in aller Öffentlichkeit mit Benzin und zündeten sich an. Nach einem von ihnen, Jan Palach, wurde nach der Samtenen Revolution der einstige Krasnoarmejců náměstí (Rotarmistenplatz; im Stadtteil Josefov) umbenannt. Bevor der Eiserne Vorhang die Tschechoslowakei endgültig abriegelte, verließen mehr als 150.000 Menschen das Land.

Langer Winter

Die Tristesse des sozialistischen Alltags wurde wiederhergestellt, aus dem großen Hoffnungsträger Dubček ein paar Jahre später ein kleiner Forstbeamter. Mithilfe eines gigantischen Sicherheitsapparates schaffte es die kommunistische Partei (KSČ), für Ruhe zu sorgen und den Lebensstandard sogar so weit zu verbessern, dass er im Ostblock nur noch von der DDR übertroffen wurde.

Mit Prestigeobjekten wie dem Bau der Prager U-Bahn inszenierte man vor der Bevölkerung den grandiosen Fortschritt des Landes. Doch lediglich im Sport feierte das kleine Land wirklich große Erfolge. 1976, in dem Jahr, in dem man Fußballeuropameister wurde, verhaftete man die Musiker der Undergroundband „The Plastic People of the Universe" (→ Kasten, S. 75). Liberale Intellektuelle setzten sich daraufhin für die Musiker ein. 1977 schlossen sie sich zur Charta 77 zusammen, aus der das Bürgerforum hervorging. Einer ihrer geistigen Urheber war Václav Havel. Sie forderten die Einhaltung der Menschenrechte und erlebten dafür das Gegenteil: Überwachung, Verfolgung und Gefängnis.

Samten fällt der Eiserne Vorhang

Gorbatschows Politik der Perestrojka läutete Ende der 80er-Jahre das Aus für die greisen Funktionäre des Ostblocks ein. In Berlin war die Mauer bereits gefallen (9. November 1989), in Polen, Ungarn und Bulgarien hatte sich das Volk schon erhoben, als in Prag am 17. November 1989 über 50.000 Menschen auf die Straße zogen. Die Kommunisten hatten die Kundgebung genehmigt, da sie offiziell an die Novemberdemonstration von 1939 erinnern sollte.

Václav Havel – vom Dichter zum Präsidenten und zurück

Die meisten Künstler und Intellektuelle des ehemaligen Ostblocks, die zum Sturz der dortigen Regime beitrugen, sind heute in Vergessenheit geraten. Nicht Václav Havel (1936–2011). Aus dem gefeierten Dichter wurde ein gefeierter Präsident und aus dem Präsidenten wieder ein gefeierter Dichter.

Havels Familie gehörte dem Großbürgertum der Stadt an. Die Kommunisten enteigneten die Havels, und dem jungen Václav verweigerten sie wegen seiner bourgeoisen Herkunft den Besuch des Gymnasiums. So begann Havels berufliche Laufbahn als Chemielaborant und Taxifahrer. 1960 startete Havels Karriere am Theater – zunächst als Kulissenschieber und Beleuchter. Nebenbei absolvierte er ein Fernstudium an der Theaterfakultät, schrieb seine ersten Stücke und stieg zum Dramaturgen auf. Vier Jahre später heiratete er Olga Spíchalová. 1967 erregte Havel auf dem IV. Prager Schriftstellerkongress erstmals politisches Aufsehen, als er die Zensur und die Widersinnigkeit des kommunistischen Machtapparates öffentlich kritisierte. Bald darauf hatte Havel in der Tschechoslowakei Aufführungs- und Publikationsverbot. Doch Havel verstummte nicht. Fortan führte er sein dramatisches und literarisches Schaffen aus dem Untergrund fort. Die Absurdität jener Zeit verarbeitete er in absurden Theaterstücken. 1977 wurde Havel Mitbegründer und Sprecher der *Charta 77* – zum Ärger der Machthaber (→ S. 97). Viermal wurde er verhaftet, insgesamt saß er 50 Monate im Gefängnis. Aus der verschärften Haft in einer nasskalten Zelle verfasste er seine viel gerühmten *Briefe an Olga*. War Havel in Freiheit, beschattete ihn der Geheimdienst rund um die Uhr. Verfolger und Verfolgter kannten sich im Laufe der Zeit – gerne wird die Geschichte erzählt, dass Havel seine Beschatter auch mal auf ein *Pivo* an den Tresen bat. Sieben Monate nach seiner letzten Haftentlassung jagte er voller Elan – das ist belegt – mit einem Tretroller durch die Gänge der Präsidentschaftskanzlei. Dahin hatte ihn das Volk nach der Samtenen Revolution geschickt, und dort ging er als letzter Präsident der Tschechoslowakei und als erster Präsident der Tschechischen Republik in die Geschichte ein. Havel punktete im In- und Ausland durch seine moralische Integrität. Dabei ging der Dichterpräsident mit dem eigenen Volk zuweilen recht hart ins Gericht: „Die Tschechen neigen zum Spießbürgertum, zum Isolationismus und Kleinmut." Und Tabus brach er auch – vielen ging es zu weit, dass sich Havel bei den Sudetendeutschen für die Vertreibung entschuldigte. Nach einer Reihe schwerer Schicksalsschläge – 1996 verstarb seine Frau Olga, kurz darauf wurde eine bösartige Geschwulst in seiner Lunge entdeckt – heiratete Havel 1997 die 17 Jahre jüngere Schauspielerin Dagmar „Dása" Veskrnová. Das nahm ihm das Volk übel, das Olga wie eine Heilige verehrt hatte.

Nach dem Ausscheiden aus der großen Politik (2003) sammelte Havel Preise und Auszeichnungen wie andere Briefmarken. 2008 kehrte er mit dem Stück *Odcházení (Abgang)* zurück ins Theater – gefeiert von Kritikern und Publikum. Sein Tod am 18. Dezember 2011 schockierte das ganze Land. Eine dreitägige Staatstrauer wurde angeordnet. Auf dem Königsweg, jenem Weg, den die neuen Regenten Böhmens einst vor ihrer Krönung beschritten (→ S. 145), fand die letzte große Prozession Prags statt. Aber ohne Jubel. Nur Tränen begleiteten Havels Sarg auf dem Weg zur Burg.

Damals waren Studenten gegen Hitlers Einmarsch auf die Straße gegangen. Der Protest aber, so zeigte sich schnell, galt der eigenen politischen Führung. Die Demonstration schlug man brutal nieder. Über 100 Teilnehmer wurden verhaftet, ca. 500 verletzt. Dieser Tag gilt heute als der Auftakt zur „Samtenen Revolution". Seit 2000 ist er ein Feiertag.

Es folgten Arbeitsniederlegung und Großdemonstrationen; am Wenzelsplatz versammelten sich ein paar Tage später über 200.000 Menschen, am Letná-Berg demonstrierten 750.000. Noch bevor das Jahr zu Ende war, hatten die Kommunisten ihre Führungsrolle verloren. Das Volk forderte mit Plakaten „Havel auf die Burg", und so kam es. Um die Turbulenzen jener Zeit zu verdeutlichen, wird gerne die Geschichte von Jiří Dienstbier erzählt, der als Dissident im Gefängnis saß und dann für die Heizanlagen mehrerer Plattenbauten verantwortlich war. Seine Ernennung zum Außenminister kam so prompt, dass manche kalt duschen mussten, weil seine Stelle so schnell nicht wieder besetzt werden konnte.

1990 gab es schließlich nach langer Zeit wieder die ersten freien Wahlen, zu denen nicht nur jeder gehen durfte, sondern auch ging: Die Wahlbeteiligung lag bei 99 %. Havels Bürgerforum gewann. Demokratie war nun da, aber eine Zukunftsfrage bewegte alle osteuropäischen Länder: Wie schafft man den Übergang von einer veralteten Planwirtschaft zu einer freien Marktwirtschaft, wenn die Gesellschaft – wie Havel es ausdrückte – an einer „Postgefangenschaftspsychose" litt, der Unfähigkeit, selbst Entscheidungen zu treffen und zu handeln.

Die Spaltung des Landes und der Beitritt zur EU

Am 1. Januar 1993 erfolgte die Trennung der ČSFR (der Name existierte seit 1990) in die Tschechische und die

Relikt aus sozialistischer Zeit: Relief am Vítkov

Slowakische Republik. Das Gros der 1,5 Mio. Mitglieder der Kommunistischen Partei hielt fortan das Fähnchen der Demokratie und des Kapitalismus in den Wind. Viele alte Parteimitglieder machten Karriere in Politik und Wirtschaft, brachten es auf Ministerposten oder in die Vorstände internationaler Unternehmen wie Škoda Auto oder HVB-Bank. Bei vielen einstigen Dissidenten herrscht darüber bittere Enttäuschung. Erst seit 2007 gibt es das staatliche Institut für das Studium totalitärer Systeme, das vergleichbar mit der Behörde für Stasi-Unterlagen in Deutschland ist und auf die Akten der Geheimdienste zurückgreifen kann.

Freuen konnten sich hingegen viele, die nach 1948 enteignet worden waren,

Moldau-Hochwasser 2002

Prag unter Wasser – die Fluten 2002 und 2013

Dem Volksglauben nach heißt es, dass großes Unheil die Stadt heimsucht, wenn der Klöppel der Sigmundsglocke im Turm des Sankt-Veits-Doms springt. Das war im August 2002 öfters der Fall. Und das Moldau-Hochwasser, das folgte, war die verheerendste Katastrophe, die die Tschechische Republik bisher erlebt hatte. Im ganzen Land mussten 250.000 Menschen ihre Häuser verlassen – d. h. jeder 40. Tscheche war von den Fluten betroffen. In Prag mussten rund 50.000 Einwohner evakuiert werden. Die Moldau führte 30-mal mehr Wasser als sonst. Am meisten litt der Stadtteil Karlín (→ S. 243), wo viele Einwohner nicht nur ihre Wohnung verloren, sondern auch ihre Arbeit. Denn so manch kleinerer Betrieb besaß nicht die Mittel, nach dem Desaster einen Neuanfang in die Wege zu leiten. Ebenfalls schwer in Mitleidenschaft gezogen wurde die Kleinseite, insbesondere die Insel Kampa. Mit Metallbarrieren hingegen konnte man die Altstadt vor dem Allerschlimmsten bewahren. Aber selbst dort liefen viele Keller voll, darunter Archive von Bibliotheken (noch heute sind Bände bei -30 °C eingefroren, um sie so bis zu ihrer Restaurierung zu konservieren).

Anfang Juni 2013 fürchtete man, dass sich das Jahrhunderthochwasser bereits nach elf Jahren wiederholen würde. Abermals wurde der Notstand ausgerufen und der U-Bahn-Verkehr eingestellt, wurden Schulen geschlossen, Krankenhäuser geräumt, Tiere aus dem Zoo umgesiedelt und mobile Schutzbarrieren errichtet. Zum Glück aber rauschten dieses Mal „nur" 3210 m³ Wasser pro Sekunde den Fluss hinab – normalerweise sind es 150. So kamen die Prager, anders als die Gemeinden weiter flussabwärts, noch glimpflich davon. Einen Monat später jedoch ereignete sich das nächste Unglück: Ein Hangrutsch führte zu einem Rohrbruch – 50.000 Prager standen ohne Wasser da ...

unzählige Gebäude, Burgen, Schlösser, Klöster und Kirchen wurden ihren früheren Besitzern zurückgegeben. Durch ein radikales Privatisierungsprogramm versuchte man, die Wirtschaft des Landes wieder auf Vordermann zu bringen. Eine große Zahl ausländischer Unternehmen investierte, deren Tochtergesellschaften heute allein für mehr als 50 % der tschechischen Industrieproduktion und 70 % der tschechischen Exporte sorgen. Am 1. Mai 2004 trat die Tschechische Republik zusammen mit der Slowakischen und acht weiteren Staaten der EU bei. Seitdem erhält das Land durch den EU-Strukturfonds Fördermittel insbesondere für die Bereiche Transport, Umwelt und Regionalentwicklung. Rund 3 Mrd. Euro überweist Brüssel jährlich nach Prag (seit 2014, zuvor waren es rund 3,5 Mrd.), sofern die Förderung wegen Korruptionsvorwürfen nicht wieder mal ausgesetzt wird.

Prag heute – und morgen?

Laut *Eurostat,* dem europäischen Statistikamt, gehört Prag heute aufgrund seiner Wirtschaftsleistung zu den zehn reichsten Regionen Europas. So mancher international agierende Konzern hat hierher seine Europazentrale verlegt, andere Unternehmen rechnen an ihrem Hauptsitz in Prag das ab, was sie anderswo im Land produzieren lassen. Prag boomt, Gewerbeimmobilien für immer mehr Büroflächen schießen rund um die Stadt wie Pilze aus dem Boden.

Im Zentrum der Stadt ist von dem Boom nicht allzu viel zu spüren – die Einheimischen haben es weitestgehend für die Touristen aus aller Welt geräumt. Es ist seelenlos, v. a. Altstadt und Kleinseite haben sich zu einer Art Disneyland verwandelt – mit Reisegruppen aus aller Herren Länder, die sich durch die pittoresken Gassen schieben, vorbei an wie geklont wirkenden Souvenirläden, *McDonald's-* und *Starbucks*-Filialen. Es würde nicht verwundern, wenn man irgendwann einmal Tickets für das Betreten des historischen Zentrums lösen müsste.

Zeittafel – die wichtigsten Daten im Überblick

871	Beginn der Přemysliden-Herrschaft.
883	Die Prager Burg wird gebaut.
924–935	Regentschaft Václavs (des späteren heiligen Wenzel).
1158	Bau der ersten steinernen Brücke.
13. Jh.	Etwa 35.000 Menschen leben rund um die Prager Burg.
1306	Ende der Přemysliden-Herrschaft.
1347	Krönung Karls IV. Ein Jahr später gründet er die erste Universität Mitteleuropas und lässt die Neustadt anlegen.
1355	Karl IV. wird Kaiser des Heiligen Römischen Reiches und Prag dessen Hauptstadt. 1378 stirbt Karl IV.
1393	Ermordung Johann von Nepomuks.
1402	Jan Hus beginnt, in der Bethlehemskapelle zu predigen.
1415	Jan Hus wird verbrannt.
1419	Erster Prager Fenstersturz. Beginn der Hussitenkriege.

Geschichte

1420	Jan Žižka siegt auf dem Veitsberg (Vítkov) über das Kreuzfahrerheer.
1436	Ende der Hussitenkriege.
1526	Mit Ferdinand I. beginnt die Herrschaft der Habsburger.
1583	Prag wird Kaiserresidenz des Kunstsammlers Rudolf II. Ca. 60.000 Menschen leben in der Stadt.
1618	Zweiter Prager Fenstersturz. Beginn des Dreißigjährigen Krieges.
1620	Schlacht am Weißen Berg (Bílá hora), in welcher die Protestanten den Habsburgern unterliegen. Es folgt die Rekatholisierung des Landes.
1648	Die Schweden nehmen die Prager Burg ein. Ende des Dreißigjährigen Krieges.
nach 1650	Das „Goldene Prag" entsteht, der böhmische Barock prägt die Stadt.
1713	Der letzte große Ausbruch der Pest.
1740	Unter Maria Theresia beginnt der Österreichische Erbfolgekrieg.
1745	Während der Regentschaft Ferdinand II. plündern die Preußen Prag.
1765–1790	Regierungszeit Joseph II. Er reformiert das Habsburgerreich nach den Ideen der Aufklärung.
1833	Die ersten Dampfmaschinen werden in Karlín aufge-stellt. Die industrielle Revolution setzt ein. In den folgenden Jahren leben erstmals mehr tschechisch- als deutschsprachige Böhmen in Prag.
1843	Eröffnung des ersten Prager Bahnhofs.
1847	Die ersten Gaslaternen beginnen zu leuchten.
1848	Die Tschechen erheben sich gegen die Habsburger und streben nach nationaler Souveränität.
1883	Erste elektrische Straßenbeleuchtung.
1896	Durch die Straßen Prags fährt die erste elektrische Straßenbahn.
1914	Beginn des Ersten Weltkriegs.
1918	Ende des Ersten Weltkriegs und Gründung der ersten Tschechoslowakischen Republik.
1930	Prag zählt rund 850.000 Einwohner.
1939–1945	Reichsprotektorat Böhmen und Mähren unter den Nazis, Zweiter Weltkrieg.
1948	Die Kommunisten übernehmen die Regierungsge-schäfte.
1951	Die weltweit erste Ausnüchterungsstation wird in Prag eröffnet.
1968	Prager Frühling.
1989	Samtene Revolution.
1993	Trennung der ČSSR, Prag wird Hauptstadt der Tschechischen Republik.
2004	EU-Beitritt.

Architektur

Es gibt nur wenige Städte der Welt, die eine solche architektonische Vielfalt wie Prag zu bieten haben. Die wichtigsten Baustile des letzten Jahrtausends im Überblick:

Romanik

Die Entstehung Prags fällt zusammen mit dem Baustil der Romanik, der ersten europäischen Kunstrichtung im frühen Mittelalter (um 950–1250). Da die meisten Häuser unterhalb der Prager Burg zu jener Zeit nichts anderes als Holzhütten waren, blieb außer ein paar steinernen Kirchenbauten wenig erhalten. Und das, was es heute noch zu sehen gibt, ist nicht immer auf Anhieb als romanischer Bau zu erkennen, da durch spätere Umbauten andere Stilelemente aufgesetzt wurden. Geschlossenheit und Festigkeit, Wucht und Strenge sind an sich die generellen Merkmale der Romanik. Sowohl durch ihr dickes, unverputztes Kleinquadermauerwerk als auch durch ihre Kargheit besitzen die Bauten von außen häufig Festungscharakter. Beispielhaft für den romanischen Sakralbau der böhmischen Länder sind einschiffige Rundbauten wie die kleine **Heilig-Kreuz-Rotunde** (Rotunda sv. Kříže) in der Karoliny Světlé in der Altstadt oder die **Sankt-Martins-Rotunde** auf dem Gelände der Burg Vyšehrad (→ S. 244). Leider sind beide Rotunden so gut wie immer geschlossen. Der schönste und bedeutendste romanische Bau der Stadt versteckt sich heute hinter einer barocken Fassade: die **Sankt-Georgs-Basilika** (→ S. 204) auf der Prager Burg.

Gotik

Wie überall in Europa hielt die Gotik auch in Prag Mitte des 13. Jh. ihren großen Einzug. Himmelwärts strebende Bauwerke, Spitzbögen, Kreuzrippengewölbe und große Fensteröffnungen ersetzten die schweren, breit gelagerten Bauten der Romanik. Das Bauwerk, das bis heute als Inbegriff gotischer Architektur gilt, ist die Kathedrale. Angelehnt an französische Vorbilder sollte auch mit dem **Sankt-Veits-Dom** in Prag der Idealtypus einer Kathedrale geschaffen werden – jedoch konnte während der Gotik lediglich das Chorhaupt in Ansätzen fertiggestellt werden (→ S. 200). Die Gotik ist in Prag aber nicht nur bei sakralen Bauwerken zu finden, auch Türme, Brücken und Patrizierhäuser wurden in dieser Manier errichtet. Dass diese nicht sofort ins Auge fallen, liegt wie bei den romanischen Bauten

Deckenmalereien in der Sankt-Thomas-Kirche auf der Kleinseite

v. a. daran, dass spätere Renaissance- und Barockumbauten den ursprünglichen Stil regelrecht übertünchten. Noch heute kann man in manchen Häusern der Altstadt gotische Keller und Gewölbe finden.

Zu den bedeutendsten gotischen Bauten der Stadt gehören neben dem Chor des Sankt-Veits-Doms das **Sankt-Agnes-Kloster** (→ S. 160), die **Altneusynagoge** (→ S. 161), die **Teinkirche** (→ S. 137), der **Altstädter Brückenturm** (→ S. 148) und die **Karlsbrücke** (→ S. 146). Während im übrigen Europa gegen 1500 die Epoche der Gotik endete, blieb sie in Prag bis zum Anfang des 17. Jh. erhalten. Insbesondere die Hussiten förderten die Gotik noch lange Zeit, da der neue Stil – die Renaissance – aus dem katholischen Italien kam und so für sie nicht akzeptabel war.

Renaissance

In der zweiten Hälfte des 16. Jh. führten italienische Handwerker dann doch die neuen Formen ein, insbesondere die Spätrenaissance (Manierismus) sollte in Prag Anklang finden. Sehnte man sich in der Epoche der Gotik noch nach einer schnellen Überwindung des „elenden" Erdendaseins und nach dem Jenseits, entdeckte man in der Renaissance die Schönheit und Harmonie der Welt. Angewandt wurde der Baustil in Prag weniger bei sakralen als vielmehr bei säkularen Gebäuden. Die neuen Bautypen waren Lustschlösser wie **Hvězda** oder **Belvedér** (→ S. 207), Ballhäuser wie das **Große Ballhaus** im Königsgarten (→ S. 198) oder Paläste wie das **Palais Schwarzenberg** (→ S. 188). Vor allem am Palais Schwarzenberg, der als schönster Renaissancebau der Moldaustadt gilt, lassen sich die typischen Stilelemente der Epoche nachvollziehen: figürliche und geometrische Sgraffiti, ornamentales Stuckwerk in den Innenräumen und nach altrömischen Vorbildern errichtete Arkadenloggien. Da sich mit der böhmischen Renaissance keine Baumeister von Rang in Verbindung bringen lassen, wie beispielsweise Peter Parler mit der Gotik und Christoph Dientzenhofer mit dem Barock, wird die Prager Renaissance von ausländischen Kunsthistorikern gerne übersehen.

Barock

Nicht übertrieben ist es, Prag als eine der europäischen Hauptstädte des Barock zu bezeichnen, eines Baustils, der im 16. Jh. ebenfalls in Italien entstanden war. Nach der Schlacht am Weißen Berg 1620 kam er auch in der Moldaustadt zur Geltung. Der Sieg der katholischen Partei war zugleich der Auftakt für die neue Kunstepoche, für die zunächst überwiegend ausländische Baumeister wie Carlo Lurago und Giovanni Domenico Orsi zuständig waren. Der Barock, von den katholischen Habsburgern zum „Reichsstil" erhoben, sollte religiöse Frömmigkeit, aber auch weltliche Daseinsfreude symbolisieren. Unter den Jesuiten, die die Gegenreformation des Landes vornehmlich lenkten, wurde der prunkvolle barocke Um- oder Neubau von Kirchen gefördert. Mit ihnen kamen auch viele deutschsprachige Baumeister nach Prag, darunter Joseph Emanuel Fischer von Erlach aus Wien und Christoph Dientzenhofer aus Oberbayern. Insbesondere mit dem Namen Dientzenhofer sind viele Barockbauten Prags verbunden, woran auch Kilian Ignaz (1689–1751), der Sohn Christoph Dientzenhofers, großen Anteil hat. In Prag wurde v. a. darauf geachtet, den aus Italien adaptierten Baustil mit natürlichen Begebenheiten der Stadt in Einklang zu bringen. Herausragendes Beispiel dafür ist das **Barockschloss Troja** (→ S. 242): Das Schloss im Stil einer frühbarocken italienischen Villa liegt harmonisch eingebettet zwischen Weinbergen und Moldauufer.

Das Ideal der harmonischen, an der Antike angelehnten Ordnung der Renaissance wird im Barock zur stürmischen

Dynamik. Gerade Linien mutieren zu schwungvollen Kurven, Flächen zu plastischen Gebilden. Typisch sind mächtige Kuppeln und illusionistische Deckengemälde (z. B. an der **Sankt-Nikolaus-Kirche** auf der Kleinseite → S. 173), geschwungene Linien an Fenstern, Portalen und Gesimsen (z. B. an der **Sankt-Margareten-Kirche** des Klosters Břevnov → S. 241), mit Statuen geschmückte Portale und Fassaden (z. B. am **Palais Clam-Gallas** → S. 142) und v. a. und überall Putten, Putten, Putten. Weitere bedeutende Prager Barockbauten sind u. a. das **Loreto-Heiligtum** (→ S. 189) und das **Palais Waldstein** (→ S. 172).

Rokoko

Es wird gerne gestritten, ob das Rokoko eine eigene Stilepoche oder als Variante des Spätbarock (etwa 1740–1780) anzusehen ist. Selbst der mit dem Barock groß gewordene Baumeister Kilian Ignaz Dientzenhofer wandte sich später dem Rokoko zu. Von ihm stammt z. B. der Entwurf zu einem der herausragendsten Rokokobauwerke Prags, dem **Palais Kinský** (→ S. 144), das erst nach seinem Tod, zwischen 1755 und 1765, verwirklicht wurde. Der Überdruss an all dem schwülstigen Prunk und der Monumentalität des Barocks wird hier deutlich. Im Rokoko wurde das Dekor feiner, kleiner und verspielter. Neben Knorpelwerk, Blumen und Ranken wurde die Muschel (französisch „Rocaille") zu einem der Grundmotive des Stils, auffallend zum Beispiel an der 1765 gestalteten Fassade des **Erzbischöflichen Palais** (→ S. 186), einem weiteren bedeutenden Rokokobau Prags. Ansonsten sind Rokokobauwerke in der Moldaustadt eher rar, dafür lassen sich noch Beispiele dieses Stils in der **Plastik** finden. Ignaz Platzer, der berühmteste Prager Bildhauer des Rokoko, hinterließ seine Spuren z. B. in der Sankt-Nikolaus-Kirche auf der Kleinseite (→ S. 173).

Klassizismus

Stilistisch stellt der Klassizismus (1750–1840) v. a. eine Gegenreaktion auf die überschwängliche Formensprache von Barock und Rokoko dar. Dem Dekor des Rokoko begegnete man mit klarer und eleganter Linienführung, glatten Flächen und geometrischer Ordnung. In Prag erreichte der Klassizismus bei weitem nicht die Bedeutung wie in anderen europäischen Städten – es mangelte in jener Epoche v. a. an wirtschaftlicher Kraft, um dem neuen Stil zum Durchbruch zu verhelfen.

Das bedeutendste klassizistische Bauwerk Prags, das **Ständetheater** (→ S. 139), wurde zwischen 1781 und 1783 von Anton Haffenecker erbaut. Die Neigung der klassizistischen Architekten zu einer an die Antike angelehnten, tempelartigen Grundstruktur kommt hier zum Ausdruck. Ein anderes klassizistisches Highlight der Moldaustadt stellt der **Philosophische Saal** im Kloster

Rokoko: Erzbischöfliches Palais in der Burgvorstadt

Strahov (→ S. 190) dar. Ignaz Johann Palliardi schuf ihn um 1782/83.

Historismus

Der rapide Fortschritt von Wissenschaft und Technik und die damit einhergehende Industrialisierung in der zweiten Hälfte des 19. Jh. sowie wachsende Anforderungen an Rentabilität und Zweckmäßigkeit stellten die Architekten vor massive Aufgaben, boten aber auch neue Chancen. Da Zeit mittlerweile Geld war und dieselbe zum Experimentieren knapp wurde, mussten schnelle Lösungen her, und das war auch im Falle Prags der Rückgriff auf bereits vorhandene historische Formen. Die Dekorteile wurden nun aber maschinell produziert und wie Katalogware nach Bildern ausgesucht. Die damalige Situation wird gerne mit der Frage des Maurers an den Bauherrn wiedergegeben: „Das Haus ist fertig, welcher Stil soll nun dran?" So entstanden der neoromanische Stil, die Neorenaissance und der Neobarock.

Der Prager Historismus, der sich in erster Linie als **Neorenaissance** realisierte, wurde daneben auch vom Wunsch nach einer nationalen Identität motiviert. Herausragendes Beispiel dafür ist das **Nationaltheater** (→ S. 124), das zwischen 1868 und 1881 mithilfe von Spendengeldern und nach Plänen von Josef Zítek errichtet wurde. Bemerkenswerte Neorenaissancebauwerke sind zudem das **Nationalmuseum** (1885–1890, → S. 121) und das **Rudolfinum** (1876–1882, → S. 162).

Jugendstil

Eine Antwort auf die oft unmenschlich und unnatürlich erscheinenden Zustände der Industrialisierung hieß zu Beginn des 20. Jh. „zurück zur Natur". Architekten und bildende Künstler verwendeten nun organische, oft pflanzliche Formen und fließende Linien, gern gewählte Motive waren Ranken, Was-

Jugendstil: Mucha-Fenster im Dom

serläufe oder langes, wallendes Frauenhaar. Diese Ornamentik nannte man in Deutschland „Jugendstil" (nach der 1896 gegründeten Zeitschrift „Jugend"), in Österreich sprach man vom „Sezessionsstil" (da es zur Sezession – Abspaltung – einer jüngeren Künstlergruppe von einer älteren gekommen war), in Italien vom „Stile Liberty", in England vom „Modern Style", in Spanien vom „Modernismo" und in Frankreich und Belgien von der „Art Nouveau".

Ein starkes Echo fand die Wiener Sezession in der Prager Architektur. Viele junge tschechische Architekten waren aus dem berühmten und viel besuchten Atelier des Österreichers Otto Wagner mit neuen Ideen nach Prag zurückgekehrt. Nicht zuletzt deswegen spricht man zuweilen auch von der „tschechischen Sezession", die sich in ihrem Ausdruck aber nur unwesentlich von den anderen europäischen Spielarten unterscheidet. Die Formensprache der Sezession erstarrte schon bald zur Spielerei, noch vor dem Ersten Weltkrieg war der Stil wie eine veraltete Mode passee.

Zu den großen tschechischen Jugendstilkünstlern gehört u. a. Alfons Mucha. Er wirkte am Gemeindehaus **Obecní dům** mit (1905–1912, → S. 145), dem Vorzeigebauwerk der Prager Sezession. Typische Jugendstilelemente sind hier z. B. Intarsienfußböden, farbige Fenstergläser in der Kombination mit kunstgeschmiedetem Metall sowie das mit pflanzlichen Formen versehene Mosaik im Bogengiebel der Fassade. Auch der zwischen 1901 und 1909 vom Architekten Josef Fanta errichtete und reich ausgeschmückte **Prager Hauptbahnhof** gilt als Paradebeispiel des lokalen Jugendstils.

Kubismus

So wie man in der Malerei (z. B. bei Braque, Picasso, Delaunay) abgebildete Gegenstände auf die geometrischen Grundformen Kubus (lat. „Würfel"), Kegel und Kreis zurückführte, versuchten dies Prager Architekten Anfang des 20. Jh. auch bei Häusern. Dabei wurde das gesamte Gebäude einer plastischen Gestaltung unterzogen, es vermittelt teilweise und v. a. von außen den Eindruck einer bewohnbaren Skulptur. Dies kommt z. B. durch kristallin gebrochene Fassaden oder diamantförmige Fensterbekrönungen zum Ausdruck.

Prag ist bezüglich seiner kubistischen Architektur einzigartig auf der Welt. Der Grund: Die Architekten orientierten sich nicht nur an der modernen Malerei und Plastik, sondern nahmen auch die spätgotische Prager Architektur mit ihren nahezu abstrakten Gewölbeformationen als Vorbild. Lange Zeit wurde die kubistische Architektur der Moldaustadt lediglich als eine regionale Entwicklung verstanden, heute interpretiert man sie als eigenständige Spielart des **Expressionismus.** Zu den bedeutendsten Architekten gehören Josef Gočár und Josef Chochol. Sehenswert sind das **Haus zur Schwarzen Madonna** (→ S. 145), das **Haus Diamant** und mehrere Gebäude unterhalb der Burg Vyšehrad (→ Kasten, S. 146).

Rondokubismus

Nach der Gründung der ersten Republik 1918 entwickelte sich der Rondokubismus, bei dem die eckigen, prismatischen Formen des Kubismus durch weichere, eher zylindrische ersetzt wurden. Der Rondokubismus, auch **Nationaler Stil** genannt, war mehr eine patriotische Bewegung, die das Volkskunstschaffen und die nationale Vielfalt reflektierten sollte und zugleich einen direkten Abschied von der klassischen Formenlehre, die noch für den Kubismus maßgeblich war, darstellte. Sichtbar sind diese neuen Ansätze in erster Linie am **Palais Adria** (→ S. 118), dem bedeutendsten rondokubistischen Gebäude Prags. Es wurde von den Architekten Josef Zasche und Pavel Janák geplant und zwischen 1922 und 1924 erbaut. Das Palais besitzt Türmchen und Zinnen und ist verziert mit einer überschwänglichen plastischen Ornamentik, die traditionelle böhmische und mährische Motive aufgreift. Letztendlich aber hatte der Rondokubismus nur eine kurze Blüte.

Funktionalismus

Der Funktionalismus, auch „Neues Bauen" oder „Neue Sachlichkeit" genannt, verlangte ab den 20er-Jahren des 20. Jh. die strikte Abkehr von rein dekorativen und historisierenden Tendenzen in der Architektur. Die Funktion eines Gebäudes stand im Vordergrund, zweckgebunden sollte es gestaltet werden. Eine reine, ornamentlose Architektur mit klaren Formen und geraden Linien war gewünscht.

In der **Baba-Kolonie** (→ S. 243), einem zwischen 1932 und 1940 errichteten Villenviertel im Stadtteil Dejvice, setzte man diese Ideen provokant um: Bei den quaderförmigen, weiß verputzten Häusern kamen v. a. neue Baustoffe wie

Beton, Stahl und Glas zur Verwendung. Spannend, da nicht nur von außen, sondern auch von innen zu besichtigen, ist zudem die **Müllervilla** (→ S. 243) von Adolf Loos. Das imposanteste funktionalistische Gebäude Prags ist jedoch der 1924–28 errichtete **Messepalast,** der heute das Museum moderner und zeitgenössischer Kunst beherbergt (→ S. 213). Der extravagante, transparente Bau, geschaffen von den Architekten Oldřich Tyl und Josef Fuchs, gilt als Meilenstein im europäischen Funktionalismus – anderswo war der Stil in jenen Jahren noch in der Projektphase.

Architektur während der sozialistischen Zeit

Das Konzept des **sozialistischen Realismus** geht auf Stalin selbst zurück und war der Versuch, „eine getreue und historisch korrekte Abbildung der Wirklichkeit in ihrem revolutionären Fortschritt" zu schaffen. Der sozialistische Realismus sollte sich von den Visionen eines rigiden Funktionalismus zugunsten einer gegenständlichen, parteilichen Kunst abwenden. Die Frontfassaden schmückte man wieder mit Elementen historischer Baustile. Das heutige **Hotel Crowne Plaza** (1951–59, → Kasten „Ostalgie-Tipps", S. 224) wurde z. B. mit aus der Renaissance entlehnten und mit sozialistischer Symbolik angereicherten Sgraffiti verziert. Ein weiteres interessantes Gebäude aus der sozialistischen Ära ist das **Planetarium** (→ S. 218), das an den russischen Konstruktivismus der 20er- und 30er-Jahre anknüpft. Vor allem aber dominieren Modularbauten aus jener Zeit. Wer sich ein Bild von der Prager Plattenbauarchitektur machen will, kann einen Spaziergang durch die Südstadt unternehmen (→ S. 238).

Architektur nach 1989

Immer noch, und das seit über 25 Jahren, hämmert, bohrt und kracht es in der Moldaustadt. Der Restaurierungsboom hält an, kaum eine Straße ohne Baustelle. Die Bauarbeiter kommen vielfach aus der Ukraine – auch Tschechien hat seine Gastarbeiter. Die Augenwischerei nach der Wende, als im Zentrum Fassade auf Fassade geliftet und geschminkt wurde, ist weitestgehend abgeschlossen. Nun steht das morsche Gebälk dahinter an: Aus feuchten, dunklen Kabuffs mit Pawlatschen (offene Gänge an der Hofseite eines Hauses) in den Hinterhöfen werden lichte Apartments, und hinter der Pracht alter Palais tun sich moderne Büros auf. Ein Beispiel für diese Entwicklung ist der Shoppingtempel **Palladium** am Náměstí Republiky. Hinter der Fassade im Stil der Tudorgotik befand sich einst eine Kaserne aus der k.u.k.-Zeit.

Aber auch mutige Schritte hin zu einer wirklich neuen Architektur sind auszumachen. Ein gelungenes Beispiel dafür ist das von 1992–96 vom kanadischen Architekten Frank Owen Gehry entworfene **Tanzende Haus** (→ S. 120), ein extravagantes Gebäude im Stil des Dekonstruktivismus – die Auflösung traditioneller statischer Verhältnisse steht dabei im Vordergrund. Weitere moderne Bauten sind und waren schon in der Diskussion, u. a. ein avantgardistischer Kunsttempel für ein Dalí-Museum von Daniel Libeskind, eine neue Nationalbibliothek in Form einer Krake nach Plänen des 2009 verstorbenen Jan Kaplický oder die *Walter Towers*, ein w-förmiger Hochhauskomplex, entworfen von dem dänischen Architektenbüro Bjorke Ingels. Doch darüber, was man dem altehrwürdigen Zentrum zumuten kann, gehen die Meinungen im Stadtrat auseinander: Je nach Machtverhältnissen stehen die Projekte kurz vor der Realisierung oder sind gleich wieder vom Tisch. Auch mischt sich die UNESCO ein. Wegen zweier geplanter Wolkenkratzer im etwas abseits gelegenen Stadtteil Pankrác droht sie, Prag von der Welterbeliste zu streichen.

Mahnmal für die Opfer des Kommunismus

Stadttouren und Ausflüge

Nové Město (Neustadt)	→ S. 112	Smíchov	→ S. 208
Staré Město (Altstadt)	→ S. 132	Holešovice und Bubeneč	→ S. 212
Josefov (Josefstadt)	→ S. 154	Žižkov	→ S. 220
Malá Strana (Kleinseite)	→ S. 166	Vinohrady	→ S. 228
Hradčany (Hradschin)	→ S. 184	Ziele rund um die Innenstadt	→ S. 238
Pražský hrad (Prager Burg)	→ S. 193	Ziele rund um Prag	→ S. 246

Wenzelstatue vor dem Nationalmuseum und kubistische Straßenlaterne

Nové Město (Neustadt)

Nové Město ist das Handels- und Geschäftszentrum Prags, wenn nicht der ganzen Republik. Breite Boulevards und belebte Flaniermeilen, repräsentative Theater- und Opernhäuser, Einkaufszentren und Casinos prägen den Stadtteil. Ganz so neu aber, wie der Name vermuten lässt, ist er nicht.

Bereits im 14. Jh. ließ Kaiser Karl IV. den großzügigen Grundriss von Nové Město anlegen. Prag sollte zu einer würdigen, neuen Hauptstadt des Heiligen Römischen Reiches werden. Doch schon bald nach Karls Tod verkam die Neustadt zum Armenviertel.

Ende des 19. Jh. riss man einen Großteil von Nové Město ab, lediglich das alte Straßennetz, ein paar Kirchen und Palais blieben erhalten. Das Bild bestimmen heute überwiegend monumentale Gebäude der Gründerzeit und des Jugendstils, aber auch Bauten des Funktionalismus und des sozialistischen Realismus sind zu finden. Bis in die Gegenwart wird an Nové Město gefeilt. Es wird neu, um- und angebaut oder auch nur die Fassade gestrichen.

Nové Město ist ein Stadtteil mit unterschiedlichen Facetten. Der Wenzelsplatz gehört zwar weitestgehend den Touristen, doch nur wenige Schritte entfernt sieht die Welt schon wieder anders aus. Die Kaffeehäuser, Kinos und Livemusic-Clubs der Neustadt sind auch bei den Pragern extrem beliebt.

Nové Město zieht sich wie ein breiter Gürtel um Staré Město. Altstadt und Neustadt treffen sich an den Straßen Revoluční, Na příkopě und Národní. Letztere zwei gehen vom Wenzelsplatz ab und bilden mit ihm das sog. Goldene Kreuz *(zlatý kříž)*, eines der teuersten Pflaster der Hauptstadt. Prag zeigt sich hier weltstädtisch und geschäftig. Fußgängerzonen laden zum Flanieren und Straßencafés zum Genießen ein.

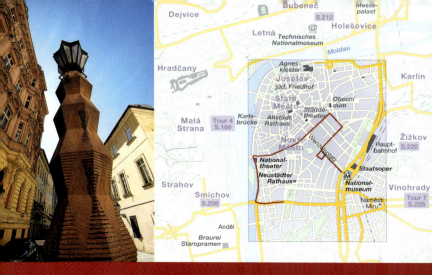

Tour 1: Nové Město (Neustadt)

Hinweis zum Aufbau des Reiseteils: Der in den Spaziergängen auftauchende Pfeil „→" vor einer Sehenswürdigkeit verweist auf eine ausführlichere Beschreibung im jeweils folgenden Kapitel „Sehenswertes". Die angegebene Dauer eines Spaziergangs beinhaltet nicht den Besuch von Museen oder anderen Sehenswürdigkeiten.

Spaziergang

Länge ca. 3,9 km, **Dauer** ca. 2 ¾ Std., **Karte** S. 114/115.

Als den „stolzesten Boulevard der Welt" bezeichnete der Dichter Detlev von Liliencron Ende des 19. Jh. den → **Wenzelsplatz (Václavské náměstí)**. Als „einen der schäbigsten Plätze Europas" jüngst die *Times*. Die obere Stirnseite des Platzes schließt das → **Nationalmuseum (Národní muzeum)** ab, ein monumentaler Neorenaissancebau. Abends, wenn es im Scheinwerferlicht erstrahlt, verleiht es dem Platz noch immer etwas von dem Glanz zu von Liliencrons Zeiten. Davor thront seit 1912 der **Heilige Wenzel zu Pferd**. Das Denkmal ersetzte ein älteres aus dem Jahr 1680, bei dem er noch auf eigenen Füßen stehend über den Platz blicken musste. Übrigens hält man am Sockel des Denkmals gerne um die Hand der Angebeteten an – Wenzels Beistand soll dem Heiratsantrag, so heißt es, Nachdruck verleihen.

Spaziert man von dem Denkmal ein paar Schritte bergab, passiert man ein kleines Rundbeet. Darin erinnert ein **Gedenkstein** an Jan Palach (1948–1969) und Jan Zajík (1950–1969). Die beiden jungen Tschechen wählten hier

den Freitod, um gegen die sowjetische Dominanz nach dem Prager Frühling zu demonstrieren (→ S. 97 und 157).

Weiter platzabwärts steht rechter Hand das in den 1950er-Jahren im „Stalinbarock" errichtete **Hotel Jalta**, damals wie heute eine Herberge der oberen Liga. Darunter, in 10 m Tiefe, befindet sich ein → **Atombunker**, von dem aus man in kommunistischer Zeit zudem westliche VIP-Gäste bespitzelte.

Von den Häuserblocks rund um den Wenzelsplatz gehen viele Ladenpassagen ab, sog. „Durchhäuser", die für die Neustadt typisch sind. Da sie verschiedene Straßenzüge miteinander verbinden, kürzen sie die Wege ab. Eine der schönsten ist die **Lucerna-Passage** (zwischen der Štěpánská und der Vodičkova, vom Platz über die Pasáž Rokoko zu erreichen), in der man dem Heiligen Wenzel abermals begegnet. Auch wieder zu Pferd sitzend, aber dieses Mal auf dessen Bauch, da das Pferd mit dem Kopf nach unten und den Beinen nach oben von einer Kuppel herabhängt. Das zeitgenössische Kunstwerk – ein Spiegelbild des heutigen Landes – schuf der Popkünstler David Černý (→ Kasten), und der Bau selbst, der erste Stahlbetonbau Prags, wurde von Václav Havels Großvater in den 20er-Jahren des 20. Jh. entworfen.

Überquert man auf der Vodičkova den Wenzelsplatz, blickt man rechter Hand auf das berühmte **Hotel Evropa** – es ist bis voraussichtlich 2016 wegen Restaurierung geschlossen. Die Jugendstilfassade zählt zu den schönsten am Václavské náměstí. Im damals ersten Haus am Platze hielt Franz Kafka übrigens eine seiner wenigen öffentlichen Lesungen. Bleibt zu hoffen, dass das überaus charmante Kaffeehaus des Hotels (→ Essen & Trinken) nicht mausetot restauriert wird, wie andere Beispiele in der Stadt zeigen.

Von außen eher unscheinbar ist die **Hauptpost** an der Jindřišská. Im Innern ist sie aber alles andere als ein in die Jahre gekommener Zweckbau. Dort überrascht eine gelungene Verbindung aus Glas- und Stahlarchitektur mit der ursprünglichen Bausubstanz.

Schräg gegenüber liegt das **Hotel Palace**. Im einst vornehmsten Haus der Stadt logierten u. a. Louis Armstrong, George Bush, Enrico Caruso, Alain Delon … und am Ende des Alphabets ZZ Top. Heute kann man anderswo deutlich dekadenter und dazu zeitgemäßer wohnen.

Ein paar Meter weiter, im klassizistischen Palais Kaunitz an der Panská, befindet sich das → **Mucha-Museum (Muchovo muzeum)**, das dem Jugendstilkünstler Alfons Mucha die Reverenz erweist.

In der Jindřišská (dort, wo heute das Gebäude mit der Hausnr. 17 steht) wurde 1875 Rainer Maria Rilke geboren, einer der bedeutendsten deutschsprachigen Dichter der Moderne. Getauft wurde der junge Rilke in der nahen **Sankt-Heinrich-Kirche (Kostel sv. Jindřicha)**, die im 14. Jh. unter Karl IV. erbaut wurde. Getrennt vom Gotteshaus steht der Kirchturm, der → **Jindřišská věž**, der in der Geschichte Prags auch als Wehrturm fungierte.

Über eine Ladenpassage im Gebäude der *Česká Národní Banka* (Tschechische Nationalbank) gelangt man auf die beliebte Einkaufsmeile Na příkopě. Rechts voraus erheben sich das Pulvertor, der Jugendstilbau des Obecní dům und der Empirebau des Hybernia-Theaters – allesamt beim Spaziergang durch die Altstadt aufgeführt.

Wir jedoch halten uns links und passieren das **Slovanský dům** (Nr. 22), das „Slawenhaus". Bis zum Zweiten Weltkrieg hieß es „Deutsches Haus" und war eines der Zentren im gesellschaftlichen Leben der Pragerdeutschen. Hinter der barocken Fassade verstecken sich schicke Boutiquen und ein großes Multiplexkino mit mehreren Sälen.

David Černý, Meister der Provokation

David Černý (Jahrgang 1967) gilt als das Enfant terrible der tschechischen Kunstszene. International bekannt wurde der in Tschechien und Amerika ausgebildete Objektkünstler 1991, als er einen russischen Panzer, ein Ehrenmal für die sowjetischen Befreier, rosa anmalte. Es hagelte Proteste, bis der *Pink Tank* irgendwann vom Sockel gestoßen wurde und in der Versenkung verschwand. Andere Arbeiten Černýs sorgen aber noch immer für Kontroversen. Und wie kein anderer Gegenwartskünstler prägt Černý das Bild der Stadt mit. Übersehen kann man seine Kunst kaum, denn stets ragt sie irgendwie heraus, an Größe oder Originalität. Černý lässt bronzene Männerfiguren auf die tschechische Landkarte pinkeln (→ S. 171), Sigmund Freud über der Straße baumeln (→ S. 140) oder zwei kolossalen, vornüber gebeugten Figuren in den Hintern schauen (→ S. 209). Er lässt Riesenbabys den Fernsehturm hochkrabbeln (→ S. 226), einem Trabi Beine wachsen (→ S. 174) und ein Metronom über den Dächern Prags pendeln (→ S. 217). In vielen seiner ironisch-erheiternden und zugleich provokanten Kunststreiche geht der Künstler mit den Herrschenden und seinem Land hart ins Gericht – kein Wunder also, dass fast all seine Auftraggeber aus dem Ausland kommen. Als ihm 2008 aus Anlass der EU-Ratspräsidentschaftsübernahme einmal die tschechische Regierung einen Auftrag erteilte, führte er diese gleich hinters Licht: Unter seiner Regie sollten Künstler aus allen EU-Staaten für das Ratsgebäude in Brüssel ein Kunstwerk schaffen. Tatsächlich aber schuf Černý seine Installation *Entropa* mit zwei Freunden im „Alleingang", Namen und Viten der anderen 27 „europäischen Künstler" waren frei erfunden. Die Installation zeigte die EU-Mitgliedstaaten klischeehaft in einer Art Bausatz: Bulgarien als „Hockklo", Polen als Land der homosexuellen Priester, Deutschland als hakenkreuzähnliches Labyrinth aus Autobahnen usw. Der Kunsthistoriker Tomaš Pospiszel, der bei Černýs Streich mit von der Partie war, verteidigte die Arbeit mit den Worten: „Täuschungen und Irreführungen sind Teil der tschechischen kulturellen Identität und unseres Erbes."

Wenzel in der Lucerna-Passage

Das prächtige Neorenaissancegebäude (Nr. 20) daneben wurde einst für die *Živnostenská banka* erbaut. Zuletzt stand das Gebäude leider leer und war nicht zugänglich – hoffentlich wird der prunkvolle Schalterraum im 1. Stock irgendwann wieder zu betreten sein.

Weiter an der Na příkopě folgt an der Ecke zur Panská die **Heilig-Kreuz-Kirche (Kostel sv. Kříže)**, ein Empirebau mit ionischen Säulen. Hinter der Kirche unterhielten die Piaristen ein Kloster und Kollegium: Rilke, Werfel und andere große Dichter gingen dort zur Schule. Gegenüber der Heilig-Kreuz-Kirche, auf der anderen Seite der Panská, steht das Gebäude der **einstigen tschechischen Handelsbank** (Nr. 14). Es wurde zuletzt entkernt. Ohne das Stadtbild zu verändern, wird auch hier Platz für funktionale Büro- und Ladenflächen geschaffen. Es lohnt sich: Über 180 € Miete pro Quadratmeter werden an der Na příkopě im Monat bezahlt.

Auf das Gebäude **Černá Růže** („Schwarze Rose", Nr. 12), hinter dessen historischer Fassade sich eine Shoppingmall verbirgt, folgt das Palais Savarin, welches das → **Museum of Communism (Kommunismusmuseum)** beherbergt und in privater Hand ist. Von offizieller Seite richtet man in Tschechien lieber Folkloremuseen und Ähnliches ein, als sich kritisch mit der jüngeren Vergangenheit auseinanderzusetzen.

Am unteren Ende des Wenzelsplatzes fällt das **Palais Koruna** ins Auge. Seinen Namen erhielt der eigenwillige, 1914 von Antonín Pfeiffer projektierte Jugendstilbau von seiner dekorativen Eckturmkrone. Ende der 1920er-Jahre wurde darin das erste Prager Selbstbedienungsrestaurant mit dem appetitlichen Namen „Automat" eröffnet, das sich bis zur Wende hielt. Rund 14 Jahre jünger ist der konstruktivistische Bau des **Bat'a-Schuhgeschäfts** schräg gegenüber. Er hat heute nichts Beeindruckendes mehr. Der tschechische Schuhfabrikant Tomáš Bat'a gab ihn in Auftrag. Aus Angst vor den Nazis verlegte Bruder Jan den Firmensitz 1939 nach Kanada. Die Kommunisten verstaatlichten die tschechoslowakischen Bat'a-Fabriken. Als der Sozialismus in Rente ging, bekam die Bat'a-Familie nur das Gebäude am Wenzelsplatz zurück.

Hier, am unteren Ende des Wenzelsplatzes, zwischen dem Palais Koruna und dem Bat'a-Schuhgeschäft, spielen gerne internationale Straßenmusiker auf. Es ist eine der wenigen Ecken der Stadt, wo dies ohne Lizenz erlaubt ist. Arg laut aber dürfen die Musiker nicht werden – die Prager Biedermänner im Stadtrat schreiben maximal 45 Dezibel vor.

Den historischen Stadtpalast an der 28. Října 17 verwandelte die österreichische Kaffeerösterei **Julius Meinl** Ende 2013 in einen Gourmettempel. In dem sündhaft teuren Nobelsupermarkt, der an die Feinschmeckeretage des Berliner *KaDeWe* angelehnt ist, überstieg bei unserer letzten Recherche die Zahl der Mitarbeiter die der neugierigen Besucher bei Weitem.

Am Ende der 28. Října steht das **Palais Adria**. Der rondokubistische Bau (→ Architektur, S. 108), den Le Corbusier etwas abfällig einen „assyrischen Palast" nannte, entstand in den 20er-Jahren des 20. Jh. für die Versicherungsgesellschaft *Riunione Adriatica di Sicurità*. Während der Samtenen Revolution tagte hier Havels „Bürgerforum". Am Platz davor, dem Jungmannovo náměstí (Jungmannplatz), befindet sich das **Österreichische Kulturforum**, dessen Portal zugleich den Zugang zur versteckt gelegenen → **Maria-Schnee-Kirche (Kostel P. Marie Sněžné)** bildet. Ebenfalls versteckt (ums Eck beim Restaurant U Pinkasů) steht die weltweit einzige **kubistische Straßenlaterne** (samt Sitzmöglichkeit).

Die **Národní třída (Nationalstraße)** ist wieder für den Verkehr freigegeben. Es geht vorbei an der innovativen **Václav-**

Von grünen Feen und grünen Schnäpsen

Picasso soll mit dem giftgrünen, gallenbitteren Likör seine blaue Periode durchlebt haben, Van Gogh schnitt sich im Absinthrausch ein Ohr ab. In den letzten Jahren feierte Absinth eine kleine Renaissance, aber außer dem Namen und seiner Hochprozentigkeit hat der Modedrink mit „richtigem" Absinth wenig gemein. Letzterer nämlich enthält den aus Wermutblättern gewonnenen, namengebenden Bitterstoff Absinthin und dazu Thujon, ein Nervengift, das psychedelisch wirkt und in hohen Dosen zu psychischen Schäden führen kann. Wenn man zu viel des giftgrünen Stoffes trinkt, so heißt es, sieht man eine Fee gleicher Farbe. Nicht zuletzt aus diesem Grund war Absinth lange Zeit in vielen Ländern der Welt verboten. Was heute auf den Markt kommt, ist eine Art „Absinth Light" mit maximal einem Fünftel der Thujonmenge aus der Zeit Picassos. Dennoch heißt es aufgepasst: Schon ein Gläschen kann die Sightseeing-Tour in ein anderes Licht rücken! Wer stilecht probieren möchte, entzündet einen Löffel mit absinthgetränktem Zucker und kippt die karamellisierte Flüssigkeit zurück ins Glas. Übrigens: Manche Prager Wirte bauen unangenehmen Situationen mittlerweile vor und schenken nur noch maximal zwei Gläser an experimentierfreudige Gäste aus.

Wo trinken? Am besten unter Viktor Olivas Gemälde *Der Absinthtrinker* im Café Slavia (→ Nové Město/Essen und Trinken, S. 130) oder in der Absintherie (→ Staré Město/Essen und Trinken, S. 152).

Špála-Galerie (Galerie Václava Špály) in Hausnr. 30, die zu den populärsten Ausstellungsräumen junger tschechischer Künstler gehört und immer für eine Überraschung gut ist (tägl. 11–19 Uhr, Eintritt variabel). Nach dem Einkaufszentrum **my národní** (bekannter unter dem Namen TESCO, dem gut sortierten Supermarkt im Untergeschoss geschuldet) folgt linker Hand das **Louvre** (leicht zu übersehender Eingang, Hausnr. 20), eines der schönsten und bekanntesten **Kaffeehäuser** Prags – immer gut für eine Kaffee- und

Palatschinken-Pause (→ Cafés). 200 m weiter passiert man die barocke **Sankt-Ursula-Kirche (Kostel sv. Voršily)** aus der Wende vom 17. zum 18. Jh. Sie entstand als Teil einer Klosteranlage und ist im Inneren mit prächtigen Fresken geschmückt (Nebeneingang nehmen).

An das Kloster schließt die **Neue Bühne** *(Nová scéna)* an, ein gläserner Kasten, der ein wenig an ein deutsches Kaufhaus aus den 1970ern erinnert. Die Prager lästern, es sehe aus wie „gefrorene Pisse". Auf dem Platz dahinter toben sich die Skater aus.

Daneben, zur Moldau hin, steht das → **Nationaltheater (Národní divadlo)**, der Stolz der Tschechen. Den Absacker nach dem Besuch der Vorstellung trinkt man gegenüber im Slavia. Das Slavia gehört ebenfalls zu den traditionsreichen Kaffeehäusern Prags und ist eine der ersten Adressen, um Absinth zu kosten: Nirgendwo sonst in der Stadt lässt sich der grüne Likör stilvoller genießen als unter Viktor Olivas Gemälde *Der Absinthtrinker* aus dem Jahr 1905 (→ Kasten S. 119).

Am Ufer der Moldau geht es weiter. Im ehemaligen Botschaftsgebäude der DDR befindet sich heute das Goethe-Institut (→ Wissenswertes von A bis Z, S. 31). Rechter Hand führt eine Brücke auf die → **Slaweninsel (Slovanský ostrov)**.

Es lohnt sich öfters mal nach oben zu gucken...

Vorbei an herrlichen Fassaden mit Moldaublick und an der → **Výstavní síň Mánes**, einer der angesehensten Galerien Prags, gelangt man zum Jiráskovo náměstí, an dem das dekonstruktivistische Gebäude des Versicherungskonzerns *Nationale-Nederlanden* steht, von allen modernen Bauten einer der interessantesten der Stadt (1992–96). Es wird auch als **Tanzendes Haus (Tančící dům)** bezeichnet. Mit Fantasie – viel Fantasie – kann man in der sich herausdrehenden, schwungvollen Fassade Ginger Rogers und Fred Astaire erkennen. Verantwortlich zeichnen der kanadische Architekt Frank Owen Gehry und der Slowene Vladimír Milunič. In den Obergeschossen des Gebäudes befindet sich ein teures Restaurant. Montags bis samstags darf man es sich von 15.30 bis 17.45 Uhr auf dessen Panoramaterrasse gut gehen lassen – gegen einen Drink an der Bar im Erdgeschoss.

Direkt daneben, in der obersten Etage des Jugendstilgebäudes am Rašínovo nábřeží 78, wohnte einst Václav Havel mit seiner ersten Frau Olga. Nach der Gründung der Charta 77 wurde er stets überwacht – mit Ausnahme der viereinhalb Jahre, die er im Gefängnis verbrachte. Die Geheimpolizisten hatten sich schräg gegenüber in dem ehemaligen Wasserturm bei der Galerie Mánes einen kleinen Beobachtungsposten eingerichtet, damit sie im Winter beim Spitzeln nicht froren.

Wer will, kann nun weiter entlang der Resslova, vorbei an der → **Kyrill-und-Method-Kirche (Kostel sv. Cyrila a Metoděje)**, zum → **Karlsplatz (Karlovo náměstí)** spazieren. Das bekannteste und geschichtsträchtigste Gebäude dort ist das → **Neustädter Rathaus (Novoměstská radnice)**. Wer nicht alle Sehenswürdigkeiten abklappern will, lässt sich einfach noch ein wenig durch die Straßen der Neustadt treiben, insbesondere nahe der Moldau ist so manch schönes Eck zu entdecken.

Sehenswertes

Václavské náměstí (Wenzelsplatz): Früher hatte er das Aussehen eines Platzes und hieß Rossmarkt. Im Revolutionsjahr 1848 gestaltete man ihn in einen Boulevard um und gab ihm einen neuen Namen, allerdings nicht „Wenzelsboulevard", sondern Wenzelsplatz. Zukünftig soll aus dem Boulevard mit den enormen Ausmaßen von 750 m auf 60 m wieder ein Platz werden. Pläne dazu liegen bereits in der Schublade, Streitigkeiten zwischen Stadt und Denkmalpflege lähmen das Projekt jedoch seit Jahren. Unter anderem soll der Verkehr auf dem Platz ganz verschwinden und die Magistrale, die ihn unmittelbar vorm Nationalmuseum durchschneidet, unterirdisch verlaufen.

Die Neugestaltung und ein zukünftig korrekt-sauberes Erscheinungsbild des Platzes fordert auch ein Verein aus ansässigen Hoteliers, Geschäftsleuten und Banken, die um das Image ihrer Postadresse bangen. Denn trotz seiner Repräsentativbauten und horrender Immobilienpreise ist der Wenzelsplatz alles andere als ein Schmuckkästchen à la Altstädter Ring. Zu Allerweltsketten wie *C & A* oder *H & M* gesellen sich Kaufhäuser und Souvenirshops, deren Warensortiment guten Geschmack auf die Probe stellt. Tagsüber marschieren die Touristen zügig auf und ab, und abends torkeln manche daher als leichte Beute für Taschendiebe. Ohnehin ist hier bis spät in die Nacht viel los, nicht zuletzt wegen der Kneipen, Casinos und rot beleuchteten „Cabarets" drum herum. Und über all dem zieht immer wieder der Geruch fettiger Würste hinweg, denn der Wenzelsplatz ist Prags Bratwürstelmekka. Nur wie lange noch? Die Damen vom Grill und die Damen auf High Heels passen nicht in das gewünschte Bild des Platzes und sollen verschwinden.

In der Geschichte Prags und Tschechiens war der Wenzelsplatz übrigens immer wieder Schauplatz von Massenaufmärschen, -demonstrationen und -feiern, zumal es kaum einen anderen Platz der Stadt gibt, auf dem sich das Volk in so großer Zahl hätte versammeln können.

Ⓜ A, C Muzeum oder Ⓜ B, C Můstek.

Kunsthappening auf dem Wenzelsplatz

Národní muzeum (Nationalmuseum) und Nová Budova Národniho Muzea (Neues Gebäude des Nationalmuseums): Das Nationalmuseum gilt als eines der größten Museen der Republik und zählt man die Exponate (rund 7 Mio., 14 Mio. im Fundus), dann ist es das garantiert. Allein die mineralogische

Sammlung – Steinchen neben Steinchen in schönen alten Vitrinen – ist eine der umfangreichsten der Welt. Auch die zoologische Abteilung ist an Vielfalt kaum zu überbieten. Kein Tier, das nicht ausgestopft wurde: Giraffe, Hammerhai, Leopard, Eisbär, Elefant usw. Zudem gibt es einen Saal mit Büsten und Statuen berühmter tschechischer Persönlichkeiten, eine entomologische Sammlung, eine anthropologische Sammlung und so fort. Aber all das ist voraussichtlich nicht vor Anfang 2017 zu bewundern; bis dahin durchläuft das Haus die erste Generalsanierung in seiner Geschichte.

Der bronzefarbene, gläserne, auf Stelzen stehende Kasten, der nordöstlich an das Nationalmuseum anschließt, war einst das Parlamentsgebäude der ČSR und ČSSR. Den steinernen Sockel des Gebäudes bildet die ehemalige Börse. Doch mit der Machtübernahme der Kommunisten wurde die Börse überflüssig und der Klotz daraufgesetzt. Heute wird das Gebäude als *Nová Budova Národniho Muzea* (Neues Gebäude des Nationalmuseums) für temporäre Ausstellungen genutzt. Künftig soll es durch einen Tunnel mit dem Hauptgebäude verbunden werden.

Václavské náměstí 68. Ⓜ A, C Muzeum. **Neues Gebäude des Nationalmuseums**, tägl. 10–18 Uhr. 4 €, erm. 2,80 €, Fam. 7 €. www.nm.cz.

Atombunker des Jalta-Hotels: Er entstand zeitgleich mit dem Hotel (1954–58), oder anders gesagt: Das Hotel diente eigentlich nur als Tarnung für das, was sich darunter verbarg. Im Notfall sollte der Bunker als Fluchtstation für rund 150 Parteibonzen dienen. In der Bunkeranlage war neben einem OP-Saal ein Abhörraum untergebracht, von dem aus die westlichen Gäste im Hotel darüber rund um die Uhr belauscht wurden (die Wanzen steckten u. a. in den Schuhbürsten). Angeblich wurde auch jedes Telefonat mitgehört – die westdeutsche Botschaft hatte bis in die 1970er-Jahre ihren Sitz im Jalta. Ein Teil des Bunkers ist heute als Museum zugänglich (mit nachgestellter Abhörstation und ein paar Infos zum Eisernen Vorhang). Aber Achtung, Voranmeldung nötig!

Václavské náměstí 45. Ⓜ A, C Muzeum. Führungen (ca. 30 Min.) können über

Zur blauen Stunde zeigt sich die Neustadt von ihrer Schokoladenseite

Hamburg liegt nicht an der Moldau und Böhmen nicht am Meer

Vltava heißt die Moldau im Tschechischen. Sie entspringt am Černá hora (Schwarzberg) im Böhmerwald und mündet bei Mělník in die Elbe. 440 km hat sie sich bis dahin vorangeschlängelt, die Elbe gerade ein bisschen mehr als die Hälfte. Geht man von dem Grundsatz aus, dass beim Zusammenfluss zweier Flüsse der mächtigere und längere den Namen beibehält, müsste das gute alte Hamburg an der Moldau liegen. Tut es aber nicht, genauso wenig wie Böhmen am Meer liegt, was Shakespeare in seinem Drama *Wintermärchen* behauptet.

www.muzeum-studeny-valky.cz vereinbart werden. Eine Spende wird erwartet.

Muchovo muzeum (Mucha-Museum): Angeblich konnte Alfons Mucha (1860–1939) zeichnen, bevor er gehen konnte. Und als er gehen konnte und auf eigenen Füßen stand, zog es ihn nach Paris und Amerika. Dort illustrierte er Bücher und entwarf jene Plakate, die ihn als Vertreter des Jugendstils weltberühmt machten. Später, wieder zurück in seiner Heimat, stellte er sich ganz in den Dienst seines Landes, entwarf Banknoten, Orden und dergleichen. Noch ein Tipp für Mucha-Fans: Muchas monumentale *Slawische Epopöe* ist bis Ende 2015 im Messepalast, dem Museum für moderne und zeitgenössische Kunst (→ S. 213), zu sehen.
Panská 7. Ⓜ A, C Muzeum. Tägl. 10–18 Uhr. 8,90 €, erm. 5,20 €, Fam. 22 €. www.mucha.cz.

Jindřišská věž (Turm der Sankt-Heinrich-Kirche): Der freistehende spätgotische Glockenturm entstand 1472–1476. Vom 10. Stock des Baus genießt man eine zwar schöne, durch die kleinen Glasfenster aber etwas getrübte Aussicht auf Prag. Zu jeder vollen Stunde ertönt vom Glockenspiel eine von 1000 gespeicherten Melodien. Im Turm befinden sich außerdem ein Café, das noble Restaurant Zvonice (→ Essen und Trinken), eine Galerie und eine wenig spannende Ausstellung über Prager Türme.
Jindřišská. Ⓢ 3, 9, 14, 24 Jindřišská. Tägl. 10–18 Uhr, Restaurant tägl. 12–24 Uhr, Café 10–24 Uhr. Eintritt für den Turm 3,30 €, erm. 2,20 €. www.jindrisskavez.cz.

Museum of Communism (Kommunismusmuseum): Hier kann man einen Rundgang durch die 41 Jahre währende sozialistische Ära der Tschechoslowakei unternehmen – vom Wahlsieg der Kommunisten 1948 bis zu den Bürgerprotesten 1989. Die Dokumentation (auch auf Deutsch) setzt sich zwar kritisch mit der Vergangenheit auseinander, die Präsentation (Büsten und Statuen von Stalin und Lenin, eine nachgebaute Ladentheke usw.) ist jedoch alles andere als spannend. Für das Gebotene werden satte Preise verlangt – ein Versuch, mit dem Ostalgiekult den schnellen Euro zu machen.
Na příkopě 10, 1. Stock. Ⓜ A, B Můstek. Tägl. 9–21 Uhr. 7 €, erm. 5,60 €. www.museumofcommunism.com.

Kostel P. Marie Sněžné (Kirche Maria Schnee): Karl IV. stiftete die Kirche den Karmelitern am Tage seiner Krönung zum König von Böhmen. Doch als der Chor fertig war, ging das Geld aus, und der ursprünglich geplante dreischiffige Bau mit über 100 m Länge wurde nie vollendet. Anfang des 17. Jh. übernahmen die Franziskaner die Kirche bzw. den Chor und ließen ihn im Barockstil umbauen – sehenswert. Betrachtet man den Bau von dem kleinen angrenzenden Franziskanergarten aus, kann man erahnen, wie mächtig die Kirche ursprünglich hätte werden sollen.
Jungmannovo náměstí. Ⓜ A, B Můstek. Zugang über das Österreichische Kulturforum. Tägl. 9.30–11 Uhr und 14–17 Uhr, im Sommer zuweilen länger.

Národní divadlo (Nationaltheater): Der Literat Karel Čapek beschrieb es so: „Das Nationaltheater verwächst so glücklich mit seinem landschaftlichen Umfeld wie kein anderes Bauwerk in Prag. Sein Umfeld, das ist die lichte sanfte Moldau mit ihren lieblichen Inseln, der luftige, helle Korridor des Moldau-Tales, auf der anderen Seite die grüne Welle des Petřín und der weite Hradschin. Es gibt keinen lyrischeren Ort in Prag."

Das im Neorenaissancestil erbaute Theater wurde überwiegend aus Spendengeldern in der zweiten Hälfte des 19. Jh. errichtet. Doch kurz vor seiner Einweihung im Jahre 1881 brannte es aus. So fand die feierliche Eröffnung erst zwei Jahre später statt. Für alle bedeutenden tschechischen Künstler der damaligen Zeit war es eine Ehre, an der Ausschmückung des Theaters mitzuwirken. Und so präsentiert es sich heute äußerst prunkvoll. Auf dem Programm stehen Theater (in tschechischer Sprache), Oper und Ballett – sollten Sie daran Freude haben, versuchen Sie, Tickets zu bekommen (→ S. 67). Unter Verwaltung des Nationaltheaters ist auch die Neue Bühne (*Nová scéna*) neben dem Nationaltheater.

Národní 2. Ⓢ 6, 9, 17, 18, 22 Národní divadlo.

Slovanský ostrov (Slaweninsel): Sie ist eine der schönsten Moldauinseln. Sonntags gehen hier Familien spazieren, unter der Woche die Verliebten. Touristen kommen zum Tret- oder Ruderboot fahren. Die Terrasse des einstigen Casinos, heute das Restaurant Zofín, dient in manchen Sommern als Bühne des PROMS-Festivals (→ Veranstaltungen). In dem kleinen Parkbereich flussabwärts steht ein Bronzedenkmal für Božena Němcová (1820–1862), die „tschechische George Sand", die als Begründerin des tschechischen Realismus gilt. Das Konterfei der bedeutendsten Schriftstellerin des Landes ziert heute den 500-Kronen-Schein. In vielen Novellen und Erzählungen prangerte sie die soziale Ungerechtigkeit gegenüber Frauen an. Němcovás bekanntestes Werk ist der Roman *Die Großmutter (Babička)*, der als populärstes tschechisches Prosawerk überhaupt gilt und zahllose Ausgaben erlebte. Božena Němcovás Grab befindet sich auf dem Ehrenfriedhof Vyšehrad (→ S. 244).

Ⓢ 6, 9, 17, 18, 22 Národní divadlo.

Výstavní síň Mánes (Kunstgalerie Mánes): 1887 gründete sich der Verein bildender Künstler „Mánes", benannt nach dem tschechischen Maler Josef Mánes (→ S. 156). 1930 ließ der Verein das funktionalistische Gebäude am Moldauufer errichten und nutzt es seitdem als Galerie, die neben internationalen Wanderausstellungen v. a. Präsentationen klassischer und zeitgenössischer tschechischer Kunst zeigt.

Masarykovo nábřeží 250. Ⓜ B Karlovo náměstí. Tägl. (außer Mo) 10–18 Uhr, Mi bis 20 Uhr. www.ncvu.cz.

Kostel sv. Cyrila a Metoděje (Sankt-Kyrill-und-Method-Kirche): Die barocke Kirche, in der ersten Hälfte des 18. Jh. von Kilian Ignaz Dientzenhofer erbaut, ist heute das Zentrum der tschechisch-orthodoxen Gemeinde. In der Krypta befindet sich eine kleine Gedenkstätte für die Opfer des nationalen Widerstandes während der deutschen Okkupation. Nach dem Anschlag auf Reinhard Heydrich (→ S. 96) im Mai 1942 suchten hier die Attentäter Zuflucht. Durch Verrat erfuhr die SS von dem Versteck und stürmte Kirche und Krypta mit 360 Mann.

Resslova. Ⓜ B Karlovo náměstí. **Krypta**, tägl. (außer Mo) 9–17 Uhr. 2,80 €, erm. 1,30 €. www.pamatnik-heydrichiady.cz.

Karlovo náměstí (Karlsplatz): Er war einst der größte Platz der Stadt, mal Viehmarkt, mal Fischmarkt, und schließlich wurde er zu einem recht reizlosen, öffentlichen Park umgewandelt. Am nördlichen Ende (= Zentrumsseite) steht das *Neustädter Rathaus*

Karlsplatz mit Neustädter Rathaus

(s. u.). An der Südostseite (bergauf, Richtung Vinohrady) fällt die barocke *Kirche Sankt Ignatius (Kostel sv. Ignáce)* nach Plänen von Giovanni Orsi ins Auge (tägl. 6–12 und 15.30–18.30 Uhr). Im Abendlicht leuchtet der gute Ignatius auf dem Giebel im goldenen Strahlenkranz. Das Innere ist eine rot-weiße Pracht aus Stuck und Marmor. An die Kirche schließt das einstige *Jesuitenkolleg (Jezuitská kolej)* an, das heute die medizinische Fakultät der Karlsuniversität belegt. Am südlichen Ende des Platzes steht, neben der Poliklinik der Karlsuniversität, das sog. *Fausthaus (Faustův dům*, Nr. 40). Alchemisten wohnten einst darin, weshalb es gerne mit der Sage von Doktor Faustus in Verbindung gebracht wird. Direkt daran schließt der Zugang zur *Kirche St. Johannes Nepomuk am Felsen* an (s. u.).

Ⓜ B Karlovo náměstí. **Hinweis**: Nachts sollte man einen Bogen um den Park machen!

Novoměstská radnice (Neustädter Rathaus): Das Gebäude mit den markanten Renaissancegiebeln wurde in der Mitte des 14. Jh. im gotischen Stil errichtet und erlebte unzählige An- und Umbauten. Berühmtheit erlangte das Neustädter Rathaus durch den ersten Prager Fenstersturz (→ „Prager Fensterstürze …", S. 203). Heute wird es nur noch für repräsentative Zwecke genutzt, zudem finden Ausstellungen, Messen und Konzerte darin statt. Der 50 m hohe Turm (221 Stufen sind's hinauf) mit einer Kapelle im 1. Stock kann besichtigt werden.

Karlovo náměstí 23. Ⓜ B Karlovo náměstí. **Turm**, Mai–Sept. (in manchen Jahren auch April–Okt.) tägl. (außer Mo) 10–18 Uhr. 1,85 €, erm. 1,10 €. www.nrpraha.cz.

Sehenswertes abseits des Spaziergangs

Střelecký ostrov (Schützeninsel): Vom Nationaltheater ist sie über die Legionärsbrücke (Most legií) zu erreichen. Ab Mitte des 18. Jh. war darauf das Korps der Prager Scharfschützen stationiert, daher der Name. Heute ist die grüne Insel

Nové Město (Neustadt)

ein Naherholungsgebiet im Miniformat. Im Sommer gehen hier hin und wieder auch kleine Festivals über die Bühne.

Ⓢ 6, 9, 17, 18, 22 Národní divadlo.

Botanická zahrada (Botanischer Garten): 1897 wurde der kleine Garten angelegt, u. a. zu Studienzwecken der naturwissenschaftlichen Fakultät der Karlsuniversität. Zu sehen gibt es heimische und exotische Gewächse und viele Mütter, die ihre Kinderwagen schieben. Im Sommer werden hier gelegentlich auch Plastiken ausgestellt.

Na Slupi 18. Ⓢ 6, 7, 18, 24 Botanická zahrada. Nov.–Jan. 10–15.30 Uhr, Feb./März 10–16 Uhr, April–Okt. 10–17 Uhr. Eintritt nur für die Gewächshäuser 2 €, erm. 1,10 €. www.botanicka.cz.

Emauzský klášter (Emauskloster) und Kostel sv. Jana na Skalce (Kirche Sankt Johannes Nepomuk am Felsen): Das Benediktinerkloster Emaus wurde im 14. Jh. gegründet. 1945 trafen US-Bomben die Anlage. Zwei spitz zulaufende, geschwungene Stahlbetonschalen ersetzen seither die Türme der *Klosterkirche.* Auch die aus dem 14. Jh. stammenden Fresken des Kreuzgangs, einst kunsthistorische Highlights, wurden durch die Explosionen stark in Mitleidenschaft gezogen. Sie sind heute nur noch für speziell Interessierte sehenswert. Die Fresken im Chor der dreischiffigen Klosterkirche wurden hingegen aufwendig restauriert. Im Kloster leben übrigens noch heute zwei Mönche.

Dem Kloster gegenüber liegt die schöne *Barockkirche Sankt Johannes Nepomuk am Felsen.* Sie entstand im 18. Jh. nach Plänen Kilian Ignaz Dientzenhofers. Mit ihrer doppelläufigen Freitreppe davor sieht sie zwar einladend aus, doch sind ihre Pforten nur selten geöffnet (→ Gottesdienste, S. 31).

Vyšehradská 49. Ⓢ 6, 7, 18, 24 Botanická zahrada. Emauskloster Nov.–März Mo–Fr 11–14 Uhr, April/Okt. Mo–Fr 11–17 Uhr, Mai–Sept. Mo–Sa 11–17 Uhr. 1,90 €, erm. 1,10 €. www.emauzy.cz.

Muzeum Policie (Polizeimuseum): Das Museum mit schwer sozialistischem Einschlag ist in einem früheren Augustinerkloster untergebracht. Ausführlich dokumentiert es die Geschichte des Polizeiwesens sowie des Grenzschutzes und klärt über all die verbotenen Dinge des Lebens auf. Zudem werden „verdiente" tschechische Verbrecherpersönlichkeiten gewürdigt. Einen Besuch wert ist die dazugehörige *Klosterkirche* (zuletzt nur So und feiertags von 14.30–16.30 Uhr). Ihre Fundamente reichen bis ins 14. Jh. zurück. Ursprünglich hatte sie die Form eines Oktogons, dessen Gewölbe ohne Stützpfeiler auskam. Für diese damals beachtliche bauliche Leistung wurde ihr Baumeister verdächtigt, mit dem Teufel im Bunde zu sein. Ihr heutiges barockes Aussehen verdankt sie einem Umbau (vermutlich durch Giovanni Santini) im 18. Jh.

Ke Karlova 1. Ⓢ 6, 7, 18, 24 Albertov. Tägl. (außer Mo) 10–17 Uhr. 1,10 €, erm. 0,40 €. www.muzeumpolicie.cz.

Muzeum Antonína Dvořáka (Dvořák-Museum) in der Villa Amerika: In einer der schönsten Sommervillen Prags, einem Bau Kilian Ignaz Dientzenhofers aus dem frühen 18. Jh., befindet sich das Museum zum Gedenken an Antonín Dvořák (1841–1904). Das populärste Werk des wohl berühmtesten tschechischen Komponisten entstand in Amerika, die *Sinfonie in e-Moll,* auch bekannt unter dem Namen *Aus der Neuen Welt.* Dvořák selbst war übrigens gelernter Fleischer, bevor er mit Müh und Not die Aufnahme in die Prager Organistenschule schaffte. Von April bis Oktober finden im oberen Saal regelmäßig Konzerte statt (für gewöhnlich Di und Fr um 20 Uhr).

Ke Karlovu 20. Ⓜ C I. P. Pavlova. Tägl. (außer Mo) 10–13.30 und 14–17 Uhr. 1,90 €, erm. 0,90 €. www.nm.cz.

Brauhaus U Fleků: Seit 1499 existiert die traditionsreiche Brauerei, die eines der süffigsten Biere Prags, ein bitter-sü-

Am „Goldenen Kreuz" ist immer was los

ßes Dunkles ausschenkt, das nirgendwo anders in der Stadt gezapft wird. Eine Volksweise besagt sogar, dass jeder Tscheche einmal im Leben ins U Fleků pilgern sollte. Nur, Tschechen trifft man hier außer als Bedienung kaum mehr an. Das Bier kostet doppelt so viel wie anderswo in Prag, und den „Willkommensschnaps" haben Sie hinterher selbstverständlich auf Ihrer Rechnung vermerkt. Busladung auf Busladung (Kapazität 1200 Plätze) stolpert herein, und im Garten wird zu böhmischer Blasmusik geschunkelt. Der Renner ist dabei *Škoda lásky (Schade um die Liebe)* – Sie kennen die Melodie von *Rosamunde.*

Dem Brauhaus ist ein kleines *Museum* angegliedert – Brauerei und Museum sind jedoch nur nach Voranmeldung zu besichtigen. Heute werden noch rund 6000 l in der Woche gebraut, ganz ohne Chemie. Dafür ist das Bier auch nur drei Wochen haltbar.

Křemencova 11. Ⓜ B Národní třída oder Karlovo náměstí. **Wirtschaft**, tägl. 10–23 Uhr, ✆ 224934019, www.ufleku.cz.

Státní opera (Staatsoper): Sie wurde Ende des 19. Jh. im Neorenaissancestil als das „Neue Deutsche Theater" gebaut. Viele berühmte Künstler gaben sich hier ein Stelldichein, u. a. Mahler, Seidl, Klemperer und Szell. Im Innern dominieren roter Samt und Gold – allein schon deshalb einen Besuch wert (→ Kultur, S. 67).

Wilsonova 4. Ⓜ C Hlavní nádraží. www.narodni-divadlo.cz.

Jeruzalémská synagoga (Jerusalemsynagoge): In der Neustadt, außerhalb des einstigen Ghettos, befindet sich die größte Synagoge Prags mit 850 Sitzplätzen. Sie wird heute noch wie die Altneusynagoge von der jüdischen Gemeinde Prags genutzt. Anfang des 20. Jh. wurde sie im pseudomaurischen Stil errichtet, und da die Eröffnungsfeier der Synagoge ins 60. Jahr der Regentschaft Franz Josephs I. fiel, wird sie auch „Jubiläumssynagoge" genannt. Ihr Architekt Wilhelm Stiassny projektierte übrigens auch den Jüdischen Zentralfriedhof in Wien. Das Innere des sehenswerten

Gotteshauses ist gut erhalten, da es während des Zweiten Weltkrieges als Lager missbraucht und so von größeren mutwilligen Zerstörungen verschont blieb. Die Synagoge diente u. a. als Drehort der Hochzeitsszenen für den Film *Comedian Harmonists*. Eine kleine Ausstellung informiert über das jüdische Leben in Prag von 1945 bis heute.

Jeruzalémská 7. Ⓢ 3, 9, 14, 24 Jindřišská. Nur April–Okt. tägl. (außer Sa und an jüdischen Feiertagen) 13–17 Uhr (im Hochsommer zuweilen schon ab 11 Uhr). 3 €, erm. 1,85 €. www.synagogue.cz.

LGP – Leica Gallery Prague: In der kleinen Galerie werden regelmäßig interessante Fotoausstellungen präsentiert. Außerdem gibt es ein Café mit ein paar Klassikern der Fotografie an den Wänden und einen Verkauf von Fotobüchern und Plakaten.

Školská 28. Ⓢ 3, 9, 14, 24 Vodičkova. Mo–Sa 11–21 Uhr, So ab 14 Uhr. www.lgp.cz.

Im Sommer lässt sich Prag immer etwas einfallen

Galerie Jiří Švěstka: Die Galerie zählt zu den führenden Privatgalerien Tschechiens und existiert seit 1995. In spannenden Wechselausstellungen wird auf zwei Stockwerken (rund 450 m² Ausstellungsfläche) zeitgenössische Kunst aus Tschechien und der ganzen Welt gezeigt.

Biskupský dvůr 6. Ⓜ B, C Florenc. Di–Sa 11–18 Uhr. Der Eintritt variiert je nach Ausstellung. www.jirisvestka.com.

Muzeum hlavního města Prahy (Museum der Stadt Prag): Dem, der seine bereits durchlaufenen Gassen einmal von oben sehen möchte, sei dieses Museum empfohlen. Elf Jahre bastelte der Lithograf Antonín Langweil im frühen 19. Jh. an seinem Prag aus Pappe, einem 20 m² großen, originalgetreuen Modell der Stadt von damals (auch als dreidimensionales Filmprojekt zu bewundern). Ansonsten informiert das Museum, untergebracht in einem schmucken Neorenaissancegebäude, über die Geschichte Prags. Zu sehen bekommt man archäologische Funde, Keramik, Hauszeichen, Möbelstücke usw. Zudem finden Wechselausstellungen statt.

Na Poříčí 52. Ⓜ B, C Florenc. Tägl. (außer Mo) 9–18 Uhr. 4,50 €, erm. 1,85 €. www.muzeumprahy.cz.

Poštovní muzeum (Postmuseum): Briefmarken der Tschechoslowakei und Tschechiens, aber auch des Auslands mit berühmten und weniger berühmten Köpfen darauf en masse. Ansonsten ein paar Druckvorlagen und Dokumentationen zur Entwicklung des Postwesens – das war's.

Nové mlýny 2. Ⓢ 3, 5, 14, 24, 26 Dlouhá třída. Tägl. (außer Mo) 9–12 und 13–17 Uhr. 1,85 €, erm. 0,40 €. www.postovnimuzeum.cz.

Dům fotografie (Haus der Fotografie): Hier präsentiert die Städtische Galerie *(Galerie hlavního města Praha)* temporäre Ausstellungen zur Fotografie.

Revoluční 5 (1. OG). Ⓢ 3, 5, 14, 24, 26 Dlouhá třída. Tägl. (außer Mo) 10–18 Uhr. Je nach Ausstellung 3–5 €. www.ghmp.cz.

Essen und Trinken

→ Karte S. 114/115

Restaurants

The Alcron 43 Das nur 24 Pers. fassende Restaurant des Radisson Blue Alcron Hotels verteidigt seit 2012 seinen Michelin-Stern. Internationale Küche (erstklassige Zutaten verstehen sich von selbst), modern und kreativ zubereitet, schön präsentiert. 5-Gänge-Menü um die 55 € ohne Weinbegleitung. Reservierung nötig. Štěpánská 40, Ⓜ A, C Muzeum, ✆ 222820000.

Unser Tipp: Sansho 1 Ein Lokal, das auch in Berlin-Mitte sein könnte. Simpel-stilvoll eingerichtet, den Köchen kann man bei der Arbeit zusehen. Asiatisch inspirierte Fusionküche. Interessantes Konzept am Abend: Dann gibt es nur ein einziges 6-Gänge-Degustationsmenü mit einigen Überraschungen (nach Abneigungen und Allergien wird zuvor gefragt). Das geht jedoch ins Geld: 2 Pers. sollten inklusive Getränke mit rund 100 € rechnen. Mittags isst man deutlich günstiger. Man versteht sich als „Whole Animal Restaurant" – also nichts für Vegetarier. Unbedingt reservieren. So/Mo geschl., Sa nur Dinner. Petrská 25, Ⓢ 3, 8, 14 Bílá labut, ✆ 222317425. ⟪

Zvonice 11 Touristenlokal in der 7. und 8. Etage des Turms der Sankt-Heinrichs-Kirche. Wer Glück hat und einen Fensterplatz bekommt, hat beim gepflegten Dinieren eine schöne Aussicht über die Dächer Prags. Ansonsten sitzt man etwas eng zwischen dem massiven Turmgebälk. Eine der besten Adressen für altböhmische Küche: Ein Genuss sind der Damhirschrücken mit Heckenrosensoße oder die Kalbswangen auf Zitrusfrüchte-Waldhonig-Creme. Hg. 22–30 €. Jindřišská, Ⓢ 3, 9, 14, 24 Jindřišská. ✆ 224220009.

⟫ Unser Tipp: Čestr 46 Großräumiges, lichtes Restaurant, eine Wahnsinns-Steakadresse. Im Mittelpunkt steht bestes Rindfleisch, das man sich von einer „Kuhlandkarte" auswählt und das dann aus der offenen Küche von den Köchen selbst an den Tisch gebracht wird – je nach Wunsch in der 125-g- oder 250-g-Portion. Auch Vorspeisen und Beilagen sind von erstklassiger Qualität. Gute, freundliche Beratung. Terrasse (allerdings wenig idyllisch). Nicht billig, aber für das Gebotene faire Preise: 250-g-Steak ab 16 €, hinzu kommen die Beilagen. Legerova 57 (im Neuen Gebäude des Nationalmuseums), Ⓜ A, C Muzeum, ✆ 222727851. ⟪

Oliva 52 Kleines Lokal, mit Liebe eingerichtet, elegant und doch leger. Überschaubare Karte, sehr schmackhaft zubereitete mediterrane Gerichte, dazu täglich wechselnde Specials. Zuvorkommender Service. Hg. 7–17 €. Nur mittags und abends, Sa nur abends, So Ruhetag. Plavecká 4, Ⓢ 3, 7, 17 Výtoň, ✆ 222520288.

Kolkovna Palác Savarin 13 Schönes Hof-Ambiente in einer barocken Palastanlage, etwas versteckt, doch nur ein paar Meter von den Touristenhorden entfernt. Serviert werden Klassiker der tschechischen Küche auf höherem Niveau samt einigen internationalen Gerichten. Hg. 6–13 €. Na příkopě 10, Ⓜ A, B Můstek, ✆ 277008880.

Pivovarský dům 58 Mikrobrauerei, die auch Bananenbier, Beerenbier oder Biersekt ausschenkt ... Lichtes, rustikales Ambiente im EG, etwas dunkel im Keller. Rauchen verboten. Viele Touristen. Ordentliche böhmische Küche (Hase, Wild, Steaks) in „Standard-" oder „Luxusportionen", Hg. 6,50–15,50 €. Lípová 15, Ⓢ 4, 10, 16, 22 Štěpánská, ✆ 296216666.

Loving Hut 2 Veganes Restaurant. Internationale Kette, die auch in Prag 4-mal vertreten ist. Das Motto lautet: „Be vegan, go green, safe the planet." Die meisten Gerichte gehen in die asiatische Richtung, es gibt aber auch veganes Schnitzel, Burger und Spaghetti. Leicht trendiges Kantinenambiente, rauch- und alkoholfrei. Mo–Fr 11–16 Uhr Büfett, dann bis 21 Uhr à la carte. So geschl. Truhlářská 20, Ⓢ 5, 8, 24, 26 Dlouhá třída, ✆ 775999376 (mobil).

La Gare 6 Stilvolles Bistro mit Brot- und Feinkostverkauf. Super Quiches, große Salate, feine Fleisch- und Fischgerichte, lecker auch die Miesmuscheln in Weißwein. Nette Außenterrasse. So Brunch. Hg. 8–13 €. V Celnici 3, Ⓜ B Náměstí Republiky, ✆ 222313712.

Pizzeria Nuova 4 Weitläufiges, durchgestyltes Lokal mit breiter Fensterfront. Originelles Konzept: Für einen All-you-can-eat-Preis von 14,50 € kann man sich stets neue Pasta- und Pizzavariationen an den Tisch bringen lassen. Wer sich dazu zusätzlich noch am Antipasti-Büfett bedienen will (nur wer schafft das?), zahlt 22 €. Bis 18 Uhr günstiger. Man kann aber auch à la carte essen. Fantastische Küche dank neapolitanischer Tomaten und Pizzabäcker. Freundliches Personal, Spielecke und Luftballons für Kinder. Revoluční 1, Ⓜ B Náměstí Republiky, ✆ 221803308. ‹‹‹

Bredovský Dvůr 19 Moderne, laute Bierschwemme 'm gepflegten Backsteinambiente. Wenn Länderspiele anstehen, kommen zuweilen auch verletzte Stars des tschechischen Teams zum Fußballschauen. Einsehbare Küche, in der variantenreiche böhmische Gerichte (kosten Sie das Gulasch mit Kartoffelpuffern!) gezaubert werden. Hg. 5,50–13 €. Rechnung überprüfen! Politických Vězňů 13, Ⓜ A, C Muzeum, ✆ 224215428.

U Fleků 48 → Sehenswertes, S. 126.

🌿 Home Kitchen 44 Ein sehr nettes Konzept. Der kleine Laden mit nur wenigen Tischen bietet außer Frühstück tägl. nur 2 Suppen, knackige Salate und ein paar gemüsereiche Hg. (ca. 4,60 €) mit mediterranem Touch. Die Speisen wechseln regelmäßig. Eine gute Adresse für Vegetarier. Dazu: Olivenöl mit hausgebackenem Brot und leckere Limonaden. Alles ist bio und fairtrade. Nur Mo–Fr 7.30–21 Uhr, Sa 8–15 Uhr, So geschl. Jungmannova 8, Ⓢ 3, 9, 14, 24 Vodičkova, ✆ 734714227 (mobil). ∎

Pivnices

Ferdinand 26 Moderne, lichte Bierstube auf 2 Etagen. Zum guten Ferdinand-Bier aus dem mittelböhmischen Benešov kann man auch günstige Gerichte von der „Piggy" oder der „Moo-Cow" essen. So geschl. Oplatalova 24, Ⓜ A, C Muzeum.

Jelínkova 32 Alteingesessene, beliebte kleine Pilsner-Bierstube mit Holzvertäfelung, wie es sie einst überall in der Stadt gab. Abends knallvoll und verraucht. Hier ist die Zeit stehen geblieben. Snacks. Sa/So geschl. Charvátova 1, Ⓜ B Národní třída.

Traditionsreiche Kaffeehäuser

Café Imperial 3 Eines der schönsten Kaffeehäuser der Stadt: Wände und Decken sind – einmalig weltweit – vollständig mit kunstvoll gearbeiteter Keramik ausgeschmückt. Leider seit der letzten Restaurierung deutlich steriler geworden. Aufgehoben wurde auch die witzige Tradition, nach der man für rund 60 € eine Schüssel mit Krapfen vom Vortag bestellen und andere Gäste damit bewerfen konnte … Dafür kann man heute besser essen (höhere Preise, aber preiswerte, leckere Lunchangebote). Manko: Rechnung prüfen! Na Poříčí 15, Ⓜ B Náměstí Republiky.

Kavárna Slavia 29 Einst Rilkes und Kunderas Wohnzimmer. Heute werden hier v. a. Reiseführer in allen Sprachen gelesen. Mit der letzten Renovierung ist aus dem alten Kaffeehaus ein modernes, helles Café geworden. Der Moldaublick durch die weite Fensterfront ist nach wie vor grandios. Smetanovo nábreží 2, Ⓢ 6, 9, 18, 22 Národní divadlo.

Café Louvre 25 Von den Kommunisten wegen bourgeoiser Tendenzen geschlossen, seit 1992 wieder Kaffeehaus. Hohe, kitschig altrosa gestrichene Wände, viel Stuck. Große Auswahl an internationalen Tageszeitungen, fesche Bedienungen. Restaurant (gutes Essen und beste Mousse au Chocolat) und Billardsalon angegliedert. Národní třída 20, Ⓜ B Národní třída.

Cukrárna Myšák 35 1911 eröffnete Konditorei, die einst für ihre Marzipandesserts berühmt war. Von 1989–2009 war das Café geschlossen. Im Pseudo-Art-déco-Stil restauriert, wird heute im EG leckeres Eis geboten, oben herrscht Kaffeehausbetrieb. Im Vergleich zu den anderen hier aufgeführten Kaffeehäusern aber eher zweite Wahl. Vodičkova 31, Ⓜ A, B Můstek.

Café Evropa 28 Die Jugendstilperle in zentralster Lage war zuletzt wegen umfangreicher Restaurierungsarbeiten geschlossen. Vielleicht bleibt ja etwas von dem abgewetzten Charme erhalten, vielleicht aber erwartet Sie auch eine überschminkte Kulisse. Václavské náměstí 25, Ⓜ A, C Muzeum oder A, B Můstek.

Cafés/Bars/Kneipen

Globe 51 Eine amerikanische Enklave in der Stadt. Schmuckes Café, leckerer Milchkaffee, Salate und Sandwichs. Gute Frühstücksadresse. Buchladen mit englischsprachiger Literatur angegliedert. Großes „Schwarzes Brett" – von WG-Zimmern bis zu Tschechischkursen wird alles angeboten. Pštrossova 6, Ⓢ 6, 9, 17, 18, 22 Národní divadlo.

Vinograf 10 Schöne, große, lichte Weinbar mit tollem Angebot: rund 500 Weine, die meisten davon kommen aus Europa. Ei-

Essen und Trinken

gene Sommeliers. Leckere Kleinigkeiten zum Wein, man kann aber auch richtig essen, dazu gibt es Mo–Fr ein günstiges Mittagsmenü. Sehr populär. So geschl. Senovážné nám. 23, Ⓢ 3, 9, 24, 24 Jindříšská.

Ema Espresso Bar 5 Nette, kleine Cafébar für die Hipster Prags. Nur bis 20 Uhr und So geschl. Na Florenci 3. Ⓜ B Náměstí Republiky.

Café B. Braun 60 Modernes, stylishes Caférestaurant für kalte Tage (passend zum Winter alles in Weiß gehalten). Suppen, Sandwichs, gute Süßspeisen und eine kleine Auswahl an leichteren Hg. Nur Mo–Fr 9–22 Uhr. Sokolská 31, Ⓜ C I. P. Pavlova.

Café Nona 37 Luftige Cafébar im 1. Stock der *Nová scéna*, des gläsernen Nachbarn des Nationaltheaters. Schon das protzkommunistische Innendekor aus den frühen 1980ern ist ein Grund zum Hingehen: grüner Marmor, roter Linoleumboden, kafkaesk niedrige Decken. Günstige Preise, freundliches, junges Personal. Frühstück und kleine Gerichte. Auch ideal für das Gläschen Sekt nach dem Theater. Im Juli geschl., dann Freiluftbarbetrieb mit Konzerten hinter dem Haus. Národní, Ⓢ 6, 9, 17, 18, 22 Národní divadlo.

Ovocný Světozor 30 Eisdiele mit knallroten Plastikstühlen. Oft steht man Schlange. Nur bis 21 Uhr. Vodičkova/Světozor-Passage, Ⓜ A, B Můstek.

Příčný Řez 52 Nettes, kleines Kneipencafé auf 3 Etagen, der untere Bereich ist für Nichtraucher reserviert. Breite Fensterfront, buntes junges Publikum. Man kann auch recht gut und günstig essen (Pasta, große Salate, Steaks, selbst Fisch). Im Sommer Tische auf dem Gehweg. So Brunch. Příčná 3, Ⓜ B Karlovo náměstí.

Velryba 41 Ein Klassiker unter den Prager Studentenkneipen. Vorne ein großer Raum mit Kartoffeldruck an den Wänden, hinten Wohnzimmeratmosphäre mit Möbeln von der Oma. Überall übelst verraucht. Günstiges Essen. Club und Galerie angegliedert. Opatovická 24, Ⓜ B Národní třída.

Snacks

Jan Paukert Lahůdkářství 22 Seit 1916 gibt es hier kunstvoll belegte Weißbrotscheiben, sättigende Mayonnaisesalate, diverse Wurst- und Käsesorten, Kaffee und Kuchen sowie preiswerte Mittagsgerichte. Národní třída 17, Ⓜ B Národní třída.

Lahůdky Zlatý Kříž 24 Ähnlich, nur einfacher und preiswerter und vom Modernisierungsboom noch unberührt. Jungmannova 34, Ⓜ A, B Můstek.

Soup in the City 17 Hippes Schnelllokal, in dem man neben Suppen (1,20–2,60 €) auch Quiches und Sandwichs auf gelben Stühlen verzehrt. Die wechselnden Tagesangebote sind auf einer Tafel angeschrieben. Tägl. nur bis 19 Uhr. Panská 9, Ⓢ 3, 9, 14, 24 Jindřišská.

Häuserbrücke in der Nekázanka

Karlsbrücke und Astronomische Uhr am Altstädter Rathaus

Staré Město (Altstadt)

Staré Město ist einer der lebhaftesten Stadtteile Prags, der mit den meisten Restaurants, Galerien und Wechselstuben. Er gehört den Touristen, kaum noch den Pragern. Sein Herz ist der Staroměstské náměstí, der gerne als der schönste Platz Europas bezeichnet wird. Aber auch die angeblich schönste Brücke der Welt ist hier zu finden, die Karlsbrücke.

Ein Wirrwarr aus engen, verwinkelten Gassen prägt die Altstadt. Ohne Plan ist man schnell darin verloren, aber das macht nichts. Lassen Sie sich einfach treiben. Die belebtesten Gassen sind die Celetná und die Karlova. Beide werden gesäumt von alten Barock- und Renaissancefassaden, die mit viel Liebe restauriert wurden; kaum noch ein Winkel, der nicht der Postkartenharmonie entspricht.

Abseits dieser Gassen geht es erheblich ruhiger zu. Und je mehr man sich von ihnen entfernt, desto mehr taucht man ein in jenen Teil der Altstadt, wo nicht mehr alle Häuser aussehen, als hätte man sie gestern erst gebaut. Hier bröckelt der Putz noch ein wenig, und hier besitzen die Hinterhöfe gelegentlich einen Charme wie in Italien. Hier findet man noch ein paar Cafés und Kneipen, die auch Prager besuchen. Hier stellen in den Galerien junge Künstler aus, die auch etwas anderes malen als Aquarelle von der Karlsbrücke.

Die Brücke selbst, gesäumt von fliegenden Händlern und barocken Statuen, ist Prags berühmtestes Wahrzeichen. Am späten Abend, wenn die Straßen entlang der Moldau beleuchtet sind und die Türme und Kuppeln Prags theatralisch im Scheinwerferlicht erstrahlen, ist ein Spaziergang darüber am eindrucksvollsten.

Auch der Staroměstské náměstí (Altstädter Ring) zeigt sich am Abend von seiner romantischsten Seite. Er ist zugleich der Dreh- und Angelpunkt der

Tour 2: Staré Město (Altstadt)

Altstadt. Und wer sie nicht zu Fuß erkunden will, kann von dort mit einer Kutsche durch die Gassen starten. Cafés und Restaurants rund um den Platz laden zum Verweilen im Freien ein, selbst noch spät im Herbst (beheizt!).

> Der Übersichtlichkeit wegen ist der folgende Spaziergang in vier Teile gegliedert. Die reine Gehzeit für den gesamten Weg (3,1 km) beträgt ca. 2 Stunden. Achten Sie im Gedränge enger Gassen auf Ihre Wertsachen!

Spaziergang

Vom Wenzelsplatz zum Altstädter Rathaus

Die Fußgängerzone Na příkopě am unteren Ende des Wenzelplatzes trennt die Neustadt von der Altstadt. Der direkteste Weg zum Altstädter Ring führt von dort über die Straßen Na Můstku und Melantrichova. Dazwischen passiert man den **Gallenmarkt (Havelské tržiště)** auf der Havelská, an dessen Ständen neben etwas Obst und Gemüse vorrangig Holzspielzeug, billiger Schmuck und allerlei Plunder verkauft werden. Beliebtestes Mitbringsel sind Hexenmarionetten, die, sobald man in die Hände klatscht, höhnisch zu lachen beginnen. Die Kirche, die den schmalen Platz nordöstlich davon überragt, ist die **Sankt-Gallus-Kirche (Kostel sv. Havla)**. Ihre Grundmauern reichen bis ins 13. Jh. zurück, ihre geschwungene Fassade gab ihr Giovanni Santini Aichel in der ersten Hälfte des 18. Jh. Deutsche Kolonisten siedelten hier im Mittelalter und verehrten in der Kirche die Schädelreliquie des heiligen Gallus aus Sankt

Übernachten (S. 58/59)
6 Josef
16 Buddha-Bar Hotel Prague
22 Four Seasons
32 Apartmány Puškin (S. 64)
36 Residence Řetězová (S. 63)
40 Iron Gate
41 U zeleného věnce
44 Mamaison Pachtův Palace
46 U červené židle
57 U medvídků
61 Unitas

Nachtleben
3 2. Patro (S. 74)
4 Roxy und NOD (S. 74)
5 Beer Museum Pub (S. 76)
11 M1 (S. 77)
12 Bar & Books (S. 76)
17 Chapeau Rouge (S. 78)
21 Jazzclub Ungelt (S. 78)
26 AghaRTA Jazz Centrum (S. 78)
29 Čili Bar (S. 76)
39 Klub Lávka und Musicclub Karlovy lázně (S. 74)
43 Jazz Club U staré Pani (S. 78)
47 Duende (S. 76)
52 Hemingway (S. 76)
53 Érra (S. 79)
59 Friends (S. 79)

Essen & Trinken (S. 150–152)
1 Lokál
2 Naše Maso
10 Mamy
13 Maitrea
23 Brasileiro und Absintherie
24 La Finestra und Bottega di Finestra
28 Karlova 25
31 U zlatého tygra
37 Česká Kuchyně Havelská Koruna
48 Bellevue
50 Krásný ztráty
51 Lehká hlava
54 Monarch
56 NEB.O
57 U medvídků
58 Století

Einkaufen
3 Antik v Dlouhé (S. 86)
7 Studio Šperk (S. 84)
8 TIQE (S. 84)
9 Kuráž (S. 83)
14 Bric à Brac (S. 86)
15 Botanicus (S. 87)
19 Jan Petr Obr Bohemian Paper Shop (S. 83)
20 Artěl (S. 87)
25 Kubista (S. 87)
27 Erpet (S. 83)
30 Dorotheum (S. 86)
33 Manufaktura (S. 83)
34 Art deco Galerie (S. 86)
35 Maximum Underground (S. 85)
42 Havelské tržiště (S. 85)
45 Futurista (S. 87)
49 Jozef Sloboda (S. 84)
55 Zlatá Lod' (S. 87)
60 Helena Fejkova (S. 83)
62 Leeda Fashion Store (S. 83)
63 Bohemart (S. 83)

Cafés (S. 152)
18 Kavárna Obecní dům
25 Grand Café Orient
38 Café Montmartre

Staré Město (Altstadt)

In die Altstadt: Quer durch die Altstadt fahren keine Straßenbahnen. Lediglich die Metrolinie A führt unter ihr hindurch. Die nächsten Stationen zum Altstädter Ring (Staroměstské náměstí), dem zentralen Platz des Stadtteils, sind Staroměstská und Můstek. Bei Letzterer beginnt der Spaziergang.

Gallen, daher der Name. Hinein darf man leider nur zu Gottesdiensten. Seit der Samtenen Revolution wurden Kulturgüter in unbezifferbarem Wert geraubt, weshalb heute viele Gotteshäuser, sofern kein Aufseher zur Stelle ist, nur noch während der Messen ihre Pforten öffnen.

Die Melantrichova ist eine enge Bilderbuchgasse, an der Souvenirgeschäfte, Restaurants und das → **Sex Machines Museum** liegen. Dessen Eröffnung im Zentrum des „altehrwürdigen" Prags führte übrigens zu heftigen Kontroversen im Stadtrat. Die Gasse endet am Altstädter Ring vor dem → **Altstädter Rathaus (Staroměstská radnice)** mit der Astronomischen Uhr. Zu jeder vollen Stunde versammelt sich eine Menschentraube davor, um das Defilee der Figuren zu verfolgen – ein Aha-Erlebnis, zumindest von 9–21 Uhr. Danach ist es mit dem stündlichen Spuk vorbei, was Sie aber nicht davon abhalten sollte, in lauen Sommernächten einmal um 22 Uhr vorbeizuschauen: Dann nämlich ertönen die Pfeifkonzerte der Enttäuschten – auch ein Erlebnis.

Rund um den Staroměstské náměstí

„Es gibt wenige Plätze auf Erden, die sich an Schönheit mit dem Altstädter Ring in Prag messen können." Was der Arzt und Dichter Hugo Salus (1866–1929) Anfang des 20. Jh. schrieb, gilt noch immer, vielleicht sogar mehr denn je.

Den stets belebten weiten Platz beherrscht ein **Denkmal für Jan Hus**, der – nebenbei bemerkt – ein eher kleiner, dicker Mann gewesen sein soll. 1915 wurde es eingeweiht, zum 500. Todestag des Reformators (→ S. 91 f.). Seine

Vor den Kopf gestoßen? Auf des Rätsels Lösung kommen Sie beim Spaziergang durch die Altstadt

Altstädter Ring mit Scheuklappen

eingravierten Worte „Milujte se, pravdy každému přejte" sind ein Aufruf zu Brüderlichkeit und Ehrlichkeit. Noch bis 1918 musste Hus den Platz mit einer höheren, prächtigen Mariensäule teilen, die Kaiser Ferdinand III. 1650 zum Gedenken an die Befreiung Prags von den Schweden hatte errichten lassen. Als das Habsburgerreich zerfiel, wurde die Säule aus Hass auf das katholische Kaiserreich geschleift. Über die Errichtung einer Kopie wird nachgedacht.

Das dem Denkmal nächstgelegene Gebäude ist das altrosafarbene → **Palais Kinský (Palác Kinských)**, in dem Franz Kafkas Vater einige Jahre ein Galanteriewarengeschäft betrieb. Heute wird das Palais von der Nationalgalerie verwaltet, die darin u. a. ihre Sammlung orientalischer und antiker Kunst zeigt. Unmittelbar an das Palais Kinský grenzt ein mittelalterlicher Bau, das **Haus zur Steinernen Glocke (Dům U Kamenného Zvonu)**. Es wird für wechselnde Ausstellungen, aber auch für Konzerte genutzt. Sein Hauszeichen – was auch anderes als eine steinerne Glocke – hängt am Eck zur schmalen Gasse Týnská.

Hinter der folgenden Häuserfront erhebt sich imposant die **Teinkirche (Kostel P. Maria před Týnem)**. In der zweiten Hälfte des 14. Jh. wurde mit ihrem Bau, finanziert von deutschen Kaufleuten, begonnen. Die markanten Türme kamen erst im 15. und 16. Jh. hinzu. Der Zugang zum lichtdurchfluteten Inneren erfolgt durch den dritten Arkadenbogen in dem Bau davor (Di–Sa 10–13 u. 15–17 Uhr, So 10.30–12 Uhr). In der Teinkirche liegt der dänische Astronom Tycho Brahe begraben. 1599 war er an den kaiserlichen Hof Rudolfs II. gerufen worden. Er besaß eine Nasenprothese aus Messing, die er einem Duell wegen eines Wissenschaftsstreits in Rostock zu verdanken hatte. Auch sein Tod 1601 spricht nicht gerade für einen soliden Lebenswandel – er soll nach einem Saufgelage an einem Blasenriss gestorben sein.

Hinter den barock anmutenden Fassaden auf der Südseite des Platzes verbirgt sich meist ein gotischer oder romanischer Kern. Würde man die Stuckarbeiten abtragen, sähen viele der Häuser aus wie das zur Steinernen Glocke. In der **Einhornapotheke (Lékárna U**

Jednorožce), der Nr. 17, etablierte sich zu Anfang des 20. Jh. der literarische Salon Fanta. Bei Berta Fanta gingen Intellektuelle und Literaten ein und aus, u. a. Franz Kafka, Max Brod, aber auch Rudolf Steiner und Albert Einstein, der von 1910 bis 1911 an der Karlsuniversität theoretische Physik lehrte.

Im Uhrzeigersinn weiter folgt das bereits angesprochene → **Altstädter Rathaus (Staroměstská radnice)**, der markanteste Bau am Platz. Die schmucklose Häuserzeile auf dessen Rückseite stand einst in zweiter Reihe. Den Platz davor, wo sich heute eine kleine Grünfläche befindet, nahm der neogotische Ostflügel des Rathauses ein. Dieser aber wurde gegen Ende des Zweiten Weltkrieges von deutschen Truppen so stark beschädigt, dass er abgerissen werden musste. Nun ist ein Neubau geplant, über dessen Aussehen aber noch gestritten wird.

Der nächste imposante Bau ist die weiße barocke **Nikolauskirche (Kostel sv. Mikuláše)**, die 1732–35 von Kilian Ignaz Dientzenhofer errichtet wurde. Die prächtigen Fresken an Kuppel und Wänden stellen u. a. das Leben des Hl. Nikolaus dar (Mo–Sa 10–16 Uhr, So 12–16 Uhr). Häufig finden in der Kirche Konzerte für Touristen statt, meist wird zweitklassige Klassik geboten. Nebenan kam Franz Kafka zur Welt – mehr dazu im Josefov-Spaziergang auf S. 157.

Auf der Nordseite des Platzes hebt sich die gelbe Jugendstilfassade eines Gebäudes ab, in dem heute das Ministerium für regionale Entwicklung seinen Sitz hat (Nr. 6). Es gehörte einst einer Versicherungsgesellschaft. Vermutlich haben ein paar Feuerwehrmänner diese einmal vor hohen Schadenszahlungen bewahrt – denn einen von ihnen ließ man zumindest symbolisch unter die sonst so klassischen Giebelheiligen hieven.

Durch die Altstadt (östlicher Teil)

Vom Staroměstské náměstí zweigt die Tynská ab, eine Gasse wie eine Schlucht. Auf das Haus zur Steinernen Glocke folgt nach wenigen Schritten das → **Haus zum Goldenen Ring (Dům U Zlatého prstenu)**, heute eine große

Obecní dům mit Pulvertor

Galerie moderner tschechischer Kunst. Rechts des Hauses zum Goldenen Ring führt ein Durchgang in den Teinhof (Týn), auch **Ungelt** genannt, ein malerischer Hof, der von prächtigen Bauten umgeben ist. Früher mussten darin Kaufleute ihre Waren verzollen, bevor sie diese auf dem Altstädter Ring anbieten durften. Heute findet man hier Cafés und Restaurants – manche mit Preisen, als müssten die Kneipiers auf ihre Speisen und Getränke noch immer satte Steuern entrichten. Das schönste Haus ist das erste links, ein Renaissancebau mit Loggia, das einstige Zollhaus.

Verlässt man den Hof durchs Osttor, steht man vor der **Sankt-Jakobs-Kirche (Kostel sv. Jakuba)**. Sie besticht v. a. durch ihr Inneres. Inmitten des hochbarocken Interieurs überrascht ein mumifizierter Unterarm, der gleich rechts hinterm Eingang angekettet von der Wand baumelt. Glaubt man den Legenden, gehörte dieses verschrumpelte Gliedmaß einst einem Kirchendieb. Zur Abschreckung hängt es seitdem da (tägl. außer Mo 9.30–12 Uhr und 14–16 Uhr).

Entlang der Jakubská führt der Weg weiter. Hinter dem Buddha-Bar Hotel geht es rechts ab in die Rybná, 50 m weiter vorm Grand Hotel Bohemia wieder links und vorbei am graziösen **Jugendstilhotel Paris** zum **Platz der Republik (Náměstí Republiky)**, der die Altstadt von der Neustadt trennt. Gleich rechter Hand steht das mit Abstand bedeutendste Gebäude am Platz: das → **Gemeindehaus Obecní dům**, auch dies eine Art-nouveau-Perle. Jedes Detail darin ist auf seine Weise besonders, selbst der Aufzug macht da keine Ausnahme. Direkt angrenzend stößt man auf das → **Pulvertor (Prašná brána)** – einst am Stadtrand, heute im Zentrum Prags. Durch dieses Tor geht der Spaziergang weiter. Zuvor aber noch ein paar Sätze zu einigen anderen bedeutenden Gebäuden rund um den Náměstí Republiky.

Gegenüber dem Pulvertor, sozusagen in der Neustadt, steht das Musicaltheater **Divadlo Hybernia** (→ Kultur, S. 69). Der imposante Empirebau war zuvor Kloster, Finanzamt und bis zu seiner letzten Restaurierung eine gigantische Ruine. Gleiches traf lange auf den mächtigen Kasernenbau im Tudorgotikstil etwa 200 m weiter linker Hand zu. Heute verbirgt sich hinter der altrosafarbenen Fassade einer der schicksten Shoppingmalls Prags: das **Palladium** (→ Einkaufen, S. 84). Das **Kaufhaus Kotva** schräg gegenüber macht dagegen, trotz so einiger Restaurierungsversuche, keine gute Figur mehr. In sozialistischer Zeit zählte es jedoch zu den ganz großen Konsumtempeln des Ostblocks mit bis zu 75.000 Kunden täglich. Sogar aus Bulgarien kam man extra angefahren, insbesondere wegen der günstigen Kunstfaserklamotten.

Spazieren wir durchs Pulvertor weiter, gelangen wir automatisch auf die **Celetná (Zeltnergasse)**. Sie ist eine der ältesten Gassen Prags und führt zurück zum Altstädter Ring. Etwa da, wo die Straße zu einer kopfsteingepflasterten Fußgängerzone wird, steht das → **Haus zur Schwarzen Madonna (Dům U Černé Matky Boží)**, ein Bau im Zeichen des Kubismus. Das Gebäude trennt die Celetná vom länglichen Platz **Ovocný trh**, dem einstigen **Obstmarkt**. Im Sommer werden darauf häufig Plastiken ausgestellt. Wer keine vorfindet, sollte nicht enttäuscht sein und sich dafür das Garagentor neben der Guess-Boutique anschauen – ein Kunstwerk für sich und zugleich einer dieser kleinen, fast kuriosen Beiträge, die dem alten prunkvollen Prag etwas Moderne einhauchen.

Das südwestliche Ende des Platzes schließt die Rückseite des **Ständetheaters (Stavovské divadlo)** ab. Der neoklassizistische Bau entstand in der zweiten Hälfte des 18. Jh. und war kurz darauf im Besitz der böhmischen Stände, daher der Name. In ihm fand am 29.

Kunst in den Gassen der Altstadt

Oktober 1787 die Uraufführung von Mozarts *Don Giovanni* statt. Das Innere ist ein blau-goldener Traum, nicht umsonst wählte es Miloš Forman als Kulisse für Szenen seines *Amadeus*. Leider ist es nur in Verbindung mit einer Aufführung zu besichtigen (→ S. 67).

Unmittelbar daneben liegt das geschichtsträchtige, aber alles andere als unbedingt sehenswerte **Karolinum**. 1348 legte hier Karl IV. den Grundstock für die älteste Universität Mitteleuropas. Von dem ursprünglichen Gebäude ist heute aber von außen nicht mehr als ein gotischer Erker zu erkennen.

Durch die Altstadt (westlicher Teil)

Das Ständetheater und den Staroměstské náměstí verbindet die Železná, von der die kleine, krumme Kožná abgeht. An deren Ende (Nr. 1) liegt das **Haus zu den Zwei goldenen Bären (U dvou Zlatých Medvědů)**, in dem der „rasende Reporter" Egon Erwin Kisch (1885–1948) geboren wurde. Er machte aus der Reportage erstmals ein literarisches Genre.

Kisch kannte auch das gleich ums Eck gelegene einstige Freudenhaus Mimosa (Kožná Nr. 4). In diesem arbeitete Antoine Havlová, die er als „Galgentoni" unsterblich machte. Sie hatte mit einem Mörder die letzte Nacht vor dessen Hinrichtung in der Zelle verbracht. Aber auch Figuren in Hašeks *Švejk* (→ Kasten) hatten im Mimosa ihr Original.

Überquert man die Melantrichova und geht einfach geradeaus weiter (Durchgang in Nr. 19), gelangt man auf die Michalská, an der sich kleine Läden mit Restaurants abwechseln. Lässt man diese links liegen, erreicht man über das enge Gässlein Hlavsova (im Winter bis 19 Uhr zugänglich, im Sommer bis 20 Uhr) die Jilská. Hier reiht sich ein Souvenirgeschäft ans andere. In den Auslagen: Granatschmuck, Marionetten, dazu „original" böhmisches Kristall, das man in allen Variationen bekommt, auch „Made in China".

Die barocke **Dominikanerkirche St. Ägidus (Kostel sv. Jilijí)** geht auf einen romanischen Bau zurück (Eingang an der Husova, unregelmäßige Öffnungszeiten, aber regelmäßig Konzerte). Viele ihrer Fresken stammen von Wenzel Lorenz Rainer, der auch die Sankt-Thomas-Kirche auf der Kleinseite schmückte (→ S. 171). Im angegliederten Kloster wurde

1810 die erste Lehranstalt für Musik auf dem Gebiet der österreichisch-ungarischen Monarchie eingerichtet.

Die Husova bietet Kunst in luftiger Höhe (→ Bild, S. 140) – *Der Hängende,* der an Sigmund Freud erinnert, ist ein Werk des Popkünstlers David Černy, dessen provokative Arbeiten das Stadtbild vielerorts auflockern (→ Kasten, S. 117). Die Husova führt fast direkt auf den Betlémské náměstí und die berühmte **Bethlehemskapelle (Betlémská kaple)** zu, in der schon Jan Hus predigte (→ Geschichte, S. 91 f.) – Ende des 18. Jh. wurde sie zerstört. Der rekonstruierte Bau aus der Mitte des 20. Jh. besitzt somit zwar einen geschichtsträchtigen Namen, ist aber alles andere als sehenswert (tägl. 10–17.30 Uhr; 2,20 €, erm. 1,10 €). Ein Blick in die gegenüberliegende → **Jaroslav-Fragner-Galerie (Galerie Jaroslava Fragnera)** lohnt sich für alle, die ein Faible für Architektur haben.

Ebenfalls über den Betlémské náměstí erreicht man das → **Náprstek-Museum** (**Náprstkovo muzeum**), ein Völkerkundemuseum vom eher alten Schlag. Das Gebäude selbst war früher einmal eine Brauerei.

Eng mit dem Namen „Havel" verbunden ist das **Theater am Geländer (Divadlo na zábradlí)** am Anenské náměstí. Die Bühne gehört zu den renommiertesten des Landes. Havel arbeitete dort in den 1960ern, zunächst als Bühnentechniker, später als Dramaturg und Hausautor. Zu jener Zeit begann hier auch die Entwicklung des tschechischen absurden Theaters. Für die meisten Vorstellungen braucht man Tschechischkenntnisse.

Schließlich erreicht man die Moldau und damit das → **Smetana-Museum (Muzeum Bedřicha Smetany)**, das an den berühmten Komponisten erinnert. Es ist untergebracht im Neorenaissancebau der ehemaligen Altstädter Wasserwerke. Von dem Platz davor genießt man einen herrlichen Blick die Moldau hinauf auf die Schützeninsel und das Nationaltheater sowie auf die Burg und

Der Bekannteste aller Tschechen – Hašeks braver Soldat Švejk

Etwa 1200 Kurzgeschichten verfasste Jaroslav Hašek (1883–1923) in seinem Leben. Aber nicht nur als Schriftsteller machte sich Hašek einen Namen, in seinem von Eskapaden bestimmten Leben ging er unzähligen Dingen nach. Er war Bankangestellter, Landstreicher, Journalist, Laborassistent, Hundehändler, Gründer der *Partei des maßvollen Fortschritts in den Grenzen der Gesetze,* Soldat an der galizischen Front, im russischen Bürgerkrieg, Volkskommissar in der Roten Armee usw.

Zwei Jahre vor seinem Tod erschien die erste Ausgabe des Heftchens *Die Abenteuer des braven Soldaten Švejk.* Daraus wurde später der mit Abstand erfolgreichste tschechische Roman, und der brave Soldat selbst, ein einfacher Mann aus dem Volk, aber ein Schlitzohr, stieg zu einer unsterblichen Figur der Weltliteratur auf. Hašek zeichnete ihn als einen Charakter, der es mit Optimismus und Humor versteht, in einer politisch-ideologisch verrückten Welt zurechtzukommen, indem er sich die Maske eines Trottels überstreift.

In mehr als 50 Sprachen wurden die Abenteuer des Švejk bislang übersetzt. Sie waren mit Hašeks Tod nicht zu Ende; sondern wurden von einem anderen Autor fortgesetzt. Die bekanntesten Illustrationen zum braven Soldaten schuf Josef Lada, der auch den *Kater Mikesch* kreierte. Seine ersten Entwürfe zeigten den heute so molligen Švejk noch als schlanken Hering.

die → **Karlsbrücke (Karlův most)**. Am Beginn der Brücke steht der → **Altstädter Brückenturm (Staroměstská mostecká věž)**. Ihm zu Füßen liegt wiederum der **Křížovnické náměstí, der Kreuzherrenplatz**. Ein in Nürnberg gegossenes Denkmal für Karl IV. befindet sich darauf, das zum 500. Geburtstag der Hochschule 1849 aufgestellt wurde. Vier Frauen zieren es, die oft als seine vier Ehefrauen interpretiert werden. In Wirklichkeit aber sind sie allegorische Darstellungen der ersten vier Fakultäten der Karlsuniversität. Den Norden des Platzes schließt die → **Kreuzherrenkirche (Křížovnický kostel)** mit ihrer großen, kupferfarbenen Kuppel ab. In deren Nachbarschaft kann man dem → **Karlsbrückenmuseum (Muzeum Karlova Mostu)** einen Besuch abstatten. Und gegenüber gibt es noch ein Museum, das → **Museum of medieval torture instruments**.

Auf der Karlova, auf der im Sommer stets dichtes Gedränge herrscht, passiert man gleich rechter Hand das altehrwürdige, aber heruntergekommene → **Colloredo-Mansfeld-Palais (Colloredo-Mansfeldský palác)**, eine sehenswerte Spielwiese der Städtischen Galerie. Wenige Schritte weiter auf der gleichen Gassenseite liegt das winzige → **Kepler-Museum (Keplerovo muzeum)**, das dem Astronomen Johannes Kepler die Reverenz erweist. Linker Hand säumt das → **Klementinum** die Gasse, einer der größten Gebäudekomplexe der Stadt, dessen gigantische Ausmaße man auf den ersten Blick aber nicht wahrnimmt. Es war nach 1648 Sitz der Jesuiten.

Am Beginn der Liliová, im **Haus zur Goldenen Schlange (U Zlatého Hada)** – auf das Hauszeichen achten – eröffnete Armen Damajan aus Damaskus Anfang des 18. Jh. ein Kaffeehaus, in dem auch allerlei heute illegales Rauchwerk angeboten wurde. Vielleicht gründet sich darauf die Legende, dass es darin einen Brunnen gebe, aus dem unaufhörlich Wein fließe, für den man

nichts bezahlen muss, lediglich der Kaffee würde berechnet. Heute ist die Quelle versiegt, behauptet zumindest der Wirt und berechnet alles.

Abseits des Trubels der Karlova und ganz versteckt in der Řetězová 3 steht das **Haus der Herren von Poděbrad und Kunstadt (Dům Pánů z Kunštátu a Poděbrad)**. Dessen Untergeschoss gehört zu den besterhaltenen romanischen Baudenkmälern Prags. Zugänglich ist es über das darüberliegende schicke Café (tägl. 11–19 Uhr, Eintritt 3,70 €) – wer etwas konsumiert, gelangt kostenlos hinunter. Im späten 12. Jh. lag das Geschoss übrigens noch über der Erde. Als man jedoch im 15. Jh. die Altstadt wegen der häufigen Moldauhochwasser aufschüttete, lag es auf einmal darunter. Später setzte man einfach noch ein paar Stockwerke drauf.

Ein paar Schritte weiter begegnet man in der **Galerie Montmartre** dem einstigen Dichterpräsidenten erneut. → „Václav Havel – ein tschechischer Mythos" („Václav Havel – český mýtus") nennt sich die dortige Ausstellung. Ums Eck, im **Goldenen Tiger (U zlatého tygra)** an der Husova, einer der traditionsreichen Bierschenken der Altstadt, führte Havel übrigens Bill Clinton in die tschechische Bierkultur ein (→ Essen und Trinken).

Etwas weiter auf der anderen Straßenseite präsentieren sich kräftig und sehnig die Säulen tragenden Herkulespaare an den mächtigen Portalen des größten Adelspalastes der Altstadt, des hochbarocken **Palais Clam-Gallas (Clam-Gallasův palác)**. Hier finden immer wieder Ausstellungen und klassische Konzerte statt.

Kurz vorm Staroměstské náměstí passiert man noch den Malé náměstí, einen kleinen schmucken Platz. Das **Haus zu den Drei weißen Rosen** (Nr. 3), ein Neorenaissancebau aus dem Jahr 1890 mit einer bunt bemalten Fassade, ist das auffälligste Gebäude. Bei all der Pracht könnte man meinen, dass es sich einst ein Juwelier oder Pelzhändler habe erbauen lassen. Weit gefehlt, es wurde für die Schrauben und Beschläge der Eisenhandlung Rott errichtet. Heute verunstaltet das Prager **Hard Rock Café** mit seiner kitschigen Neonreklame die Fassade – einer von vielen Stilbrüchen, die im historischen Zentrum um sich greifen.

Sehenswertes

Sex Machines Museum: Eine modern präsentierte Sammlung von über 200 libidinösen Objekten auf drei Etagen. Zu sehen gibt es vorrangig Sadomaso-Accessoires, aber auch antike Vibratoren, Korsetts und amüsante Erotikfilme aus dem Jahr 1930.
Melantrichova 18. Ⓜ A Můstek. Tägl.10–23 Uhr. Nur für Erwachsene! 10 €. www.sexmachinesmuseum.com.

Staroměstská radnice (Altstädter Rathaus): Unter Johann von Luxemburg erhielten die Bürger der Altstadt im 14. Jh. das Recht, sich ein Rathaus zu bauen. Aus Geldmangel verzichteten sie jedoch und kauften lieber ein altes Gebäude. Was man heute sieht, ist letztendlich das Ergebnis unzähliger Um- und Anbauten. Die letzte große Restaurierung des Rathauses erfolgte nach dem Zweiten Weltkrieg, in dem es als eines der wenigen Gebäude der Stadt durch Kampfhandlungen stark beschädigt wurde. Eine Besonderheit ist die *Astronomische Uhr (Orloj)*. Zu jeder vollen Stunde zieht der Tod (rechts über dem oberen zweiten Blatt als Skelett dargestellt) an einem Seil und dreht das Stundenglas herum. Dann öffnen sich zwei Fenster über der Uhr, und – von Petrus angeführt – defilieren die zwölf Apostel. Zum Schluss kräht noch der Hahn. Betrachtet man die Zifferblätter, so zeigt das obere mit römischen Zahlen die Zeit auf Ihrer Uhr an, das mit den alten arabischen Ziffern drum herum die mittelalterliche böhmische, bei welcher der Tag mit dem Sonnenuntergang endete. Der kleinere, innere Kreis steht für die Tierkreiszeichen, der farbige Hintergrund für Tag und Nacht. Darunter sieht man das Kalendarium. Und weil die Uhr so schön ist, und weil jede Stadtführung vor ihr Halt macht, hat man sich auch eine Legende einfallen lassen, um das Warten bis zur vollen Stunde unterhaltsam zu überbrücken. Demnach soll Meister Hanuš, der die Uhr im 15. Jh. geschaffen hatte, geblendet worden sein, um keiner anderen Stadt eine solche Uhr ans Rathaus

Warten auf die Apostel

basteln zu können. Bald darauf aber blieb die Uhr stehen, und kein Mensch wusste, wie man sie reparieren sollte.

Im Innern des Rathauses finden heute Wechselausstellungen statt, u. a. auch in den Kellergewölben. Besichtigen kann man ferner ein paar Repräsentationsräume und eine gotische Kapelle – beide gehören nicht unbedingt zum Pflichtprogramm. Wer sich für eine Besichtigung entscheidet, kann im Anschluss noch in den Prager Underground hinabsteigen. Das Kanalisationssystem, das sich 7 m unter dem Rathaus erstreckt, stammt aus dem frühen 20. Jh. Besser ist die Luft jedoch oben auf dem Rathausturm, von dem man einen herrlichen Blick über die Altstadt genießt.

Staroměstská radnice 1. Ⓜ A Staroměstská. Turm, Mo 11–22 Uhr, sonst tägl. 9–22 Uhr. 4 €, erm. 1–2,50 €. **Säle, Kapelle und Kanalisation**, nur bis 18 Uhr. 3,70 €, erm. die Hälfte. www.staromestskaradnicepraha.cz.

Palác Kinských (Palais Kinský): Es wurde nach Plänen von Kilian Ignaz Dientzenhofer zwischen 1755 und 1765 erbaut. Im 19. Jh. verbrachte die Komtesse Bertha Kinský (1843–1914), spätere Freifrau von Suttner, darin ihre Kindheit. Als überzeugte Pazifistin und Schriftstellerin (u. a. des Romans *Die Waffen nieder!*) machte sie sich einen Namen. Zu ihren größten Verehrern zählte Alfred Nobel. Er war von ihr so angetan, dass er den Friedensnobelpreis stiftete, dessen erste weibliche Trägerin (1905) sie wurde. Heute präsentiert die Nationalgalerie im Palais neben temporären Ausstellungen ihre Sammlung antiker und orientalischer Kunst. Viele schöne Dinge auf zwei Etagen: altägyptische Sarkophage, Buddhastatuen aus Vietnam und Thailand, antike Kleinfunde wie filigrane Statuetten aus Mesopotamien und Kleinasien, Möbel aus Japan, Kalligrafien u. v. m.

Staroměstské náměstí 12. Ⓜ A Staroměstská. Tägl. (außer Mo) 10–18 Uhr. 5,60 €, erm. 3 €. www.ngprague.cz.

Dům U Zlatého prstenu (Haus zum Goldenen Ring): Die Fundamente des gotischen Stadthauses stammen aus dem 13. Jh. Hier zeigt die *Städtische Galerie (Galerie hlavního města Prahy)* wechselnde

Karlova, die Karlsgasse

Královská cesta oder Prag in 90 Minuten

Quer durch die Stadt verläuft der *Královská cesta,* jener Weg, den einst die Könige in einer feierlichen Prozession zu ihrer Krönung im Sankt-Veits-Dom abschritten. Bereits im Mittelalter hatte sich diese Tradition entwickelt, da viele Könige Böhmens aus dem Ausland kamen. Beim Eintreffen in Prag wurden sie vom Bürgermeister am Pulverturm begrüßt, wo man ihnen symbolisch den Schlüssel zu ihrer Residenzstadt aushändigte. Die letzte Krönungsprozession fand 1836 für Ferdinand V. statt. An dem Spektakel nahmen mehrere Tausend Reiter teil, nicht nur auf Pferden, auch auf Kamelen.

Der Weg führt an den schönsten Ecken und Winkeln Prags vorbei und wird von Millionen Touristen jedes Jahr bewusst oder unbewusst begangen. Auch wenn viele Sehenswürdigkeiten der Stadt abseits davon im Gassengewirr versteckt liegen, das viel gerühmte „Goldene Prag" präsentiert sich nirgendwo schöner als auf dieser Meile. Etwa 1 ½ Std. benötigt man für den Weg. Er verläuft vom Pulvertor über die Celetná zum Staroměstské náměstí und weiter über die Karlova zur Karlsbrücke. Auf der Kleinseite führt er vom Malostranké náměstí schließlich über die Nerudova hinauf zur Prager Burg.

Ausstellungen tschechischer Kunst. Angeschlossen ist ein Innenhofcafé.

Týnská 6. Ⓜ B Náměstí Republiky. Tägl. (außer Mo) 10–18 Uhr. 4,50 €, erm. die Hälfte. www.ghmp.cz.

Obecní dům (Gemeindehaus): Anfang des 20. Jh. entstand der extravagante, monumentale Jugendstilbau, ein multifunktionales Repräsentationsgebäude mit sechs Sälen, französischem Restaurant, Kneipe, Kaffeehaus (→ Essen und Trinken, S. 152) usw. Es gibt kaum einen tschechischen Künstler der Sezession, der nicht an der aufwendigen Innen- oder Außengestaltung beteiligt war.

Die Gemälde im Primatorensaal stammen z. B. von Alfons Mucha. Der größte Raum ist der Smetanasaal mit 1500 Plätzen. Am 28. Oktober 1918 wurde darin die Selbstständigkeit der Tschechoslowakischen Republik verkündet; seitdem ist dieser Tag ein staatlicher Feiertag. Heute ist der Saal die Heimat des Prager Symphonieorchesters.

Náměstí Republiky 5. Ⓜ B Náměstí Republiky. Bis zu 4-mal tägl. (je nach Saison) finden **Führungen** durch die Säle statt, die Zeiten erfahren Sie bei der Auskunft im Gebäude. Die Touren dauern 70 Min. und kosten 11 €, erm. 9 €. www.obecnidum.cz.

Prašná brána (Pulvertor): Der Turm mit Durchgang ist der einzige existierende Wachturm aus der Zeit, als die Prager Altstadt befestigt war. Die Stadtmauer verlief entlang der heutigen Fußgängerzone Na příkopě (Am Graben). Erbaut wurde er in der zweiten Hälfte des 15. Jh., seinen heutigen Namen bekam er jedoch erst im 17. Jh., als man ihn als Pulvermagazin nutzte. Seit dem Mittelalter war er zudem der Ausgangspunkt des sog. „Königswegs", des Královská cesta (s. u.). Man kann den Turm besteigen, der Ausblick ist aber bei weitem nicht so imposant wie vom Altstädter Rathaus.

Na příkopě. Ⓜ B Náměstí Republiky. Im Sommer tägl. 10–22 Uhr, im Winter bis 18 Uhr. 3,30 €, erm. 2,40 €.

Dům U Černé Matky Boží (Haus zur Schwarzen Madonna): Das Gebäude mit seinen facettenartig gebrochenen, breiten Fenstern wurde 1911 von Josef Gočár, einem Begründer der modernen tschechischen Architektur und einer

> **Mehr Kubistisches**: Wer weitere kubistische Gebäude Prags besichtigen will, dem seien die Bauten des Architekten Josef Chochol unterhalb der Burg Vyšehrad empfohlen: in der Libušina 3 die kristallartige **Villa Kovařovic**, nicht weit davon in der Neklanova 30 das größte **kubistische Apartmenthaus** Prags oder am Rašínovo nábřeží 6–10 ein **Dreifamilienhaus** (Ⓢ 3, 7, 17 Výtoň; die Villa, das erste Gebäude, liegt gleich hinter der Bahnlinie, die anderen sind nur ein paar Gehminuten davon entfernt). Im Herzen der Neustadt liegt zudem das **Haus Diamant**, das sich 1912/13 ein Apotheker direkt neben eine Barockkirche bauen ließ (Ecke Spálená/Lazarská, Ⓜ B Narodní třída). Verantwortlich dafür zeichnete der Architekt Emil Králíček, von dem auch die **kubistische Straßenlaterne** (→ S. 118) nahe dem Wenzelsplatz stammt.

der Initiatoren des Kubismus in Prag, als Waren- und Wohnhaus entworfen. Besuchenswert sind der Shop Kubista (→ Einkaufen, S. 87) und das im kubistischen Stil gehaltene Café Grand Orient im 1. OG (→ Essen & Trinken). Geplant ist, die Etagen darüber wie schon früher als Ausstellungsflächen zu nutzen – in welcher Form jedoch, stand zuletzt noch in den Sternen.

Celetná 34. Ⓜ B Náměstí Republiky.

Galerie Jaroslava Fragnera (Jaroslav-Fragner-Galerie): Die Galerie präsentiert Entwürfe moderner und zeitgenössischer Architekten. Darunter befindet sich das Kellerrestaurant „Klub architektů" – fest in Touristenhand.

Betlémské náměstí 5 A. Ⓜ B Národní třída. Tägl. (außer Mo) 11–19 Uhr. 1,50 €, erm. die Hälfte. www.gjf.cz.

Náprstkovo muzeum (Náprstek-Museum): Das Völkerkundemuseum wurde bereits 1873 von Globetrotter Vojta Náprstek (1826–1894) ins Leben gerufen. Es widmet sich den Kulturen Ozeaniens, Australiens, Nord-, Mittel- und Südamerikas. Die vielen, vielen Exponate (Mokassins, Bumerangs, Masken, Federschmuck usw.) werden leider bislang noch sehr altbacken in unzähligen Vitrinen präsentiert – ein Facelifting wäre wünschenswert.

Betlémské náměstí 1. Ⓜ B Národní třída. Tägl. (außer Mo) 10–18 Uhr. 3 €, erm. 1,90 €, Fam. 4,80 €. www.nm.cz.

Muzeum Bedřicha Smetany (Smetana-Museum): Wo könnte man zum Gedenken an den Komponisten Bedřich Smetana (1824–1884) passender ein kleines Museum einrichten als direkt an der Moldau? Korrespondenz, Zeichnungen, Pressekritiken, Porträts usw. führen in sein Werk und Leben ein. Smetana, der fast den Status eines Nationalheiligen genießt, ertaubte übrigens am Ende seines Lebens – bittere Ironie des Schicksals. Zu seinen größten Werken zählen der Zyklus *Mein Vaterland*, aus dem auch die *Moldau* entspringt, die tragische Oper *Dalibor*, *Libuše* und *Die verkaufte Braut*.

Novotného lávka. Ⓢ 17, 18 Karlovy lázně. Tägl. (außer Di) 10–17 Uhr. 1,90 €, erm. die Hälfte. www.nm.cz.

Karlův most (Karlsbrücke): Sie ist das eigentliche Zentrum Prags, verbindet sie doch Malá Strana mit Staré Město. Und sie ist zweifelsohne das Prager Weltwunder, da sie trotz lange überfälliger Sanierung auch noch das Augusthochwasser 2002 überstand. Die Restaurierungsarbeiten am Brückenfundament werden voraussichtlich erst Ende 2015 abgeschlossen sein. Bereits saniert wurden Brückenbrüstung und -belag (2007–2011), seitdem besitzt die Brücke auch wieder Gaslaternen, die in der Vorweihnachtszeit von einem Nachtwächter im historischen Kostüm angezündet werden. So manche der barocken Statuen, die die

Blaue Stunde an der Karlsbrücke

Brüstung säumen, sind mittlerweile durch Kopien ersetzt.

Mit dem Bau der über 500 m langen und 10 m breiten Brücke wurde 1357 begonnen. Karl IV., nach dem sie seit 1870 benannt ist, hatte Peter Parler damit beauftragt. Bis 1741 stellte sie die einzige feste Verbindung zwischen den Stadtteilen rechts und links der Moldau dar. 1683 wurde die erste Statue aufgestellt, es ist die des heiligen Johann Nepomuk (von Staré Město die achte rechts). Das Bronzerelief darunter zeigt den Augenblick seines Brückensturzes (→ S. 91). Ein paar Studenten sollen es einst blank poliert und daraufhin die Geschichte erfunden haben, dass es dem, der es berührt, Glück bringt.

Als letzte der insgesamt 21 Plastiken kam 1938 die der Heiligen Kyrill und Method hinzu (fünfte rechts). Ein wenig aus der Rahmen fällt das lebensgroße Kruzifix mit dem vergoldeten hebräischen Schriftzug „Heiliger, heiliger, heiliger Herr" (dritte Plastik rechts). Angeblich hatte man einen Juden dazu verurteilt, diesen anbringen zu lassen, da er vor dem Kreuz gelästert haben soll.

Karlsbrücken-Legenden

Der Überlieferung nach mengte man dem Mörtel beim Bau der Karlsbrücke Eier bei, um ihn härter und widerstandsfähiger zu machen. Angeblich waren dafür mehrere Tausend Eier vonnöten, die man aus sämtlichen Regionen des Landes anforderte. Zu den Schildbürgern der Tschechen wurden dabei – bei jeder Stadtführung zu erfahren – die Bürger von Velvary nordwestlich von Prag: Ihre Lieferung war angeblich hart gekocht. Doch alles Unsinn! Bei Materialanalysen während der jüngsten Sanierungsarbeiten an der Brücke entdeckte man Spuren von Wein (!) und Quark (!), nicht aber von Eiern.

Das bunte Treiben der Schausteller, Souvenirverkäufer und Musikanten auf der Brücke ist übrigens strikt reglementiert. Die Jazzcombos, die aufspielen, sind seit Jahren die gleichen.
Křížovnické náměstí. Ⓢ 17, 18 Karlovy lázně.

Staroměstská mostecká věž (Altstädter Brückenturm): Er ist wie die Karlsbrücke ein Werk des schwäbischen Baumeisters Peter Parler und wird vielfach als der schönste gotische Wehrturm Europas bezeichnet. 1357 begann man mit seinem Bau, und als hätte man damals schon geahnt, dass über die Karlsbrücke einmal Straßenbahnen holpern würden (bis 1950), errichtete man ihn mit einem ausreichend großen Durchgang. Etwas klein geraten dagegen – zumindest fürs bloße Auge – ist sein Figurenschmuck auf der Ostseite, auch wenn er als Meisterleistung gepriesen wird (heute Kopien). Auf der Westseite des Turms gibt es keine Figuren mehr: Die Schweden schossen sie am Ende des Dreißigjährigen Krieges weg. Im Turm soll künftig eine kleine Ausstellung mit kuriosen Fundstücken, die Taucher bei der Sanierung der Karlsbrücke auf dem Grund der Moldau entdeckten, zu sehen sein. Tipp: In der Abenddämmerung, wenn die Prager Türme in ihrem schönsten Licht erscheinen, lohnen sich die vielen Stufen nach oben am meisten.
Křížovnické náměstí. Ⓢ 17, 18 Karlovy lázně. April–Sept. tägl. 10–22 Uhr, März u. Okt. 10–20 Uhr, Nov.–Feb. 10–18 Uhr. 3,30 €, erm. 2,40 €.

Křížovnický kostel (Kreuzherrenkirche): Der Barockbau aus der zweiten Hälfte des 17. Jh. steht auf den Fundamenten einer frühgotischen Kirche, die für den Orden der „Kreuzherren mit dem roten Stern" errichtet worden war. Der Orden besteht heute noch. Imposant ist das monumentale Kuppelfresko *Das Jüngste Gericht* von Wenzel Lorenz Reiner. Von Mai bis September kann die Kirche tägl. von 10–20 Uhr besichtigt werden, sonst ist sie nur zu Messen und Konzerten geöffnet.
Křížovnické náměstí 3. Ⓢ 17, 18 Karlovy lázně.

Muzeum Karlova Mostu (Karlsbrückenmuseum): Das Museum informiert über die Entstehungsgeschichte der Karlsbrücke und die diversen Restaurierungsarbeiten über die Jahrhunderte hinweg – kein Muss!
Křížovnické náměstí. Ⓢ 17, 18 Karlovy lázně. Mai–Sept. tägl. 10–20 Uhr, sonst bis 18 Uhr. 6,30 €, erm. 2,60 €. www.muzeumkarlovamostu.cz.

Museum of medieval torture instruments: Zu sehen gibt es auf drei Etagen rund 60 mittelalterliche Folterinstrumente, Schandmasken und Keuschheitsgürtel. Alle Objekte werden ausführlich auch in Deutsch erklärt. Ein weiteres Museum dieser Art befindet sich an der Celetná (→ Wax Museum).
Křížovnické náměstí. Ⓢ 17, 18 Karlovy lázně. Tägl. 10–22 Uhr. 5,60 €, erm. 3,70 €.

Colloredo-Mansfeldský palác (Colloredo-Mansfeld-Palais): Reingehen, egal welche Ausstellung gerade läuft! Die zeitgemäßen Kunstschauen im morbiden Colloredo-Mansfeld-Palast sind der krasse Gegenpol zu all dem Kitsch und Ramsch der Touristenmeile vor der Tür. Der spätbarocke Palast diente in sozialistischer Zeit als Archiv der Wissenschaftsakademie. Der damals wenig feinfühlige Umgang mit der alten Bausubstanz ist noch heute sichtbar und wurde bewusst nicht überschminkt, was den Räumlichkeiten einen zusätzlichen Reiz verleiht. Imposant ist der pompöse Ballsaal mit grandiosen Deckenfresken im 1. Stock. Schon Miloš Forman nutzte ihn als Kulisse für seinen *Amadeus*. Café im Innenhof.
Karlova 2. Ⓢ 17, 18 Karlovy lázně. Tägl. (außer Mo) 10–18 Uhr. 2,20 €, erm. die Hälfte. www.ghmp.cz.

Keplerovo muzeum (Kepler-Museum): Der Württemberger Johannes Kepler

(1571–1630) wurde im Jahr 1600 von Tycho Brahe als Assistent nach Prag geholt. Ein Jahr später, nach Brahes Tod, übernahm er dessen Stelle als Hofmathematicus von Rudolf II. 2009 wurde in Keplers einstigem Wohnhaus ein wohnzimmergroßes Museum eingerichtet. Rund zehn Schautafeln informieren über Leben und Werk des Astronomen.

Karlova 4. Ⓢ 17, 18 Karlovy lázně. Tägl. (außer Mo) 10–18 Uhr. 2,20 €, erm. 1,50 €. www.keplerovomuzeum.cz.

Klementinum: Das Gesamtareal beherbergt sechs Innenhöfe, zwei Kirchen und mehrere Kapellen. Einst war es Sitz der Prager Jesuiten, die von hier aus nach dem Dreißigjährigen Krieg die Rekatholisierung Böhmens mit aller Härte vorantrieben. Sie bezichtigten unzählige Menschen der Ketzerei und ließen sie in gutem katholischem Glauben verbrennen, allein im Jahr 1651 mehr als 200. Heute ist in dem Gebäudekomplex u. a. die Nationalbibliothek der Tschechischen Republik mit mehreren Millionen Bänden untergebracht. Sehenswert ist das *Observatorium,* der einzige Ort der Welt, in dem seit Mitte des 18. Jh. täglich Wetterdaten aufgezeichnet werden. Zudem gibt es einen barocken *Bibliothekssaal* mit herrlichen Deckenfresken, schweren, in Leder gebundenen Wälzern und alten Globen. Die Kirchen öffnen ihre Pforten meist nur zu den Gottesdiensten und zu Konzerten. In der *Spiegelkapelle (Zrcadlová kaple)* finden ebenfalls regelmäßig Konzerte statt.

Karlova 1. Ⓜ A Staroměstská. Bibliothekssaal, Spiegelkapelle und Observatorium sind nur im Rahmen einer Führung (50 Min.) zu besichtigen, tägl. 10–16 Uhr zu jeder halben Std. 8,20 €, erm. 5,20 €. www.klementinum.com.

„**Václav Havel – český mýtus**" („**Václav Havel – ein tschechischer Mythos**"): Für die kleine, auf zwei Räume verteilte Ausstellung zeichnet die Organisation „Václav Havel Bibliothek" verantwortlich. Sie hat es sich zur Aufgabe gemacht, das Werk des 2011 verstorbenen Literaten, Dissidenten und Ex-Präsidenten (→ Kasten, S. 98) zu bewahren und der Öffentlichkeit zugänglich zu machen. Der Jahrzehnte während Kampf Havels für Demokratie und Menschenrechte sowie die tschechische Geschichte der letzten 50 Jahre sollen damit transparenter werden. Zu sehen sind Dokumente aus Havels Dissidenten- und Präsidentenzeit – für Besucher ohne Tschechischkenntnisse nicht wirklich interessant. Ein Hingucker ist jedoch Havels Schreibtisch aus seiner ehemaligen Kanzlei auf der Prager Burg.

Řetězová 7 (1. Stock). Ⓜ A Staroměstská. Tägl. (außer Mo) 12–18 Uhr. Eintritt frei. **Achtung**: Zukunft an dieser Stelle ungewiss.

Sehenswertes abseits des Spaziergangs

Wachsfigurenmuseen an der Celetná: An einem der Haupttouristentrampelpfade der Altstadt buhlen gleich zwei Wachsfigurenmuseen um die Gunst der Besucher: das 2014 eröffnete *Musée Grévin* (übrigens ein Ableger aus Paris) und das alteingesessene *Wax Museum*. In beiden treffen Sie auf Karel Gott, den tschechischen „Nationalkünstler". Wer welches Wachsgesicht sonst noch im Programm hat, verraten entsprechende Flyer. Zum Wax Museum gehört noch das *Museum of Torture Instruments* ein paar Türen weiter.

Musée Grévin, Celetná 15. Ⓜ B Náměstí Republiky. Tägl. 10–19 Uhr. 15 €, erm. 10 €. www.grevin-praha.com. **Wax Museum**, Celetná 6. Ⓜ B Náměstí Republiky. Tägl. 10–21 Uhr. 6 €, erm. 3,70 €. www.waxmuseumprague.cz.

150 Staré Město (Altstadt)

Kostel sv. Martina ve zdi (Kirche Sankt Martin in der Mauer): Der Name der Kirche stammt noch aus der Zeit, als die Südwand des romanischen Baus mit der Stadtmauer verbunden war. Die Kirche steht Mo–Sa 14–16 Uhr zur Besichtigung offen, ansonsten kann man sie im Rahmen eines Konzerts von innen begutachten – „Best of soundso" steht fast täglich auf dem Programm. Ein paar Schritte weiter liegt der kleine Platz Uhelný trh, der einstige Kohlenmarkt, wo im Sommer zuweilen Straßenkünstler ihre Werke zum Verkauf anbieten.

Martinská 8. Ⓜ B Národní třída.

Městská knihovna (Stadtbücherei): Ein Teil des Gebäudes der Stadtbücherei dient der Städtischen Galerie (Galerie hlavního města Prahy) für wechselnde Ausstellungen zwischen Malerei, Plastik und Literatur. In der Regel sehenswert – achten Sie auf Plakate.

Mariánské náměstí 1. Ⓜ A Staroměstská. Tägl. (außer Mo) 10–18 Uhr. Eintritt abhängig von der Ausstellung. www.ghmp.cz.

Galerie Hollar: Die Galerie dient seit 1939 – mit „gewaltsamer" Unterbrechung zwischen 1970 und 1989 – als Ausstellungsraum der Union tschechischer Grafiker. In zwei kleinen Räumen wird grafische Kunst aus Tschechien und der Slowakei präsentiert.

Smetanovo nábřeží 6. Ⓢ 6, 9, 17, 18, 22 Národní divadlo. Tägl. (außer Mo) 10–12 und 13–18 Uhr. 1,10 €, erm. 0,70 €. www.hollar.cz.

Essen und Trinken
→ Karte S. 134/135

In der Altstadt gibt es eine unglaubliche Auswahl an Cafés und Restaurants. Viele, die an den Haupttouristenpfaden liegen, weisen jedoch ein schlechtes Preis-Leistungs-Verhältnis auf. Über eine gute und elegante Foodmeile abseits von McDonald's & Co. verfügt das Shoppingcenter **Palladium** am Náměstí Republiky, wo man in teils ziemlich stylischem Ambiente Pizza, libanesisch, indisch oder Sushi essen kann.

Restaurants

La Finestra 24 Die Filiale des populären Nobelitalieners Aromi aus Vinohrady (→ S. 234). Italienische Küche vom Feinsten, Pizza gibt's hier nicht, Pasta dafür auch in Hauptgerichtsportionen. Und das unter einem Backsteingewölbe und vor hohen Fensterfronten, ein großes Fenster lässt zudem in die Küche blicken. Für den Abend Reservierung ratsam. Nebenan die **Bottega di Finestra** 24, eine Mischung aus Feinkostladen und Bistro, wo man ebenfalls bestens schnabulieren kann. Hg. 14,50–23 €. Platnéřská 13, Ⓜ A Staroměstská, ✆ 222325325.

》》》 Unser Tipp: Brasileiro 23 Erlebnisgastronomie im Gewölbekeller. Im Stil einer brasilianischen *Churrasqueira* kommen hier in einem fort leckere Riesenspieße (16 Sorten Fleisch!) an Ihren Tisch, dazu Fisch und Meeresfrüchte – bis man zahlt oder platzt. *All you can eat* je nach Zeit und Wochentag 20–26 €. Ohne Reservierung hat man am Abend keine Chance. U Radnice 8, Ⓜ A Staroměstská, ✆ 224234474. Zweigstelle in der Slovanský-Dům-Passage, Na příkopě 22 (Nové Město). 《《《

Bellevue 48 Feine Diners unterm Kronleuchter und mit Moldaublick, jedoch alles etwas bieder. Hummer, Tiger Prawns, Steinbutt, Carpaccio vom neuseeländischen Lamm, auch Trüffel kennt man hier. 3-Gänge-Menü 55 €. Oft Klavierbegleitung. Lassen Sie sich im Sommer einen Platz auf der Terrasse reservieren. Nachmittags geschl. Smetanovo nábřeží 18, Ⓢ 17, 18 Karlovy lázně, ✆ 222221443.

NEB.O 56 In diesem überaus puristischen Lokal reist man kulinarisch nach Vietnam und Thailand. Kleine Auswahl an Vorspeisen, dazu Asia-Salate, Suppen, Reis- und Nudelgerichte. Sehr appetitlich präsentiert, dazu auch sehr faire Preise: Hg. 6,50–7,40 €. Einziges Manko ist die etwas zu laute Chartsmusik. Perlová 10, Ⓜ B Národní třída, ✆ 224248678.

Essen und Trinken 151

Století 58 Dezent dekoriertes Restaurant mit leicht rustikalem Touch. Gute Fleischgerichte mit fantasievollen Soßen, die schon Sean Connery (!) testete. Besitzer ist übrigens Antonín Kinský aus der gleichnamigen Adelsfamilie. Hg. 7,40–16,30 €. Karolíny Světlé 21, Ⓢ 17, 18 Karlovy lázně, ✆ 222220008.

Lokál 1 Großes Restaurant (mit winzigem Raucherbereich). Retro-Abgesang auf die Bierstubenkultur der alten Tschechoslowakei: Brot im Plastikkorb, hässliche Kunststoffgardinen, Pin-up-Girls auf den Toiletten. Serviert werden wie damals spärlich dekorierte 100-g-Portionen Gulasch oder Braten. Hg. 6–11 €. Dlouhá 33, Ⓜ B Náměstí Republiky, ✆ 222316265.

Lehká hlava 51 Hochgelobtes Caférestaurant für Vegetarier und Nichtraucher. Originelles Interieur, gute internationale Küche: *Quesadilla* mit Auberginen und Spinat, Bulgur-Risotto mit getrockneten Tomaten und Erdnusspesto oder Currys mit Tofu für 6–8,60 €. Boršov 2, Ⓢ 17, 18 Karlovy lázně, ✆ 222220665.

Maitrea 13 Ebenfalls vielfach mit Lorbeeren versehen – wen wundert's, ist es doch der kleine Bruder des Lehká hlava (s. o.). Ebenfalls rein vegetarische Küche. Entspannte Atmosphäre, Feng-Shui-Raumgestaltung. Die Speisekarte führt rund um den Erdball, doch auch böhmische Klassiker werden nicht vergessen. „Ich hätte nie gedacht, dass Knödel, Sauerkraut und vegetarischer Schinken so lecker sein können", so ein Leser. Für die zentrale Lage sehr günstig, Hg. 6–7 €. Týnská ulička 6, Ⓜ B Náměstí Republiky, ✆ 221711631.

Mamy 10 Einen Designpreis gewinnt der Laden nicht (oben Imbisscharakter, im UG das Restaurant), dafür gibt's hier leckere, deftige und vielfältige koreanische Küche – einmal etwas anderes und zudem auch hervorragend für Vegetarier geeignet. Spannende Beilagen wie der scharf-saure Kohl *Kimchi*, ein Abschlussgetränk gibt's gratis dazu. Wechselnde Lunchangebote, ansonsten Hg. 5,20–9,60 €. Benediktská 3, Ⓢ 3, 5, 14, 24, 26 Dlouhá, ✆ 224815009.

Naše Maso 2 Lesertipp. Ein feiner Metzger, der sein Fleisch von ausgewählten böhmischen Höfen nicht nur roh verkauft, sondern für Sie auch appetitlich zubereitet. Egal ob T-Bone-Steak, Debreziner-Würstchen mit hausgebackenem Brot oder eine einfache Schinkensemmel – alles sehr lecker, aber auch nicht für umsonst zu bekommen. Mittags großer Andrang an den wenigen Tischen. Mo–Sa 9–21 Uhr. Dlouhá 39, Ⓢ 3, 5, 14, 24, 26 Dlouhá.

Česká Kuchyně Havelská Koruna 37 *Die* Budget-Adresse für die Altstadt. Ein Fossil! Populäres Selbstbedienungslokal vom alten Schlag: Am Eingang erhält man einen sog. Konsumzettel, auf dem alle Speisen und Getränke vermerkt werden. Gezahlt wird

Havelská-Markt in der Altstadt

Staré Město (Altstadt)

beim Hinausgehen. Braten, Salate, Suppen, Süßspeisen – die Qualität ist für die günstigen Preise durchaus okay. Nur bis 20 Uhr. Havelská 23, Ⓜ A, B Můstek.

Pivnices

U medvídků 57 Einst waren die Literaten Jan Neruda und Jaroslav Hašek Stammgäste. Heute treffen sich hier Touristengruppen aus aller Welt, aber auch noch viele Prager. In der Bierhalle im Erdgeschoss gibt es gut gezapftes Budweiser und böhmische Standards zu Blasmusik, Hg. 5,60–13,60 €. Zudem ein Biershop, ein kleines Museum und eine Brauereikneipe, in der das selbst gebraute halbdunkle, 13-gradige *Oldgott* gezapft wird. Am Abend extrem voll, früh kommen oder reservieren. Na Perštýně 7, Ⓜ B Národní třída, ✆ 224211916.

U zlatého tygra 31 „Zum Goldenen Tiger". Die feuchtwarme Bierhöhle wurde berühmt durch ihren zechfreudigen Stammgast Bohumil Hrabal – er verewigte sie in seiner Erzählung *Eine Wirtshausgeschichte*. Heute hängt der 1997 verstorbene Literat als Riesenporträt an der Wand, umringt von zahlreichen Kneipenmaskottchen in Tigerform. Ruppige Bedienungen. Das Lokal ist schon kurz nach der Öffnung um 15 Uhr überfüllt. Bestellen Sie Bierkäse *(pivní sýr)* zum Pilsner Urquell – er soll hier erfunden worden sein. Husova 17, Ⓜ A Staroměstská.

Traditionsreiche Kaffeehäuser

Kavárna Obecní dům 18 Prunkvoller Jugendstilsaal. Gelegentlich Live-Pianomusik. Stets voller Touristen. Teuer, aber Kaffee und Kuchen in diesem Ambiente sind ihr Geld wert. Náměstí Republiky 5, Ⓜ B Náměstí Republiky.

Grand Café Orient 25 Eine kubistische Perle im Haus zur Schwarzen Madonna (→ S. 146), im 1. OG. Obwohl an der touristischen Einflugschneise gelegen, schauen hier auch gerne Tschechen vorbei. Ovocný trh 19, Ⓜ B Náměstí Republiky.

Café Montmartre 38 Meyrink, Werfel, Kafka und Brod – das illustre Nachtcafé zog sie einst alle an. Heute präsentiert sich das Montmartre als ruhiges, gemütliches Kaffeehaus, in dem man auch mal alleine ein paar Stunden lesend verbringen kann. Snacks. Řetězová 7, Ⓜ B Národní třída. Auch das **Café Ebel** ein paar Schritte weiter ist zu empfehlen.

Café/Bars/Kneipen

Monarch 54 Hübsche, luftige Weinbar samt Weinverkauf hinter großen Fenstern. Neben guten Tropfen gibt es auch französischen Käse und ein paar Gerichte. Rauchverbot. Mo–Fr 15–24 Uhr, Sa/So 17–24 Uhr. Na Perštýně 15, Ⓜ B Národní třída.

Krásný ztráty 50 Hier wimmelt es von (alternativen) Politikern und jungen Bohemiens, dazwischen ein paar verirrte Touristen. Geht über mehrere Räume, karg eingerichtet. Im Hinterzimmer wurde die längstens eingestellte gleichnamige Diskussionssendung („Schöne Verluste") aufgezeichnet. Freundliches Personal, Bücher und Magazine zum Schmökern, nette Musik. Frühstück, man kann aber auch richtig essen. Náprstková 10, Ⓢ 17, 18 Karlovy lázně.

»› Unser Tipp: NOD 4 Bar mit Theke unter einem Riesenknochen, → Nachtleben, S. 74. **‹‹**

Érra 53 → Nachtleben, S. 79.

Karlova 25 28 In der Passage, die man von der Touristenmeile Karlova (Hausnr. 25) betritt, residieren mehrere eher alternative Kneipen. Groovige Musik, man kann drinnen und draußen sitzen, die Getränke haben gemäßigte Preise, das Publikum ist tschechisch-international. Mit dabei: ein Tattoo-Shop und ein Laden mit coolen Szeneklamotten. Ⓜ A, B Můstek.

Absintherie 23 Kleine Mischung aus Café und Absinthverkauf direkt hinter dem Altstädter Ring – also nichts Untouristisches erwarten. Angeboten werden rund 60 verschiedene Absinthsorten, vorrangig aus Tschechien, der Schweiz und den USA, der stärkste hat 72 % Alkohol! Der Absinth wird stilgerecht zubereitet. Außerdem: Absinthbier, Absintheis und eine Überraschungsmehr. Filiale an der Jilská 5–7. Nám. Franze Kafky, Ⓜ A Staroměstská.

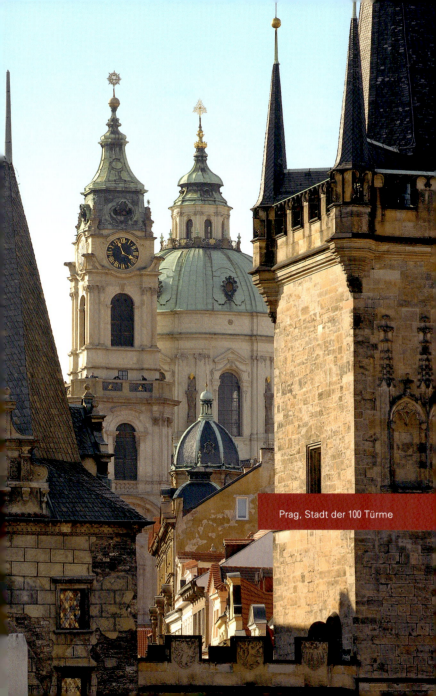
Prag, Stadt der 100 Türme

Spanische Synagoge und Silberarbeiten in der Maiselsynagoge

Josefov (Josefstadt)

Es ist das einstige jüdische Viertel. Außer ein paar Synagogen blieb davon aber nicht viel erhalten – Ende des 19. Jh. riss man es ab. Heute findet man hier herrliche Jugendstilhäuser und die vornehmste Straße Prags: die Pařížská, die Pariser Straße.

Kein Viertel Prags wurde durch die Literatur mehr verewigt als Josefov. Doch das Josefov, von dem dort größtenteils die Rede ist, ist das Josefov der Tagelöhner, der Spieler, der Prostituierten und Zigeuner aus der zweiten Hälfte des 19. Jh. Das Josefov der Juden gab es zu diesem Zeitpunkt bereits nicht mehr. Das Gros der Juden hatte es längst verlassen. Lediglich das alte Ghetto existierte noch. Es entstand im 13. Jh., als man die Siedlung mit einer Mauer umschloss, deren Tore nachts verriegelt wurden. Sechs Jahrhunderte lebten die Prager Juden dort – mal verfolgt, mal toleriert. In schlechten Zeiten wurden sie zu Sündenböcken und Opfern von Pogromen. In guten Zeiten standen sie unter dem Schutz der Krone und verhalfen Prag zu kultureller und wirtschaftlicher Blüte. Eines der größten Probleme im Ghetto war die stets steigende Zahl seiner Einwohner. Anfang des 18. Jh. erließ die jüdische Gemeinde daher ein Gesetz, das vorschrieb, dass nur noch der älteste Sohn einer Familie heiraten durfte, und das erst nach dem Tod des Vaters. Aus der Isolation befreite Kaiser Joseph II. die Prager Juden in der zweiten Hälfte des 18. Jh. Die Mauern ums Ghetto wurden abgerissen, Kleidervorschriften aufgehoben und die Glaubensfreiheit wurde gewährt. Zum Dank benannte man das Viertel nach ihm. Als ab 1796 die Juden auch außerhalb des Ghettos leben durften, verkam es zum Armenviertel der Stadt mit miserabelsten hygienischen

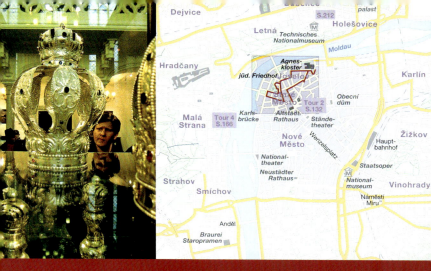

Tour 3: Josefov (Josefstadt)

Verhältnissen. In den 280 Häusern hausten etwa 10.000 Menschen. Ein Jahrhundert später befahl der städtische Sanitätsrat deswegen die sog. Assanierung des Stadtteils, die einem Abriss gleichkam. Bürgerliche Wohnhäuser mit stolzen Jugendstilfassaden prägen Josefov heute, an das einstige jüdische Viertel erinnern nur noch wenige Gebäude.

Nach dem Niedergang des Sozialismus wandelte sich der Stadtteil zum Schicksten, was Prag zu bieten hat. Charmante Cafés und Patisserien, edle Restaurants, Galerien zeitgenössischer Kunst und stylishe Boutiquen Prager und internationaler Modedesigner sind hier zu finden. Dazu jede Menge Touristen. Leider sind nicht alle so gut betucht, wie sich das die hiesige Geschäftswelt wünscht – so manche Vorzeigeadresse musste deswegen schon wieder schließen.

Genau genommen liegt Josefov inmitten der Altstadt und erstreckt sich nördlich des Staroměstské náměstí. In diesem Kapitel wird aus Gründen der leichteren Übersicht jedoch nicht nur das einstige jüdische Viertel, sondern das ganze Gebiet nördlich des Staroměstské náměstí bis zur Moldau behandelt.

Spaziergang

Länge ca. 2,1 km, Dauer ca. 1 ½ Std., Karte S. 157.

Am Altstädter Ring beginnt eine der Prachtstraßen Prags, die **Pařížská (Pariser Straße)**. Sie ist die Adresse exquisiter Flagshipstores, edler Juweliere und feiner Cafés und könnte auch getreu ihrem Namen ein vornehmer Boulevard der französischen Hauptstadt sein. Herrliche, reich geschmückte Jugendstilhäuser säumen sie. Eines der schönsten ist das ehemalige Haus der Journalisten (Nr. 9). Die Straße führt direkt auf die Moldau und auf das große Metronom am Letná-Hügel zu (→ S. 217). Unterwegs zweigt die Široká ab, an der, hinter einer Kirche, die → **Spanische Synagoge (Španělská synagóga)** liegt. Ihr erster Chorleiter František Škroup komponierte die tschechische Nationalhymne *Kde domov můj,* die mit den Worten „Wo ist meine Heimat" beginnt. Die kopflose Skulptur neben der Synagoge wurde erst 2003 aufgestellt und war damit das erste **Kafka-Denkmal** der Stadt. Es zeigt eine Szene aus Kafkas Novelle *Beschreibung eines Kampfes.*

Über die Vězenská gelangt man in die U Obecního dvora. In Haus Nr. 5 wurde 1820 Josef Mánes, der bedeutendste tschechische Maler des 19. Jh., geboren. Er reiste um die halbe Welt und hinterließ Portraits, Landschaften und Genrebilder. Das Haus besitzt einen gotischen Kern und ist beispielhaft für viele im Stadtteil: Beim Abriss des jüdischen Viertels wurde zwar für breitere Straßen Platz gemacht, gute Bausubstanz aber ließ man stehen und gestaltete sie lediglich neu. Ein Haus weiter lebte übrigens der Wissenschaftler Christian Doppler (1803–1853) – ohne die Doppler-Sonografie wäre die moderne Geburtshilfe undenkbar.

Das kleine Gässchen Anežská führt zum → **Sankt-Agnes-Kloster (Kláster sv. Anežky)**, in dem es mittelalterliche Kunst zu sehen gibt. Gründerin des einstigen Klarissenklosters im 13. Jh. war die heilige Agnes, die ihr Leben in den Dienst der Kranken gestellt hatte.

Ein paar Schritte weiter, im einstigen **Spital der Barmherzigen Brüder (Špitálu Milosrdných Bratří)**, verabreichte ein als Wunderheiler bekannter Herr Opitz 1847 die erste Narkose auf dem Gebiet der k.u.k.-Monarchie. In der angrenzenden **Kirche Sankt Simon und Juda (Kostel sv. Šimona a Judy)** übten bereits Mozart und Haydn an der Orgel. Kunst entstand auch in der Bílkova 10, Franz Kafka schrieb hier den *Prozess.* Zum Glück für die lokalen Fremdenführer zog der Dichter häufig um, und so lassen sich heute mehrstündige Kafka-Führungen durch Prag veranstalten.

Vorbei an einem **kubistischen Gebäudekomplex** (Ecke Bílkova/Elišky Krásnohorské), der zwischen 1919 und 1921 errichtet wurde, gelangt man wieder auf die Pařížská, über die man die → **Altneusynagoge (Staronová synagóga)** erreicht. Die Eintrittskarten gibt es gegenüber im Eingangsbereich zur Hohen Synagoge (Vysoká synagoga). Diese ist jedoch der Öffentlichkeit nicht zugänglich, sie wird wie die Altneusynagoge noch heute von der jüdischen Gemeinde genutzt. Das Eckhaus daneben ist das **alte jüdische Rathaus**. Es lohnt, nach oben zu blicken und die Uhr anzuschauen – nicht die am Turm, sondern die darunter mit hebräischen Ziffern. Die Zeiger bewegen sich entgegen dem Uhrzeigersinn, so wie auch die hebräische Schrift nicht von links nach rechts, sondern von rechts nach links läuft. Finanziert hatte das jüdische Rathaus

Eyecatcher:
Art-Nouveau-Portal in Josefov

einst Markus Mordechaj Maisel, der reichste Mann im rudolfinischen Prag. 100 m weiter hat er sich mit der nach ihm benannten → **Maiselsynagoge (Maiselova synagóga)** an der nach ihm benannten Straße ein Denkmal gesetzt.

Am Ende der Maiselova liegt der **Náměstí Franze Kafky**. Ums Eck linker Hand hinter Hausnr. 3 erblickte Kafka das Licht der Welt. Von seinem Geburtshaus ist aber nur noch das Portal im Original erhalten.

Ein paar schöne, z. T. noch unrenovierte Jugendstilhäuser säumen die Kaprova. Im Haus Nr. 10 befindet sich das **Památník Jaroslava Ježka**, das kleinste Museum Prags. Es erinnert an Jaroslav Ježek. Sein Name sagt heute nur noch wenigen etwas. Der Jazzer galt in der ersten Hälfte des 20. Jh. als der avantgardistischste Komponist Tschechiens.

Das sog. „Blaue Zimmer" seines Apartments – mehr gibt es auch nicht zu sehen – ist ganz im funktionalistischen Stil gehalten (nur Di 13–18 Uhr, 0,75 €, erm. die Hälfte, www.nm.cz).

Nach **Jan Palach** (→ S. 97 und 116), dem wohl bekanntesten Märtyrer des Prager Frühlings, ist der nächste Platz benannt. Ein kleines Denkmal an der philosophischen Fakultät der Karlsuniversität erinnert an ihn. Stets werden an seinem Todestag Blumen und Kränze niedergelegt.

Die Nordseite des Platzes nimmt das → **Rudolfinum** ein, einer der herausragenden Neorenaissancebauten Prags mit zwei großen Konzertsälen.

Gegenüber, an der Ulice 17. listopadu, liegt das → **Kunstgewerbemuseum (Uměleckoprůmyslové muzeum)**. Hinter dem Gebäude befinden sich die

Fast wie in Wien – Kutsche vor dem Rudolfinum

→ **Pinkassynagoge** (**Pinkasova Syngóga**) und der → **Alte Jüdische Friedhof** (**Starý Židovský Hřbitov**), den man von der Široká betritt. Meist durchquert man ihn im Gänsemarsch. Der Ausgang des Friedhofs befindet sich an der U Starého Hřbitova.

Rechter Hand steht dort die → **Klausensynagoge** (**Klausová synagóga**), linker Hand der ehemalige → **Zeremoniensaal** (**Bývalá obřadní síň**). Die Pařížská führt wieder zurück zum Staroměstské náměstí.

Sehenswertes

Španělská synagóga (Spanische Synagoge) und Galerie Robert Guttmanna (Robert-Guttmann-Galerie): Der Name der Synagoge hat nichts mit den sephardischen Juden zu tun, die 1492 mit dem Ende der Reconquista Spanien verlassen mussten, wenn sie sich nicht taufen lassen wollten, und u. a. auch nach Prag kamen. Die Spanische Synagoge entstand erst in der zweiten Hälfte des 19. Jh. und trägt den Namen aufgrund ihrer pseudomaurischen Stilelemente. Im sehenswerten Innern wird in Vitrinen die Geschichte der Juden Böhmens und Mährens von der Aufklärung bis in die Zeit der Tschechoslowakei dokumentiert. Von dem Kapitel Holocaust zeugen u. a. erschütternde Postkarten aus dem Ghetto Theresienstadt und eine Kiste voller Gebetsriemen (Tefillin) der Ermordeten. In einem separaten Raum werden Silberarbeiten ausgestellt, das älteste Exponat stammt aus dem Jahr 1600. Abends dient die Synagoge gelegentlich als Konzertsaal. In der *Galerie Robert Guttmanna* ums Eck finden regelmäßig Ausstellungen über das jüdische Leben statt.

Synagoge, Vězeňská 1. Galerie, U Staré Školy 3. Ⓜ A Staroměstská. Öffnungszeiten und Eintritt → Jüdisches Museum, S. 159. Ohne Sammelticket kostet der Besuch der Synagoge und der Robert-Guttmann-Galerie 2,70 €, erm. 2 €.

Das Jüdische Museum

Das Museum mit einer über 100-jährigen Geschichte besitzt eine einzigartige und umfangreiche Sammlung an jüdischem Kulturgut aus Böhmen und Mähren. Anlass zur Gründung gab die Sanierung der Josefstadt. Das Inventar zum Abriss freigegebener Synagogen, aber auch Gegenstände des häuslichen und religiösen Lebens wurden hier gesammelt. Das Gros des Fundus stammt jedoch aus der Zeit der deutschen Okkupation, als die Nazis die jüdische Bevölkerung nach Theresienstadt und von dort weiter in die Vernichtungslager deportierten. Das Museum war ab 1942 der Leitung des Zentralamtes für die Judenfrage direkt unterstellt und hatte die Aufgabe, das beschlagnahmte Gut zu katalogisieren. Nach dem Krieg fiel das Museum in staatlichen Besitz, seit 1994 ist es Eigentum der jüdischen Gemeinde von Prag. Diese zählt rund 1600 Mitglieder, Tendenz leicht steigend.

Auf mehrere Synagogen verteilt, zeigt das Jüdische Museum nur einen Bruchteil seiner Exponate, in erster Linie Drucke, Bücher, Gegenstände aus Silber, Tapisserien, Teppiche und Thoramäntel. Unter der Verwaltung des Jüdischen Museums stehen die Maiselsynagoge, die Spanische Synagoge mit der Robert-Guttmann-Galerie, die Pinkassynagoge, die Klausensynagoge, der Alte Judenfriedhof und der ehemalige Zeremoniensaal. Die Altneusynagoge gehört nicht zum Jüdischen Museum. Die verschiedenen Ausstellungen sind zwar interessant, aber alles andere als zeitgemäß – ein Facelifting würde der Präsentation gut tun. Mehr zum Jüdischen Museum auf www.jewishmuseum.cz und im Informationszentrum an der Maiselova 15.

Für alle Einrichtungen, die vom Jüdischen Museum verwaltet werden, gelten dieselben Öffnungszeiten: 9–18 Uhr (im Winter bis 16.30 Uhr), jeweils tägl. außer Sa und an jüdischen Feiertagen. Bei extrem großem Andrang werden auf der Eintrittskarte Besuchszeiten für die einzelnen Synagogen vermerkt, die vorschreiben, wann man was zu besichtigen hat. Das Ticket **Jüdisches Museum Prag** (Židovské muzeum v Praze, 12 €, erm. 8 €) ist für alle oben genannten Einrichtungen gültig. Wer die Altneusynagoge mit im Programm haben möchte, wählt das Ticket **Jüdische Stadt Prag** (Pražske židovské město, 18 €, erm. 12 €).

Ergreifend: das Innere der Pinkassynagoge

Klášter sv. Anežky (Sankt-Agnes-Kloster): Im Kloster befindet sich heute die grandiose Sammlung böhmischer Kunstdes Mittelalters, die Teil der Nationalgalerie ist. Die Exponate stammen aus den verschiedensten Kirchen und Klöstern des Landes. Fast alle zeigen biblische Motive, das Gros die Muttergottes, mal mit, mal ohne Kind. Jesus wird überwiegend am Kreuz dargestellt, aber auch am Ölberg usw. Die erschütterndste Darstellung befindet sich im letzten Raum, der Holzschnitt *Christus, der Retter vorm Jüngsten Gericht* aus dem 16. Jh. Den Tod symbolisiert dabei ein Verwesender, der Kopf ist bereits skelettiert, die Eingeweide frisst ein Frosch. Das an Albrecht Dürer erinnernde Werk wurde mit „I. P." signiert, außer diesen Initialen weiß man nicht viel über den Künstler. Ohnehin sind aus der Zeit der Gotik nur die wenigsten realen Namen von Künstlern bekannt. Zu den identifizierten Künstlern dieser Epoche gehört Meister Theodoricus, von dem sechs große Portraits zu sehen sind, die er mit 121 anderen für die Kreuzkapelle der Burg Karlstein malte.

Jehuda Liwa ben Bezal'el, genannt Rabbi Löw, und die Legende vom Golem

Polnische Chassiden waren es, die im 18. Jh. die Person des Prager Rabbi Löw mit dem legendären Golem in Verbindung brachten. Der historisch belegte Rabbi war oberster Lehrer einer Talmudschule und als Pädagoge und Theologe bereits zu Lebzeiten überaus angesehen. Die Inschrift seines Grabes auf dem Alten Jüdischen Friedhof – Löw starb 1609 – bekundet, dass er v. a. wegen seiner Weisheit geschätzt wurde. Auf die chassidischen Legenden, welche dem Rabbi übernatürliche Fähigkeiten nachsagen, ist der Glaube zurückzuführen, dass jeder Wunsch in Erfüllung geht, wenn man ihn in Zettelform auf das Grab des Rabbi legt.

Zu den sagenhaftesten Geschichten aber, die sich um den Rabbi ranken, zählt zweifelsohne die des Golem, einer mächtigen, menschenähnlichen Gestalt. Angeblich hatte der Rabbi diese aus Ton geformt und dann zum Leben erweckt, indem er ihr ein *Schma* (Zettel mit magischen Formeln) in den Mund legte. Der Golem war fortan ein treuer Diener des Rabbi, stand allen Juden bei und bewahrte sie vor Pogromen. Am Sabbat jedoch musste der Golem ruhen, und so nahm der Rabbi stets am Vorabend des Sabbats das Schma aus dem Mund des Geschöpfs. Doch eines freitags vergaß dies der Rabbi. Der Golem wurde böse, so böse, dass er das Ghetto zu vernichten drohte. In letzter Sekunde gelang es dem Rabbi, den magischen Zettel aus dem Mund des Golems zu ziehen und ihn so wieder in ewigen Schlaf zu versetzen. Seitdem, so heißt es, ruhen dessen Reste auf dem Dachboden der Altneusynagoge. Im Glauben der Menschen jedoch lebte der Golem im Ghetto noch lange fort, in der Literatur bis heute.

Den bekanntesten Golem-Roman schrieb Gustav Meyrink (1868–1932), ein gebürtiger Wiener. Er war Gründer mehrerer okkulter Orden und in seiner Golem-Fassung, einer Reise in das innerste Ich, verarbeitete er zugleich seine Drogenerlebnisse. Auch Egon Erwin Kisch (1885–1948), der rasende Reporter, der u. a. für das *Prager Tagblatt* schrieb, widmete dem Golem eine Reportage.

David Černýs provokante Skulptur *In utero* war zumindest 2014 noch an der Ecke Dlouhá/V Kolkovně zu bestaunen; schauen Sie der Dame mal in den Unterleib!

Anežská 1. Ⓜ A Staroměstská oder Ⓜ B Náměstí Republiky. Tägl. (außer Mo) 10–18 Uhr. 6 €, erm. 3,40 €, Fam. 8 €. **Hinweis:** Immer wieder wird über einen Umzug der Sammlung in das Palais Salm am Hradschiner Platz (→ S. 188) diskutiert, mehr dazu unter www.ngprague.cz.

Staronová synagóga (Altneusynagoge): Der frühgotische Bau aus der zweiten Hälfte des 13. Jh. zählt zu den ältesten Synagogen Europas. Für seinen paradox klingenden Namen gibt es zwei Theorien: Die erste geht davon aus, dass die Synagoge eine an jenem Ort bereits existierende ersetzte, die andere, dass sie ursprünglich nur „Neue Synagoge" hieß, bis im 16. Jh. weitere Synagogen hinzu kamen – sprich: aus „neu" wurde „alt". Tatsache ist auf jeden Fall, dass sie das Zentrum der Juden westlicher Observanz war, die isoliert von den Juden mit östlichem Ritus lebten. Letztere hatten ihr Viertel bei der heutigen Spanischen Synagoge. Das erklärt zudem, warum man in Josefov auch Kirchen findet:

Die verschiedenen jüdischen Gemeinden waren bis ins 13. Jh. durch „christliche Streifen" getrennt. Im Inneren der Synagoge, genau in deren Mitte, befindet sich das Almemor, ein von einem schmiedeeisernen Gitter umgebenes Podium, von dem aus der Thora, den fünf Büchern Mose, vorgelesen wird. Die Thorarollen sind im Schrein hinter einem Vorhang verborgen. Auffallend sind die schießschartenähnlichen Fenster. Sie wurden im 18. Jh. für die Frauen eingefügt, da ihnen der Besuch der Synagoge nicht gestattet war und sie wenigstens so dem Geschehen folgen konnten.

Červená 2. Ⓜ A Staroměstská. Mai–Okt. 9–18 Uhr, Nov.–April 9–17 Uhr, Fr schließt man eine Std. vor dem Beginn des Sabbats (= Sonnenuntergang), Sa und an jüdischen Feiertagen geschl. Eintritt → Kasten unten. Ohne Sammelticket kostet der Eintritt 8 €, erm. 5,60 €. www.synagogue.cz.

Maiselova synagóga (Maiselsynagoge): Ursprünglich im Stil der Renaissance errichtet, wurde sie nach einem

Brand barock wieder aufgebaut. Das gefiel aber nicht, und so erfolgte Ende des 19. Jh. ein schlichterer neugotischer Umbau. Während der deutschen Okkupation machten die Nazis aus der Synagoge ein Lager für beschlagnahmtes jüdisches Vermögen. Auch diese Synagoge wird heute als Museum genutzt und liefert die historische Ergänzung zur Spanischen Synagoge: In ihr wird die Geschichte der böhmischen und mährischen Juden von den Anfängen der jüdischen Besiedelung im 10. Jh. bis zur Aufklärung dokumentiert. Zu sehen sind u. a., wie schon in der Spanischen Synagoge, hervorragende Silberarbeiten.

Maiselova 10. Ⓜ A Staroměstská. Öffnungszeiten und Eintritt → Jüdisches Museum, S. 159.

Rudolfinum: Das Konzertgebäude entstand in der zweiten Hälfte des 19. Jh. im Zuge der tschechischen Nationalbewegung. Dvořák und Brahms dirigierten hier vor ausverkauftem Haus. Heute residiert in den Räumen die Tschechische Philharmonie, seit 2012 unter Leitung von Jiří Bělohlávek, der zuvor Chefdirigent des Londoner *BBC Symphony Orchestras* war (Konzerttickets → S. 66). Das Gebäude beherbergt zudem eine Galerie und ein Café (Eingang auf der Moldauseite).

Náměstí Jana Palacha 1. Ⓜ A Staroměstská. Galerie tägl. (außer Mo) 10–18 Uhr, Café bis 19.30 Uhr. www.ceskafilharmonie. cz bzw. www.galerierudolfinum.cz.

Uměleckoprůmyslové muzeum (Kunstgewerbemuseum): Es existiert bereits seit 1885 und besitzt einen riesigen Fundus, für den man eigentlich mehr Platz bräuchte. In schönen Sälen sind künstlerisch wertvolle Exponate aus den verschiedensten Epochen ausgestellt: Glas, Porzellan, Uhren, Festtagskleidung, Möbelstücke, Gobelins, Schmuck, Werbeplakate usw. Zudem finden immer wieder interessante Wechselausstellungen statt. Angeschlossen ist ein nettes und für die Gegend preiswertes Café. Von den Toiletten im Obergeschoss hat man einen wunderbaren Blick auf den jüdischen Friedhof.

Ulice 17. listopadu 2. Ⓜ A Staroměstská. Di 10–19 Uhr, Mi–So 10–18 Uhr, Mo geschl. Eintritt für die Dauerausstellung 4,40 €, erm. 2,60 €, Fam. 7,50 €. www.upm.cz. Achtung: Wegen geplanter Restaurierungsarbeiten können einzelne Etagen oder das ganze Haus vorübergehend geschlossen sein.

Starý Židovský Hřbitov (Alter Jüdischer Friedhof) und Pinkassynagoge (Pinkasova Synagóga): Das ummauerte Areal des alten jüdischen Friedhofs umschließt auch die Pinkassynagoge aus dem 15. Jh., die gleich hinter dem Kassenhäuschen steht. Sie ist benannt nach ihrem Stifter, dem Rabbiner Pinkas. Im Inneren erinnert sie heute an die Juden aus Böhmen und Mähren, die dem Holocaust zum Opfer fielen. Das geschieht auf eine schlichte und ergreifende Weise: An den Wänden stehen die Namen der Ermordeten, 77.297 an der Zahl. Im Obergeschoss sind Zeichnungen von Kindern aus Theresienstadt zu sehen.

Der Friedhof selbst, auf dem Grabstein an Grabstein steht oder lehnt, wurde ebenfalls im 15. Jh. angelegt. Der älteste Stein stammt aus dem Jahr 1439, der jüngste aus dem Jahr 1787. Wie viele Menschen hier beigesetzt wurden, weiß man nicht. In der Sekundärliteratur schwanken die Zahlen erheblich: zwischen 10.000 und 110.000. Tatsache ist, dass der Friedhof, obwohl mehrmals erweitert, stets zu klein war. So begrub man die einen über den anderen.

Viele der Grabsteine tragen Barock- oder Rokokoverzierungen, aber auch Motive, die den Namen oder Beruf des Verstorbenen symbolisieren. Wer Löw, Levy oder Jehuda hieß, bekam nicht selten einen Löwen auf den Grabstein. Eine Maus schmückt die Steine der verstorbenen Maisls und ein Bär den der Dov (hebräisch „Bär"). Als Symbol für

Grabsteine auf engstem Raum: der Alte Jüdische Friedhof

den Beruf des Schneiders meißelte man gerne eine Schere ein, für den des Buchdruckers ein Buch usw. Auf ein paar Grabsteinen liegen statt Blumen kleine Steinchen – ein alter jüdischer Brauch als Zeichen der Pietät.

Der Grabstein, auf dem die meisten Steinchen liegen, ist der des Rabbi Löw (1570–1609), an dem der vorgeschriebene Weg durch den Friedhof automatisch vorbeiführt (→ Kasten). Oft sieht man auch Zettel darauf, es sind Bitten und Wünsche.

Eingang zu Synagoge und Friedhof an der Široká. Ⓜ A Staroměstská. Öffnungszeiten und Eintritt → Jüdisches Museum, S. 159. Aufgrund des Besucherandrangs ist es – falls möglich – ratsam, den Friedhof früh am Morgen zu besuchen, ansonsten wird man von den Massen wie auf einer Einbahnstraße vom Eingang zum Ausgang geschoben.

Klausová synagóga (Klausensynagoge) und Bývalá obřadní síň (Zeremoniensaal): Die beiden benachbarten Gebäude beherbergen die Ausstellung „Jüdische Traditionen und Bräuche". Von der Geburt über die Beschneidung und die Heirat bis zum Tod werden alle Stationen im Leben gläubiger Juden erläutert. Die Ausstellung beginnt in der Klausensynagoge.

U Starého Hřbitova 1 und 3. Ⓜ A Staroměstská. Öffnungszeiten und Eintritt → Jüdisches Museum, S. 159.

Essen und Trinken → Karte S. 157

Etliche schicke Cafés, Patisserien und Restaurants entlang der Pařížská und ihrer Seitenstraßen. Einfache Adressen gibt es nur noch wenige.

Restaurants

La Degustation Bohème Bourgoise 6 Für seine noblen Interpretationen der klassischen böhmischen Küche erhielt Oldřich Sahajdák 2012 einen Michelin-Stern. Der Besuch ist ein Erlebnis, das bis zu 4 Std. dauern kann. Bei den 6-Gänge-Menüs (80 €,

Alles eine Spur nobler: Restaurant in Josefov

Weinbegleitung 50 €) kommen kunstvoll arrangierte Schmankerln wie Prager Schinken mit Apfelschaum, südböhmische Ente mit Orangensoße oder Třeboňer Forelle mit Sellerie-Béchamel-Soße auf den Teller. Modern-gediegenes Ambiente unter Gewölbedecken, einsehbare Küche. Nur abends. Haštalská 18, Ⓢ 3, 5, 14, 24, 26 Dlouhá třída, ✆ 222311234.

Nostress 🏛 Zeitgemäß-elegantes Café-Restaurant und Galerie. Man sitzt bei Kerzenlicht zwischen duftenden Blumen und genießt die interessante Fusionküche (viel Fisch). Hg. 11–20 €, günstigere Mittagsmenüs. Dušní 10, Ⓜ A Staroměstská, ✆ 222317007.

Dinitz 🏛 Koscheres Lokal mit legerem Ambiente – die Köche brutzeln vor aller Augen hinter der langen Theke. Es gibt leckere *Mezze*, die nahöstlichen Vorspeisen, außerdem Pasta, Fisch, Steaks und Burger. Hg. um die 16 €. Fr abends sowie Sa ganztägig geschl. Bílkova 12, Ⓢ 17 Právnická fakulta, ✆ 222244000.

Shalom 🏛 Die Speisehalle der jüdischen Gemeinde Prags im alten jüdischen Rathaus steht zur Mittagszeit (11.30–14 Uhr) auch Touristen offen. Authentische koschere Küche, die vom Rabbi abgesegnet ist. Vouchers für das Menü (12 € inkl. kostenlosem Tischwasser) kauft man sich vorher in der Hohen Synagoge nebenan, gleichzeitig der Ticketverkauf für die Altneusynagoge. Für das Sabbat- und Feiertagsmenü (22 €) ist eine Reservierung erforderlich. Maiselova 18, Ⓜ A Staroměstská, ✆ 224800808.

Kolkovna 🏛 Ordentliche böhmische Gerichte wie marinierter Camembert oder Hirschgulasch mit Knödeln. Zum Nachtisch empfehlen wir den Apfelstrudel mit Kirschsoße und Walnusseis. Ambiente zwischen rustikal und modern. Hg. 7–14 €. V Kolkovně 8, Ⓜ A Staroměstská, ✆ 224819701.

U Katr 🏛 Das Lokal (früher übrigens das „Café Hermes", in dem Kafka gern vorbeischaute) ist heute eine zeitgemäße Bierschwemme mit spaßiger Besonderheit: Die Tische fungieren zugleich als Gasgrills (und die rüsselartigen Lampen als Abzugshauben), auf denen man Fisch, Fleisch und (nicht ganz so berauschende) Würste selbst grillen kann. Ansonsten wird eine kleine Auswahl an neuböhmischen Gerichten (wie in Schokolade geschmortes Wildschwein oder Forellenfilet mit Kohlrabi) serviert, dazu gibt es eine günstige Mittagskarte (nur tschechischsprachig). Hg. 6,10–18,50 €. Vězeňská 9, Ⓜ A Staroměstská, ✆ 222315148.

Essen und Trinken 165

Grosseto Marina 14 Pizza und Pasta in spektakulärer Lage auf der Moldau in einem schön restaurierten alten Frachter. Zur Pizza (7–11 €) gibt's eine superbe Aussicht auf Burg und Karlsbrücke. Im Sommer zu den Stoßzeiten ohne Reservierung kaum etwas zu machen. Alšovo nábřeží, Ⓜ A Staroměstská, ✆ 605454020 (mobil).

U Parlamentu 25 Gepflegte, gemütlich-rustikale Bierstube. Gute Hausmannskost: Matjes mit Zwiebeln, Bierkäse oder „Altböhmischer Teller" mit Ente, Schweinebraten und Rauchfleisch. Freundliche Bewirtung. Hg. 5–12 €. Valentinská 8, Ⓜ A Staroměstská, ✆ 721415747 (mobil).

Pivnice

U Rudolfina 22 Verraucht, laut, tschechisch. Eine der wenigen verbliebenen Bierstuben im Stadtteil. Von außen unscheinbar, innen recht groß und auf zwei Etagen. Die Bierstrichlisten mancher Gäste haben Gartenzauncharakter! Böhmische Küche zu 4–12 €. Erfragen Sie auf jeden Fall den Bierpreis im Voraus, sonst zahlen Sie evtl. das Doppelte wie der tschechische Stammgast neben Ihnen. Křižovnická 10, Ⓜ A Staroměstská.

Traditionsreiches Kaffeehaus

Kavárna Rudolfinum 8 Kaffeesaal im gleichnamigen Konzerthaus. Prachtvolle Säulen gliedern den Raum, hohe Fenster, Parkettboden. Jedoch des Öfteren Pächterwechsel: Mal sind Service und Qualität auf dem Niveau einer einfachen Kantine, mal top. Zuletzt sehr nett, jeden Tisch zierte gar eine Orchideenblüte. Tägl. (außer Mo) bis 19.30 Uhr. Náměstí Jana Palacha, Ⓜ A Staroměstská.

Cafés

Chez Marcel 7 Sympathisches Caférestaurant im französischen Stil. Gute französisch-internationale Küche, auch Frühstück, leckere Desserts. Hg. 7–16 €. Haštalské náměstí 12, Ⓢ 3, 5, 14, 24, 26 Dlouhá třída.

Mistral Café 24 Das entspannte, kargschöne Café ist trotz seiner Lage im Touristenmekka v. a. bei Prager Hipstern beliebt. Kuchen, Frühstück und international-tschechische Küche, die aber nur mittelmäßig ist. Valentinská 11, Ⓜ A Staroměstská.

Die wohl am schönsten gelegene Pizzeria Prags: Grosseto Marina

Au Gourmand 20 Französisch ausgerichteter Mix aus Patisserie, Boulangerie und Bistro in feinem Jugendstilambiente. Quiches, Antipasti und Baguettes, gute Tagessuppen. Zudem leckerste Schokolade und (im Sommer) himmlisches Schokoeis. Dlouhá 10, Ⓜ A Staroměstská.

Bakeshop Praha 15 Mischung aus Bäckerei und Stehcafé und eine empfehlenswerte Frühstücksadresse: Pies, Kuchen, Quiches, Brownies, kleine Salatauswahl. Kozí 1, Ⓜ A Staroměstská.

Kneipe

La Casa Blú 3 Relaxte Kneipe unter chilenischer Leitung und deswegen auch Treff der in Prag lebenden Latinos. Günstige Tex-Mex-Küche, Bier und Cocktails, südamerikanische Musik und freundliche Leute. Rauchverbot! Bílkova 20, Ⓢ 17 Právnická fakulta.

John-Lennon-Gedenkmauer

Malá Strana (Kleinseite)

Malá Strana, der Stadtteil unterhalb der Prager Burg am Ufer der Moldau, ist das malerischste Eck der Stadt – ein großes Schaufenster des Barock, kaum ein Gebäude, das nach dem 18. Jh. errichtet wurde.

Blickt man von der Prager Burg auf Malá Strana hinab, dann sieht man auf ein Meer aus roten Ziegeln, Gauben, Giebeln und Kaminen, auf Antennen, Kirchturmspitzen und -kuppeln. Und spaziert man hindurch unter Arkaden, über kleine Treppen, in verwinkelten Gassen, vorbei an mittelalterlichen schrägen Gemäuern mit prächtigen Hauszeichen, verwunschenen Gartenanlagen oder barocken Palais, scheint die Zeit stehen geblieben zu sein. Nicht ohne Grund wählte der Regisseur Miloš Forman Malá Strana als Kulisse seines *Amadeus,* da es dem Wien des 18. Jh. näher kam als die österreichische Hauptstadt.

Doch so malerisch sich Malá Strana auch zeigt – die Kleinseite ist ein Stadtteil, den die Prager weitestgehend geräumt haben. Aus den Krämer- und Trödelläden von einst oder den kleinen Handwerksbetrieben wurden Restaurants, Cafés oder Galerien, aus den großen Palais Ministerien, Botschaften oder Hotels. Kinder sieht man nur noch selten spielen, und mit jedem neu restaurierten Gebäude werden sie weniger. In Malá Strana löst nicht mehr eine Generation die nächste ab, sondern eine Gesellschaftsschicht die andere. Zwar strahlt der Stadtteil nun in immer neuerem Glanz, verliert dadurch aber auch von seinem ursprünglichen Charme. Ganz verschwinden wird dieser jedoch nie. Die Kleinseite ist zu groß, als dass man sie so wie die Prager Burg in ein einziges Schmuckkästchen verwandeln könnte – für die Denkmalpflege wird

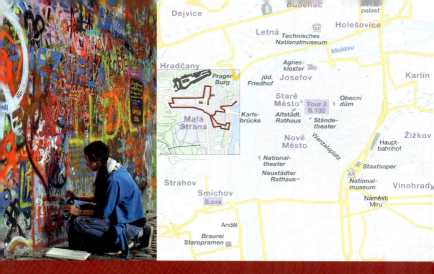

Tour 4: Malá Strana (Kleinseite)

der Stadtteil eine nie enden wollende Herausforderung bleiben. Egal, wie viel Farbe man darüber legt, die Spuren der Vergangenheit lassen sich nicht wegschminken, sie werden immer zu sehen sein.

Spaziergang

Länge ca. 2,7 km, **Dauer** ca. 2 Std., **Karte** S. 169.

Das Zentrum der Kleinseite ist der pittoreske **Malostranské náměstí**, einst der Marktplatz des Viertels, der mit einem kolossalen Radetzky-Denkmal geschmückt war. Denkmalschützer plädieren dafür, das prachtvolle, 10 m hohe Denkmal für den bedeutendsten Habsburger Heerführer wieder aufzubauen. Die antiösterreichisch gesinnten Patrioten des Landes sind jedoch dagegen. Dabei hat Radetzky böhmische Wurzeln – der General wurde 1766 im südböhmischen Třebnice (dt. Trzebnitz) geboren.

Heute staut sich am Kleinseitner Ring, wie der Platz zur k.u.k.-Zeit noch hieß, der Verkehr, lediglich die Straßenbahn hält freiwillig. Gleich neben der Haltestelle trafen sich im **Kleinseitner Kaffeehaus** in den 1920er-Jahren Kafka, Brod, Werfel und weitere Literaten. Heute sitzt in den altehrwürdigen Räumlichkeiten eine *Starbucks*-Filiale.

Schräg gegenüber, im Nordosten des Platzes, steht eines der imposantesten Gebäude rund um den Kleinseitner Ring, die **Malostranská beseda**. Der frühbarocke Prachtbau diente einst als Kleinseitner Rathaus. Aufwendige Restaurierungsarbeiten brachten die im 19. Jh. abgerissenen Giebeltürme zurück auf das Dach. Das Gebäude beherbergt heute neben einem rustikalen Restaurant ein Café, eine Cocktailbar und einen Musikclub.

Links davon, über den Dächern in nordöstlicher Richtung, erhebt sich ein schmaler, spitz zulaufender Kirchturm. Er gehört zur → **Sankt-Thomas-Kirche (Kostel sv. Tomáše)**, die man über die Letenská betritt. Dabei passiert man den einst berühmtesten Bierausschank der Kleinseite, U Schnellů, der nur noch von seinem großen Namen zehrt.

Die enge, von Arkaden gesäumte Gasse Tomašská führt zum Valdštejnské náměstí, einem kleinen, meist zugeparkten Platz, dessen Ostfront das → **Palais Waldstein (Valdštejnský palác)** einnimmt. Das Palais, in dem heute der Senat tagt, war der erste profane Monumentalbau des Prager Barock und zieht sich entlang der gesamten Valdštejnská bis zur Metrostation Malostranská. Dort befindet sich auch die einstige **Reitschule** des Palais, die **Valdštejnská jízdárna**, welche die Nationalgalerie für Wechselausstellungen nutzt.

Auf der gegenüberliegenden Seite des Valdštejnský palác stehen weitere feudale Palais, u. a. residieren die Botschaften Belgiens und Polens darin. Auch ist hier das → **Pedagogické muzeum Jana Amose Komenského** zu finden (Nr. 20), das sich dem Leben und den Ideen des heutigen „200-Kronen-Mannes" Jan Amos Komenský alias Comenius widmet. Nahebei kann man zu den → **Palastgärten unter der Prager Burg (Palácove zahrady pod Pražským hradem)** aufsteigen.

Oberhalb des Valdštejnské náměstí liegt der **Pětikostelní náměstí**, der **Fünfkirchenplatz**. Fünf Kirchen gab es hier aber nie, jedoch einen Herrn namens Fünfkirchen, der in Haus Nr. 15 wohnte.

An der Sněmovní tagt heute im ehemaligen **Thun'schen Palais** (Nr. 4) das Abgeordnetenhaus (Poslanecká sněmovna) – oft herrscht hier Medienrummel. Wie alle Parlamente schiebt auch das tschechische unliebsame Themen auf die lange Bank. Reformstau herrscht bei den Renten- und Gesundheitsleistungen – ein Problem, das von Jahr zu Jahr größer wird, da Tschechien zu den Ländern in Europa gehört, deren Bevölkerung am schnellsten altert. Übrigens wurde 2014 in den gastronomischen Einrichtungen des Abgeordnetenhauses ein Alkoholverbot für Plenarsitzungstage eingeführt – zuvor hatten immer wieder betrunkene Abgeordnete für Schlagzeilen gesorgt ...

Von der ansteigenden, malerischen Thunovská – Churchill blickt vor der englischen Botschaft etwas grimmig drein – zweigt das kleine Gässchen Zámecká wieder zum Malostranské náměstí ab, diesmal aber zu seinem oberen Abschnitt. Dort liegt der Eingang zur → **Sankt-Nikolaus-Kirche (Kostel svatého Mikuláše)**, die samt dem angrenzenden ehemaligen Klostergebäude den Platz in zwei Hälften trennt. Sie ist die mit Abstand prächtigste Barockkirche Prags, und wer nur eine besichtigen will, sollte sich für sie entscheiden.

Die stets belebte → **Nerudova ulice**, die Nerudagasse, führt hinauf zur Prager Burg. Anfang des 20. Jh. fuhr auch ein Bus die steile Gasse hinauf, jedoch war die Qualität der Bremsen zum damaligen Zeitpunkt noch nicht allzu gut, und so stellte man nach dem ersten Unfall den Betrieb wieder ein. An der Nerudova liegt auch der Zugang zum → **Muzeum Montanelli**, einem Kunstmuseum mit wechselnden Ausstellungen.

Über die engen verwinkelten Gassen Jánský Vršek und Šporkova stößt man direkt auf die **Deutsche Botschaft** und damit auf das → **Palais Lobkowitz (Lobkovický palác)** an der Vlašska ulice (Welsche Gasse), deren Name an das einstige italienische Viertel erinnert. Es waren überwiegend Baumeister, Steinmetze, Stuckateure und Maler, die im 16. und 17. Jh. über die Alpen nach Prag kamen. Schräg gegenüber dem Pa-

lais, in einem Gebäudeteil des ehemaligen Welschen Spitals, befindet sich heute auch das Italienische Kulturinstitut.

Etwas tiefer, an der Tržiště, sitzt die **Botschaft der USA** im Palais Schönborn (Schönbornův palác). Videokameras schmücken das Domizil. 1917 hatte Franz Kafka darin eine Zwei-Zimmer-Wohnung im 2. Stock. Hier erkrankte er an Tuberkulose, und hier entstand auch

Zuerst kamen die Kranken – die Anfänge des Tourismus in Prag

Im späten 18. Jh. entwickelte sich Prag zu einem beliebten Reiseziel. Schon damals zählte man in den Sommermonaten bis zu 20.000 Besucher. Die meisten kamen für ein paar Tage aus Teplice (Teplitz), Karlovy Vary (Karlsbad) oder Mariánské Lázně (Marienbad) angereist. Das waren die Badeorte, die en vogue waren, in die es die Leidenden, die Gelangweilten und die Hautevolee aus aller Welt mit ihren heiratsfähigen Töchtern zog. Und der Ausflug nach Prag gehörte dabei zum Programm. Heute zählt die Prager Innenstadt tagtäglich im Schnitt rund 38.000 Besucher aus aller Welt, das ist mehr, als das historische Zentrum noch Einwohner hat.

die Erzählung *Ein Landarzt*. Am unteren Ende der Tržiště befindet sich rechter Hand der Eingang zum → **Vrtba-Garten (Vrtbovská zahrada)**.

Um den Spaziergang fortzusetzen, überquert man die Karmelitská. Die Straße (samt ihrer Verlängerung Újezd) kann mit dem Charme anderer Kleinseitner Straßenzüge zwar nicht mithalten, bietet jedoch ein paar Attraktionen wie die → **Wallfahrtskirche Maria zum Siege (Chrám Panny Marie Vítězné)**, Heimat des „Prager Jesuleins". Die Sehenswürdigkeiten entlang der Straße finden Sie unter der Überschrift „Karmelitská und Újezd" ab S. 177.

Über das romantische Gässchen Prokopská gelangt man nun in eine der malerischsten Ecken Prags und direkt auf den **Malteserplatz (Maltézské náměstí)**. Rund um den Schutzpatron des Ordens, Johannes den Täufer, der als Denkmal über den Platz wacht, stehen alte Bürger- und Adelshäuser. Aus ein paar von ihnen wurden Botschaftsgebäude.

Das ockerfarbene **Palais Nostitz** aus der Mitte des 17. Jh. am südlichen Ende des länglichen Platzes (Hausnr. 1) beherbergt heute das Kulturministerium. Ein paar Schritte dahinter erstreckt sich der Park der → **Insel Kampa**. Von der Kleinseite wird sie vom **Teufelsbach (Čertovka)** getrennt, ein Gewässer, um dessen Namen sich mehrere Legenden ranken. Eine erzählt von einem alten Weib, das im Bach die Kleider des Adels wusch. Dabei blickte sie auf ihr Spiegelbild im Wasser und sah plötzlich den Teufel. Gelacht soll er haben und in sie gefahren sein.

Im Park der Insel Kampa, wo Straßenmusikanten ihren Mittagsschlaf halten, Hunde Frisbeescheiben hinterherjagen, Schulklassen ihr Picknick auspacken und Joints die Runde drehen, lohnt ein weiteres Kunstmuseum, das → **Museum Kampa**, einen Besuch.

Zweigt man am Platz Na Kampě nach links in die schmale Gasse Hroznová ab, gelangt man – alles andere als geradewegs – zum **Großpriorsplatz (Velkopřevorské náměstí)**, einem Pilgerziel der anderen Art. Eine Graffiti-Gedenkstätte für den 1980 ermordeten Ex-Beatle **John Lennon** ziert dort die Gartenmauer des Großpriorpalais. Die „Give peace a chance"-Sprüche waren in sozialistischer Zeit Ausdruck politischen Protests, von den heutigen mit Jahreszahl versehenen „Gustel und Rosmarie waren da"-Sprüchen kann man das wohl eher nicht mehr sagen.

Gleich ums Eck liegt die → **Johanniterkirche Maria unter der Kette (Panny Marie pod řetězem)**, die älteste Kirche der Kleinseite. Das **Haus zum Goldenen Einhorn (U Zlatého Jednorožce)** schräg gegenüber (Nr. 11) war im 18. Jh. eines der angesehensten Hotels der Stadt. Ludwig van Beethoven nahm sich hier 1796 ein Zimmer – eine Gedenktafel mit Konterfei erinnert daran.

Der Komponist besuchte Prag während seiner Kuraufenthalte in den westböhmischen Bädern übrigens mehrmals.

Über die Lázeňská und die schmale Gasse Saská – das dortige → **Karel-Zeman-Museum (Muzeum Karla Zemana)** lohnt sich für Filmenthusiasten oder mit Kindern – gelangt man zur **Karlsbrücke** (→ S. 146). Zwei Türme flankieren sie hier. Der kleinere stammt aus dem 12. Jh. und diente schon zur Kontrolle der Judithbrücke, der Vorgängerin der Karlsbrücke. Der größere wurde erst im 15. Jh. als Pendant zum gegenüberliegenden Altstädter Brückenturm erbaut. Man kann ihn besteigen, doch der Ausblick ist bei Weitem nicht so schön wie vom Brückenturm auf der anderen Uferseite.

Direkt nördlich der Karlsbrücke liegt jenes Eck, das gerne als Prags **Klein-Venedig** beschrieben wird. Von hier sieht „die Karlsbrücke wie eine lange Wanne aus, durch welche die Fußgänger fahren, eine Räderkonstruktion unterm Hintern", so Bohumil Hrabal.

Etwas weiter, an der Straße U lužického semináře 24 (rosafarbenes Gebäude, aufpassen!), führt die **engste Gasse Prags** hinab zum (teuren!) Restaurant Čertovka. Sie ist nur einzeln zu passieren, eine Ampel regelt den Fußgängerverkehr – ein netter Gag, der bei Touristen gut ankommt.

Den Spaziergang lässt man aber besser ein paar Schritte weiter auf der herrlichen Terrasse des Restaurants Hergetova Cihelna (→ Essen und Trinken) aus-

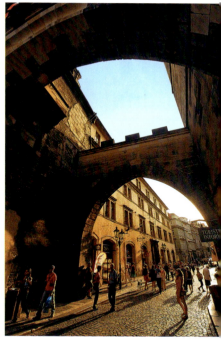

Am Kleinseitner Brückenturm

klingen. Auf dem Areal der alten Ziegelei befindet sich auch das → **Franz-Kafka-Museum (Franz Kafka Museum)**, das dem berühmten Literaten gewidmet ist. Den kleinen Platz vor dem Museum lockert eine provokante Arbeit des Künstlers David Černý (→ Kasten, S. 117) auf: Zwei sich bewegende Bronzefiguren pinkeln in ein Becken, das der tschechischen Landkarte gleicht.

Sehenswertes

Kostel svatého Tomáše (Sankt-Thomas-Kirche): Sie entstand zusammen mit dem Klostergebäude der Augustiner-Eremiten zwischen 1285 und 1379. Zur Hussitenzeit war sie eine der katholischen Hauptkirchen Prags. Da sich der Adel bevorzugt in ihr bestatten ließ, floss genügend Geld für eine opulente Ausschmückung. Ihr heutiges barockes Aussehen verdankt sie Kilian Ignaz Dientzenhofer, der die Umbauarbeiten in der ersten Hälfte des 18. Jh. leitete. Aus jener Zeit stammen auch die leichten und farbenfrohen Deckenmalereien, eine Bilderfolge über den Hl. Augustinus, für welche die Kirche bis heute überaus berühmt ist. Geschaffen wurde sie von Böhmens bedeutendstem Freskenmaler Wenzel Lorenz Reiner (1689–1743). Im benachbarten Kloster leben heute noch fünf Mönche, außerdem wurden verschiedene Trakte der Klosteranlage in ein Fünf-Sterne-Hotel verwandelt, in dem gut betuchte Pragreisende nächtigen können.

Letenská. Ⓢ 12, 20, 22 Malostranské náměstí. Geöffnet nur zu Messen.

Valdštejnský palác (Palais Waldstein): Das riesige Palais, das sich um fünf Höfe und eine große Gartenanlage erstreckt, wurde in der ersten Hälfte des 17. Jh. erbaut; knapp 30 Häuser mussten dafür weichen. Sein Bauherr war Albrecht von Waldstein, eine der zentralen Figuren des Dreißigjährigen Krieges. Er stammte aus einer protestantischen böhmischen Adelsfamilie, konvertierte zum Katholizismus und kam durch Heirat zu großem Reichtum. Diesen wusste er geschickt zu vermehren. Er stellte auf eigene Kosten Heere von bis zu 40.000 Mann Stärke auf, denn die Kriegsbeute gehörte stets dem, der die Söldner bezahlte. Mit deren Gewalt vertrieb er nicht-katholische Adelige und eignete sich ihr Vermögen an. Doch sein Glück war nicht von Dauer. 1634 wurde Waldstein ermordet.

Ein paar Räume des Palais sind, wenn der Senat sich ins Wochenende verabschiedet, der Öffentlichkeit zugänglich. Dazu gehört der große, über zwei Etagen gehende Festsaal, der wie die meisten Räume im Stil des Manierismus ausgeschmückt ist. Das Deckengemälde zeigt den einstigen Hausherren als römischen Kriegsgott Mars im Triumphwagen.

Neben wechselnden Ausstellungen in der einstigen *Reithalle (Valdštejnská jízdárna)* kann man noch den frühbarocken *Palaisgarten (Valdštejnská zahrada)* besichtigen. Passenderweise fand hier zu Friedrich Schillers 100. Geburtstag eine Festaufführung statt. Auf dem Programm stand jenes Historiendrama, das Waldstein in der Schreibweise *Wallenstein* unsterblich machte. Noch heute wird die Sala Terrena der Anlage im Sommer für Konzerte und Theateraufführungen genutzt. Das Herzstück der Gartenanlage sind die Bronzestatuen des niederländischen Künstlers Adriaen de Vries. Dabei handelt es sich jedoch um Repliken. Die Originale verschwanden wie so vieles am Ende des Dreißigjährigen Krieges und stehen heute im Park von Schloss Drottningholm in Schweden.

Palais am Valdštejnské náměstí. Ⓢ 12, 20, 22 Malostranské náměstí. Nov.–März nur an jedem ersten Wochenende im Monat 10–16 Uhr geöffnet, April/Mai u. Okt. Sa/So 10–17 Uhr, Juni–Sept. Sa/So 10–18 Uhr. Eintritt frei. www.senat.cz. Zugang zum **Garten** über die Letenská. Ⓜ A Malostranská. Garten April–Okt. tägl. 7.30–18 Uhr. Ebenfalls Eintritt frei.

Pedagogické Muzeum Jana Amose Komenského (Comenius-Museum): Der Theologe, Pädagoge und Visionär Jan Amos Komenský (1592–1670), international bekannt unter dem Namen Comenius, musste nach der Schlacht vom Weißen Berg fliehen. Später im Exil in Amsterdam formulierte er jenen berühmten Satz, den die Friedensbewegung während des Kalten Krieges aufgriff: „Es kommt die Zeit, wo Völker ihre Schwerter in Pflüge, ihre Lanzen in Sicheln und ihre Musketen in Hacken umschmieden werden." Bekannt ist er auch für seine Schriften zur Sozial- und Religionspädagogik. Das Museum informiert nicht nur über Comenius selbst, sondern auch über die Geschichte des Schulsystems und der modernen Pädagogik auf tschechischem Boden.

Valdštejnská 20. Ⓢ 12, 20, 22 Malostranské náměstí. Tägl. (außer Mo) 10–12.30 u. 13–17 Uhr. 2,20 €, erm. die Hälfte. www.pmjak.cz.

Palácové zahrady pod Pražským hradem (Palastgärten unter der Prager

Sehenswertes

Barocke Architektur unterhalb der Prager Burg

Burg): Im Mittelalter dienten die Südhänge der Burg als Weingärten. Erst als der Adel im 17. Jh. die Kleinseite entdeckte, ließ er hier zu seinen Palästen terrassenförmige Gärten anlegen. Im 18. Jh. verzierte man sie mit barocken Statuen, Galerien, Balustraden, Glorietten und Brunnen. Fünf solcher Gärten wurden zur Jahrtausendwende zu einem einzigen zusammengefasst. Darunter ist auch der *Ledeburská zahrada* (*Ledebour-Garten*) ganz im Westen der Anlage mit einer herrlichen Sala Terrena, einem offenen Gartensaal – hier finden im Sommer gelegentlich Konzerte statt.

Ein weiterer Terrassengarten, der *Fürstenberská zahrada* (*Fürstenberg-Garten*) etwas weiter nordöstlich (Zugang zwischen belgischer und polnischer Botschaft) wurde erst kürzlich restauriert und der Öffentlichkeit zugänglich gemacht. Den separaten Eintrittspreis kann man sich, hat man schon die anderen Gärten gesehen, jedoch sparen. Valdštejnská (Zugang neben dem Restaurant Palffý palác). Ⓜ A Malostranská. Zum Teil mit „Ledeburská zahrada" ausgeschildert. April u. Okt. tägl. 10–18 Uhr, Mai–Sept. bis 19 Uhr. Eintritt 3 €, erm. 1,90 €. Die Gärten sind auch von den südlichen Wallgärten der Prager Burg zugänglich. www.palacove-zahrady.cz.

Kostel svatého Mikuláše (Sankt-Nikolaus-Kirche): Sie zählt zu den prachtvollsten Barockbauten Europas und ihre mächtige Kuppel samt Glockenturm – nach Plänen Kilian Ignaz Dientzenhofers – zu den Wahrzeichen Prags.

Errichtet wurde die Kirche von den Jesuiten im Zuge der Gegenreformation. Der protestantische Vorgängerbau musste dafür weichen. Lediglich der Name wurde beibehalten – schließlich wird der Hl. Nikolaus als Schutzpatron der Kaufleute verehrt, und wo steht eine Nikolauskirche besser als inmitten eines (einstigen) Marktplatzes? Viel Freude hatte der Orden an seinem Gotteshaus jedoch nicht, genau 100 Jahre nach der Grundsteinlegung 1673 wurden die Jesuiten des Landes verwiesen.

Malá Strana (Kleinseite)

Im Innern der Kirche ist das Deckengemälde im Langhaus von Johann Lukas Kracker am beeindruckendsten. Mit 1500 m² ist es eines der größten seiner Art. Es zeigt Szenen aus dem Leben des Bischofs Nikolaus von Myra. Ansonsten, so weit das Auge reicht, Barock total – keine Ecke ohne Putte. Lohnenswert ist auch ein Blick über die Dächer Prags vom Kirchturm.

Malostranské náměstí. Ⓢ 12, 20, 22 Malostranské náměstí. **Kirche** tägl. 9–17 Uhr. Eintritt (!) 2,60 €, erm. 1,90 €. **Turm** Nov.–Feb. tägl. 10–18 Uhr, März u. Okt. bis 20 Uhr, April–Okt. bis 22 Uhr. 3,30 €, erm. 2,40 €. Zugang zum Turm von der Südseite (außen). www.prazskeveze.eu.

Nerudova ulice (Nerudagasse): Sie ist zweifelsohne eine der schönsten Gassen der Kleinseite, und es gibt wohl keinen Pragreisenden, der darauf nicht mindestens einmal auf- oder abschlendert. Benannt ist sie seit der Vertreibung der Deutschen (zuvor Spornergasse) nach dem Schriftsteller Jan Neruda (1834–1891), der im *Haus zu den Zwei Sonnen* (Nr. 47) lebte und diesen Stadtteil in seinen *Kleinseitner Geschichten* literarisch verewigte. Keine großen Helden aus der Welt des Adels prägen die Handlung, sondern einfache Charaktere aus dem Kleine-Leute-Milieu. Die sozialkritischen Texte Jan Nerudas beeindruckten den chilenischen Schriftsteller Neftalí Ricardo Reyes Basoalto (1904–1973) übrigens so sehr, dass dieser dessen Nachnamen annahm und als Literaturnobelpreisträger Pablo Neruda heute weitaus bekannter ist als sein Namenspatron von der Kleinseite.

Herrliche Palais und Bürgerhäuser säumen die Gasse. Auffallend sind die reizvollen Hauszeichen. Zu den imposantesten Palästen gehören das *Thun-Hohenstein-Palais* und das *Palais Czernín-Morzin*. Beide sind leider nicht zugänglich, im ersten residiert die italienische Botschaft, im zweiten die rumänische. Im *Haus zum Frühling und Sommer* (Nr. 33) waren einst Wolfgang Amadeus Mozart und Giacomo Casanova zu Gast.

Ⓢ 12, 20, 22 Malostranské náměstí.

Muzeum Montanelli: Das private Kunstmuseum geht auf die Ärztin und Kunstmäzenin Dadja Altenburg-Kohl zurück. Die gebürtige Pragerin wanderte 1973 nach Frankfurt am Main aus und kehrte 2006 in ihre Heimatstadt zurück. In den mehrmals jährlich wechselnden Ausstellungen wird zeitgenössische Kunst aus aller Welt präsentiert. Nicht wenige Exponate entstammen der Sammlung Dadja Altenburg-Kohls.

Nerudova 13. Ⓢ 12, 20, 22 Malostranské náměstí. Nur Mi–Sa 14–18 Uhr. 3 €, erm. die Hälfte. www.muzeummontanelli.com.

Lobkovický palác (Palais Lobkowitz): Der hochbarocke Palastbau entstand zu Beginn des 18. Jh. Das Adelswappen der Familie Lobkowitz krönt das mächtige Eingangsportal. Ein vergleichsweise unauffälliges Schild darüber informiert über die heutigen Mieter: die Deutsche Botschaft. Da Deutschland nicht mehr Mieter, sondern Besitzer des Palastes sein möchte, ist ein Tauschhandel mit dem tschechischen Außenministerium (seit 1927 ist der Palast in Staatshand) im Gespräch. Im Gegenzug soll die Tschechische Botschaft ein neues Botschaftsgebäude am Berliner Tiergarten erhalten.

Der große Garten des Palais Lobkowitz wird als einer der schönsten der Stadt gepriesen. Er ist leider nicht zugänglich. Und als er es einmal war, im Spätsommer '89, schrieb er Geschichte: Tausende DDR-Bürger campierten hier vor ihrer Übersiedlung in die BRD. Ein Trabi auf vier plumpen Menschenbeinen, ein Werk des Pop-Künstlers David Černý (→ S. 117) namens *Quo Vadis* im hinteren Teil des Gartens, erinnert heute daran.

Vlašská 19. Ⓢ 12, 20, 22 Malostranské náměstí. Um den Trabi im Garten sehen zu können, muss man das Botschaftsgebäude in einem weiten Bogen umrunden (zuerst bergauf und dann bei einem Spielplatz links ab).

Sehenswertes

Vrtbovská zahrada (Vrtba-Garten): Der barocke Terrassengarten zählt mit den Gärten unterhalb der Prager Burg zu den reizvollsten zugänglichen Gartenanlagen der Stadt. Ende des 20. Jh. war er jedoch so heruntergekommen, dass er sich von den Obstwiesen dahinter kaum unterschied. Fünf Jahre benötigte man für die Rekonstruktionsarbeiten – genauso lange, wie man zu Anfang des 18. Jh. brauchte, um ihn anzulegen. Von seiner obersten Terrasse genießt man eine herrliche Aussicht über die Kleinseite und auf die Prager Burg. Die antiken Götterstatuen, wie der Atlas mit der Erdkugel, sind das Werk des Tiroler Bildhauers Matthias Bernhard Braun, der auch mehrere Skulpturen der Karlsbrücke geschaffen hat.
Karmelitská 18. Ⓢ 12, 20, 22 Malostranské náměstí. April–Okt. tägl. 10–19 Uhr. 2,30 €, erm. 2 €. www.vrtbovska.cz.

Insel Kampa: Der Čertovka (Teufelsbach) mit seinen Mühlrädern trennt die Insel von der Kleinseite. Die Kommunisten wollten den Bach eigentlich zuschütten und in eine Straße verwandeln. Zum Glück kam es nie dazu, denn dann wäre es vorbei gewesen mit Prags sog. *Klein-Venedig.* Das Zentrum bildet der ovale, baumbestandene Hauptplatz Na Kampě, auf dem einst der Töpfermarkt der Stadt abgehalten wurde. Heute gibt es hier eine Reihe von Straßencafés, und es geht recht beschaulich zu. Das war nicht immer so: Die Bewohner der Insel Kampa hatten häufig unter Moldauhochwassern zu leiden. Seinen bislang höchsten Stand erreichte der Fluss im August 2002. An einem orangefarbenen Haus mit einer Tafel für den Maler Adolf Kašpar (Uferseite, nahe der Karlsbrücke) erinnert eine bronzene Plakette daran – sie prangt fast einen halben Meter über den alten Höchstmarken.

Die südliche Hälfte der Insel nimmt der *Kampa-Park* ein, einer der freundlichsten zentralen Parks der Stadt mit alten Kastanienbäumen und Moldaublick. Hier gibt's keine steif angelegten Beete mit strammstehenden Tulpen, sondern gemütliche Liegewiesen (Vorsicht: Hunde schätzen sie auch). Zum Relaxen in der Sonne einer der besten Plätze.
Ⓢ 12, 20, 22 Hellichova.

Museum Kampa: Das Museum in einer umgebauten Wassermühle am Ufer der Moldau kann einem mittlerweile leidtun. Seit seiner Eröffnung 2002 wurde es bereits zweimal von Hochwasser in Mitleidenschaft gezogen, nach dem letzten (2013) mussten 25 Container Schlamm beseitigt werden.

Das Museum beherbergt die Kunstsammlung des einst nach Amerika ausgewanderten Ehepaars Jan und Meda Mládek, darunter viele abstrakte Werke des Malers František Kupka (1871–1957) und kubistische Skulpturen von Otto Gutfreund (1889–1927). Auch wird zeitgenössische Kunst, insbesondere

Coole Location direkt an der Moldau: Containall

der 60er- und 70er-Jahre, aus den ehemaligen sozialistischen Bruderstaaten von Polen bis Ungarn gezeigt. Durch den Kauf dieser Werke unterstützten die Mládeks Künstler, die staatskonträres Denken in Ländern zum Ausdruck brachten, in denen die schöpferische Freiheit durch die kommunistischen Machthaber stark eingeschränkt war. In einem Nebengebäude werden zudem spannende Wechselausstellungen gezeigt. Außerdem sind um das Museum, teils direkt im Fluss, originelle Kunstwerke installiert – unkonventionelle Motive für Ihr Prag-Fotoalbum.

U Sovových mlýnů 2. Ⓢ 12, 20, 22 Hellichova. Tägl. 10–18 Uhr. Eintritt für alle Ausstellungen 9,60 €, erm. die Hälfte, Fam. 15,60 €. www.museumkampa.cz.

Kostel Panny Marie pod řetězem (Johanniterkirche Maria unter der Kette): Bereits im 12. Jh. wurde hier eine Basilika für den Kreuzritterorden errichtet, der die Aufgabe hatte, die Judithbrücke (Vorgängerin der Karlsbrücke) und die Kleinseite zu beschützen. Doch von der einstigen Basilika ist nicht mehr viel zu sehen. Dort, wo deren Hauptschiff lag, befindet sich heute der efeubewachsene Kirchhof. Der ungewöhnliche Name der Kirche ist übrigens darauf zurückzuführen, dass man ihr Tor früher mit einer schweren Eisenkette verschloss. Im Inneren erinnert über dem Hochaltar ein Gemälde an eine der vielen Seeschlachten des Ordens zu jener Zeit, als er von Malta aus das Abendland gegen das Morgenland verteidigte.

Lázeňská. Ⓢ 12, 20, 22 Malostranské náměstí. Geöffnet nur während der Gottesdienste, aber i. d. R. einsehbar.

Muzeum Karla Zemana (Karel-Zeman-Museum): Das kleine Mitmach-Museum für „handgemachte", nicht computeranimierte Special Effects widmet sich dem preisgekrönten Trickfilmspezialisten Karel Zeman (1910–1989), der mit Fantasy-Filmen wie *Baron Münchhausen* (1961) oder *Reise in die Urzeit* (1955) international bekannt wurde. Der kurze interaktive Ausflug in die Traumwelten Zemans gefällt v. a. Familien mit Kindern.

Saská 3. Ⓢ 12, 20, 22 Malostranské náměstí. Tägl. 10–19 Uhr. 7,40 €, erm. 5,20 €. www.karelzemanmuseum.org.

Prager Hundstage: Sommer am Museum Kampa

Franz-Kafka-Museum: Kafka und Prag, das ist wie Goethe und Weimar. Kein Buch über die Stadt, das dem deutsch-jüdischen Versicherungsangestellten und Literaten (1883–1924) nicht die Reverenz erweist, kein Souvenirshop, der ihn nicht vermarktet. Gern erzählt wird die Geschichte von der Amerikanerin, die in Prag einen Tschechischkurs belegte, um Kafka mal im Original lesen zu können. Dabei liegt Kafkas gesamtes Werk erst seit 2007 in tschechischer Sprache vor. Seit jenem Jahr gibt es auch ein Museum, das dem berühmtesten Sohn der Stadt gewidmet ist. Kafkas Welt wird in wahrlich kafkaesker Atmosphäre dokumentiert: beengende, manchmal labyrinthartige Gänge, schwarz gestrichene Wände, niedrige Decken. Spannend sind die vielen Faksimiles: Bewerbungsschreiben, ein Zeugnis der Prager Handels-Akademie, Briefe, der Nachruf seines Freundes und späteren Herausgebers Max Brod, die Todesanzeige der Familie Kafka. Zudem erfährt man Details über die Frauen in Kafkas Leben, über den deutschsprachigen Prager Literatenzirkel und die Symbolik der wichtigsten Kafka-Romane.

Cihelná 2b. Ⓜ A Malostranská. Tägl. 10–18 Uhr. 7,40 €, erm. 4,50 €. www.kafkamuseum.cz.

> **Hinweis**: Noch mehr über Franz Kafka erfahren Sie auf unserem Josefov-Spaziergang ab S. 155. Das Grab des Literaten befindet sich auf dem Neuen Jüdischen Friedhof im Stadtteil Žižkov (→ S. 225).

Karmelitská und Újezd

Chrám Panny Marie Vítězné (Wallfahrtskirche Maria zum Siege): Von allen Kirchen Prags zählt sie neben dem Dom die meisten Besucher, und darunter sind nicht nur Touristen auf Kulturtour, sondern echte Pilger. Der Grund ist das „Prager Jesulein" (→ Kasten S. 178) in einem Glaskasten. Die Kirche selbst wurde 1611 von deutschen Lutheranern erbaut und 1624 im Zuge der Gegenreformation dem Orden der Unbeschuhten Karmeliter übertragen. Der Orden verwaltet das Gotteshaus noch heute. Das Innere, ein großer Raum mit eingezogenem Chor, präsentiert sich im reinen Renaissancestil. Den vergoldeten Hochaltar zieren u. a. Gemälde von Peter Brandl und Dietrich von Dresden.

Karmelitská. Ⓢ 12, 20, 22 Hellichova. Tägl. 8.30–19 Uhr.

České Muzeum Hudby (Tschechisches Musikmuseum): Das moderne Museum befindet sich in einem ehemaligen Dominikanerkloster aus dem 17. Jh. Der spannende Rundgang führt von den Hightech-Medien des 21. Jh. „zurück" zu teilweise sehr ungewöhnlichen historischen Musikinstrumenten. Sie werden Flöten sehen, bei denen der Laie nicht weiß, wo vorne und hinten ist, mannshohe Harfen, Pianos mit Perlmutt- und Elfenbeintasten, Violinen (darunter eine *Amati* aus der Mitte des 17. Jh.), Dudelsäcke, Krummhörner, Mandolinen, Glasharmonikas etc.

Karmelitská 2–4. Ⓢ 12, 20, 22 Hellichova. Tägl. (außer Di) 10–18 Uhr. 4,50 €, erm. die Hälfte. www.nm.cz.

Ateliér Josefa Sudka (Atelier Josef Sudek): Im hintersten Hinterhof der Hausnr. Újezd 30 wurde das Atelier des Prager Fotografen Josef Sudek (1896–1976) wiederaufgebaut und dient heute temporären Ausstellungen. Junge tschechische Fotografen überwiegen. Sudek war einer der bedeutendsten Lichtbildner des Landes. Er bediente sich nahezu aller Genres der Fotografie, machte sich aber v. a. mit Prager Panoramabildern einen Namen. Noch mehr gute Fotos sieht man schräg gegenüber in der *Nikon Photo Gallery* (www.nikonphotogallery.cz).

Újezd 30. Ⓢ 12, 20, 22 Hellichova. Tägl. (außer Mo) 12–18 Uhr. Eintritt variabel. www.atelierjosefasudka.cz.

Kult und Kitsch und weltberühmt – das Prager Jesulein

In der gesamten katholischen Welt wird das Prager Jesulein verehrt – eine kniehohe Wachsfigur mit einer gigantischen Krone, die dem Jesulein das Aussehen eines kleinen Königs verleiht. Im 16. Jh. hatte ein spanischer Mönch die Figur modelliert, getreu dem Abbild des Jesuskindes, wie es ihm im Traum erschienen war. Die Prinzessin Maria Maximiliana Manriquez de Lara, eine spätere Lobkowitz, brachte das Jesulein nach Prag, ihre Tochter stiftete die Figur schließlich den Karmelitern. Und während der Gegenreformation, als Wunder bei der Rekatholisierung ja so nützlich waren, begann das Jesulein, eines nach dem anderen zu vollbringen. Es bewahrte Prag vor Pestepidemien und dem Siebenjährigen Krieg. Und bald sprach sich auch herum, dass es Kranke heilte, Armen half und sehnsüchtig Liebenden Glück brachte. Zum Dank wurde es reich beschenkt, unter den Gaben befanden sich auch Gewänder, die ihm nun regelmäßig angezogen werden. Eines schneiderte sogar Kaiserin Maria Theresia persönlich aus Samt und Gold. Nachahmungen des Prager Jesulein gibt es überall zu kaufen, groß und klein, aus Glas und Porzellan, einfarbig und handbemalt. Neben Oblaten und Becherovka zählen sie zu den beliebtesten Andenken.

Mahnmal für die Opfer des Kommunismus: Das Mahnmal, das der Opfer des totalitären Regimes zwischen 1948 und 1989 gedenkt, wurde 2002 am Fuß des Petříns enthüllt. Ein über 26 Stufen führendes Schriftband erinnert u. a. daran, dass 248 Menschen aus politischen Gründen hingerichtet wurden und etwa 4500 politische Häftlinge in den Gefängnissen starben. Die sieben Bronzefiguren – nur die erste ist komplett, alle anderen werden nach und nach zu Torsi – sind ein Werk Olbram Zoubeks. Sie demonstrieren die Standhaftigkeit all jener, die durch das System zermürbt wurden, aber nie umfielen.

Újezd/Ecke Vítězná, nur wenige Meter von der Straßenbahnhaltestelle Újezd (Ⓢ 6, 9, 12, 20, 22) entfernt.

Petřín (Laurenziberg)

Früher baute man am Petřín Wein an, doch das ist Vergangenheit. Heute zieht sich eine steile Wiese voller Obstbäume den Prager Hausberg hinauf, der die Kleinseite von dem südlichen Stadtteil Smíchov trennt. Zwischen den Bäumen stehen mehrere Denkmäler, u. a. eines für den früh verstorbenen Dichter Karel Hynek Mácha (1810–1836). Er schrieb das Epos *Máj*, eine Hommage an den Frühling und die frisch Verliebten, wodurch er so etwas wie deren Schutzheiliger wurde. Jedes Jahr am Abend des 1. Mai pilgern junge Paare an sein Denkmal, küssen sich und legen Veilchensträuße nieder.

Auf den Petřín gelangt man am einfachsten mit der Standseilbahn von Újezd (s. u.). An der Endstation liegt ein im Sommer wohl duftender Rosengarten. Zudem findet sich dort ein Teil der ehemaligen Stadtbefestigung, die vom Kloster Strahov über den Petřín hinunter nach Újezd verlief. Einer Legende zufolge ließ sie Karl IV. errichten, um der Hunger leidenden Bevölkerung Arbeit zu geben. Daher wird sie auch **Hungermauer** genannt. Verschwiegen wird bei all den glorifizierenden Geschichten über Karl IV. gerne, dass die Mittel dafür aus der Enteignung jüdischer Haushalte kamen. Direkt an die Mauer grenzt die verspielt-barocke **Sankt-Laurentius-Kirche (Kostel sv. Vavřince)**, ursprünglich ein romanischer Bau aus dem 10. Jh. Von der Kirche ist der deutsche Name des Hügels abgeleitet. Sie ist jedoch so gut wie immer verschlossen. An ihrer Stelle lag einst angeblich eine alte heidnische Kultstätte, wo der Legende nach schöne junge Mädchen verbrannt wurden.

Hinter Baumwipfeln lassen sich im Winter ein paar Plattenbauten ausmachen, heute marode Studentenwohnheime. Zu sozialistischer Zeit waren sie die Quartiere der Spartakiade-Teilnehmer – eines gigantischen, propagandistischen Turnerfests, das im benachbarten **Strahov-Stadion** über die Bühne ging. Auch die Arena selbst ist gigantisch, sie fasst knapp eine Viertelmillion Besucher. Als Fußballstadion taugt das weite Rund nicht, allerdings nutzt der *AC Sparta Praha* einen Teil als Trainingszentrum. Über einen Abriss des baufälligen Stadions wird nachgedacht, das Gelände wäre ein attraktiver Ort für schicke Eigentumswohnungen.

Lanová dráha (Standseilbahn): Als sie 1891 in Betrieb genommen wurde, funktionierte sie auf eine so einfache wie geniale Weise, die etwas an einen Flaschenzug erinnert: Stets zog die jeweils obere Bahn durch ihr höheres Gewicht die untere hinauf. Beide Bahnen hatten große Wassertanks, die stets oben gefüllt und unten geleert wurden. Aufgrund eines Erdrutsches musste der Betrieb 1965 eingestellt werden. 20 Jahre lang war der Petřín nur noch zu Fuß zu besteigen. Heute verkehrt eine elektrifizierte Bahn. In der Mitte der Strecke befindet sich die Haltestelle Nebozízek und nahebei zwei Restaurants mit Wahnsinnsausblicken – wir bevorzugen das rustikale Petrinské Terasy (→ Essen und Trinken).

Nur wenige Meter von der Straßenbahnhaltestelle Újezd (Ⓢ 6, 9, 12, 20, 22) entfernt. Verkehrt im Winter tägl. 9–20.45 Uhr, im Sommer 9–23.30 Uhr, jeweils alle 10–15 Min. Ticket 0,90 € oder mit einer Zeitfahrkarte des öffentlichen Nahverkehrs.

Štefánikova Hvězdárna (Štefánik-Sternwarte): Als Volkssternwarte wurde sie 1928 errichtet, noch heute ist sie der Öffentlichkeit zugänglich. Ein großer Zeiss-Doppelastrograf in der Hauptkuppel ist auf die Sonne gerichtet, ein kleineres Spiegelteleskop vom Typ Mak-

Prags Eiffelturm

Malostranské náměstí, Zentrum der Kleinseite

sutow-Cassegrain auf Mond und Sterne. Sollte der Himmel verhangen sein, gibt's zu Demonstrationszwecken einen Ausschnitt des nahe gelegenen Aussichtsturms im Großformat zu sehen.

Petřín. Von Újezd mit der Standseilbahn den Berg hoch, dann ausgeschildert. Die ständig wechselnden Öffnungszeiten erfährt man unter www.observatory.cz. 2 €, erm. 1,50 €, Fam. 4 €.

Rozhledna (Aussichtsturm): Zwei Jahre nach der Errichtung des Pariser Eiffelturms zur Weltausstellung 1889 wollte auch Prag einen haben. Sechseckig und fünfmal so klein (gerade 60 m hoch) wurde die Kopie. Dennoch befindet sich seine oberste Galerie mit 384 m über dem Meeresspiegel auf nahezu gleicher Höhe wie die des Originals und bietet ebenfalls grandiose Ausblicke. An klaren Tagen liegt einem nicht nur die Stadt zu Füßen, auch das ganze Umland (bis zu 150 km). Wer die 299 Stufen scheut, kann gegen eine Extragebühr den Lift benutzen. Erfrischungen bekommt man im angeschlossenen Café.

Petřín. Von Újezd mit der Standseilbahn den Berg hoch, dann ausgeschildert. Nov.–Feb. tägl. 10–18 Uhr, März u. Okt. bis 20 Uhr, April–Sept. bis 22 Uhr. 4,50 €, erm. 2,40 €, Fam. 11,20 €. Liftbenutzung 2,20 €/Pers. (erm. die Hälfte) extra. www.muzeumprahy.cz.

Zracadlové Bludiště (Spiegelkabinett): Gleich neben dem Aussichtsturm steht eine hölzerne Ritterburg, in der sich ein kleines Spiegelkabinett befindet, u. a. auch mit verzerrenden Spiegeln. Den Spieglein-Spieglein-Spruch hört man hier in allen Sprachen.

Petřín. Von Újezd mit der Standseilbahn den Berg hoch, dann ausgeschildert. Öffnungszeiten wie Aussichtsturm. 3,30 €, erm. 2,40 €, Fam. 9,30 €. www.muzeumprahy.cz.

Essen und Trinken → Karte S. 169

Restaurants

Terasa **1** Das Panoramalokal des Nobelhotels U Zlaté studně (→ Übernachten, S. 58). Wahnsinnsterrasse! Erstklassige Fusionküche vom hochgelobten Koch Pavel Sapik. Kosten Sie z. B. das Safranrisotto oder das argentinische Rinderfilet mit gegrillter Foie gras. Hg. 17–43 €. U Zlaté Studně 4, Ⓢ 12, 20, 22 Malostranské náměstí, ✆ 257533322.

Essen und Trinken

Pálffy palác ❸ Der ideale Ort für ein romantisches Abendessen bei Kerzenschein und klassischer Musik. Die Küche ist international, die Atmosphäre im barocken Saal mit leicht morbidem Charme einmalig. Herrliche Terrasse mit Blick auf Prager Burg und Kleinseite. Hg. 16–22 €, Mittagsmenü ab 11 €. Valdštejnská 14, Ⓜ A Malostranská, ✆ 257530522.

Kampapark ㉔ Schon Lou Reed, Phil Collins und Johnny Depp genossen die zeitgemäße, ausgefallene Küche dieses elegant-elitären Restaurants. „Ein absolutes Highlight", meinen Leser. Vorspeisen ab 15 €, Hg. 22–36 €. Tipp: Tisch auf der Terrasse mit herrlichem Blick auf die Karlsbrücke reservieren! Na Kampě 8b, Ⓢ 12, 20, 22 Malostranské náměstí, ✆ 296826102.

The Sushi Bar ㊴ Eine der etabliertesten und besten Sushi-Bars der Stadt, zumal der dazugehörige Fischladen für frische Ware sorgt. Sehr klein und alles andere als billig. Zborovská 68, Ⓢ 6, 9, 12, 20, 22 Újezd, ✆ 257325161.

Hergetova Cihelna ⓳ Trendiges Lokal in toller Lage direkt an der Moldau und mit Karlsbrückenblick. Große Terrasse, für die man abends reservieren sollte. Schwarzes Risotto mit Oktopus, Kürbisravioli, Burger mit Foie gras oder fein abgewandelte tschechische Klassiker zu 12–22 €. Cihelná 2b, Ⓜ A Malostranská, ✆ 296826103.

Petřínské Terasy ㉚ Auf halber Höhe am Petřín, am einfachsten mit der Standseilbahn zu erreichen. Gemütlich-rustikales Restaurant (im Winter mit offenem Feuer). Und auch hier eine Wahnsinnsterrasse, die traumhafte Ausblicke auf die Stadt bietet. Fleischlastige tschechische Küche zwischen Steaks, Schweinerippchen und Schweinshaxe für 6–14,50 €. Seminářská zahrada 13, Ⓢ 12, 20, 22 Újezd, weiter mit der Standseilbahn (Mittelstation aussteigen), ✆ 257320688.

Kočár z Vídně ㉖ Prags erstes und einziges österreichisches Lokal lockt auch viele Einheimische an. Trotz der Lage in unmittelbarer Nähe zur Karlsbrücke kein Nepp. Heimelig im Inneren, draußen eine Terrasse. Frittatensuppe, Krautfleckerl, Tafelspitz und Riesenschnitzel – alles ziemlich lecker und nett arrangiert. Gutes Preis-Leistungs-Verhältnis, Hg. 7–13,20 €. Von Lesern sehr gelobt. Saská 3, Ⓢ 12, 20, 22 Malostranské náměstí, ✆ 777043793 (mobil).

Malostranská beseda ⓬ Schankwirtschaft unter alten Gewölbedecken. Überschaubare Karte mit Gerichten der böhmischen und internationalen Küche: Lendenbraten, Gulasch, Tagliatelle mit Entenbrust. Kleine Portionen, wir raten zu Suppe oder Vorspeise. Für die Lage im Touristenmekka sehr faire Preise (Hg. 6–10 €, Mittagsmenüs

Auf der Míšeňská

4,40 €), daher auch viel tschechisches Publikum. Nebenan auch ein Café, im Keller eine Bierstube. Maʻostranské náměstí 21, Ⓢ 12, 20, 22 Malostranské náměstí, ✆ 257409112.

🌿 **Lokál U Bílé Kuželky** 🔲 Die Filiale des Retro-Ost-Lokals aus der Altstadt (→ S. 151). Man macht auf regional-saisonale Küche, eingekauft wird vorrangig auf Bauernmärkten und beim Metzger des Vertrauens. Tägl. wechselnde Karte mit den Klassikern der böhmischen Küche: Schnitzel, eingelegter Hermelir, Ente usw. Sehr günstig, kaum ein Hg. über 8 €. Dazu bestens gezapftes Bier. Míšeňská 12, Ⓢ 12, 20, 22 Malostranské náměstí, ✆ 257212014. ■

Olympia 🔲 Gepflegte Bierschwemme mit gehobener böhmischer Küche. Hg. 6–15 €. Am Abend Reservierung empfehlenswert. Vítězná 7, Ⓢ 6, 9, 12, 20, 22 Újezd, ✆ 251511080.

Cantina 🔲 Etabliertes mexikanisches Restaurant, ein Renner bei amerikanischen *Expats* – ohne Reservierung ist am Abend kaum ein Tisch zu bekommen. Fröhlich-bunt eingerichtet, gemütlich, netter Service. Kosten Sie die *Fajitas*! Hg. 7–14 €. Újezd 38, Ⓢ 12, 20, 22 Hellichova, ✆ 257317ʻ73.

Bar Bar 🔲 Auch dieses Souterrain-Bar-Restaurant wird gerre von in der Stadt lebenden Ausländern besucht. Zu essen gibt's u. a. süß oder herzhaft gefüllte *Pancakes*, hausgemachte Pasta oder Steaks, Hg. 5–16 €. Všehrdova 17, Ⓢ 6, 9, 12, 20, 22 Újezd, ✆ 257312246.

Baráčnická rychta 🔲 Versteckt gelegene, rustikale Gaststätte. Auf der Speisekarte steht Deftiges wie Mährischer Spatz, Entenbraten oder Schweinelendchen mit Speck. Hg. 6–12 €. Konzertsaal mit dem Flair eines katholischen Vereinshauses angeschlossen. So nur bis 21 Uhr. Tržiště 23, Ⓢ 12, 20, 22 Malostranské náměstí, ✆ 257532461.

Pivnices

U Hrocha 🔲 Nur wenige Touristen verirren sich in diese Oase einheimischer Bierseligkeit. Einfache, verrauchte Bierstube mit deftigen Snacks und günstigem Pilsner Urquell. Wechselgeld besser nachzählen! Thunovská 10, Ⓢ 12, 20, 22 Malostranské náměstí.

Hostinec U Kocoura 🔲 Dunkle Bierstube direkt an der Touristenmeile. Macht nichts. Die Bierpreise halten sich im Rahmen. Václav Havel soll hier früher ein- und ausgegangen sein. Nerudova 2, Ⓢ 12, 20, 22 Malostranské náměstí.

Cafés/Biergarten

Viele idyllische, aber auch sehr touristische Sommercafés auf dem Platz Na Kampě, am Čertovka-Bach und in Klein-Venedig.

Café Savoy 🔲 Hier war Franz Kafka Stammgast und hier drehte Karel Gott schnulzige Musikvideos. Nach seiner letzten Komplettrenovierung wurde das Savoy als elegantes Kaffeehaus im Stil der Jahrhundertwende wieder eröffnet. Sehr populär. Herrliche klassizistische Stuckdecke, hauseigene Patisserie, Frühstück, man kann aber auch richtig essen. Besonders stolz ist man auf die heiße Schokolade. Vítězná 1, Ⓢ 6, 9, 12, 20, 22 Újezd.

Kavárna V sedmém nebi 🔲 Gleich daneben. Lebhaftes, buntes Café mit ebensolchem Publikum. Viele Pflanzen, Kunst an den Wänden. Snacks und Salate. Preiswert. Zborovská, Ⓢ 6, 9, 12, 20, 22 Újezd.

Campanulla 🔲 Jugendlich-liebevoll eingerichtetes, ruhiges Caférestaurant neben der John-Lennon-Gedenkmauer. Mediterrane Küche, große Salate. Faire Preise für die Lage. Nur auf der Terrasse darf geraucht werden. Velkopřevorské náměstí 4, Ⓢ 12, 20, 22 Hellichova.

Kafíčko 🔲 Nettes Café, in dem Raucher ebenfalls nicht erwünscht sind. Immer gut für ihre Pause. Míšenská 10, Ⓢ 12, 20, 22 Malostranské náměstí.

Containall 🔲 Eine Art alternativer Biergarten in bester Flusslage (allerdings durch einen Zaun vom Wasser getrennt), auf dem Parkplatz eines leer stehenden Bürogebäudes. Herzstück sind 2 Schiffscontainer – im einen wird gepinkelt, im anderen Bier ausgeschenkt (obenauf eine tolle Terrasse mit Moldaublick). Außerdem: Möbel vom Flohmarkt, chillige Liegestühle, Kuchen und Baguettes, Tischtennisplatten und lässige Musik. Eine Oase im Touristenmekka. Zukunft leider nur bis 2015 gesichert. Nur bei gutem Wetter tägl. ab 13 Uhr. Cihelná 4, Ⓜ A Malostranská.

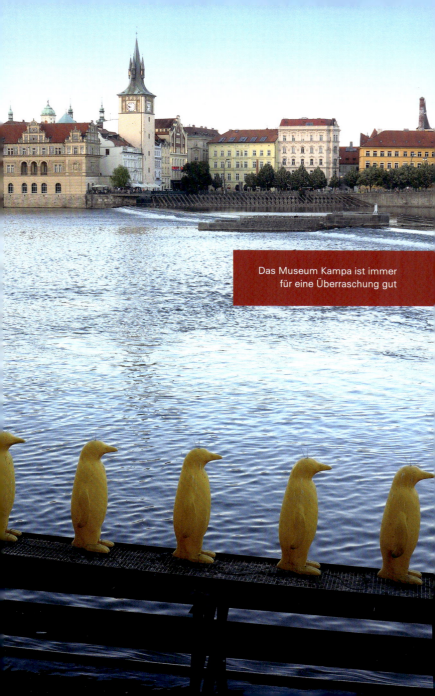

Das Museum Kampa ist immer für eine Überraschung gut

Straßenmusikanten am Hradschiner Platz und der Sankt-Veits-Dom

Hradčany (Hradschin)

Hradčany, das ist nicht nur die Prager Burg, sondern auch die Burgvorstadt, der Stadtteil rund um die böhmische Akropolis. Trotz beeindruckender Palais wirkt dieser Teil der Moldaumetropole verschlafen und an manchen Ecken sogar dörflich.

Viel barocker Glanz liegt heute im Schatten der Prager Burg verborgen. Bis ins 16. Jh. allerdings war die Vorstadt ein ärmliches Viertel, in dem die Burguntertanen (auf Tschechisch „Hradčani") lebten. 1541 brannten deren Hütten ab; das kleine Volk zog hinab nach Malá Strana. Der Adel übernahm den Wiederaufbau, und unzählige Paläste entstanden. Stets aber blieb Hradčany ein Anhängsel der Prager Burg, das nie einen eigenen städtischen Charakter entwickelte. Noch heute ist das so. In vielen der alten Paläste sind Museen und Ministerien untergebracht. Einen Metzger oder Bäcker sucht man hier vergebens, nicht jedoch Cafés, Restaurants und Souvenirshops, die auf die schnelle Krone aus sind. Schön zum Durchspazieren ist die Burgvorstadt aber allemal: Wie in Malá Strana geht es durch denkmalgeschützte Straßenzüge, über kopfsteingepflasterte Gassen und vorbei an gusseisernen Laternen, von denen manche seit einigen Jahren wieder mit Gas betrieben werden.

> Pražský hrad, die Prager Burg wird aufgrund ihrer vielen Sehenswürdigkeiten in einem eigenen, nachstehenden Kapitel behandelt (ab S. 193). Der im Folgenden beschriebene Spaziergang beschränkt sich auf die Burgvorstadt.

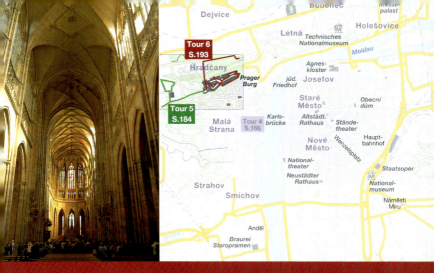

Tour 5: Hradschin ■ Tour 6: Prager Burg

Spaziergang

> **Länge** ca. 1,7 km, **Dauer** ca. 1 ¼ Std., **Karte** S. 186/187.
> Wie Sie zum Hradčanské náměstí, dem Ausgangspunkt des Spaziergangs gelangen → Wege zur Burg, S. 194.

„Lange Stunden bummelte ich im großen, zeitweise menschenleeren und schweigsamen Stadtviertel Hradčany. Ich fühlte mich verloren in der Pracht barocker Kirchen und versuchte, mein Zuhause darin zu finden." In jungen Jahren schrieb Albert Camus diese Zeilen. Noch immer liegt diese erhabene Stille über dem Viertel, wenn auch nicht am Ausgangspunkt des Spaziergangs, dem **Hradschiner Platz (Hradčanské náměstí)** vor dem Hauptportal zur Prager Burg. Er ist ein großer, aristokratisch anmutender Platz. Von seiner Südseite genießt man eine herrliche Aussicht über die Dächer der Kleinseite. Keine Stadtführung lässt ihn aus. Ein ideales Arbeitsumfeld also für Straßenmusiker, oft mehrköpfige Jazz- oder Bläsercombos, aber auch Streichquartette.

Gegenüber dem Portal zur Prager Burg überblickt die Statue des ersten tschechoslowakischen Präsidenten den Hradschiner Platz. Die Initialen stehen für Tomáš Garrigue Masaryk. Das Palais in seinem Nacken ist das → **Palais Salm (Salmovský palác)**, das jüngst restauriert wurde und nun von der Nationalgalerie Prag für temporäre Ausstellungen genutzt wird. Daneben steht das → **Palais Schwarzenberg (Schwarzenberský palác)**, ein prächtiger Renaissancepalast, der mit venezianischen, dreidimensional wirkenden Sgraffiti in Briefchenform verziert ist. Zwischen 1545 und 1567 ließen ihn die Lobkowitz erbauen. Heute zeigt hier die Nationalgalerie aus

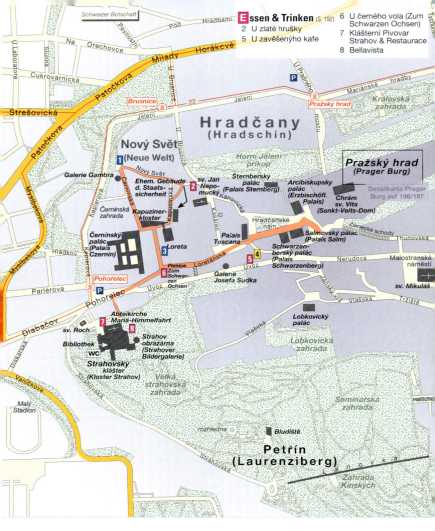

ihrer Sammlung alter Meister „Barock in Böhmen".

Auf der anderen Seite des Hradschiner Platzes, zur Burg hin, hebt sich die Rokokofassade des **Erzbischöflichen Palais (Arcibiskupský palác)** ab. Unter dem linken Balkon des Gebäudes befindet sich ein kleiner Durchgang; er führt zum dahinter verborgen gelegenen → **Palais Sternberg (Šternberský palác)**,

das ebenfalls die Nationalgalerie belegt. Hier präsentiert sie aus ihrer Sammlung alter Meister „Europäische Kunst von der Klassik bis zum Barock".

In der Häuserzeile links des Erzbischöflichen Palais, am Hradschiner Platz in Hausnr. 11 über dem Restaurant U Labutí, verbrachte Maria Jana Körbel (geb. 1937) ihre Kindheit. Unter dem Namen Madeleine Albright ging sie als erste

Spaziergang 187

An der leicht bergauf führenden Loretánská liegen rechter Hand weitere feudale Bauten, dahinter verbergen sich romantische Gassen. Die Häuserzeile linker Hand ist an einen steilen Abhang gebaut. Bis zu sechs Stockwerke haben die Gebäude, aber nur die obersten zwei oder drei sind zu sehen.

Den Loretánské náměstí beherrscht das monumentale **Palais Czernin (Černínský palác)**. Seine Fassade ist über 150 m lang, 30 kolossale Säulen zieren sie. 1668 wollte sich Graf Humprecht Czernin von Chudenitz mit diesem Prunkbau ein Denkmal setzen. Es ist ihm gelungen, und dass er am Ende pleite war, ist Nebensache. Auch in diesem Palais hat heute das Außenministerium seinen Sitz.

Unauffällig dagegen ist der Eingang zu einer der urigsten und gemütlichsten Pivnices der Stadt, dem **Schwarzen Ochsen** am Loretánské náměstí 1 – ein Tipp (→ Essen und Trinken).

Gegenüber dem Czerninpalais liegt das dem Platz seinen Namen gebende → **Loreto-Heiligtum (Loreta)**. Alles andere als christlich ging es bis zur Samtenen Revolution gleich nebenan in dem Gebäude an der Kapucinská Nr. 2 zu. Die Staatssicherheit der ČSSR verhörte, erpresste und folterte darin. Eine kleine Tafel am Eingang erinnert daran.

Weiter führt der Weg durch das nordwestlichste Eck Hradčanys, **Nový svět (Neue Welt)**. Dörflicher als hier kann eine Großstadt kaum sein: enge, verwinkelte Gassen mit teils winzigen Häusern, die Ähnlichkeit mit denen des Goldenen Gässchens haben. Auch bei der Geschichte gleicht sich: einst Armenviertel, im 19. Jh. dann restauriert. Im Gegensatz zum Goldenen Gässchen bleibt Nový Svět jedoch vom Massenandrang verschont und ist so um einiges romantischer. In der Černinská (Hausnr. 5) findet man die **Galerie Gambra**. Sie präsentiert in zwei winzigen, leicht chaotisch eingerichteten Räumen tschechischen Surrealismus:

Außenministerin der USA in die Geschichte ein.

Gen Westen, also hangaufwärts, begrenzt das barocke **Palais Toscana (Toskánský palác)** den Platz. Über den beiden Säulenportalen kann man die Wappen der einstigen Besitzer, der Herzöge von Toscana, erkennen. Heute befindet sich in dem Palais die Konsularische Abteilung des Außenministeriums.

eine zusammengewürfelte Sammlung von Bildern, Fotografien und Keramiken (unregelmäßig geöffnet).

Wieder am Palais Czernin vorbei und entlang der Loretánská weiter bergauf erreicht man den **Pohořelec**. Der deutsche Name des Platzes war **Brandstätte**. Mehrmals gingen die Gebäude drum herum in Flammen auf, daher der Name. Wo heute die Statuengruppe mit dem heiligen Johann von Nepomuk steht, wurden einst öffentliche Hinrichtungen vollzogen. Die Kosten dafür hatten die Familien des Verurteilten zu tragen. Inmitten der Häuserzeile auf der Südseite des Platzes befindet sich ein leicht zu übersehender Durchgang (Nr. 147/8, rosa-weiße Fassade) zum sehenswerten → **Kloster Strahov (Strahovský klášter)** hoch über der Stadt.

Ein ausgeschilderter Spazierweg (Hinweisschilder „Bludiště") führt vom Kloster weiter zum Petřín-Berg (→ S. 178) und bietet grandiose Ausblicke auf Prag. Genauso schön ist der Weg über die Gassen Úvoz und Nerudova (→ S. 174) hinab zum Malostranské náměstí. Dabei passiert man die kleine **Galerie Josefa Sudka** (Úvoz 24, Okt.–Mai Mi–So 11–17 Uhr, sonst bis 19 Uhr, 0,80 €, www.upm.cz) mit wechselnden, oft auch internationalen Fotoausstellungen. Die Galerie ist benannt nach dem Prager Fotografen Josef Sudek, dessen einstiges Atelier in Malá Strana besichtigt werden kann (→ S. 177).

Sehenswertes

Salmovský palác (Palais Salm): Das u-förmige Palais wurde Anfang des 19. Jh. vom Prager Erzbischof Wilhelm Florentin von Salm in Auftrag gegeben. Bereits 1811 erwarb es Josef von Schwarzenberg, um es mit seinem daneben stehenden Palais (s. u.) zu verbinden. Im 20. Jh. war das Palais u. a. Sitz des Schweizer Generalkonsulats. Bevor es aufwendig restauriert wurde, stand das Palais fast zwei Jahrzehnte leer. Zuletzt präsentierte darin die Nationalgalerie wechselnde Ausstellungen. Ein Transfer der Sammlung böhmischer Kunst des Mittelalters aus dem Sankt-Agnes-Kloster (→ S. 160) ist angedacht.
Hradčanské náměstí 1, Ⓢ 22 Pražský hrad. Tägl. 10–18 Uhr. Eintritt je nach Ausstellung meist um die 6 €, erm. 4 €, Fam. 15 €. www.ngprague.cz.

Schwarzenberský palác (Palais Schwarzenberg): Das Palais ist ein würdiger Ort für die Barocksammlung der Nationalgalerie. Auf rund 4000 m^2 werden in teils herrlich ausgeschmückten Sälen rund 260 Gemälde und 160 Skulpturen präsentiert. Schwerpunkt des Erdgeschosses sind beeindruckende Monumentalstatuen, insbesondere von Matthias Bernhard Braun und Ferdinand Maximilian Brokoff. Zudem bekommt man Skizzen und Modelle aus der Atelierpraxis des 18. Jh. zu sehen. Im 1. und 2. Stockwerk werden vorrangig Gemälde der bedeutendsten böhmischen Barockmaler wie Wenzel Lorenz Reiner, Karel Škreta und Peter Brandl gezeigt. Brandl, bekannt für seine Unzuverlässigkeit, war ab 1697 Hofkünstler unter Graf Adalbert von Sternberg. Das 2. Stockwerk widmet sich zudem der adeligen Kabinettkultur. Fülle und Wert der zusammengetragenen Alltagsgegenstände und Kuriositäten zeigten den Status des jeweiligen Sammlers an. Zu den typischen Exponaten eines Kabinetts gehörten Uhren, Figürchen und astronomische Apparaturen. Unterm Dach ist schließlich noch die kaiserliche Rüstkammer mit Säbeln, Krummschwertern, Pistolen und Paraderüstungen aus dem 15. bis 19. Jh. untergebracht.
Hradčanské náměstí 2, Ⓢ 22 Pražský hrad. Tägl. (außer Mo) 10–18 Uhr. 6 €, erm. 3,20 €, Fam. 8 €. www.ngprague.cz.

Mit dem Oldtimer zum Hradschiner Platz

Šternberský palác (Palais Sternberg): Es zählt zu den bedeutendsten hochbarocken Palastbauten Prags. Graf Wenzel Adalbert von Sternberg ließ ihn Anfang des 18. Jh. errichten. Heute wird das Gebäude von der Nationalgalerie Prag verwaltet. Im Erdgeschoss zeigt sie ihre Sammlung alter Meister aus den deutschen Landen und Österreich: Zeichnungen von Augustin Hirschvogel, Bilder von Cranach dem Älteren und dem Jüngeren, einen neunteiligen Passionsaltar von Hans Raplans u. v. m., darunter auch Albrecht Dürers *Rosenkranzfest*, das er 1506 für die San-Bartolomeo-Kirche in Venedig geschaffen hatte und das durch die Sammelleidenschaft Rudolfs II. im 17. Jh. nach Prag gelangte.

Der 1. Stock beherbergt italienische Kunst aus dem 14. bis 16. Jh. (darunter eine umfangreiche Ikonensammlung) und Werke niederländischer Maler aus dem 15. bis 16. Jh. Des Weiteren hat sich eine kleine Ausstellung antiker Kunst aus römischer und hellenistischer Zeit hierher verirrt.

Die darüberliegende Etage beherrschen niederländische, italienische, flämische, spanische und französische Maler des 16. bis 18. Jh., darunter sind Werke von El Greco, van Dyck, Rubens, Goya, Tintoretto oder Rembrandt. Im Innenhof des Palais lädt ein Café auf eine Pause ein.

Hradčanské náměstí 15, Ⓢ 22 Pražský hrad. Zugang über den Erzbischöflichen Palast (→ Spaziergang). Tägl. (außer Mo) 10–18 Uhr. 6 €, erm. 3,20 €, Fam. 8 €. www.ngprague.cz.

Loreta (Loreto-Heiligtum): Der Name des Heiligtums geht auf eine Legende zurück, die vom Wunder der Santa Casa, des Hauses der Jungfrau Maria, erzählt. Der Überlieferung nach wurde es Ende des 13. Jh. von Engeln aus Nazareth ausgeflogen, um es vor einem Sarazeneneinfall in Sicherheit zu bringen. Über Umwege gelangte das heilige Häuschen schließlich in einen Lorbeerhain bei Ancona. Dort entwickelte es sich zu einem berühmten Wallfahrtsort, der kurzerhand Loreto genannt wurde. Später, während der Gegenreformation, verkaufte die katholische Kirche das Wunder als –

heute würde man sagen – PR-Gag. So entstanden überall in Böhmen und anderswo Loreto-Heiligtümer (das in Prag zwischen 1626 und 1631). Sie sind eine Kopie des Originals, und wer sie besichtigt, kann sich eine Fahrt nach Ancona sparen. Im Kreuzgang rund um die Santa Casa ist die wundersame Geschichte des Häuschens auf 47 Deckengemälden festgehalten. Die Schatzkammer des Heiligtums beherbergt ein paar liturgische Gegenstände. Der wertvollste ist eine Monstranz mit über 6000 Diamanten. Zuvor zierten die Steine übrigens das Hochzeitskleid einer Gräfin.

Nicht sehens-, aber hörenswert sind die Ende des 17. Jh. in Amsterdam gegossenen 24 Glocken im Turm über dem Eingang – dieser Trakt ist übrigens ein Werk von Christoph und Kilian Ignaz Dientzenhofer. Die Glocken können ähnlich wie ein Klavier gespielt bzw. in Gang gesetzt werden. Unter anderem improvisierte Franz Liszt auf ihnen. Zu jeder vollen Stunde erklingt heute das Lied *Sei tausend mal gegrüßt, Maria*.

Das Loreta ist durch einen Brückengang mit dem Klostergebäude des Kapuzinerordens verbunden, der das Heiligtum verwaltet. Während des Zweiten Weltkrieges wurde das Kloster von der SS als Gefängnis genutzt. Erst 1990, nach dem Untergang des Kommunismus, bekam es der Orden zurück. Die Fassade der Klosterkirche ist gespickt mit Kanonenkugeln. Sie landeten 1757 im Klosterareal, abgeschossen von der preußischen Artillerie.

Loretánské náměstí 5. Ⓢ 22 Pohořelec. Nov.–März tägl. 9.30–12.15 und 13–16 Uhr, im Sommer etwas länger. 4,80 €, erm. 3,70 €. www.loreta.cz.

Strahovský klášter (Kloster Strahov): Seit 1989 ist das Kloster wieder im Besitz des Prämonstratenserordens. Man muss kein Ungläubiger sein, wenn man den Namen zweimal liest. Die Blütezeit des Ordens ist heute zwar vorüber, im Mittelalter war er jedoch sehr populär und nahm eine zentrale Rolle bei der Christianisierung des Landes ein.

Der Name des Ordens stammt von dessen erstem Kloster im Tal Prémontré in Frankreich. Gegründet hatte es Norbert von Xanten, nachdem er, vom Blitz getroffen, vom Pferd fiel und dazu eine

Bibliothek im Kloster Strahov

Stimme flüsterte, er solle von der Hurerei ablassen und nur noch Anständiges tun. Das war 1115, schon fünf Jahre später gab es das Kloster in Frankreich und bereits 1140 entstand der Prager Ableger. Seit 1627 befinden sich sogar Norberts sterbliche Überreste hier in der *Abteikirche Mariä Himmelfahrt*; sie ist zugleich die größte und schönste Kirche des Klosters. In ihr liegt übrigens auch der kaiserliche Feldmarschall Gottfried Heinrich Graf zu Pappenheim begraben. Seine Popularität verdankt er Friedrich Schiller, der ihm im *Wallenstein* die geflügelten Worte „Ich kenne meine Pappenheimer" in den Mund legte.

Gleich nebenan befindet sich der Eingang zur *Bibliothek,* deren Bestand auf knapp eine Million Bände geschätzt wird. Der Blick in die zwei imposanten Lesesäle beeindruckt (Betreten nicht erlaubt!) und lässt das Kloster ins Prager Pflichtprogramm aufrücken. Im ersten, dem sog. Philosophischen Saal, reichen die Bücherschränke, übrigens aus Nussbaum, bis an die Decke. Diese ist mit Fresken verziert, die der österreichische Maler Anton Maulpertsch 1870 schuf und welche den Drang der Menschheit nach dem wahren Wissen darstellen. Der zweite Saal, der sog. Theologische Saal, ist mit Globen bestückt. Die dortigen Fresken malte ein Ordensbruder; sie zeigen die Liebe zur Bildung und zur Wissenschaft. Auf dem Gang zwischen beiden Sälen befindet sich in Glasvitrinen eine kleine Kuriositätensammlung: Muscheln, Skorpione, Seesterne usw., dazwischen auch das Geschlechtsteil eines Wals.

Kurios ist auch das *Museum Miniatur* (beim Durchgang zum Pohořelec), das millimetergroße Arbeiten des sibirischen Künstlers Anatolij Konjenko zeigt. Durch Vergrößerungsgläser sieht man ein Kamel im Haarnadelöhr, ein Beethovenporträt im Mohnkorn usw.

Im eigentlichen Klostergebäude ist die *Strahover Bildergalerie (Strahovská obrazárna)* untergebracht. Malerei von der Gotik bis zur Romantik wird gezeigt, darunter auch Werke von Lucas Cranach (1472–1553). Wer sich schon andere Kunstsammlungen in und nahe der Prager Burg angesehen hat, weiß, was auf ihn wartet.

Strahovské nádvoří, Ⓢ 22 Pohořelec. **Abteikirche**, geöffnet nur zu Messen (tägl. um 18 Uhr, So auch um 10 Uhr), zu den Öffnungszeiten der Bibliothek kann man jedoch im Sommer i. d. R. einen Blick durch das Portal nach innen werfen. **Bibliothek**, tägl. 9–12 und 13–17 Uhr. 3 €, erm. 2 €. Unter ✆ 233107749 können Sie auch Führungen vereinbaren, bei denen man die Lesesäle betreten kann. **Miniaturmuseum**, tägl. 9–17 Uhr. 3,80 €, erm. 2 €. **Bildergalerie**, tägl. (außer Mo) 10–11.30 und 12–17 Uhr. 4,50 €, erm. die Hälfte, Fam. 8 €. www.strahovsky klaster.cz.

Sehenswertes abseits des Spaziergangs

Bílkova vila (Bílekvilla): Die Villa, ein mit ährenförmigen Säulen verzierter roter Backsteinbau, wurde 1911 nach Plänen des tschechischen Bildhauers František Bílek (1872–1941) errichtet, einem Vertreter des symbolistischen Jugendstils. Sein Wohn- und Atelierhaus sollte eine „Kathedrale der Kunst" sein, und in der Tat erinnert das Innere auch ein wenig an eine Kirche. Das Atelier beherbergt eine kleine, interessante Sammlung von Bíleks Arbeiten, im Wohntrakt steht z. T. noch das Originalmobiliar. Zu Bíleks Bewunderern gehörten u. a. Franz Kafka und Julius Zeyer (1841–1901). Büsten des Letzteren, einem der angesehensten Dichter der tschechischen Neuromantik, modellierte Bílek mehrfach.

Mickiewiczova 1, Ⓢ 22 Královský letohradek. Tägl. (außer Mo) 9–18 Uhr. 4,40 €, erm. die Hälfte. www.ghmp.cz.

Essen und Trinken

→ Karte S. 186/187

Restaurants

U zlaté hrušky ❷ Gediegenes Restaurant, in dem schon Margaret Thatcher speiste. So bieder wie die eiserne Lady, so bieder ist die Einrichtung. Auf der Karte aber: Thunfischtatar mit Wachtelei, Safranrisotto mit Jakobsmuscheln und Artischocken oder kanadischer Hummer mit Estragonbutter. Hg. 13–19 €. Angegliedert ein gemütliches Gartenrestaurant. Nový Svět 3, Ⓢ 22 Brusnice, ✆ 723764940 (mobil).

Bellavista ❽ Terrassenrestaurant mit traumhafter Aussicht auf Burg und Kleinseite – daher hier auch aufgeführt. Das Essen ist eine wundersame Mischung böhmisch-italienischer Küche. Hg. 7,50–17 €, ein halber Liter Pilsner über 4 €! Strahovské nádvoří 1, Ⓢ 22 Pohořelec, ✆ 220517274.

Klášterní Pivovar Strahov & Restaurace ❼ Brauereigaststätte auf dem Klosterareal, nicht zu verwechseln mit dem Velká Klášterní Restaurace nebenan. Leckeres 13- und 14-gradiges Svatý-Norbert-Bier, hinzu kommen je nach Saison verschiedene andere Bierspezialitäten Böhmische Braten- und Steakküche zu 6–12 €. Viel Touristenrummel, Blasmusik Außenbestuhlung. Strahovské nádvoří 10, Ⓢ 22 Pohořelec, ✆ 233353155.

Café

U zavěšenýho kafe ❺ Gemütliche, auch noch von Pragern gern besuchte Mischung aus Café und Bierstube mit dem originellen Namen „Zum aufgehängten Kaffee". Der Tipp für den preiswerten Imbiss zwischendurch, man kann aber auch richtig essen. Für die Lage faire Preise. Úvoz 6, Ⓢ 22 Pohořelec.

Pivnice

》》 Unser Tipp: U černého vola („Zum Schwarzen Ochsen") ❻ Traditionsreiche Bierstube, eine der urigsten der Stadt und ein Kandidat für die UNESCO-Welttrinkerbeliste. Die hübschesten Mädchen soll es einem tschechischen Schlager nach hier geben – auf jeden Fall aber gutes Bier: *Velkopopovický kozel*, frisch gezapft, dazu deftige Snacks. Und zudem heißt es: trinken für einen guten Zweck – das Gros der Erlöse fließt einer Blindenschule zu. Einziger Haken: Nach dem Besuch riechen Sie zuweilen wie der Besitzer einer Frittenbude. Loretánské náměstí 1, Ⓢ 22 Pohořelec. 《《

Prager Hausdrache

Die Prager Burg

Pražský hrad (Prager Burg)

Die Prager Burg ist das Wahrzeichen der Stadt, der Nabel des Landes und das seit eh und je. Tausend Jahre Geschichte treffen hier auf Millionen Besucher. Paläste, Kirchen, Museen, Klöster – es gibt viel zu sehen, mehr als genug.

Zu später Stunde von der Karlsbrücke, wenn sich die Fassade der Burg gebieterisch im Scheinwerferlicht erhebt, wirkt sie am schönsten. Die Tschechen blickten über die Jahrhunderte hinweg mit Angst und Verachtung, aber auch mit Stolz und Anerkennung nach oben. Dunkle und goldene Zeiten wurden hier eingeläutet. Die Burg war Sitz von Fürsten, Königen, Kaisern, von Bischöfen und Erzbischöfen und damit stets ein Symbol weltlicher und geistlicher Macht. Heute empfängt hier der Präsident des Landes Staatsgäste aus aller Herren Länder.

Am Beginn der über 1000-jährigen Geschichte der Prager Burg steht Herzog Bořivoj I., der in der zweiten Hälfte des 9. Jh. seinen Fürstensitz von Levý Hradec hierher verlegte. Anfangs waren die Befestigungen noch aus Holz errichtet, doch als man sah, dass diese bei Belagerungen keinen Schutz boten, da man sie kurzerhand in Brand setzen konnte, umgab man die Burganlage in der Mitte des 11. Jh. mit einem steinernen Wall. Danach ging es mit der Burg Schlag auf Schlag voran, es folgte Herrscher auf Herrscher und mit jedem ein neuer An- oder Umbau, die meisten unter Karl IV. im 14. Jh. und Rudolf II. Anfang des 17. Jh. Ein gnadenloses Nebeneinander verschiedenster Baustile war das Resultat. Das Kunterbunt versuchte erstmals Nicolo Pacassi, Hofarchitekt Maria Theresias im 18. Jh., zu vereinheitlichen. Die plastische Ausschmückung und Umgestaltung überließ er dem böhmischen Bildhauer Ignaz Platzer. Anfang des 20. Jh. unternahm schließlich der Slowene Jože Plečnik einen weiteren Versuch, die Burg zu modernisieren. Diese beiden Architekten prägten am meisten das heutige Erscheinungsbild der Burg, das einem gigantischen Freilichtmuseum gleicht.

> **Wege zur Burg**
> Die beiden schönsten Fußwege von Malá Strana hinauf zur Prager Burg verlaufen über die Nerudova (→ S. 174) und über die Zámecke schody (viele Treppen). Beide Wege enden am Hradčanské náměstí, von wo sich ein herrlicher Blick über Prag auftut. Wer es bequemer haben will, nimmt die Ⓢ 22 von der Metrostation Malostranská bis zur Haltestelle Pražský hrad.

Spaziergang

> **Länge** im Winter ca. 1,1 km, **Dauer** 1 Std., **Länge** im Sommer 2,5 km, **Dauer** dann ca. 1 ¾ Std., **Karte** S. 196/197.

Mit einer Fläche von 7,28 ha ist die Prager Burg die größte der Welt. Das Areal ist vollgestopft mit bedeutenden kulturhistorischen Gebäuden und Denkmälern. Spaziert man hindurch, braucht man sich nur umzudrehen, und man steht vor einer neuen Sehenswürdigkeit, die man in anderen Städten ausführlichst beschreiben würde, die hier aber regelrecht untergeht. Kein Wunder also, dass es Kunstführer gibt, die allein der Burg Hunderte von Seiten widmen.

Die Prager Burg war bis ins 18. Jh. durch einen Graben vom **Hradschiner Platz (Hradčanské náměstí)** getrennt. Doch mit dem Bau des aristokratischen, repräsentativen ersten Burghofs, auch **Ehrenhof** genannt, verlor sie ihren Festungscharakter nach Westen hin. Die regungslos dastehende Burgwache hat ebenfalls nur noch repräsentative Funktion. Einst trug sie paramilitärisches Khaki, heute blaue Uniformen, die Theodor Pištěk, Kostümausstatter des Forman-Films *Amadeus*, entworfen hat. Stets eine Stunde müssen die Soldaten ausharren, dann werden sie abgelöst. Mittags um zwölf wird daraus ein Spektakel gemacht: Fanfarenmusik erklingt dann zum Stechschritt und zur Übergabe der Standarte des Präsidenten im Blitzlichtgewitter. Das Tor, vor dem sie stehen, ziert ein Rokokogitter mit den Monogrammen der Kaiserin Maria Theresia und ihres Sohnes Josephs II. Die Furcht einflößenden, todbringenden Giganten rechts und links davon schuf Ignaz Platzer. So verrußt wie sie sind, könnte man glauben, es seien noch die Originale, dabei handelt es sich um Kopien.

Zwei hohe Flaggenmasten flankieren das barocke Matthiastor. Es war einst ein frei stehender Triumphbogen. An den Gebäudekomplex darüber schließen mehrere prunkvolle Räumlichkeiten an. Die beeindruckendsten wären der Spanische Saal und die Rudolfsgalerie, doch sind sie – außer zu kulturellen Veranstaltungen – der Öffentlichkeit nur 2-mal im Jahr zugänglich: am ersten Samstag nach dem 8. Mai und am ersten Samstag nach dem 28. Oktober.

Den etwas nüchtern wirkenden zweiten Burghof lockert ein barocker Sandsteinbrunnen auf. Links davon, also nördlich, blickt man auf das sog. Pacassitor, nichts anderes als eine Durchfahrt. Zu beiden Seiten befanden sich früher Pferdestallungen. Heute wird dort Kunst gezeigt: Links liegt der Ein-

Fotoshooting vor der Burg

gang zur → **Obrazárna Pražského hradu**, der Gemäldegalerie der Prager Burg, rechter Hand der zu den Císařská konírna, den „Königlichen Stallungen", wo wechselnde Ausstellungen präsentiert werden.

Schräg gegenüber, ins hinterste Eck des Hofes gedrängt, steht die → **Kapelle des Heiligen Kreuzes (Kaple svatého Kříže)** aus der zweiten Hälfte des 18. Jh. Sie ersetzte eine dort für die Krönungsfeier Karls VI. im Jahr 1723 erbaute Großküche. In der Kapelle werden die sakralen Kostbarkeiten des Sankt-Veits-Doms ausgestellt.

Noch vor der Kapelle fällt ein Portal mit einem kupfernen Baldachin über einem goldenen, geflügelten Leoparden ins Auge – dieser ziert den Eingang zur Kanzlei des Präsidenten.

Der links davon gelegene Durchgang führt in den Dritten Burghof zum kollektiven Kopf-in-den-Nacken, direkt auf die mächtige Stirnwand des → **Sankt-Veits-Doms (Chrám sv. Víta)** zu. Die ein wenig zu groß geratene, dreischiffige Kathedrale (124 m lang und bis zu 60 m breit) kommt vom südwestlichen Eck des Burghofes am besten zur Geltung. Eine kleine vergoldete Mädchenkopfplastik grüßt Sie dort.

Der auffällige, 16 m hohe **Monolith** aus Mrakotiner Granit vor der **Propstei** der Kathedrale wurde 1928 zum 10. Jahrestag der Republik aufgestellt. Wenige Meter weiter kämpft der heilige Georg zu Pferd mit dem Drachen. Das Original (im Lapidarium in Holešovice, → S. 217; eine weitere Kopie in der Ausstellung „Geschichte der Prager Burg") stammt aus dem 14. Jh. und gehört zu den ältesten freistehenden Reiterstandbildern der Welt.

Gegenüber der Propstei und dem Dom belebt ein Säulenportikus die Fassade des Südflügels, auf dessen Balkon sich zu besonderen Anlässen der Präsident zeigt. Die Ostseite des dritten Hofs beherrschte einst der → **Königspalast (Královský palác)**. Dass sich das Gebäude heute äußerlich nicht vom Südflügel abhebt, ist dem Burgumbau durch Niccolo Pacassi zuzuschreiben. In den unteren Räumlichkeiten des Königspalastes gibt es die Ausstellung → **Geschichte** der Prager Burg (Příběh Pražského Hradu) zu sehen.

Gegenüber dem Chor des Sankt-Veits-Doms blickt man auf die barocke Fassade der → **Sankt-Georgs-Basilika (Bazilika sv. Jiří)**, hinter der sich zwei romanische Türme erheben. Zu ihrer Rechten ist die Basilika mit einer kleinen barocken Kapelle verbunden, die dem Heiligen Johann von Nepomuk geweiht ist. Linker Hand schließt das → **Sankt-Georgs-Kloster (Klášter sv. Jiří)** an.

Über die enge Gasse Vikářská gelangt man von hier zum versteckt liegenden **Pulverturm (Prašná věž)**, einem Wehrturm, der im Jahr 1485 errichtet wurde und 1649 in die Luft flog – nicht etwa durch feindlichen Beschuss, sondern durch das darin eingerichtete Munitionslager, daher auch der Name. Böse Zungen behaupten aber, die Turmbezeichnung rühre aus jener Zeit, als Alchemisten darin für Rudolf II. Blei zu Gold verwandeln sollten, jedoch nichts anderes als irgendwelche Pülverchen hervorbrachten. Zuletzt wurde im Turm eine Ausstellung zur Historie der Burgwache gezeigt.

In die andere Richtung führt von der Sankt-Georgs-Basilika die **Jiřská** oder Georgsgasse zum östlichen Burgtor. Der Straßenname wird an der Nepomukkapelle in Deutsch und Tschechisch angegeben – wie es in Prag bis zum Ende des Zweiten Weltkrieges überall üblich war. Der Gebäudekomplex rechter Hand ist der → **Rosenberg-Palast (Rožmberský palác)**. Der 1574 fertiggestellte Renaissancepalast diente seinen Erbauern und Namensgebern, dem südböhmischen Geschlecht der Rosenberger, jedoch nur für rund 60 Jahre als Prager Residenz. Aus Geldnot mussten sie ihn verkaufen. Ab dem 18. Jh. wurde das Gebäude als Damenstift genutzt. Dabei handelte es sich um eine Art „Adeligenwohlfahrt". Verarmte von Soundso konnten hier unterkommen – und wohnten gar nicht schlecht …

Gegenüber dem Rosenberg-Palast führt eine Gasse zur berühmten → **Zlatá ulička**, dem **Goldenen Gässchen** mit seinen bunten, verschachtelten Häuschen. Frühmorgens oder spätabends ist es malerisch, tagsüber aber herrscht – zumindest in der Hauptsaison – ein nicht endendes Gedränge. Die Gasse sieht aus wie eine Sackgasse, ist jedoch keine. Am unteren Ende führen Treppen auf eine Terrasse der spätgotischen Befestigungen. Linker Hand steht dort der **Daliborka**, der bekannteste Wehrturm der Burg. Er ist nach seinem ersten Gefangenen benannt, dem Adeligen Dalibor von Kozojed, der sich Ende des 15. Jh. unrechtmäßig Leibeigene zugelegt hatte. Einer Legende nach – zugleich der Stoff von Smetanas Oper *Dalibor*

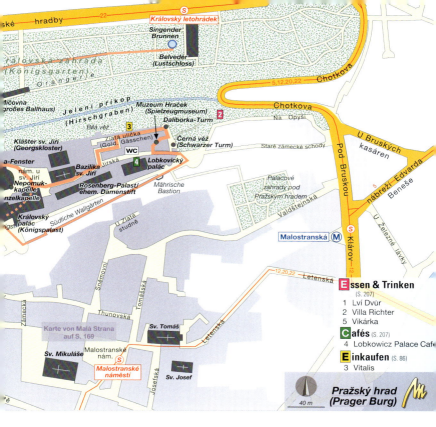

(1868) – lernte er während seiner Gefangenschaft das Geigenspiel, und sein süß-schauriges Gefiedel schallte bis zu seiner Hinrichtung über das gesamte Burgareal. In Wirklichkeit aber war zu diesem Zeitpunkt die Geige in Böhmen noch unbekannt.

Auf dem Innenhof gleich ums Eck, wo ein Sommercafé zu einer Pause einlädt, steht die Statue eines nackten Jungen von Miloš Zet mit dem Titel *Jugend*. Den Anblick seiner Genitalien empfanden die Genossen als zu frivol und ließen sie entfernen. Der Einfluss der westlichen Dekadenz brachte sie wieder zurück.

In dem Renaissancegebäude hinter der Plastik residierte einst der oberste Burggraf, der den König in seiner Abwesenheit vertrat. Heute befindet sich darin das → **Muzeum Hraček**, ein Spielzeugmuseum.

Ein paar Schritte weiter, an der Jiřská, steht das → **Palais Lobkowitz (Lobkovický palác)** mit einer sehenswerten Kunstsammlung.

Das Osttor der Prager Burg dominiert der **Schwarze Turm (Černá věž)**. Einst hieß er Goldener Turm, da er ein vergoldetes Dach trug. Doch er brannte aus und zurück blieb sein verkohltes Mauerwerk. Heute, restauriert, könnte er wieder einen neuen Namen vertragen.

Dahinter liegt eine Aussichtsplattform, an der der Spaziergang im Winter endet. Über die Staré zámecké schody, vorbei an Souvenirständen, gelangt man dann

> ### Tickets und Öffnungszeiten
>
> Um nur das Burggelände zu betreten, brauchen Sie kein Ticket. Es ist von April bis Okt. von 5 bis 24 Uhr zugänglich, von Nov. bis März von 6 bis 23 Uhr. Für die Sehenswürdigkeiten innerhalb des Burggeländes gibt es drei verschiedene Kombitickets, keines jedoch, das alle Attraktionen einschließt. Mit dem **Kombiticket A** (13 €, erm. die Hälfte, Fam. 26 €) darf man den Königspalast, die Ausstellung „Geschichte der Prager Burg", die Sankt-Georgs-Basilika, den Pulverturm, den Rosenberg-Palast, den Sankt-Veits-Dom und das Goldene Gässchen besichtigen. Das **Kombiticket B** (9,30 €, erm. die Hälfte, Fam. 18,60 €) erlaubt den Zutritt zum Königspalast, zur Sankt-Georgs-Basilika, zum Sankt-Veits-Dom und zum Goldenen Gässchen. **Kombiticket C** (13 €, erm. die Hälfte, Fam. 26 €) beinhaltet nur die Kapelle des Heiligen Kreuzes und die Gemäldegalerie der Prager Burg. Einzeltickets gibt es nur für einige wenige Sehenswürdigkeiten (Preise s. dort).
>
> Die Kombitickets bekommt man u. a. bei den Infoschaltern im zweiten und dritten Burghof (im Winter 9–16 Uhr, im Sommer 9–17 Uhr). Die Tickets sind zwei Tage lang gültig. Weitere Infos auf www.hrad.cz.

hinab zur Metro- und Straßenbahnhaltestelle Malostranská. Im Sommer führt der Weg weiter durch die **südlichen Wallgärten** der Prager Burg (April–Okt. 10–18 Uhr), einer schmalen, gepflegten Parkanlage mit Obelisken, Brunnen und Pavillons, dazu gemütlichen Bänken und herrlichen Ausblicken. Das war nicht immer so. Bis ins 18. Jh. wimmelte es hier nur so von Ratten, da die Burgbewohner ihren Dreck stets aus den Fenstern warfen. Von der sog. Mährischen Bastion aus kann man zudem die terrassenförmig angelegten Gärten unterhalb der Prager Burg besichtigen, die **Palácové zahrady pod Pražským hradem** (→ Malá Strana, S. 172).

Um zum → **Königsgarten (Královská zahrada)** zu gelangen, muss man erst noch einmal die Burg durchqueren. Unmittelbar hinter dem Ludwigstrakt des Königspalastes führt ein Treppendurchgang in den dritten Burghof (s. o.). Über das Pacassitor und die Pulverbrücke, einst eine Holzkonstruktion, heute ein aufgeschütteter Wall über dem Hirschgraben, verlässt man das Burgareal wieder. Dahinter liegt linker Hand die **Jízdárna**, die ehemalige Reitschule der Prager Burg. In ihr werden heute wechselnde Ausstellungen insbesondere zu tschechischer Kunst des 20. Jh. gezeigt. Schräg gegenüber befindet sich der Eingang zum Königsgarten. Das Gebäude gleich links davon ist der ehemalige **Löwenhof**, der Name Lví Dvůr des gehobenen Restaurants darin erinnert noch daran. Rudolf II. (1552–1612), der als „kaiserlicher Faustus" und „verrückter Alchimist" in die Geschichte einging, hielt hier seinen Lieblingslöwen Mohammed. Der König, der kaum Interesse für Politik, umso mehr aber für Kunst, Kultur und Sternenkunde zeigte, hatte seinen Hofastronomen Johannes Kepler mit der Erstellung eines Horoskops für sich und den Löwen beauftragt. Erstaunlicherweise war die Sternenkonstellation zur Geburt Rudolfs und Mohammeds identisch. Beide starben schließlich auch in der gleichen Woche.

Vorbei an der Präsidentenvilla – nicht alle amtierenden Präsidenten bewohnen sie – gelangt man zu dem im 16. Jh. entstandenen **Großen Ballhaus (Míčovna)** mit einer üppigen figuralen und ornamentalen Ausschmückung. Während des Zweiten Weltkrieges brannte es aus und wurde kurz darauf restauriert. Seitdem findet man unter den allegorischen Figuren neben den Fenstern auch zwei Mädchen mit Hammer und Sichel (drittes Fenster von rechts). Gegenwärtig dient der Bau für Ausstellungen, Konzerte und feierliche Anlässe. Auf der Ostseite des Gebäudes schließt die **Orangerie** an, wo bereits zu Zeiten Rudolfs II. exotische Früchte gezüchtet wurden. Am östlichen Ende des Königsgartens steht der → **Singende Brunnen** vor dem königlichen Lustschloss, dem → **Belvedér**.

Sehenswertes

Obrazárna Pražského hradu (Gemäldegalerie der Prager Burg): Sie beherbergt eine kleine, aber feine Sammlung deutscher, italienischer, flämischer, niederländischer und böhmischer Meister der Renaissance- und Barockmalerei. Die Bilder gehörten einst zu einer der imposantesten Kunstsammlungen weltweit, die unter Rudolf II. und Ferdinand II. begonnen wurde. Doch das Gros der Gemälde ging durch Plünderungen, insbesondere während des Dreißigjährigen Krieges, verloren. Glücklicherweise wussten nicht alle Diebe Gutes von Schlechtem zu unterscheiden und so blieben so wertvolle Originale wie Rubens *Versammlung olympischer Götter*, Tizians *Junge Frau bei der Toilette* oder Tintorettos *Geißelung Christi* erhalten. Des Weiteren begeistern Werke von Bernaert de Rijekere, Hans von Aachen, Bartholomäus Spranger, Domenico Fetti, Paolo Veronese, Hans Holbein, Cranach dem Älteren u. v. m.

Zweiter Burghof. Geöffnet im Sommer tägl. 9–17 Uhr, im Winter bis 16 Uhr. 3,70 €, erm. 1,90 €, Fam. 7,40 € oder mit Kombiticket C (→ Kasten, S. 198).

Kaple svatého Kříže (Kapelle des Heiligen Kreuzes): Der Schatz des Sankt-Veits-Doms, der hier präsentiert wird, zählt zu den umfangreichsten und schönsten Kirchenschätzen Europas. Die kostbaren, nicht in Geld zu beziffernden Exponate reichen teilweise bis

Heiliger oder Lebemann – Wenzel und kein Ende

Die Geschichte des tschechischen Nationalheiligen begann im Jahr 924: Fürst Václav (auf Deutsch „Wenzel") war jetzt verantwortlich für die Geschicke Böhmens. Elf Jahre lang regierte er, dann war er tot, umgebracht von seinem eifersüchtigen Bruder. Manchen Quellen zufolge soll seine Ermordung überflüssig gewesen sein, da er ohnehin die Macht an seinen Bruder abgeben wollte. Nach Rom plante Wenzel zu reisen, dort die Weihen zu empfangen, um als erster Bischof nach Böhmen zurückzukehren. Andere Quellen jedoch behaupten, dass der Fürst gar nicht so ein Heiliger war. Mit Heiden soll er gezecht und sich nachts mit hübschen Frauen vergnügt haben.

Sei es, wie es will – Wenzels großes Verdienst war die Christianisierung des Landes. Darauf fußen auch die Wenzellegenden, die den Herrscher zum Märtyrer und zur Heiligengestalt aufsteigen ließen. Noch im 10. Jh. wurde er heiliggesprochen. Unter Kaiser Karl IV. – er ließ die Wenzelskapelle im Dom bauen – wurde er schließlich zur Ikone, zum Landesheiligen. Es folgten Wenzelsfresken, Wenzelsdenkmäler, Wenzelsstatuen und der Wenzelsplatz. Und schließlich wurde Wenzel zum Symbol der Einheit und Unabhängigkeit des Landes, zum Schutzpatron aller Tschechen. In Prag kafkat, brodelt und kischt es also nicht nur, es wenzelt noch viel mehr. Sogar Popkünstler David Černý widmete dem großen Fürsten ein kultiges Denkmal (→ S. 117).

ins frühe Mittelalter zurück: Schmuckstücke kirchlicher Würdenträger, prächtig funkelnde Monstranzen und v. a. detailreich ausgearbeitete Reliquiare. Zu den bedeutendsten Ausstellungsstücken gehört ein fein ziseliertes, goldenes Reliquiarkreuz aus der Zeit Karls IV. (14. Jh.), das angeblich Bestandteile des Lendentuchs enthält, das Jesus am Kreuz getragen hat.

Zweiter Burghof. Tägl. 10–18 Uhr. 11,20 €, erm. die Hälfte, Fam. 22,30 € oder mit Kombiticket C (→ Kasten, S. 198).

Chrám sv. Vita (Sankt-Veits-Dom): Von außen wirkt der Dom wie ein steinernes Tohuwabohu aus Strebe- und Tragpfeilern, Krabben und Kreuzblumen und riesigen Maßwerken. Statuen von Heiligen wechseln mit figürlichen, dämonenhaften Wasserspeiern ab, die, so der Glaube von einst, den Dom vor bösen Geistern bewahren, da diese beim Anblick ihres Ebenbildes die Flucht ergreifen. Da sich der Smog und der Ruß der Stadt über all dem niedergesetzt und das Bauwerk in ein einheitliches Graubraun getaucht haben, lassen sich auf den ersten Blick die einzelnen Bauabschnitte der Kathedrale nicht mehr unterscheiden.

1344 erfolgte unter Johann von Luxemburg und Kronprinz Karl die Grundsteinsetzung. Erster Baumeister war Matthias von Arras, der zuvor in Avignon tätig war. Er sollte jetzt auch in Böhmen den Idealtypus einer französischen Kathedrale realisieren. Ansätze davon zeigt jedoch lediglich das Chorhaupt, denn schon 1352 starb der Baumeister. Zu seinem Nachfolger berief Karl, der inzwischen zum Kaiser des Heiligen Römischen Reiches gekrönt worden war, den damals gerade erst 23-jährigen Peter Parler aus Schwäbisch Gmünd. Dieser überarbeitete die Entwürfe seines Vorgängers und ließ den bis dato in Ansätzen fertiggestellten Chor vollenden. Damit die Kathedrale auch schon als Gotteshaus genutzt werden konnte, schloss er den Chor dort, wo heute das Querschiff verläuft, mit einer „provisorischen" Fassade ab. Nach Parlers Tod 1399 schmückten seine Söhne die Kathedrale weiter aus. Am Grundriss sollte sich aber für die nächsten 450 Jahre nicht mehr viel ändern. Die Kathedrale war also lange Zeit nur halb so groß wie heute, und der Zutritt erfolgte über das beeindruckende *Goldene Tor* an der südlichen Längsseite, das mit einem Mosaikbild des Jüngsten Gerichts verziert ist.

Erst als 1859 ein Förderverein zur Vollendung des Doms gegründet wurde, begann man mit dem Bau der westlichen Domhälfte, deren feierliche Einweihung 1929 erfolgte. An die lange Geschichte des Dombaus erinnern die bronzenen Reliefs an der mittleren Tür des reich verzierten Eintrittsportals der westlichen Stirnseite.

Die große, kreisförmige *Rosette* darüber schaut man sich am besten von innen an. Die lebendig-bunte Bilderfolge zeigt die Genesis – 27.000 Glasstücke wur-

Rosette im Sankt-Veits-Dom

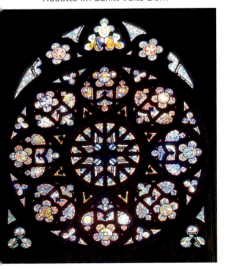

Das Goldene Tor am Sankt-Veits-Dom

den dafür verarbeitet. Lebendig geht es allgemein im Innern zu. Eine Reisegruppe folgt auf die andere, und da die Hälfte der Teilnehmer an ihrer Führung nicht interessiert ist, unterhält man sich eben – wo auch passender – über Gott und die Welt. Lange Hosen sind keine Vorschrift, ein Mini tut's auch.

Der vorgegebene Rundgang durch den Dom beschreibt ein auf dem Kopf stehendes U. Es geht vorbei an 20 Seitenkapellen. Die dritte links ist die *Neue Erzbischöfliche Kapelle*, die als letzte Ruhestätte der Prager Bischöfe dient. Sie besitzt eines der farbenfrohsten Fenster der westlichen Domhälfte. Im Auftrag der Banka Slavie gestaltete es Alfons Mucha im späten Jugendstil mit Szenen aus dem Leben der heiligen Slawenapostel Kyrill und Method.

Nachdem man das *Querschiff mit Orgel* (6500 Pfeifen) passiert hat, erreicht man den *Chor*. Vor dem Hauptaltar zieht das königliche Mausoleum den Blick auf sich, ein großer Sarkophag aus hellem Marmor, der von einem Renaissancegitter umgeben ist. Rudolf II. stiftete ihn für seinen Großvater Ferdinand I., dessen Gemahlin und deren Sohn. Die Putten drum herum scheinen sich über die drei fast lustig zu machen. Rudolf selbst ruht etwas tiefer in der *Krypta* (zuletzt nicht mehr zugänglich). Sein Sarg ist aus Zinn und hat das Aussehen eines kleinen Brauereikessels. Mehrere Könige und Königinnen leisten ihm Gesellschaft.

Vorbei an der *Alten Sakristei* passiert man im Chorgang die schönsten Seitenkapellen des Doms, darunter die barocke *Kapelle des Heiligen Johann von Nepomuk*. Vor ihr steht das silberne Grabmal des Heiligen, heute ein hoch gepriesenes Werk von Johann Bernhard Fischer von Erlach (u. a. Baumeister von Schloss Schönbrunn). 1882 war über das Grabmal im *Baedeker* noch zu lesen: „1736 verfertigt, ohne Kunstwerth, aber reich an Silber (30 Centner)." Irgendwie kann man sich des Eindrucks nicht erwehren, dass man es einfach im Chorgang stehen ließ, als man merkte, dass es für die Kapelle zu groß geraten war.

Die prunkvollste aller Seitenkapellen ist jedoch die *Kapelle des Heiligen Wenzel* (fünf Kapellen weiter, vor dem Querschiff). Durch ihre reiche Ausschmückung mit weit über 1000 Halbedelsteinen, violetten Amethysten, roten Jaspissen und grünen Chrysoprasen, z. T. in Gold eingefasst, wirkt sie wie ein riesiges Schmuckkästchen. Bereits 1372 wurde der Passionszyklus, der über dem Altar mit der Kreuzigungsszene seinen Höhepunkt erreicht, geschaffen; der Künstler ist unbekannt. Ein weiterer Zyklus mit Szenen aus dem Leben des heiligen Wenzel verläuft auf Fensterhöhe. Der frei stehende Altar darin ist zugleich das Grab des Heiligen. Hinter dem kleinen Portal auf der Südseite führt eine Treppe zu der über der Kapelle liegenden Krönungskammer. Dort werden – vor der Öffentlichkeit verborgen – die böhmischen Krönungskleinodien aufbewahrt, darunter die berühmte goldene *Wenzelskrone*. Sie soll übrigens jedem den Tod bringen, der sie ungebührlich aufsetzt. Ein Aberglaube? Der Letzte, der dies als Humbug abtat und sich zum Spaß mit der Krone im Spiegel anschaute, war Reichsprotektor Reinhard Heydrich. Kurz darauf fiel er einem Attentat zum Opfer (→ S. 96). Die kleine Tür zur Krönungskammer ist mit sieben Schlössern versehen, deren sieben Schlüssel auf sieben Persönlichkeiten der Stadt und des Staates verteilt sind.

Auf dem Weg zurück zum Ausgang führt linker Hand eine Wendeltreppe auf die Aussichtsplattform des südlichen Domturms (96,5 m). Das Treppenhaus konnte zuletzt jedoch nur von außen betreten werden, der Zugang von innen war gesperrt. Kein anderer Turm der Stadt bietet einen faszinierenderen Ausblick über Prag, kaum ein anderer Aufstieg ist aber auch so mühselig: 287 Stufen!
Dritter Burghof. April–Okt. Mo–Sa 9–17 Uhr, So 12–17 Uhr, im Winter bis 16 Uhr. In den Eingangsbereich des Doms gelangt man ohne Eintrittskarte. Zutritt zum Chor nur in Verbindung mit Kombiticket A oder B, → Kasten, S. 198. Der **Domturm** ist nur im Sommer geöffnet und kostet zusätzliche 5,60 €. Hinweis: Selbst wenn die Besucherschlange vor dem Dom rund 50 m lang ist – mehr als 30 Min. wartet man i. d. R. nicht.

Královský palác (Königspalast): In ihm residierten vom 11. bis zum 16. Jh. die Regenten Böhmens. Vom dritten Burghof betritt man ihn im dritten und zugleich obersten Stockwerk. Dort befindet sich der berühmte *Vladislav-Saal*, der 62 m lang, 16 m breit und 13 m hoch ist. Er wurde in den Jahren 1492–1502 nach Plänen des Architekten Benedikt Ried gebaut. Die Gewölberippen haben nur z. T. eine tragende Funktion und dienen mehr der Ästhetik. Krönungsfeierlichkeiten und Hofbälle fanden darin statt, aber auch Turniere, bei denen die Ritter zu Pferd über die Reitertreppe im Nordflügel (heute der Ausgang) hereinkamen. Seit 1918 wird hier der Präsident des Landes vereidigt.

Von der südwestlichen Ecke des Vladislav-Saals (rechter Hand des Besucherzugangs) gelangt man in den *Ludwigstrakt*, an sich nicht besonders sehenswert, dafür geschichtsträchtig: Hier war der Ort des zweiten Prager Fenstersturzes, der zum Dreißigjährigen Krieg führte (→ Kasten).

Im Osten des Vladislav-Saals gelangt man über Stufen auf die Empore der Allerheiligenkirche (nicht immer zugänglich). Sie wurde jüngst restauriert, dabei entdeckten Arbeiter bei der Verlegung einer Elektroleitung unter Putz eine 600 Jahre alte hölzerne Christusfigur.

Der *Sitzungssaal des Landtags* grenzt im Nordosten an den Vladislav-Saal an. Das Mobiliar ist zwar nicht original – es stammt aus dem 19. Jh. –, wurde aber in der historischen Anordnung nachgestellt. Auf der Renaissancetribüne linker Hand saßen die Landesschreiber, rechts vom Thron der Bischof, auf den Bänken gegenüber die Adels- und Ritterstände.

Links des Portals, durch welches man den Vladislav-Saal verlässt, führt eine Wendeltreppe zu jenen Räumen, in denen die sog. Landtafeln aufbewahrt wurden. Darin verzeichnete man Beschlüsse des Landtags, zugleich waren sie auch eine Art Grundbuch. Die Wappen an den Wänden und Decken sind die der Beamten, die die Kanzlei leiteten.

Dritter Burghof. April–Okt. tägl. 9–17 Uhr, im Winter 9–16 Uhr. Zutritt nur in Verbindung mit Kombiticket A oder B, → Kasten, S. 198.

Příběh Pražského Hradu (Geschichte der Prager Burg): Die Ausstellung in den unteren Etagen des Königspalastes ist eine Art Parforceritt durch die Historie der Prager Burg. Sie ist chronologisch aufgebaut und liefert Burgmodelle zu jeder Epoche. Doch die Fülle der behandelten Aspekte (Baugeschichte, Katastrophen, Begräbniskult etc.) geht in den verwinkelten Räumlichkeiten auf Kosten der Übersichtlichkeit. Zu den sehenswertesten Exponaten gehören ein Drahtmantel und ein silberner Helm – beide soll der heilige Wenzel getragen haben –, das gotische Tympanon *Thronende Madonna* aus der Georgsbasilika, diverse Kronjuwelen und die Grabbeigaben Rudolfs I. Die vielen Urkunden sind hingegen längst nicht so wertvoll, wie

Prager Fensterstürze – eine lange Tradition

Die Premiere der Prager Fensterstürze fand am 30. Juli 1419 statt. Aufgebrachte Hussiten katapultierten damals zwei katholische Ratsherren aus den Fenstern des Neustädter Rathauses. Diese Tat markiert heute den Beginn der Hussitenkriege.

1483 rückte dann das Altstädter Rathaus in den Mittelpunkt. Dieses Mal musste der katholische Bürgermeister dran glauben. Der Wurf, den die Protestanten nun landeten, blieb aber für die europäische Geschichte ohne Folgen, und so wird dieser in der offiziellen Fenstersturzchronik nicht mitgezählt.

Der berühmte zweite Prager Fenstersturz fand am 23. Mai 1618 statt. Die Spannungen zwischen Protestanten und Katholiken waren erneut eskaliert. Radikale Protestanten warfen zwei Statthalter samt deren Sekretär aus der Böhmischen Kanzlei auf der Prager Burg. Alle drei überlebten den 16 m tiefen Sturz, sie landeten weich auf einem Misthaufen. Für die erlittene Schmach wurden sie übrigens von den Habsburgern reich entschädigt. Auch ihr Sekretär: Er wurde in den Adelsstand erhoben und durfte sich von nun an „von Hohenfall" nennen.

Humorvoll stellte der englische Schriftsteller Jerome Klapka Jerome fest, dass die Geschichte Europas vielleicht anders verlaufen wäre, „wenn die Prager Fenster kleiner gewesen wären und zu solchen Taten nicht verlockt hätten". Er gab den Ratschlag, öfter mal im Keller zu verhandeln.

Die Kette der Fensterstürze riss bis in jüngere Zeit nicht ab. Zum Glück lösten sie keine Kriege mehr aus. Der letzte Politiker, der aus dem Fenster fiel, war 1948 der einstige Außenminister Jan Masaryk kurz nach der kommunistischen Machtübernahme. Sein Tod ist bis heute nicht geklärt, man vermutet den russischen Geheimdienst hinter der Tat. Ebenso wenig der des Literaten Bohumil Hrabal, der 1997 angeblich beim Vogelfüttern (tatsächlich aber eher aus freien Stücken) aus dem Fenster gefallen war.

ihre dicken Siegel glauben machen: Es handelt sich durchwegs um Imitate.

Zugang zwischen drittem Burghof und Náměstí sv. Jiří. Öffnungszeiten wie Königspalast. 5,20 €, erm. die Hälfte, Fam. 10,40 € oder mit Komb ticket A (→ Kasten, S. 198).

Bazilika sv. Jiří (Sankt-Georgs-Basilika): Sie ist der bedeutendste und schönste romanische Sakralbau Prags und zugleich die zweitälteste Kirche der Stadt, wenn man dies von außen auch gar nicht vermuten mag. Bereits im Jahr 925 wurde die Kirche, damals noch einschiffig, der Fürstin Ludmila geweiht. Sie wurde als erste Märtyrerin Böhmens heilig gesprochen. Ihre Schwiegertochter hatte sie aufgrund von Machtstreitigkeiten erdrosselt. Die sterblichen Überreste Ludmilas befinden sich heute in der Kapelle, die sich an die Südseite des Chors anschließt. Die im Chor erhalten gebliebenen Fresken stammen aus dem 13. Jh. und lassen das himmlische Jerusalem nur noch erahnen. Neben Ludmila haben noch weitere Fürsten aus dem Geschlecht der Přemysliden hier ihre Grabstätte. So befinden sich zu Füßen des Chors in der hölzernen Tumba die Gebeine Vratislavs I. Gegenüber ruht Boleslav II. unter dem von einem schmiedeeisernen Gitter umgebenen Grabstein. Dahinter, in der Krypta unter dem Chor (nicht zugänglich, aber einsehbar), steht rechter Hand die Grauen erregende, dunkle Plastik *Vanitas* aus der Mitte des 16. Jh. Sie stellt den Verfall bzw. die Vergänglichkeit des menschlichen Körpers dar. Einer Sage nach schuf sie ein Bildhauer, der aus Eifersucht seine Geliebte ermordet hatte und vor seiner Hinrichtung als letzte Bitte geäußert hatte, zum Beweis seiner Reue ihren verwesenden Körper darstellen zu dürfen.

Náměstí sv. Jiří. April–Okt. tägl. 9–17 Uhr, im Winter 9–16 Uhr. Zutritt nur in Verbindung mit Kombiticket A oder B (→ Kasten, S. 198).

Die Georgsbasilika, eine der ältesten Kirchen Prags

Klášter sv. Jiří (Georgskloster): Das Benediktinerinnenkloster wurde 973 als erstes Kloster Prags gegründet. Im Mittelalter war es durch seine illuminierten Handschriften aus dem klostereigenen Skriptorium weit über die Grenzen Böhmens hinaus bekannt. Von den vielen Um- und Anbauten erlebte es den letzten großen in der zweiten Hälfte des 17. Jh.; Ende des 18. Jh. wurde es aufgelöst und in eine Artilleriekaserne verwandelt. Bis vor wenigen Jahren beherbergte das Kloster die Sammlung „Böhmische Kunst des 19. Jh.", die Bestandteil der Nationalgalerie ist. Da die klimatischen Verhältnisse den Kunstwerken nicht bekamen, wanderte die Sammlung 2012 ins Archiv. Was aus Kloster und Sammlung werden soll, stand 2014 noch in den Sternen.

Náměstí sv. Jiří.

Rožmberský palác (Rosenberg-Palast): Die meisten Gänge und Säle des Palais

Nur selten ist das Goldene Gässchen so leer wie hier

sind dem Besucher verschlossen: Der Präsident des Landes hat sie für seine Kanzlei in Beschlag genommen. Lediglich ein paar Trakte sind der Öffentlichkeit zugänglich, darunter der große Renaissancesaal der Rosenberger und die Dreifaltigkeitskapelle mit ihrer grandiosen Akustik. Zwei Räumlichkeiten wurden zudem im Stile des einstigen Damenstiftes eingerichtet und sind mit kostbaren Biedermeier- und Rokokomöbeln versehen.

Jiřská. April–Okt. tägl. 9–19 Uhr, im Winter 9–16 Uhr. 2,30 € oder in Verbindung mit Kombiticket A, → Kasten, S. 198.

Zlatá ulička (Goldenes Gässchen): Einst wohnten hier die Ärmsten der Armen in einfachen Verschlägen rechts und links der Gasse, die gerade 1 m breit war. Für alle gab es nur eine Toilette, und die düngte den Hirschgraben. Nach einem Umbau der Burgmauern im 16. Jh. wurden aus den Hütten kleine Häuschen, und vorübergehend zog die Burgwache ein. Danach lebten hier ein paar Goldschmiede – daher der Name des Gässchens. Im 19. Jh. begannen sich Wahrsager, Handwerker und Künstler einzumieten. Berühmtester Anwohner sollte Franz Kafka werden. In Haus Nr. 22 verfasste er im Winter 1917 mehrere Prosatexte. In Haus Nr. 12 lebte ein weiterer Schriftsteller: Jiří Mařánek, Autor mehrerer historischer Romane. Madame de Thebes, eine damals bekannte Hellseherin, bewohnte das Haus Nr. 14. Nachdem sie den Untergang des Dritten Reiches prophezeit hatte, wurde sie von der Gestapo totgeschlagen. Heute wohnt niemand mehr hier. In einigen der winzigen Häuser sind Mini-Expositionen zum Leben ihrer einstigen Bewohner und zur Geschichte des Gässchens zu sehen, in anderen Souvenirshops untergebracht.

Über der Häuserzeile des Goldenen Gässchens verläuft ein Verteidigungsgang, Zutritt z. B. bei Haus Nr. 24. Im Gang selbst sind Ritterrüstungen ausgestellt, zudem wird mittelalterliches Zielschießen mit der Armbrust angeboten – ein Spaß für Kinder. Im Westen mündet der Verteidigungsgang in den *Weißen Turm (Bílá věž).* Dort kann man all das erstehen, für das das Mittelalter berühmt war – selbst Keuschheitsgürtel. Des Weiteren befinden sich im Turm eine spätgotische Toilette (nur zu besichtigen) und eine nachgestellte Alchemistenwerkstatt.

Zutritt nur in Verbindung mit Kombiticket A oder B (→ Kasten, S. 198).

Muzeum Hraček (Spielzeugmuseum): Es sorgt für Abwechslung im Standardkulturprogramm zwischen Gotik und Barock, und das nicht nur bei Kindern. Auf zwei Etagen werden bis zu 150 Jahre alte Spielsachen präsentiert – Dampfmaschinen, Eisenbahnen, Teddys und so fort, Exponate, die größtenteils aus Deutschland, Frankreich und den USA stammen. Sie sind Teil der großen Spielzeugsammlung des Filmemachers und Karikaturisten Ivan Steiger. Für viele ist die umfangreiche Barbie-Revue am spannendsten – mehrere hundert Modelle und Kostüme, darunter auch solche von namhaften Designern. Mütter, die hier ihre Barbiekleidchen aus den 80ern wieder entdecken, begeistert die Sammlung nicht selten mehr als ihre Töchter. Lesen Sie auch den Aushang über die Geschichte des Püppchens – wer weiß schon, dass Barbie ihre Wurzeln bei der „Bild-Zeitung" hat.

Jiřská 6. Tägl. 9.30–17.30 Uhr. Eintritt 2,60 €, erm. 1,20 €, Fam. 4,50 €.

> **Noch mehr Barbies?** In der Altstadt (Rytířská 6, 2. Stock, Ⓜ A, C Můstek) präsentiert **Dolls Land** in zwei kleinen Räumen rund 1200 Puppen. Tägl. 10–18 Uhr. 5,60 €, erm. 2,20 €, Fam. 11 €. www.dollsland.eu.

Lobkovický palác (Palais Lobkowitz): Das frühbarocke Palais, ursprünglich ein Renaissanceanwesen, wurde im Jahr 2003 der Adelsfamilie Lobkowitz restituiert, die Kommunisten hatten es 1952 konfisziert. Neben dem Palais bekam die Familie auch ihre Landschlösser und Güter zurück, dazu ihre Kunstsammlung, eine der größten Mitteleuropas. Die kostbarsten Exponate zeigt die Adelsfamilie heute im Palais Lobkowitz auf der Prager Burg, darunter Gemälde von Cranach d. Ä., Brueghel d. Ä. und Canaletto. Darüber hinaus werden Waffen und Rüstungen, Familienporträts, Beethovens Originalpartitur der 4. und 5. Symphonie u. v. m. präsentiert. Auch beherbergt das Palais ein nettes Café, zudem werden im kleinen Festsaal stets mittags um 13 Uhr Konzerte geboten → S. 67).

Jiřská 1. Tägl. 10–18 Uhr. Eintritt 10,20 €, erm. 7,40 €, Fam. 25,60 €. Sehr informativ ist der Audioguide. www.lobkowicz.cz.

Královská zahrada (Königsgarten): Er wurde einst vielfach als der schönste Renaissancegarten nördlich der Alpen gepriesen. 1534 ließ ihn Ferdinand I.

Der Singende Brunnen

anlegen. Erstmals in Europa wurden darin Tulpen gezüchtet; die Zwiebeln stammten aus Konstantinopel. Während des Dreißigjährigen Krieges verwüsteten Schweden und Sachsen den Garten, und vorbei war es vorerst mit dem herrschaftlichen Lustwandeln. Als man ihn im 18. Jh. als Barockgarten gerade neu angelegt hatte, kamen die Franzosen. Zum Glück konnte man sie durch eine Zahlung von 30 Ananas davon abhalten, dem oben erwähnten Beispiel zu folgen. Seine ursprüngliche Renaissanceform stellte man nach dem Ersten Weltkrieg wieder her. Sehens- bzw. hörenswert sind insbesondere das Königliche Lustschloss und der Singende Brunnen (s. u.).

U prašného mostu. April u. Okt. tägl. 10–18 Uhr, Mai u. Sept. 10–19 Uhr, Aug. 10–20 Uhr, Juni/Juli 10–21 Uhr.

Belvedér (Königliches Lustschloss und Singender Brunnen): Den Grundstein für den Renaissancebau mit seinem auffälligen Dach in Form eines kieloben schwimmenden Schiffrumpfs ließ Ferdinand I. 1538 legen; seiner geliebten Gemahlin wollte er das Schlösschen schenken. Es sollte dem Vergnügen und der Erholung dienen, auch ein Tanzsaal war geplant. Letztendlich zogen sich die Bauarbeiten jedoch bis 1564 hin. Während der Regierungszeit Rudolfs II. wurde das Schloss als astronomisches Observatorium zweckentfremdet. Heute wird es überwiegend für Ausstellungen genutzt.

Der berühmte *Singende Brunnen* davor stammt aus der Mitte des 16. Jh. Das Modell, einem römischen Brunnen gleich, schuf Francesco Terzio. Für den Guss war ein Glockengießer namens Thomas Jaroš verantwortlich. Vielleicht klingen deshalb die herabfallenden Wassertropfen auf der untersten Metallschüssel wie ein nie enden wollendes Glockenspiel, das am besten zu hören ist, wenn man den Kopf unter (nicht in) das untere Brunnenbecken hält.

Královská zahrada. Das Lustschloss ist i. d. R. April–Okt. zugänglich.

Essen und Trinken → Karte S. 196/197

Die Restaurants und Cafés im Burgbereich werden ausschließlich von Touristen aufgesucht. Dementsprechend stimmen Qualität und Service größtenteils nicht mit den Preisen überein.

Restaurants

Lví Dvůr 1 Beim Königsgarten. Sehr gepflegt, stilvoll-rustikal eingerichtet. Große Uhren an der Wand. Schöne Terrasse, auf der man saisonale Küche und Spanferkelspezialitäten (nicht immer!) probieren kann. Hg. 10,80–22,50 €. U prašného mostu, ✆ 224372361.

Vikárka 5 Das berühmteste Restaurant im Burgareal und in vielen Geschichten verewigt. Auch Picasso aß schon hier, und Václav Havel verbrachte im Vikárka nach seiner Wahl zum Präsidenten gerne seine Pausen. Leider war das Restaurant 2014 geschlossen.

Villa Richter 2 Nicht direkt auf dem Burggelände, sondern im St.-Wenzels-Weinberg. In der Villa befinden sich gleich 2 gehoben-gediegene Restaurants mit guter Weinauswahl: das **Piano Nobile** (tschechisch-internationale Küche zu 12–17 €) und das **Terra** (italienische Küche zwischen Pasta und Fisch vom Grill zu 7–14,50 €). Traumhafte Aussichtsterrassen! Staré zámecke schody 6 (Zugang gegenüber dem Schwarzen Turm), ✆ 702205108 (mobil).

Café

Lobkowicz Palace Café 4 Die Location mit der schönsten Terrasse innerhalb der Burganlage – herrlicher Blick über die Stadt. Dazu netter Innenhof. Sandwichs und Suppen, Miniauswahl an Hauptgerichten (ca. 12 €) und das süffige Lobkowicz-Bier im Ausschank – nur selten in Prag zu bekommen, ein Genuss! Jiřská 3.

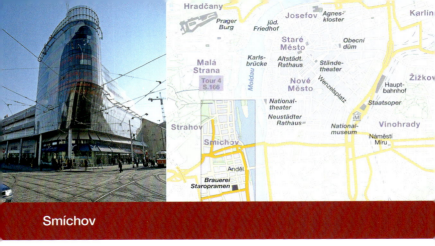

Smíchov

Smíchov

Südlich von Malá Strana erstreckt sich Smíchov, ein Stadtteil zwischen marod und mondän mit bröckelnden Fassaden, heruntergekommenen Fabrikanlagen und futuristischer Glas- und Stahlarchitektur.

Smíchov (dt. „Lachende Au") entdeckte der böhmische Adel im 18. Jh. In sicherem Abstand zu den Ufern der Moldau ließ er sich Lustschlösser bauen und blühende Gärten anlegen. An jene Zeit erinnern noch heute die → **Villa Bertramka**, in der Wolfgang Amadeus Mozart des Öfteren zu Besuch war, und das → **Sommerpalais Kinský** (**Letohrádek Kinských**) inmitten der friedlichen, gleichnamigen Parkanlage. Im Gefolge der Industrialisierung verflog jedoch die Sommerfrische über Smíchov. Rußende Fabrikanlagen kamen und mit ihnen das Proletariat und die Mietskasernen. Ende des 20. Jh. hörten die Schornsteine auf zu rauchen. Der Untergang des Kommunismus war auch der Untergang unzähliger Betriebe. Heute werden die alten Fabrikhallen teils als Lagerhallen genutzt oder abgerissen und machen so Platz für das neue Smíchov mit modernen Hotels, Büro- und Einkaufszentren.

Am attraktivsten ist jener Part von Smíchov, der südlich an Malá Strana anschließt und ohne weiteres zu Fuß zu erkunden ist. Das Moldauufer dominieren mondäne restaurierte Jugendstilfassaden, in zweiter und dritter Reihe bröckelt zuweilen noch der Putz. Smíchov hat hier nichts vom musealen Charakter der historischen Stadtteile, ist aber dennoch reizvoll – vielleicht genau deswegen. Neue Cafés, Restaurants und Bars sprießen aus dem Boden wie Pilze nach einem Sommerregen. Prager Alltag ist in Smíchov zu Hause, und mit dem → **Centrum Futura** eine der innovativsten Galerien der Stadt. Die Avantgarde trifft sich auch im Kunstzentrum → **MeetFactory** ganz im Süden von Smíchov – dort, wo noch abgewirtschaftete Industrietristesse und düstere Straßenzüge gegenwärtig sind. Wer mit Kunst weniger am Hut hat, geht einfach ein Bier trinken – z. B. in eine der vielen Kneipen rund um die → **Brauerei Staropramen**. Ganz nebenbei: Das Brauwasser von Staropramen entspringt keiner berühmten Quelle, auch keiner „alten" (Staropramen = alte Quelle), es kommt aus der Moldau!

Sehenswertes

Villa Bertramka (Mozartmuseum): Die Rokokovilla, in welcher Mozart einst zu Gast war (→ Kasten), wurde 1929 von der Tschechischen Mozartgemeinde erworben. 1986 ging sie samt Inventar (u. a. persönliche Gegenstände des Komponisten und historische Musikinstrumente) durch Enteignung in Staatsbesitz über. 2009 bekam die Mozartgemeinde die Villa nach 18-jährigem Rechtsstreit zurück – allerdings ohne die Exponate. Ein Besuch lohnt seither kaum mehr. Die Mozartgemeinde ist jedoch bemüht, ihr rechtmäßiges Hab und Gut zurückzubekommen. Zudem hofft man künftig auf mehr Leihgaben.
Mozartova 169, Ⓢ 4, 9, 10, 16 Bertramka. Von dort ausgeschildert. Tägl. 10–15 Uhr. 2 €. www.mozartovaobec.cz.

Letohrádek Kinských (Sommerpalais Kinský): Das auch „Musaion" genannte Empirepalais beherbergt – falls nicht gerade eine Schulklasse da ist – ein meist besucherfreies Ethnografiemuseum, das nicht unbedingt zum Pflichtprogramm gehört: Trachten, Keramik, Heiligenfiguren, Bauernmöbel etc.
Kinského zahrada, Ⓢ 6, 9, 12, 20 Švandovo divadlo. Tägl. (außer Mo) 9–18 Uhr. 2,60 €, erm. 1,50 €, Fam. 4 €. www.nm.cz.

Centrum Futura: Die Hinterhofgalerie präsentiert schräge, meist konzeptuelle Kunst aus dem In- und Ausland auf rund 800 m². Es lohnt auch ein Blick in den Garten: Dort stehen zwei riesige, nach vorn gebeugte Figuren, denen man über Leitern in den Allerwertesten blicken kann. Sie sind eine Arbeit David Černýs (→ Kasten, S. 117), übrigens einer der Mitinitiatoren der MeetFactory (s. u.).
Holečkova 49, Ⓢ 6, 9, 12, 20 Švandovo divadlo, weiter mit Ⓑ 176 Holečkova. Mi–So 11–18 Uhr. Eintritt frei. www.futuraproject.cz.

MeetFactory: In einer ehemaligen Fleischfabrik, auf die – unübersehbar – zwei leuchtend rot lackierte Autos an der Fassade aufmerksam machen, entstand 2007 eines der innovativsten Kunstprojekte der Stadt. Die MeetFactory versteht sich als multikulturelles Zentrum für moderne Kunst, in dem Künstler aus aller Welt für kürzer oder länger leben, arbeiten und ausstellen können. Neben den 15 Wohnateliers für

---

Sie nannten ihn „Mozard"

In Wien war er mit seinem *Figaro* kläglich gescheitert. In Prag pfiff man Melodien daraus auf der Straße, als Wolfgang Amadeus Mozart im Januar 1787 erstmals in der Moldaustadt eintraf. Im Gegensatz zu seinen Opern oder Sinfonien klang der Name des Urhebers aber noch fremd – die Zeitungen druckten ihn „Mozard". (Die Deutschen Böhmens unterschieden das D phonetisch nicht von T, hinzu kam das rollende R.) Noch im gleichen Jahr entschloss sich Mozart, seinen *Don Giovanni* in Prag uraufführen zu lassen. Die Oper beendete er in der Villa Bertramka als Gast des Pianisten František Dušek. In den arbeitsamen Nächten hielt ihn seine Frau Constanze mit Kaffee wach, angeblich aber auch die Hausherrin Josefa Dušek ... Wie auch immer: Die Premiere am 29. Oktober 1787 im Ständetheater wurde ein Erfolg. „Meine Prager verstehen mich", resümierte Mozart – wohl zu Recht. In Wien wurde er später in einem anonymen Massengrab beigesetzt. In Prag aber kamen 4000 Menschen zu einem Gedenkgottesdienst in die Sankt-Nikolaus-Kirche nach Malá Strana.

die kreativen Residenten gibt es Galerieräume, einen Filmklub für originelle Streifen, ein Theater und immer wieder aus der Reihe fallende Konzerte.

Ke Skále 5, Ⓢ 6, 12, 14, 20 Lihovar. Auf dem Weg dahin rechter Hand Ausschau halten. Galerie tägl. 13–20 Uhr. www.meetfactory.cz.

Brauerei Staropramen: Die 1869 gegründete Brauerei, die heute dem kanadisch-amerikanischen Brauereikonzern *Molson Coors* angehört, liefert ihrer trinkfreudigen Kundschaft in insgesamt 37 Ländern jährlich ca. 3,5 Mio. Hektoliter Bier. Rund 1,7 Mio. Flaschen werden täglich abgefüllt. Im historischen Sudhaus der Brauerei gibt es heute eine moderne interaktive Ausstellung zur Geschichte der Brauerei und zur Bierherstellung. Angeschlossen ist das große, laute Kneipenrestaurant *Potrefena Husa* (neun Sorten Bier im Ausschank; unbedingt kosten: das naturtrübe *Kvasničové pivo*). Als Andenken kann man ein Staropramen-T-Shirt erstehen.

Nádražní, Ⓜ B Anděl. Ausstellung tägl. 10–18 Uhr. 8 € inkl. eines kleinen Biers. Deutschsprachige Führungen i. d. R. um 14.30 Uhr, Infos unter www.staropramen.com.

Essen und Trinken

Restaurants

La Terrassa 6 Herrliches, direkt an der Moldau gelegenes Terrassenlokal. Gute spanische Küche: Tapas, frischer Fisch, leckeres Seafood – aus der Pfanne oder vom Holzkohlegrill. Für den gehobenen Standard faires Preis-Leistungs-Verhältnis. 2 Pers. tafeln hier mit Wein für ca. 50 €. Dětský ostrov Janáčkovo nábř., Ⓢ 6, 9, 12, 20 Arbesovo náměstí, ✆ 725161616 (mobil).

Jeskynní Restaurant Pravěk 11 An den Wänden Mammutstoßzähne, Tropfsteine und Höhlenmalereien. Auf den Teller kommen gute Steaks (Fleisch u. a. aus Uruguay und den USA) und prähistorische Gerichte! Stets gut besucht. Ein Erlebnis für Kinder. Hg. 8–21 €. Na Bělidle 40, Ⓜ B Anděl, ✆ 257326908.

Ichnusa Botega Bistro 1 In Wohnzimmeratmosphäre isst man hier wunderbare sardische Küche. Die Speisen (Fisch, Fleisch, tolle Paste) wechseln täglich. Höhere Preisklasse. Mo–Fr mittags und abends, Sa nur abends, So geschl. Plaská 5, Ⓢ 6, 9, 12, 20, 22 Újezd, ✆ 605375012 (mobil).

Anděl 12 Schwer rustikales Pilsner-Urquell-Restaurant. Fest in tschechischer Hand. Zum Bier gibt's derb-deftige Kost in riesigen Portionen – alles in allem zwar mehr Masse statt Klasse, dennoch urig und mit einem großen Innenhofbiergarten. Hg. 6–12 €. Nádražní 114, Ⓜ B Anděl, ✆ 257323234.

U Žíznivého jelena 14 In den „Durstigen Hirschen" gehen – trotz mehrsprachiger Karte – v. a. die durstigen Prager, Touristen sind eher die Ausnahme. Deftige böhmische Küche, die man mit ein paar Gläsern Bier wegspült. Hirschgeweihe beim Ausschank. Im UG ein rustikaler Backsteinkeller. Hg. 6–12 €. Vltavská 15, Ⓜ B Anděl, ✆ 257322525.

Pivnice

Pivnice U Dělového Kříže 3 Verzweigte Kellerpivnice, in der man nicht nur Snacks zum Bier bekommt, sondern auch richtig ordentlich essen kann (viel Fleisch, super Ente). Wer des Tschechischen mächtig ist, kann aus der kleinen, sehr günstigen Mittagskarte wählen. Hg. ansonsten 5–10,50 €. Rockmusik aus den Boxen, viel junges Publikum. Štefánikova 48, Ⓢ 6, 9, 12, 20 Švandovo divadlo.

Cafés

Švandovo Divadelní Kavárna 2 Nette Cafébar mit großen Fenstern, die zum gleichnamigen Theater gehört. Štefánikova 57. Ⓢ 6, 9, 12, 20 Švandovo divadlo.

President 9 Klassisches Café in der im 18. Jh. von Kilian Ignaz Dientzenhofer errichteten Villa Portheimka. Innen historisches Gewölbe, draußen nette Terrasse zum Park hin. Kuchen und Snacks. Sa/So nur 14–20 Uhr. Matoušova 9, Ⓢ 6, 9, 12, 20 Arbesovo náměstí.

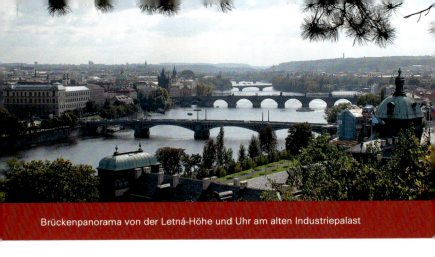

Brückenpanorama von der Letná-Höhe und Uhr am alten Industriepalast

Holešovice und Bubeneč

U-förmig zieht sich die Moldau um die zwei Stadtteile Holešovice und Bubeneč. Prager Alltagstristesse und Prager Glanzlichter liegen hier eng beieinander.

Die beiden Stadtteile im Norden Prags haben viel zu bieten, wenn auch erst auf den zweiten Blick. Wer sich für Kunst interessiert, kann allein im → **Veletržní palác**, dem einstigen Messepalast und heutigen Museum moderner und zeitgenössischer Kunst, einen ganzen Tag verbringen. Hier ist alles vertreten, was Rang und Namen hat. Spannende Ausstellungen zur Gegenwartskunst bietet zudem die → **DOX Galerie**. Aber auch das → **Technische Nationalmuseum (Národní technické muzeum)** hilft ein verregnetes Wochenende zu überbrücken. Oder das → **Lapidárium**, ein weiteres gutes Museum, voll mit alten Statuen und Architekturfragmenten. Es befindet sich im → **Výstaviště**, dem größten Freizeitpark der Stadt. Wer einfach Ruhe sucht, geht in den → **Letná-Park** oder den → **Stromovka-Park**.

Zum gemütlichen Schlendern durch das Prag der Prager sollte man Vinohrady oder – am Abend – Žižkov den Vorzug geben. Holešovice ist dafür zu zerrissen. Zwar besitzt der Stadtteil viele schöne Straßenzüge mit Bauten aus der Gründerzeit. Daneben aber auch Ecken mit Häusern, bei denen man den Eindruck hat, als würden sie ihre tristen Hinterhoffassaden zur Straße kehren. Dazwischen erinnern alte Industrieanlagen an den Ruin der Planwirtschaft. Manche aber lassen sich auf den ersten Blick als solche gar nicht mehr erkennen: Sie wurden zu schicken Büromeilen und Lofts umgewandelt. Darin wohnen nun Mieter, die sich das neue Feinkostgeschäft ums Eck leisten können. Sie passen so gar nicht zum alten Arbeiterpublikum des Stadtteils, das vor der Frühschicht sein erstes Bier in der Herna-Bar trinkt. Holešovice ist wie Smíchov ein Stadtteil im Wandel. Ein Stadtteil, in dem die trostlosen Saure-Gurken-Auslagen und die Schaufenster mit der Mode längst vergilbter Burdahefte peu à peu verschwinden.

Überaus adrette Viertel weist Bubeneč auf, darunter eine vornehme Villenge-

Holešovice und Bubeneč

gend mit Botschaftsgebäuden (ganz im Westen des Stadtteils). Zudem hat sich hier eine eigene kleine Kneipenszene etabliert – werfen Sie beispielsweise einen Blick in die Šmeralova.

Sehenswertes

Veletržní palác – Messepalast (Muzeum moderního a současného umění – Museum moderner und zeitgenössischer Kunst): Das Museum begeistert in zweierlei Hinsicht, aufgrund seiner Architektur und aufgrund seiner Exponate. Als der ehemalige Messepalast 1928 eröffnet wurde, war er das erste Bauwerk Europas im funktionalistischen Stil und zugleich das größte Messegebäude der Welt. Heute hat sich das Auge an solche Bauten gewöhnt, von außen nimmt man sie gar nicht mehr als etwas Besonderes wahr. Von innen jedoch ist der Palast noch immer beeindruckend. Den Kern des Gebäudes bildet eine Halle mit verglastem Dach, die von den offenen Galerien der sechs Stockwerke umgeben wird. Die Architekten Oldřich Tyl und Josef Fuchs schufen dadurch ein Bauwerk von solcher Leichtigkeit, dass sich Le Corbusier bei dessen Anblick wie ein Dilettant vorgekommen sein soll.

Das Gros des Gebäudes belegt heute die Nationalgalerie. Ihre Sammlung umfasst wahre Schätze, leider ist die Präsentation alles andere als zeitgemäß.

Im EG werden temporäre Ausstellungen gezeigt, darunter auch der Bilderzyklus *Slawische Epopöe (Slovanská epopej)* des Jugendstilkünstlers Alfons Mucha (→ S. 123): 20 Gemälde von überwältigender Größe (teils über 6 x 8 m). 18 Jahre benötigte Mucha für sein Meisterwerk, das Ereignisse und Persönlichkeiten der slawischen Geschichte aufgreift. Der Bilderzyklus soll bis 31. Dezember 2015 zu sehen sein, vielleicht auch länger, vielleicht dann aber auch an einem anderen Ort: Zuletzt war der Prager Hauptbahnhof im Gespräch.

Im 1. Stock werden Werke internationaler Künstler des 20. und 21. Jh. präsentiert (u. a. Klee, Kokoschka, Schiele, Klimt, Miro, Moore, Beuys usw.), dazu ebenfalls temporäre Ausstellungen. Im 2. Stock bekommt man tschechische

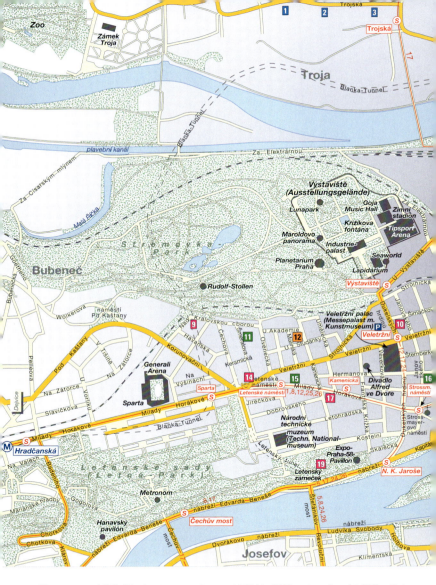

Kunst von 1930 bis heute zu sehen (Surrealismus, Aktionskunst, sozialistischer Realismus etc.), dazu Architekturmodelle und Designstudien.

Im 3. Stock (der spannendste!) ist eine Sammlung tschechischer Kunst von 1900 bis 1930 untergebracht (Filla, Gutfreund, Čapek, Zrzavý). Darunter befinden sich zahlreiche kubistische Werke und Art-déco-Mobiliar. Zudem wird eine Kollektion französischer Kunst des 19. und 20. Jh. präsentiert (u. a. Dela-

croix, Rodin, Matisse, Gauguin, Toulouse-Lautrec, Picasso und Monet).

Der 4. Stock ist der tschechischen Kunst an der Wende vom 19. zum 20. Jh. gewidmet (abermals Mucha, aber auch Kupka, Švabinský, Schikaneder oder Drtikol).

Im 5. Stock werden in temporären Ausstellungen zeitgenössische Skulpturen aus Tschechien und der Slowakei gezeigt, immer wieder auch die Abschlussarbeiten der hiesigen Kunsthochschule. Das alles hört sich nicht nur

Technisches Nationalmuseum

Messepalast

nach viel an, das ist auch viel – bringen Sie entsprechend Zeit mit!

Dukelských hrdinů 47, Ⓜ C Nádraží Holešovice, weiter mit Ⓢ 12, 17, 24 Veletržní. Tägl. (außer Mo) 10–18 Uhr. 7,50 €, erm. 3,75 €, inkl. Muchas *Slawischer Epopöe* 9 €, erm. 4,50 €. www.ngprague.cz.

Dox Galerie: Die Galerie, die größte für moderne Kunst auf tschechischem Boden (sechs Ausstellungshallen), ist untergebracht in einer ehemals Metall verarbeitenden Fabrik. Ihr Name leitet sich vom griechischen Wort „Dóxa" (Meinung) ab. Zwei bis drei große sowie bis zu acht kleinere Expositionen sind hier pro Jahr zu sehen – alles ist dabei möglich. Angeschlossen sind ein Designshop und ein Café mit netter Sommerterrasse.

Poupětova 1, Ⓜ C Nádraží Holešovice, weiter mit Ⓢ 12, 24 Ortenovo náměstí. Mo und Sa/So 10–18 Uhr, Mi–Fr 11–19 Uhr, Di geschl. Eintritt für alle laufenden Ausstellungen 6,70 €, erm. die Hälfte, Fam. 11,20 €. www.doxprague.org.

> Ausstellungen junger tschechischer Künstler bietet in Holešovice zudem die Galerie **The Chemistry Gallery** (www.thechemistry.cz) in der Bubenská 1 (rückseitig eine Poliklinik).

Národní technické muzeum (Technisches Nationalmuseum): Das Museum ist untergebracht in einem funktionalistischen Kasten aus den 1930er-Jahren und besitzt einen Fundus von 58.000 Exponaten. Das Highlight ist die Verkehrshalle, die sich dem Transportwesen zu Luft, zu Land und zu Wasser widmet und für Autoliebhaber ein paar Schmankerl bereithält: alte Bugattis, Renaults und Benz', aber auch Modelle von Praga, Wikov, Laurin Klement (Vorgänger von Škoda), Aero und Jawa (darunter der coole Jawa 750). Des Weiteren werden die Themen Fotografie (interessante Sammlung fotografi-

Sehenswertes

scher und kinematografischer Apparate), Druckwesen (alte Druckerpressen), Astronomie (Instrumente, mit denen schon Tycho Brahe und Johannes Kepler Sonne, Mond und Sterne studierten) sowie Architektur und Design (diverse Modelle, Möbel und Lampen) behandelt. Per Führung (nur tschechischsprachig) kann im Untergeschoss zudem der Nachbau einer Erz- und Kohlegrube besichtigt werden.

Kostelní 42, Ⓜ C Vltavská, weiter mit Ⓢ 1, 8, 12, 25, 26 Letenské náměstí. Di–Fr 9–17.30 Uhr, Sa/So 10–18 Uhr. 7 €, erm. 3,40 €, Fam. 15,20 €. www.ntm.cz.

Lapidárium: Das Museum auf dem Ausstellungsgelände Výstaviště (s. u.) beherbergt überwiegend Originale jener Bildhauerarbeiten, die vielerorts in der Stadt aufgrund von Verwitterung oder einfach zum Schutz durch Kopien ersetzt wurden. Darunter befinden sich z. B. Originalskulpturen von der Karlsbrücke oder die Reiterstatue des heiligen Georg von der Prager Burg. Die Sammlung umfasst über 400 Exponate vom 11. bis zum 19. Jh., die in acht Sälen ausgestellt sind.

Výstaviště 442, Ⓜ C Nádraží Holešovice, weiter mit Ⓢ 12, 17, 24 Výstaviště. Mi 10–16 Uhr, Do–So 12–18 Uhr. 2 €, erm. 1,20 €, Fam. 3,20 €. www.nm.cz.

Výstaviště (Ausstellungsgelände): Herz des Ausstellungsgeländes ist der 1891 eröffnete *Industriepalast (Průmyslový palác)* aus der Zeit des Jugendstils. 2008 zerstörte ein Feuer – der größte Brand in der Geschichte Tschechiens – den kompletten linken Flügel. Die Schäden wurden auf 40 Mio. Euro beziffert. Noch 2014 war der fehlende Gebäudeflügel durch eine provisorische Zeltkonstruktion ersetzt.

Drum herum erstreckt sich ein etwas schäbiges Freizeitgelände – dementsprechend der Andrang. Es gibt u. a. einen *Lunapark* mit Riesenrad, eine multimediale, kitschige *Springbrunnenshow (Křižíkova fontána*, nur im Sommer, www.krizikovafontana.cz), einige Terrassenlokale und Imbissstände. Im *Seaworld* (Morský svět) kann man Korallen und Meeresfische – darunter auch Haie in einem viel zu kleinen Aquarium – besichtigen. Außerdem stehen auf dem Gelände das *Lapidárium* (s. o.) und ein 1898 errichteter Rundbau *(Maroldovo panorama)*. Das gigantische Panoramabild in seinem Inneren ist ein Werk des Malers Ludvík Marold und zeigt die Hussitenschlacht bei Lipany (1434). Im Osten grenzt die *Tipsport Arena*, in der Sparta Prag Eishockey spielt und musikalische Großevents stattfinden, das Gelände ab.

Výstaviště 442, Ⓜ C Nádraží Holešovice, weiter mit Ⓢ 12, 17, 24 Výstaviště. Das Gelände ist, sofern keine Veranstaltungen stattfinden, frei zugänglich. **Seaworld**, tägl. 10–19 Uhr. 10,50 €, erm. 6,70 €. www.morsky-svet.cz. **Maroldovo panorama**, Di–Fr 13–17 Uhr, Sa/So 10–17 Uhr. Nov.–März geschlossen. 1 €.

Letenské sady (Letná-Park): Hoch über der Moldau gelegen, bietet er herrliche Ausblicke über die Stadt. Auf Bierbänken sitzt man beim *Letenský zámeček*, einem kleinen Beinaheschlösschen, etwas gediegener im Westen der Parkanlage auf der Aussichtsterrasse des *Hanavský pavilón*. Dieser Jugendstilpavillon erinnert an eine russisch-orthodoxe Kirche, besitzt eine Stahlkonstruktion und wurde 1891 zur Landesjubiläumsausstellung gebaut. Ganz im Osten liegt der *Expo-Praha-58-Pavillon*. Der nahezu vollständig verglaste Pavillon gewann die Goldmedaille bei der Weltausstellung in Brüssel und fand danach auf der Letná einen neuen Standort. Einst befand sich ein nobles Restaurant mit Aussichtsterrasse darin, heute wird der Pavillon als Bürogebäude genutzt – schade.

Noch zu sozialistischer Zeit wurden auf der Rückseite des Parks, beim Sparta-Stadion, die Maiparaden abgenommen. Aber das ist Vergangenheit. An die wechselvolle Geschichte des Landes erinnert heute das große *Metronom* des Popkünstlers David Černý (→ Kasten

Das „Auf und Ab" in der Geschichte

Auf der Letná hoch über Prag erinnert heute der Pendelschlag eines gigantischen Metronoms an die wechselvolle Geschichte des Landes und der Stadt. Es befindet sich an jener Stelle, an der 1955 das größte Stalinmonument der Welt stand: eine 30 m hohe, 14.000 t schwere kolossale Skulptur mit dem Diktator an der Spitze, hinter ihm eine Schar seiner Anhänger. Der Volksmund nannte es „tlačenice" (das Gedränge), da es stark dem Schlangestehen vor den Geschäften ähnelte. Der Entwurf dazu stammte von Otakar Švec. Kurz darauf beging er Selbstmord und stiftete sein Vermögen bezeichnenderweise einer Blindenschule. Ein Jahr nach der Einweihung des Monuments verurteilte Chruschtschow Stalin. Stück für Stück jagte man die 7000 Kubikmeter Granit daraufhin in die Luft, an der zuvor 600 Arbeiter über eineinhalb Jahre geklopft hatten.

und S. 117), das sich im Adagio-Takt bewegt. Es ist jedoch von überall in der Stadt interessanter anzusehen als vor Ort. Könnte man die Frequenz steigern, wäre der Platz davor die geniale Kulisse für eine Technoparty.

Ⓜ C Vltavská, weiter mit Ⓢ 1, 25 Sparta.

Holešovice: Zentrum moderner Kunst

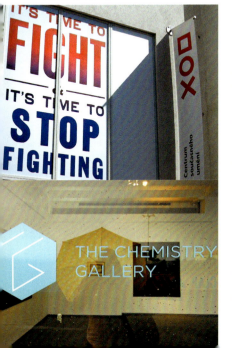

Stromovka (Stromovka-Park): Er ist nicht nur der größte, sondern auch der schönste Park der Stadt. Hunde, Jogger und Inlineskater finden genügend Auslauf. Bereits im 13. Jh. wurde der Stromovka-Park als Jagdgehege angelegt. Im 17. Jh., unter Rudolf II., grub man einen 1 km langen *Stollen (Rudolfa štola)* durch den Letná-Park bis zur Moldau. Die tiefer als der Fluss gelegenen Parkabschnitte konnten so geflutet werden. Zuviel des Guten brachte das Augusthochwasser 2002, der ganze Park verwandelte sich in einen See. Seitdem ist der Stollen, der zuvor begehbar war, geschlossen. Ein beschilderter Spazierweg führt durch den Stromovka-Park bis zum Schloss Troja. Das Planetarium am Eingang des Parks beim Ausstellungsgelände Výstaviště kann man sich sparen, sofern man des Tschechischen nicht mächtig ist.

Unter dem Stromovka-Park verläuft der sog. *Blanka-Tunnel*, der mit 6384 m längste Stadttunnel Europas. Zum Zeitpunkt der letzten Recherche wurde immer noch daran gewerkelt, obwohl die Fertigstellung des rund 1,35 Milliarden Euro teuren Projekts bereits für 2011 angesetzt war. Der Bau des Tunnels, der die Stadtteile Hradčany und Troja verbinden wird und den innerstädtischen Verkehr entlasten soll, war bei Umwelt- und Denkmalschützern sehr umstritten.

Ⓜ C Nádraží Holešovice, weiter mit Ⓢ 12, 17, 24 Výstaviště.

Essen und Trinken

→ Karte S. 214/215

In den Straßen **Šmeralova**, **Čechova** und **Keramická** (nördlich des Letenské náměstí) reihen sich Cafés, Kneipen und Restaurants aneinander, viele mit hübschen Gartenterrassen. In Holešovice und Bubeneč gibt es zudem noch eine Vielzahl einfacher Pivnices.

Restaurants

»» Unser Tipp: SaSaZu 18 Das weiträumige Clubrestaurant, eines der extravagantesten und besten Lokale Prags, befindet sich in einer restaurierten Viehhalle (!) auf dem Gelände des Prager Markts. In trendigem Buddha-Bar-Ambiente kann man liebevoll und mit viel Aufwand zubereitete Asia-Fusionküche genießen. Zuvorkommendes Personal, das gut berät. Wird regelmäßig mit dem *Bib Gourmand* von Michelin ausgezeichnet. Ein Ess-Erlebnis mit nur einem Manko: die etwas zu laute Musik. Zum Sattwerden benötigt man etwa 3 Gerichte (die Portionen haben nur Appetizer-Größe), inkl. Wein sollte man mit ca. 35–45 €/Pers. rechnen. Club angegliedert (→ Nachtleben, S. 73). Reservierung empfohlen. Bubenské nábřeží 13, Ⓜ C Vltavská, weiter mit Ⓢ 1, 14, 25 Pražská tržnice, ✆ 284097455. **«**

Brasserie Ullmann 19 Das Schlösschen Letenský zámeček auf der Letná-Höhe beherbergt ein nettes, modern eingerichtetes Lokal. Gute mediterrane Küche (Hg. 7,50–15 €). Schöne, große Gartenterrasse. Nebenan ein preiswerterer Self-Service-Biergarten. Letenské sady 341, Ⓜ C Vltavská, weiter mit Ⓢ 1, 8, 12, 25, 26 Letenské náměstí, ✆ 233378200.

Bohemia Bagel Burger 10 Schräg gegenüber dem Veletržní palác. Lang gezogenes, mit Ethnokram dekoriertes Burgerrestaurant. Punkrock aus den Boxen. 8 verschiedene Burger (auch vegetarische und Fisch) zu 4,50–6,50 €. Dazu Chicken Wings, Frühstück, Sandwichs. Dukelských Hrdinů 48, Ⓜ C Nádraží Holešovice, weiter mit Ⓢ 12, 17, 24 Veletržní, ✆ 220806541.

Lokál nad Stromovkou 9 Ordentliche tschechische Küche, die auf regional-saisonale Produkte Wert legt. Eine neue Filiale der „Lokál"-Kette, die u. a. auch in der Altstadt (→ S. 151) und auf der Kleinseite (→ S. 182) vertreten ist. Nad Královskou oborou 31, Ⓜ C Vltavská, weiter mit Ⓢ 1, 8, 12, 25, 26 Letenské náměstí, ✆ 220912319. ∎

Cafés/Kneipen

Kido 11 Kleines, charmantes Caférestaurant. Stets eine Tagessuppe und ein Tagesgericht, dazu Salate, Quiches und fruchtige Kuchen. Verwendet werden viele Bioprodukte, alles ist hausgemacht und fast alles vegetarisch bzw. vegan. Werktags 9–20 Uhr, Sa/So 12–19 Uhr. Šmeralova 22, Ⓜ C Vltavská, weiter mit Ⓢ 1, 8, 12, 25, 26 Letenské náměstí. ∎

Fraktal 14 Lustig-bunt dekorierte Kneipe, in der das Bier in Strömen fließt, mit netter Musik und alternativem Publikum (darunter viele in Prag lebende Amerikaner). Kleiner Außenbereich. Tex-Mex-Küche zwischen Burgern und Burritos (preiswert), Sa/So Brunch (kein Büfett). Šmeralova 1, Ⓜ C Vltavská, weiter mit Ⓢ 1, 8, 12, 25, 26 Letenské náměstí.

Ouky Douky 16 Hier sitzt man mitten im Antiquariat! Nettes Café mit Snacks und einem jungen, angenehmen Völkchen. Janovského 14, Ⓢ 1, 5, 12, 17, 24, 25, 26 Strossmayerovo náměstí.

Erhartová Cukrárna 15 Funktionalistischer Konditoreiklassiker aus der Ersten Republik (2007 wiedereröffnet). Das Besondere heute wie damals: große Auswahl an exzellenten Kuchen. Inneneinrichtung etwas bieder. Nur tagsüber geöffnet. Milady Horákové 56, Ⓜ C Vltavská, weiter mit Ⓢ 1, 8,12, 25, 26 Letenské náměstí.

Biergarten

Im gemütlichen, schattigen **Biergarten** vor dem **Letenský zámeček** genießt man eine herrliche Aussicht über die Stadt. Bier gibt es in Plastikbechern, oft wird gegrillt. Viel junges Publikum. Letenské sady 341, Ⓜ C Vltavská, weiter mit Ⓢ 1, 8, 12, 25, 26 Letenské náměstí.

Snacks

Príma Chlebíčky 17 Leckerst belegte Weißbrotscheiben in zig Varianten. Ideal für den kleinen Hunger zwischendurch. Milady Horákové 41, Ⓜ C Vltavská, weiter mit Ⓢ 1, 8, 12, 25, 26 Kamenická.

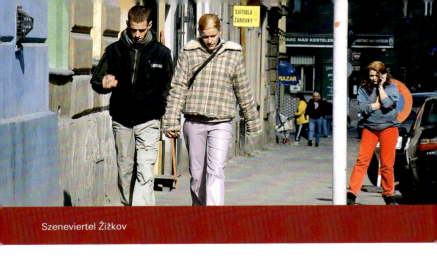

Szeneviertel Žižkov

Žižkov

Eingebettet zwischen Hügeln erstreckt sich Žižkov. „Rot" war der Stadtteil früher. Immer bunter wird er heute – das merkt man v. a. dann, wenn man sich hier einen Abend lang treiben lässt.

Zu Beginn des 19. Jh. war Žižkov nur ein Ausläufer von Vinohrady. Als im Zuge der Industrialisierung große Fabrikanlagen im benachbarten Karlín (→ S. 243) entstanden, entwickelte sich Žižkov zum Arbeitervorort und wurde schließlich ein eigener Stadtteil. Schon in den ersten Jahrzehnten des 20. Jh. war er die Hochburg der Kommunisten, laut dem Dichter Jan Martinec „der ärmste Stadtteil Prags, mit düsteren Mietshäusern und uneleganten Ausdünstungen". In den 1980ern wollten die Kommunisten dieses „alte Žižkov" im Zuge einer Stadterneuerung fast vollständig dem Erdboden gleich machen und mit Plattenbauten bestücken. Zum Glück wurde dieses Vorhaben nur in Ansätzen in die Tat umgesetzt.

Noch heute gilt Žižkov als Arbeiterviertel, zudem ist es die Heimat vieler Roma. Mittlerweile entdecken jedoch auch junge Kreative, die neue Prager Mittelschicht und die Tourismusbranche den Stadtteil. Straßenzug um Stra-

Die Republik Žižkov

Kein Stadtteil Prags pflegt einen solchen Lokalpatriotismus wie Žižkov. Von offizieller Seite – dem Rathaus von Prag 3 nämlich – wurde sogar schon spaßeshalber die „Unabhängige Republik Žižkov" ausgerufen und eine große Party veranstaltet, bei der Stadtbeamte Žižkover Reisepässe verteilten. 2002 initiierte das Rathaus ein Referendum zur Abspaltung Žižkovs von Prag: 91 % der Einwohner votierten dafür.

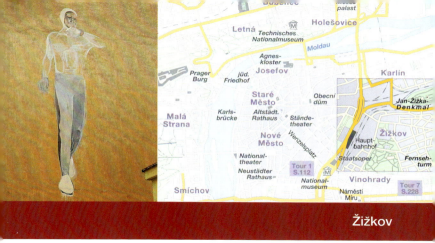

Žižkov

ßenzug wird restauriert, Hotels und Pensionen sind entstanden, die man hauptsächlich zwischen den Straßen Husitská und Bořivojová findet.

Dazwischen, an der Seifertova, liegt das Stadion des lokalen Fußballclubs „Viktoria", dem „FC St. Pauli" Prags. Dieses Eck bis hinauf zur Metrostation Flora ist zugleich das schönste des Stadtteils und abends das lebendigste. Hier kann man einen Streifzug durch die Žižkover Bierkneipen unternehmen – angeblich bot der Stadtteil während der Ersten Republik die weltweit höchste Anzahl an Gasthäusern pro Quadratkilometer. In den Kneipen geht es teils zu, als würde man noch immer den Sieg des Hussitenführers Jan Žižka, dem Namensgeber des Stadtteils, über das Kreuzfahrerheer begießen! So manch skurrile Szenebar muss man aber erst einmal suchen – zuweilen versteckt sie sich hinter nichts anderem als einem Loch in der Wand. Abseits der Straßen um die Seifertova geht es erheblich ruhiger zu, zumal viele Ecken Žižkovs bislang nur schlecht mit öffentlichen Verkehrsmitteln zu erreichen sind. Das soll sich aber ändern. Geplant ist der Bau einer neuen Metrolinie (D), die durch Žižkov führen wird. Bislang wurde mit deren Bau zwar noch nicht einmal begonnen, dennoch: 2024 soll sie fertig sein.

Das Gros der Touristen lässt Žižkov links liegen, und die wenigen, die kommen, besuchen vorrangig den → **Nové Židovské Hřbitovy**, den Neuen Jüdischen Friedhof, oder den → **Žižkovská Věž**, den die ganze Stadt überragenden Fernsehturm. Außerdem kann man den → **Vítkov** besteigen, einen länglichen Hügel, der die beiden Viertel Žižkov und Karlín voneinander trennt. Auf dem Hügel befindet sich die **Nationale Gedenkstätte (Národní památník)**, die als Museum der Öffentlichkeit zugänglich gemacht wurde – sie ist allemal spannender als das → **Armeemuseum (Armádní muzeum)** zu Füßen des Vítkov.

> Tipp: Den Besuch von Žižkov kann man auch mit einem Spaziergang nach Karlín (→ S. 243) verbinden. Die kürzeste Verbindung (5 Fußmin.) stellt ein Fußgängertunnel dar, Zugang von der Koněvova nahe dem Prokopovo náměstí.

Nachtleben

- 3 Storm Club (S. 75)
- 4 Club Kain (S. 74)
- 14 Alcatraz (S. 79)
- 17 Bukowski's (S. 76)
- 20 Malkovich (S. 76)
- 22 Palác Akropolis (S. 73)
- 25 Piano Bar (S. 79)

Sehenswertes

Vítkov (Veitsberg): Hoch über Prag hat man hier Jan Žižka ein Denkmal gesetzt, so gigantisch, als hätte der einäugige Hussitenführer nicht nur ein Kreuzfahrerheer besiegt (→ S. 92), sondern die Erde auch noch vor einem Überfall der Klingonen bewahrt. Das Denkmal war, als es geschaffen wurde, das größte bronzene Reiterstandbild der Welt – aus der Nähe betrachtet, wirkt es aber gar nicht so imposant. Hinter dem Denkmal liegt die *Nationale Gedenkstätte* (Národní památník), ein riesiger konstruktivistischer Würfel aus den 1920er-Jahren, der einst zum Ruhm der neuen Republik errichtet wurde. Die Kommunisten zweckentfremdeten das Bauwerk und machten

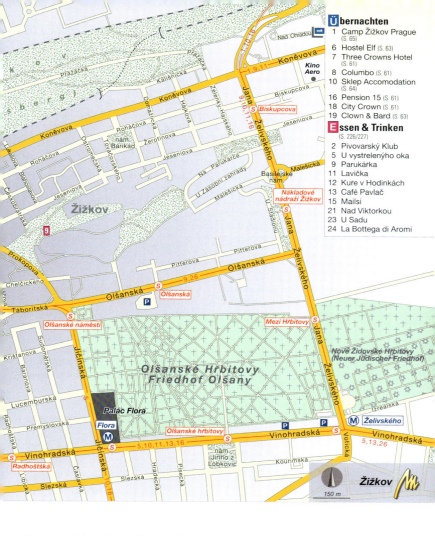

daraus ein Mausoleum. Unter anderen fand darin auch der einstige Präsident Klement Gottwald seine Ruhestätte, aber nicht die letzte: 1990 bettete man ihn schließlich um auf den Friedhof Olšany (s. u.). Gottwald starb übrigens nicht an einer Grippe, die er sich beim Begräbnis Stalins geholt hatte, wie gerne behauptet wird. Tatsächlich raffte ihn die Syphilis dahin.

Die Gedenkstätte gehört heute zum Nationalmuseum. In der Zentralhalle und im Untergeschoss informiert eine Ausstellung über die Eckdaten der Tschechoslowakei und der Tschechischen Republik. Besichtigt werden kann zudem die große Zeremonienhalle im Obergeschoss, eine Kapelle für gefallene Soldaten, ein Kolumbarium und die Aussichtsterrasse, von der einem Prag

Ostalgie-Tipps

An die kommunistische Ära erinnert im Zentrum Prags heute so gut wie nichts mehr. Die Symbole des Sozialismus sind verschwunden wie Spuren im Sand. Teils wurden sie abmontiert, teils hat man sie einfach übertüncht wie z. B. den großen roten Stern über dem ehemaligen Hotel International, der mittlerweile grau ist. Der ideologisch markante Schmuck mit Arbeitern und Bauern, Hammer, Sichel und Sternen, der die Fassade ziert, blieb jedoch erhalten. Das Gebäude selbst, eine Art Prototyp des sozialistischen Realismus, das in Anlehnung an die Lomonossow-Universität in Moskau entstand, beherbergt heute das Crowne Plaza Hotel (Podbabská, Dejvice). Auch Namensänderungen wurden vielfach durchgeführt. So benannte man z. B. die Metrostation Gottwaldova in Vyšehrad um, aus Leninova wurde Dejvická und aus Moskevská („Moskauer") Anděl. In Letzterer finden sich noch Reliefs mit Hammer und Sichel, Arbeitern, Bauern, Fahnen und Kosmonauten, genauso an der Nationalen Gedenkstätte am Vítkov.

zu Füßen liegt. Unter der Gedenkstätte erstreckt sich ein Atombunkerlabyrinth (nicht zugänglich).

Ⓜ B, C Florenc, weiter mit Ⓑ133 U Památníku, von dort führen Spazierwege nach oben. Nationale Gedenkstätte Mi–So 10–18 Uhr. 4 €, erm. 2,20 €, Fam. 6,30 €. www.nm.cz.

Armádní muzeum (Armeemuseum): Das Museum, untergebracht in einem tristen Kasten am Fuß des Vítkovs, diente einst der Glorifizierung des tschechoslowakischen Militärs und der gesamten Streitkräfte des Warschauer Paktes. Heute beschränkt man sich mehr oder weniger auf die Militärge-

Auf dem Neuen Jüdischen Friedhof

Nobelpreisträger und Persona non grata – Jaroslav Seifert

Žizkovs berühmtester Sohn und, für den Stadtteil typisch, Sprössling einer Arbeiterfamilie heißt Jaroslav Seifert (1901–1986). 1920 gründete er mit befreundeten Schriftstellern den provokanten Künstlerbund „Devětsil" (dt. „Pestwurz"), eine surrealistische Avantgardegruppierung, die eine „neue proletarische Kunst" schaffen wollte. Kurz darauf trat er der Kommunistischen Partei bei. Den Genossen war er jedoch zu bürgerlich-liberal, nach ein paar Jahren warfen sie ihn hinaus. Während des Zweiten Weltkrieges stieg Seifert zum populärsten Lyriker des Landes auf. Als seine einstige Partei nach dem Krieg die Macht übernahm, durfte er nur noch unter Auflagen publizieren. Seifert aber ließ sich nicht einschüchtern und prangerte auf dem 2. Prager Schriftstellerkongress 1956 die Verbrechen Stalins an. Im Ausland erhielt er in den folgenden Jahren unzählige Literaturpreise, und als sich die politische Situation während des Prager Frühlings vorübergehend lockerte, auch im Inland. In den 70er-Jahren, als jegliche Liberalität wieder verflogen war, verhängte man über Seifert ein Publikationsverbot, er wurde zur Persona non grata. Doch der Literat verstummte nicht und schloss sich einige Jahre später der Bürgerrechtsbewegung „Charta 77" an. Zwei Jahre vor seinem Tod erhielt er als erster und bislang einziger tschechischer Schriftsteller den Literaturnobelpreis. Zu seinen bekanntesten und vielfach übersetzten Werken gehören *Morový sloup* (Die Pestsäule, 1977) und *Deštník z Piccadilly* (Der Regenschirm vom Piccadilly, 1979).

schichte des Landes vom Ersten Weltkrieg bis 1945. Zu sehen gibt es in erster Linie Uniformen, Waffen und Orden aus den Weltkriegen sowie einen Panzer. Zudem wird die Geschichte der deutschen Besetzung beleuchtet und an den tschechischen Widerstand und die Befreiung des Landes durch Russen und Amerikaner erinnert.

U Památníku 2. Anfahrt → Vítkov. Tägl. (außer Mo) 10–18 Uhr. Eintritt frei. www.vhu.cz.

Nové Židovské Hřbitovy (Neuer Jüdischer Friedhof): Er ist ein bizarr-idyllischer Ort und nicht weniger besuchenswert als der Alte Jüdische Friedhof in Josefov, zumal hier kein Gedränge herrscht. Das Gros der Grabsteine stammt aus dem 19. Jh. und der ersten Hälfte des 20. Jh. Das bekannteste Grab ist das Franz Kafkas, der 1924 im Alter von knapp 41 Jahren an Tuberkulose starb. Er liegt zusammen mit seinen Eltern an der Südmauer bestattet (ausgeschildert). An seine drei Schwestern, die in den Vernichtungslagern der Nationalsozialisten umkamen, erinnert eine Steintafel. Kafkas Fangemeinde legt hier Briefe, Blumen und Steinchen nieder.

Izraelská 1. Ⓜ A Želivského. Das Kafkagrab ist ab dem Eingang ausgeschildert. April–Okt. So–Do 9–17 Uhr, im Winter bis 16 Uhr, Fr 9–14 Uhr.

Der riesige und ebenfalls überaus interessante **Friedhof Olšany (Olšanské hřbitovy)** nebenan wurde ursprünglich für die Toten der Pestepidemie des Jahres 1680 angelegt. Groteskerweise teilen sich hier heute der Protestler Jan Palach (→ S. 97, Sektion 9/2) und Klement Gottwald, der „tschechische Stalin" (Sektion 5/20), dieselbe Erde.

Vinohradská 294/212. Ⓢ 5, 10, 11, 16 Olšanské hřbitovy. Mai–Sept. tägl. 8–19 Uhr, Okt. und März/April bis 18 Uhr, Nov. und Feb. bis 17 Uhr.

Žižkovská Věž (Fernsehturm): Nach siebenjähriger Arbeitszeit wurde 1992 das letzte sozialistische Bauwerk Prags vollendet. Mehr als 100 m ragt es in den Himmel. Daneben liegen noch die kümmerlichen Überreste eines jüdischen Friedhofs aus dem 19. Jh., der dem Giganten weichen musste. Ursprünglich sollte der Turm v. a. die Frequenzen westlicher Sender stören, heute dient er der Übertragung von Radio- und Fernsehprogrammen. Zudem befinden sich auf 66 m Höhe ein Restaurant (internationale Küche, Hg. 14–22 €), eine Bar (ebenfalls nicht billig) und ein trendiges Einzimmerhotel (1000 €/Nacht). Auf 93 m Höhe liegt das „Observatorium" (38 Sek. braucht der Aufzug hinauf), von wo man einen tollen Blick über Prag genießt. Die Metallbabys, die den Turm hinaufklettern, sind übrigens ein Projekt des Prager Popkünstlers David Černý (→ Kasten, S. 117). Den Juroren des US-Online-Reisemagazins www.virtualtourist.com imponierten sie wenig – sie kürten den Fernsehturm 2009 zum „zweithässlichsten Gebäude der Welt".

Mahlerovy sady. Ⓜ A Jiřího z Poděbrad. Observatorium tägl. 8–24 Uhr. 6,60 €, erm. 4,40 €. www.towerpark.cz.

Essen und Trinken → Karte S. 222/223

Restaurants

La Bottega di Aromi 24 Restaurant, Weinbar und Feinkostgeschäft in einem. Zugleich ein Ableger des Edelitalieners aus Vinohrady (→ S. 234). Nichts Sensationelles, einfach nur gut. Kleine Fischtheke, leckere Pasta, tolle Vitrine für Schleckermäuler, perfekter Cappuccino. Gehobeneres Preisniveau. So nur bis 20.30 Uhr geöffnet. Ondříčkova 17, Ⓜ A Jiřího z Poděbrad, ✆ 222233094.

Spacig: der Žižkover Fernsehturm

Mailsi 15 Pakistanisches Restaurant. Leckere Vorspeisen, scharfe Currys, Tandoori-Gerichte, auch Vegetarisches. Die Portionen sind leider nicht die größten, und der Beilagenreis wird extra berechnet. Geöffnet nur mittags und abends. Hg. 8–15 €. Lipanská 1, Ⓢ 5, 9, 26 Lipanská, ✆ 222717783.

Lavička 11 Wintergartenrestaurant. Böhmische (gutes Gulasch, Hasenbraten) und internationale Küche (Entenbrust mit Preiselbeeren, Pasta, große Salate). Hg. 6–15 €. Seifertova 77, Ⓢ 5, 9, 26 Lipanská, ✆ 222221349.

Kuře v Hodinkách 12 Benannt nach dem Debütalbum (dt. „Huhn in der Uhr") der tschechischen Jazzrockband Flamengo. Angenehmes, jugendliches Barrestaurant, Fr/Sa häufig Konzerte (kostenlos). Etwas aufgepeppte böhmische Knödel- und Steakküche. Hg. 5–9 €, lediglich die Steaks sind teurer. Seifertova 26, Ⓢ 5, 9, 26 Husinecká, ✆ 222734212.

Pivnices

U vystřeleného oka 5 Was für ein Name: „Zum ausgeschossenen Auge"! Hinter dem alteingesessenen Lokal ganz im Zeichen des einäugigen Hussitenführers verbirgt sich eine nette Mischung aus rustikaler Pivnice, verrauchter Musikkneipe und Studententreff. Kleiner Biergarten. Tägl. außer So. U božích bojovníků 3, Ⓜ B, C Florenc, weiter mit Ⓑ133 U Památniku.

Nad Viktorkou 21 Simpel-nette Musik-Pivnice, an manchen Abenden Althippie-, an anderen Hipsterpublikum – ein Žižkover Urgestein. Fernseher für Fußballfans und coole S/W-Bilder an den Wänden. Günstiges Essen. Ab und zu kleine Konzerte. Bořivojová 79, Ⓢ 5, 9, 26 Lipanská.

U Sadu 23 Typische Žižkover Pivnice mit dunkel getäfelten Wänden und Trödel an der Decke. Dazu Kellerbar und überdachter Außenbereich. Tischfußball und Billardtisch. Viele verschiedene Biersorten. Man kann auch essen. Škroupovo nám. 5, Ⓜ A Jiřího z Poděbrad.

Café

Café Pavlač 13 Schönes, stylishes Café für die Žižkover Bohème. Gut zum Frühstücken. Mittags und abends auch günstige Salate und Pasta. Mit Galerie, in der sich

Blick von der Aussichtsterrasse der Nationalen Gedenkstätte

junge Talente präsentieren. Innenhofterrasse. Víta Nejedlého 23, Ⓢ 5, 9, 26 Husinecká.

Biergarten

Parukářka 9 Auf dem Hügel zwischen Friedhof Olšany und Vítkov. Zu Panoramablicken über die Stadt gibt es eine Kneipe in einer Hütte (auch im Winter geöffnet), eine Würstchenbude, einen Stehausschank, ein paar Sitzgelegenheiten und drum herum Wiese, über der in lauen Sommernächten zuweilen eine mächtige Graswolke schwebt. Ein Hauch von Festivalatmosphäre (auch ohne Musik) unter dem Motto: Je wärmer der Tag, desto lauer das Bier. Junges Publikum, viele Hunde, sehr gemütlich. Ⓢ 5, 9, 26 Olšanské náměstí, von dort bereits zu sehen.

Wo einst Weinberge standen, fährt heute die Straßenbahn

Vinohrady

Südöstlich von Nové Město erstreckt sich Vinohrady, ein Stadtteil für Fortgeschrittene. In vielen Reiseführern ist er noch nicht einmal erwähnt, da bedeutende Sehenswürdigkeiten hier nicht zu finden sind. Dennoch zählt Vinohrady zu den schönsten Vierteln der Stadt, nicht zuletzt deshalb, weil es den Pragern gehört.

Bis ins 18. Jh. war Vinohrady das, was es übersetzt auch heißt: ein Weinberg. Doch dann kam die Bourgeoisie, ließ sich vornehme Bürgerhäuser bauen, und Vinohrady entwickelte sich bis zur Jahrhundertwende zu einem der nobelsten Bezirke Prags. Bis in die zweite Hälfte des 20. Jh. sollte sich daran auch nichts ändern, dann jedoch färbte sozialistisches Einheitsgrau den Stadtteil. Wo damals die Fassaden zu bröckeln begannen, erstrahlen sie heute allerdings meist in neuem Glanz. Vinohrady ist wieder zu dem geworden, was es einst war – zu einem der begehrtesten Wohngebiete der Metropole mit teils horrenden Mieten. Die Gentrifizierung ist in vollem Gange, Vinohrady ist auf dem besten Wege, der Prenzlauer Berg Prags zu werden. Junge Familien mit gutem Einkommen und kreative Expats aus der ganzen Welt residieren heute dort, wo bis vor wenigen Jahren noch Omas mit Kittelschürze Kraut kochten. Das hat auch die Infrastruktur verändert – aus den angestaubten Trödlern wurden Biolädchen mit einem Angebot zwischen makrobiotischen Lebensmitteln und koscherem Brot, die altmodischen Weinstuben und miefigen Tante-Emma-Läden wandelten sich zu veganen Restaurants oder hippen Cafés.

Um Vinohrady nicht wie ausgestorben zu erleben, sollten Sie den Stadtteil unter der Woche erkunden – die Wochenenden verbringen viele Prager

Tour 7: Vinohrady

auf dem Land. Dabei ist es ganz egal, ob Sie tagsüber über belebte Straßen schlendern oder eine abendliche Kneipentour unternehmen.

Spaziergang

Länge ca. 4,5 km, Dauer ca. 3 Std., Karte S. 230/231.

Das Zentrum Vinohradys ist der **Náměstí Míru**, ein weiter, runder Platz, in dessen Mitte eine neugotische Backsteinkirche (Kostel sv. Ludmily) steht. Neben der Kirche befindet sich der Eingang zur gleichnamigen Metrostation. Wer gerne Rolltreppe fährt, kann dort an die zwei Minuten lang nach unten tuckern – sie soll die längste Rolltreppe Europas sein.

Das schönste Gebäude an dem Platz ist das **Vinohradské divadlo**, ein herrliches Jugendstiltheater und zugleich eine der Bühnen des deutsch-tschechischen Theaterfestivals im Spätherbst. Zwei Gebäude weiter (rechter Hand) steht das **Národní dům**, das einstige Nationale Casino, dessen Repräsentationssäle heute Tanzkurse, klassische Konzerte, feudale Banketts und so fort beleben.

Der Náměstí Míru war schon mehrmals Ausgangspunkt größerer Demonstrationen. NATO-Gipfel, Weltwährungsfonds-Tagung – gegen was hat man sich hier nicht alles versammelt. Die Demonstranten ziehen für gewöhnlich die Jugoslávská hinab, wo sich dann die ansässigen Banken hinter meterhohen Holzverschalungen verbarrikadieren.

Die Jugoslávská führt zum Tylovo náměstí, wo nahebei der Zugang zur **Metrostation I. P. Pavlova** liegt. Der russische Verhaltensforscher Iwan Petrowitsch Pawlow erhielt 1904 den Nobelpreis für Physiologie und Medizin, weil

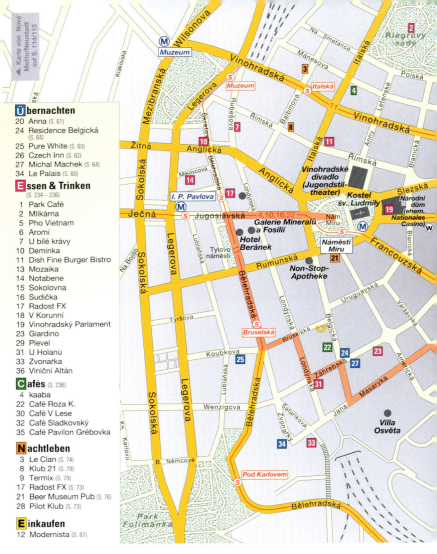

er anhand von Versuchen mit Hunden nachwies, dass deren Speichelsekretion nicht erst mit dem Fressvorgang beginnt, sondern bereits beim Anblick der Nahrung. Beim Menschen funktioniert das genauso – das können Sie überprüfen, wenn Sie auf dem Weg zum Tylovo náměstí den kleinen Imbissladen **Príma Chlebíčky** in der Londýnská 69 aufsuchen (kurzer Abstecher, hinter der Tschechischen Sparkasse, der *Česká spořitelna*, geht es rechts ab). Die mit viel Liebe garnierten, belegten Brötchen gehören zu den besten der Stadt. Vormittags ist die Auswahl am größten!

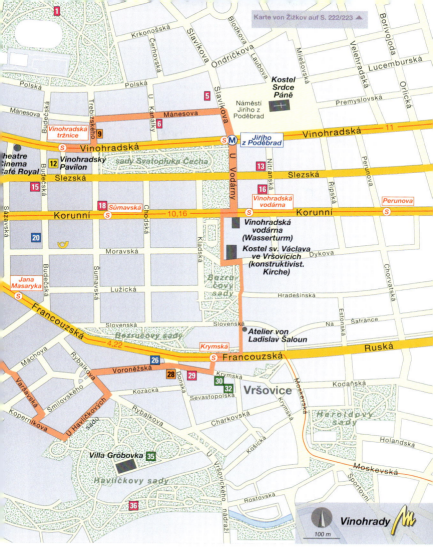

Am Tylovo náměstí findet jeden zweiten Samstag im Monat ein Flohmarkt statt, zudem dienstags bis freitags ein kleiner Bauernmarkt (→ S. 85), auf dem regionale und überregionale Produkte wie Gemüse, knuspriges Brot, Geräuchertes (oft auch vom Wild), eingelegter Käse und mährischer Wein angeboten werden.

Vorbei am **Hotel Beránek** – Maxim Gorki war hier einst zu Gast, anno dazumal war das Hotel noch etwas feiner – geht es nun weiter. Die Bélehradská ist eine ganz normale Geschäftsstraße. In den Läden wird verkauft, was die Anwohner benötigen, und nicht, was die Touristen brauchen könnten. Neben Drogerien, Bäckereien und einem

Bioladen gibt es auch einen Metzger (*Řeznictví a Uzenářství*, Hausnr. 80), wo Hartgesottene an Stehtischen schon um 10 Uhr morgens Braten und Bier frühstücken.

Hält man sich bei der nächsten Möglichkeit links (danach geht es rechts und dann wieder links ab), gelangt man in ein hübsches Wohngebiet mit einigen Bars und Restaurants, die meisten im Sommer mit gemütlicher Außenbestuhlung. Dieses Eck ist auch bei in Prag lebenden Ausländern sehr beliebt, bei Italienern, Deutschen, Franzosen und den noch verbliebenen US-Amerikanern. Noch Mitte der 1990er sollen bis zu 50.000 US-Amerikaner (exakte Zahlen gibt es nicht, da sich kaum einer registrieren ließ) vorübergehend in Prag gelebt haben. Den Hype um Prag hatten Reportagen in verschiedenen US-Magazinen ausgelöst. In diesen wurde Prag mit dem Paris der 1920er-Jahre verglichen. Die Essays machten Laune auf ein exaltiertes Leben, wie es Henry Miller und Anaïs Nin mit der Gegend um die Bars und Cafés von Montparnasse oder Clichy als Schauplatz so lustvoll beschrieben hatten. Und plötzlich war ein neues Mekka noch unentdeckter Künstler und Literaten geboren – mit Frank Zappa als Kulturattaché.

Wo die Záhřebská auf die Americká trifft, passiert man einen kreisrunden Brunnen mit märchenhaften Fischskulpturen, die das Werk von Miroslav Beščec sind – kein Wunder, dass den Künstler keiner kennt ...

Über die Varšavska und vorbei an ein paar prächtigen Villen an der Koperníkova gelangt man zum **Havlíčkovy sady**, einem Park, der an warmen Sommertagen immer für eine Pause und ein Gläschen gut ist. Dazu lädt u. a. das hübsche Weinlokal am kleinen Weinberg im Park ein (→ Essen und Trinken). Weinberg und Weinlokal befinden sich im Park hinter der unübersehbaren Neorenaissancevilla. Die Villa, nach ihrem Bauherrn Moritz Gröbe *Gröbovka* genannt, beherbergt heute u. a. das *Ceeli Institute*, eine Non-Profit-Organisation, die sich mit der Reform des Rechtssystems in exkommunistischen

Herz-Jesu-Kirche am Náměstí Jiřího z Poděbrad

Jan Saudek – vom Buhmann zum Aushängeschild

Fettleibige, alte Frauen mit weit auseinander gespreizten Beinen, verkrüppelte Nackte, runzelige Brüste im Russ-Meyer-Format: Gewalt und Traum, verbunden mit Erotik und Obsession in oft surrealen Welten, das sind Jan Saudeks Motive. Diese nachkolorierten Akte machen sein Werk unverwechselbar. Weniger provokant hingegen sind seine früheren Schwarzweißfotografien wie das oft kopierte Werk *Mann mit Kind,* das er übrigens selbst in den Armen wiegt. Saudek bezeichnet seine Bilder, die so faszinierend wie absurd sind, als „Theater des Lebens". Das hat er auch erlebt. 1935 geboren, verbrachte er die Kriegsmonate aufgrund seiner jüdischen Abstammung im KZ. Die Kommunisten steckten ihn später ins Gefängnis, seine Arbeiten galten als „subversive Propaganda". Während Saudeks Werk im Ausland schon früh Anerkennung fand, wurden die Arbeiten des bekanntesten tschechischen Fotografen im Heimatland erstmals – man mag es kaum glauben – 1996 gezeigt. Heute, in hohem Alter, ist das einstige Enfant terrible nicht nur akzeptiert, sondern gar zu einem Aushängeschild des Landes geworden.

Ländern befasst. In ihr wohnte vorübergehend Rainer Maria Rilke. Den Park selbst suchte Max Brod des Öfteren auf und widmete ihm ein Gedicht. Zusammen mit Franz Kafka, Franz Werfel, Felix Welsch und Otto Baum bildete er einen Literatenzirkel, den er später als den „Prager Kreis" titulierte. Brod ist es zu verdanken, dass Kafkas Werke überhaupt in die Literatur eingehen konnten. Entgegen dem letzten Willen seines Freundes entschloss sich Brod nach dessen Tod, die Manuskripte nicht zu vernichten, sondern in Druck zu geben.

Heute drehen im Park Hundebesitzer ihre Runden. Ein Hund gehört zu jeder zweiten tschechischen Familie, dabei gilt der Grundsatz: je kleiner die Wohnung, desto größer der Hund.

Auf dem weiteren Weg streift man **Vršovice**, jenen Stadtteil, der östlich an Vinohrady anschließt. Vršovice wird unter jungen Pragern immer beliebter. Als neues Szeneviertel wird Vršovice schon gehypt, immer mehr Bars und Cafés machen hier auf.

Über die **Voroněžská** gelangt man zur Straßenbahnhaltestelle Krymská, von deren unterer Station ein steiler Treppenweg ansteigt. Auf diesem passiert man ein auffälliges Gebäude (Slovanská 4), das einstige **Atelier von Ladislav Šaloun** (1870–1946), jenem Bildhauer, der das Hus-Denkmal am Altstädter Ring schuf. Weiter bergauf erreicht man schließlich die erste konstruktivistische Kirche Prags, die **Kostel sv. Václava ve Vršovicích** aus den Jahren 1932–35. Mit ihrem hohen Turm samt Korkenziehertreppe entspricht sie allem anderen als dem herkömmlichen Schema sakraler Bauten.

An einem Wasserturm aus dem 19. Jh. vorbei führt der Spaziergang weiter zum **Náměstí Jiřího z Poděbrad**. Die dortige **Herz-Jesu-Kirche (Kostel Srdce Páně)** inmitten einer weiten Grünanlage entstand zwischen 1928 und 1932. Sie hat etwas von einem gestrandeten Öltanker, dem Bug und Heck abgebrochen sind, und ist das Werk des Architekten Jože Plečnik, der zu Beginn des 20. Jh. auch die Umbauarbeiten an der Prager Burg leitete. Sollte sie zufällig einmal offen sein, gehen Sie hinein. Ihr Inneres ist sehenswert. Den Kirchenbau wollen die Stadtväter übrigens auf die UNESCO-Welterbeliste setzen lassen.

Vor der Kirche findet mittwochs, freitags und samstags wie auf dem Tylovo náměstí ein netter Bauernmarkt statt.

Hinter dem Náměstí Jiřího z Poděbrad ragt der mächtige **Fernsehturm** empor (→ S. 226), der sich bereits im Stadtteil Žižkov befindet. In der Nähe liegt das Atelier von Jan Saudek, des wohl bekanntesten lebenden tschechischen Fotografen (→ Kasten).

Die **Mánesova** säumen Jugendstilhäuser, aber auch Bauten des Historismus. Im Sommer ist ein Abstecher über die Třebizského zum **Rieger-Park (Riegrovy sady)** empfehlenswert. Der Park bietet nicht nur tolle Ausblicke über die Stadt, sondern auch zwei gemütliche Biergärten (→ Essen u. Trinken).

Südlich der Mánesova verläuft die **Vinohradská**. Einst hieß sie Stalinova. Auf ihr fanden während des Prager Frühlings jene Straßenschlachten statt, deren Bilder um die Welt gingen. In der dortigen alten **Markthalle** (Vinohradský Pavilon, Nr. 50) sitzen heute diverse Möbeldesignläden, darunter *Modernista* mit tschechischen Stahlrohrdesignmöbeln der 1930er- und 1940er-Jahre (→ Einkaufen, S. 87). Davor bringt Sie die Straßenbahn zur Metrostation Muzeum.

Essen und Trinken

→ Karte S. 230/231

Restaurants

U bílé krávy 🈂 Die „Weiße Kuh". Gehobene burgundische Küche, vorzüglich die saftigen Steaks der hellen Charolais-Rinder mit feinen Soßen. Auch Fisch und Geflügel. Gute Weine. Ländlich-rustikale Einrichtung mit alten Wagenrädern und karierten Tischdecken. Sehr freundlicher Service. Hg. 11–18,50 €. Rubešova 10, Ⓜ A, C Muzeum, ✆ 224239570.

》》 Unser Tipp: Aromi 🈂 Sehr guter Italiener, einer unserer Favoriten. Kleine, aber feine Karte (Schwerpunkt ist die Küche Markens), wechselnde Tagesgerichte. Köstliche Pasta- und Fleischgerichte sowie frischester Fisch, den man vorm Verzehr begutachten kann. Aufmerksamer Service. Etwas dekadent die Fruchtscheiben in den Herrenpissoirs. Hg. ab 15 €, sehr gute Weinauswahl (Flasche ab 30 €). Günstige Lunchangebote. Mánesova 78, Ⓜ A Jiřího z Poděbrad, ✆ 222713222. ∎

Dish Fine Burger Bistro 🈂 Mit Stilsicherheit eingerichtetes Lokal mit 2 Räumen, einer offenen Küche und einer kleinen Terrasse. Bessere und fantasievollere Burger (6–8 €; es gibt sie u. a. mit Olmützer Quargel, Portobello-Pilzen oder Ziegenkäse und

Treffpunkt: Bauernmarkt

Feigenmayonnaise) sind in Prag kaum zu bekommen! Handgeschnitzte Pommes, Salate oder Soßen schlagen jedoch extra zu Buche. Vegetarier wählen den Veggie Burger. Ohne Reservierung hat man abends schlechte Karten. Římská 29, Ⓜ A Náměstí Míru, ✆ 222511032.

Notabene 14 Nicht nur das heimelige Interieur mit blauen Holzstühlen fällt in diesem Restaurant aus der Reihe, sondern auch die wirklich feine tschechisch-internationale Küche. Mittags wie abends gibt es nur eine kleine Karte mit tägl. wechselnden Gerichten (mittags ab 4,70 €, abends ab 10 €). Dazu trinkt man Bier verschiedener kleiner böhmischer Brauereien. Im UG der **Beerpoint** (Mo–Fr ab 17 Uhr), ein Pub für alle, die nur gutes Bier und Snacks zum Glücklichsein brauchen. So geschl. Mikovcova 4, Ⓜ C I. P. Pavlova, ✆ 721299131 (mobil).

Zvonařka 33 Bar-Restaurant mit toller, baumbestandener Terrasse, die einen Blick auf das Nusle-Tal bietet. Junges Publikum. Pächter und Köche wechseln des Öfteren – dementsprechend große Schwankungen, was die Qualität der Küche angeht. Gut sind aber seit eh und je die Steaks, die im Sommer auf der Terrasse gegrillt werden. Hg. 6–15 €. Šafaříkova 1, Ⓢ 11,13 Bruselská, ✆ 224251990.

Sudička 16 Kellerbar und Restaurant im gemütlichen Backsteingewölbe mit offenem Kamin und Bücherregalen. Internationale Küche, viele Salate und Käsefondue. Cesária Évora und Ähnliches aus den Boxen. Hg. 5–12 €. Öffnet ab 15.33 Uhr, So gar nicht. Nitranská 7, Ⓜ A Jiřího z Poděbrad, ✆ 222511609.

Deminka 10 Geschichtsträchtiges Kaffeehaus, dessen schöne Räumlichkeiten heute ein gutbürgerliches Restaurant mit Braukesselambiente belegt. Böhmische Küche von guter Qualität. Als Vorspeise leckeres Brot mit Pastete, danach Klassiker wie Lendenbraten oder Ente, aber auch Pasta und Steaks. Hg. 6,50–16,30 €. Škretova 1, Ⓜ A, C Muzeum, ✆ 224224915.

Vinohradský Parlament 19 Modernes Bierhallenambiente in historischem Gemäuer, laut und fröhlich – ein Lokal, wie es die Tschechen lieben. Kredenzt wird eine spannende, oft wechselnde Auswahl neu interpretierter böhmischer Gerichte in kleinen und größeren Portionen (u. a. zartes Rindfleisch im eigenen Saft, Entenbrust mit mariniertem Kürbis oder Kartoffeln mit süßer Dillsoße). Dazu Bier aus dem Tank oder hausgemachte Limonaden. Hg. 5–11 €. Korunní 1, Ⓜ A Náměstí Míru, ✆ 224250403.

Mozaika 13 Modernes Souterrainlokal (im Sommer kleine Außenterrasse) mit guter internationaler Küche zu fairen Preisen. Kosten Sie den Burger (dick mit gedünsteten Zwiebeln belegt). Leckere Nachspeisen. Aufmerksames Personal. Hg. ab 7,50 €. Nitranská 13, Ⓜ A Jiřího z Poděbrad, ✆ 224253011.

236 Vinohrady

Radost FX 17→ Danceclubs, S. 73. Trendig-verspielt gestyltes, vegetarisches Restaurant. Beliebter Treffpunkt der in Prag lebenden US-Amerikaner. Sa/So Brunch. Hg. 6,80–12 €. ℅ 224254776.

Giardino 23 Italienische Küche ohne Pizza. Spezialisiert auf Fleisch, Fisch und Meeresfrüchte, dazu gute Auswahl an Salaten. Gepflegtes Ambiente, trotz Kronleuchter nicht bieder. Garten. Hg. 7–15 €. So Brunch (12 €). Záhřebská 24, Ⓜ A Náměstí Míru, ℅ 222513427.

Sokolovna 15 Modern-rustikales Ambiente im Zeichen der *Sokol*-Turnbewegung. Gute Adresse, um nach der Ertüchtigung (Stadtbesichtigung) mit Bier und kalorienhaltigem Essen wieder Pfunde anzusetzen. Auf der Karte u. a. die tschechischen Klassiker. Hg. 5–15 €, Tagesgerichte 4,50 €. Slezská 22, Ⓢ 11, 13 Vinohradská tržnice, ℅ 222524525.

Plevel 29 Nettes veganes Caférestaurant mit Blümchentapete und nostalgischen Ölschinken an der Wand. Gute Kuchen, dazu Hummus mit Pita, Bohnenburger mit Tofubacon, Pastagerichte u. v. m. – selbst die tschechischen Klassiker kommen vegan daher. Wem's zu trocken wird, der spült mit dem süffigen Bier aus Polička nach. Krymská 2, Ⓢ 4, 22 Krymská, ℅ 273160041.

V Korunní 18 Einfaches Restauranturgestein mit böhmischer Hausmannskost. Empfehlenswert: Gulasch Radegast oder Ente mit Kraut. Tagesgerichte (nur tschechische Karte) um die 4 €, abends (auch englischsprachige Karte) etwas teurer. Korunní 39, Ⓢ 10, 16 Šumavská, ℅ 222513356.

Pivnice

Auch in Vinohrady verschwinden die alten Pivnices immer mehr, schicke Bars ziehen dafür ein. Ein Überbleibsel ist das **U Holanů** 31, das sich auch „Restaurace" nennt (nichts für Genießer). Es besitzt eine nette Terrasse, von der man Omas mit Dackel vorbeispazieren sieht. Vornehmlich tschechisches Publikum. Záhřebská 8 (Eingang Londýnská), Ⓜ A Náměstí Míru.

Cafés

kaaba 4 Freundliches Café mit Kiosk (deutsche Zeitungen) und Retro-Charakter (70er-Jahre). Immer gut für eine Pause. Mánesova 20, Ⓢ 11, 13 Italská.

Café Roza K. 27 Helle, leicht verspielt eingerichtete Räumlichkeiten mit alten Spiegeln, Schwarz-Weiß-Fotos und trödeligem Mobiliar, darunter gemütliche Sofas. Viel junges, internationales Publikum. Belgická 17, Ⓜ A Náměstí Míru.

Café V Lese 30 Angenehmes Kneipencafé (Nichtraucher) mit Kellerklub. Viele Expats. Krymská 12, Ⓢ 4, 22 Krymská.

Café Sladkovský 32 Gemütliches alternatives Szenecafé. Es werden auch größere und kleinere Happen aus der Weltküche serviert. Hin und wieder schauen auch mal Mitglieder der *Plastic People of the Universe* (→ S. 75) vorbei. Sevastopolská 17, Ⓢ 4, 22 Krymská.

Viniční Altán 36 und **Café Pavilon Grébovka** 35 Zwei hübsche Sommerplätzchen im Havlíčkovy sady. Ersteres ist eine Terrassenbar (innen wenig reizvoll) in einem romantischen Holzpavillon, drum herum ein Weinberg. Über 50 Sorten Wein, darunter der selbst gekelterte *Gröbovka* (was für ein Fusel!). Nicht teuer, kleine Snacks und dazu kann man noch an Sommerwochenenden die neueste Prager Brautmode bewundern … Das zweite Plätzchen ist ein Gartenpavillon aus dem 19. Jh. mit schmucken Wandmalereien und einem gläsernen Anbau. Auch in diesem Gartencafé sitzt man nett. Havlíčkovy sady, Ⓢ 4, 22 Krymská.

Biergärten

Park Café 1 Kein Café, sondern ein einfacher Biergarten im Rieger-Park. Viel Schatten, das Bier fließt in Strömen und Würste werden gegrillt. Vornehmlich junges, freakiges Publikum. Natürlich nur im Sommer geöffnet. Die bessere Aussicht bietet jedoch die auch im Rieger-Park befindliche Kneipe **Mlíkárna** 2 von ihren beiden schönen Dachterrassen. Davor ebenfalls ein Biergarten. Riegrovy sady, Ⓜ A Jiřího z Poděbrad.

Snacks

Pho Vietnam 5 Sehr guter vietnamesischer Schnellimbiss mit kleiner Terrasse draußen. Tolle Frühlingsrollen, Frittiertes und gute Suppen. Da der Laden jedoch als Take-away gilt (keine Toiletten), werden die Suppen in Styroporschalen serviert … Alle Hg. unter 5 €. Slavíkova 1, Ⓜ A Jiřího z Poděbrad.

Príma Chlebíčky → Spaziergang.

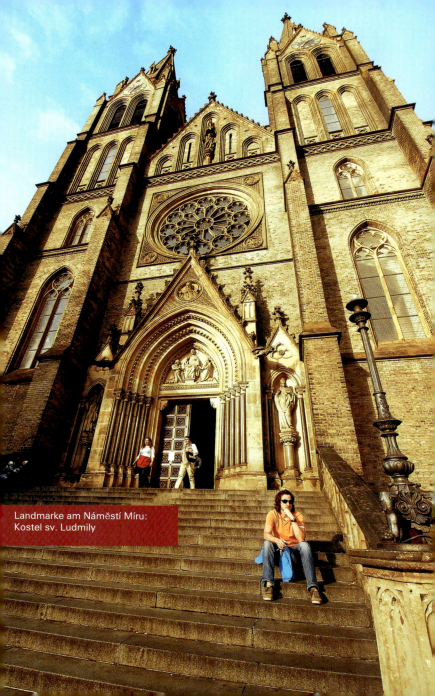

Landmarke am Náměstí Míru: Kostel sv. Ludmily

Wo bleibt Rapunzel? Märchenschloss in Průhonice und Burg Vyšehrad

Ziele rund um die Innenstadt

Rund um das alte Prag zieht sich ein breiter Gürtel von Plattenbausiedlungen, schmucken Neubauvierteln, modernen Büroparks, brachliegendem Bauland, grünen Parklandschaften und Industriegebieten. Dazwischen verstecken sich einige interessante Ziele.

Die Prager Vororte bestehen vorrangig aus gewaltigen Plattenbausiedlungen. Mit ihrem Bau begann man in den 1950er-Jahren – und das sehr erfolgreich, allein Prag weist über 200.000 Plattenbauwohnungen auf. Fast jeder dritte Tscheche lebt in einem Plattenbau, in Prag tut dies fast jeder zweite. Die Retortenstädte gehören genauso zu Prag wie die museale Innenstadt, und wer sich ein Gesamtbild von Prag verschaffen will, sollte sich eine dieser Siedlungen ansehen. Manche Anfahrten zu den unten aufgeführten Zielen in der Peripherie passieren die Retortenstädte. Falls Sie eine direkt ansteuern wollen, fahren Sie z. B. mit der Metrolinie C in die **Jižní město**, die Prager **Südstadt** (Station Háje), eine der größten Plattenbausiedlungen der Metropole.

Einen Ausflug ins Grüne hingegen bedeutet der Besuch der weitläufigen Parkanlage von → **Průhonice** ganz im Osten der Stadt. Auf der anderen Seite, im Westen Prags, lädt **Divoká Šárka**, ein herrliches Tal, zum Baden und Spazieren ein. Nicht arg weit davon entfernt steht das → **Lustschloss Stern (Letohrádek Hvězda)** – der Name klingt viel versprechend, die Visite lohnt aber nur für speziell Interessierte. Gleiches gilt für den geschichtsträchtigen, höchsten Berg Prags → **Bílá hora (Weißer Berg)**, der sich vor Ort aber eher als ein Hügel entpuppt. Ebenfalls westlich des Zentrums steht das →

Ziele rund um die Innenstadt

Kloster Břevnov (Břevnovský klášter), in ihm leben noch immer Mönche.

Mit Kindern ist ein Tiergartenbesuch im → **Zoologická zahrada** ein Erlebnis. Er liegt im Norden Prags, unmittelbar neben dem → **Zámek Troja**, einem Schloss, in dem die Städtische Galerie Prags oft spannende temporäre Ausstellungen zeigt.

Funktionalistische Villen prägen die → **Baba-Kolonie**. Ein besonderes Highlight dieser Architektur stellt die → **Müllervilla (Müllerova vila)** im Stadtteil Střesovice dar. Aber nicht nur Bauten der Pioniere moderner Architektur sind im Norden Prags zu sehen, die alten Propellermaschinen der Pioniere der Lüfte ebenfalls. Sie sind im → **Letecké muzeum**, dem Museum des Flugwesens zu besichtigen.

Karlín hingegen ist kein Museum oder Schloss, → **Karlín** ist ein Stadtteil, eingezwängt zwischen dem Vítkov-Hügel und der Moldau. Der Stadtteil → **Vyšehrad**, der seinen Namen der gleichnamigen Burg verdankt, liegt im Süden Prags.

Zu allen beschriebenen Orten gelangt man problemlos mit Metro, Straßenbahn oder Bus. Wer sich übrigens über die Geschichte des öffentlichen Nahverkehrs informieren will, kann das → **Verkehrsmuseum (Muzeum Městské Hrmadné Dopravy)** im Nordwesten Prags besuchen.

> **Hinweis:** Das Gros der hier aufgeführten Ziele ist nur für all jene interessant, die mehr als 3 oder 4 Tage in Prag verbringen oder an irgendeinem Ziel ein besonderes Interesse haben. Die Prager Innenstadt ist für Kurzurlauber sehenswerter.

Sehenswertes

Průhonice: Das aufgeräumte Průhonice, ein Nobelvorort im Südosten Prags, ist bekannt für seine wunderschöne, weitläufige Parkanlage mit über 40 km Spazierwegen. Ein Ausflug in den Park ist im Mai und Juni am bezauberndsten, dann blühen hier Tausende von Rhododendren, Azaleen und Rosen. Der Park mit einem See zum Enten- und Schwänefüttern erstreckt sich vor einem märchenhaften Renaissanceschloss aus dem 14. Jh. Es wird heute für botanische Studien genutzt, außerdem finden wechselnde Ausstellungen darin statt. Am zentralen Platz im Ort schenkt die Minibrauerei *U Bezoušků* süffiges Bier aus.

Ⓜ C Opatov, weiter mit Ⓑ 363 oder 385 bis Haltestelle Průhonice, von der Bushaltestelle ist das Schloss zu sehen. Achtung: Průhonice gehört nicht mehr zur Tarifzone P. Wer im Besitz einer Zeitfahrkarte ist, muss beim Busfahrer ein Anschlussticket für 12 Kč (ca. 0,50 €) erstehen. Alle anderen zahlen 40 Kč/Fahrt (ca. 1,60 €). Parkanlage Jan./Feb. und Nov./Dez. tägl. 8–17 Uhr, März 7–18 Uhr, April/Okt. 7–19 Uhr, Mai–Sept. 7–20 Uhr. 1,90 €, erm. 1,20 €. www.parkpruhonice.cz.

Divoká Šárka (Šárka-Tal): Die wohl schönste wildwüchsige Grünfläche innerhalb der Stadtgrenzen. Das in weiten Teilen schluchtartige Tal mit einer Länge von knapp 7 km beeindruckt durch bizarre Kalksteinformationen rechts und links des Baches Šárecký potok. Im Sommer lädt dort ein kleines, aber feines Naturbad zum Schwimmen und Sonnen ein. In einem schattigen, idyllischen Biergarten (gleich hinter dem Bad) werden kühle Getränke serviert, ein Picknickkorb ist also nicht erforderlich. Leider ist das Tal an heißen Tagen oft überlaufen. An sonnigen Wintertagen, im Frühling und Herbst hingegen geht es verhältnismäßig ruhig zu, lediglich Spaziergänger sind dann noch anzutreffen. Übrigens ist es nahezu egal, welchen Weg Sie dort einschlagen. Wo Sie auch herauskommen, ein Bus oder eine Straßenbahn bringt Sie ins Zentrum zurück. Namensgeberin des Tals war die legendäre Šárka, eine Art böhmische Jeanne d'Arc, die hier im vorletzten Jahrtausend aus Liebeskummer Selbstmord begangen haben soll.

Ⓜ A Dejvická, weiter mit Ⓢ 2, 20, 26 Divoká Šárka (Endstation). Etwa 50 m weiter beginnt – kurz vor dem McDonald's-Restaurant – der Weg (weiß-rot-weiß markiert) hinab ins Tal.

Letohrádek Hvězda (Lustschloss Stern): Nicht weit vom Weißen Berg (s. u.) ließ Kaiser Ferdinand I. im Jahre 1530 ein Wildgehege für die Jagd anlegen, heute ein bewaldeter Park mit breiten Spazierwegen. An dessen östlichem Ende gab er für seine Familie ein außergewöhnliches Schlösschen mit dem Grundriss eines sechszackigen Sterns (auf Tschechisch „hvězda") in Auftrag. Stuckateure aus Italien sorgten für eine ansprechende Innenausschmückung. Heute präsentiert darin das Museum der Tschechischen Literatur wechselnde Ausstellungen, die sich in erster Linie an tschechische Besucher richten. Café angeschlossen.

Ⓜ A Hradčanská, weiter mit Ⓢ 18 Petřiny (Endstation), von dort der Straße U Hvězdy folgen. Lustschloss April–Okt. tägl. (außer Mo) 10–18 Uhr. 2,80 €, erm. 1,70 €. www.pamatniknarodnihopisemnictvi.cz.

Bílá hora (Weißer Berg): Am höchsten Punkt der Moldaustadt (383 m) fand 1620 jene denkwürdige Schlacht statt, durch die Prag und Böhmen für die nächsten 300 Jahre unter die Herrschaft der katholischen Habsburger geraten sollten (→ S. 93). Auf einem Rasenhügel inmitten eines Ackers erinnert ein Denkmal in Form einer steinernen Pyramide daran – die Pläne dafür stammen von Josef Gočár, dem bekannten Prager Kubisten, der sich hier allerdings alles andere als selbst übertraf. Unmittelbar nach der Schlacht wurde gleich in der Nähe die Wallfahrtsstätte *Panna*

Maria Vítězná (Maria vom Siege) errichtet, die Teil eines Servitenklosters wurde. Die hübsche, Anfang des 18. Jh. barockisierte Anlage ist leider so gut wie immer geschlossen.

Ⓢ 22 Bílá hora (Endstation). Die Wallfahrtskirche ist von dort bereits zu sehen, das Denkmal liegt keine 200 m weiter in einem Acker rechter Hand dahinter.

Břevnovský klášter (Kloster Břevnov): Im Jahre 993 wurde das Benediktinerkloster von Fürst Boleslav II. im Westen des heutigen Stadtgebiets gegründet, ein blühendes Gemeinwesen entstand alsbald drum herum. Der heute nach dem Kloster benannte Stadtteil zählt somit zu den ältesten Siedlungsgebieten der Hauptstadt. Wer hier aber Häuser wie in Staré Město vermutet, wird enttäuscht sein. Das ursprünglich romanische Kloster, dem die Barockarchitekten Christian und Kilian Ignaz Dientzenhofer sein jetziges Aussehen gaben, ist jedoch sehenswert. Die Klosterkirche besticht durch herrliche Deckenmalereien von Johann Steinfels. In ihr fand 1986 die Totenmesse für den Literaturnobelpreisträger Jaroslav Seifert statt (→ S. 225). Fast jedem Trauernden stand damals ein Spitzel der Geheimpolizei zur Seite. Die Krypta aus dem 10. Jh. wurde übrigens erst 1964 wieder entdeckt.

Im Kloster, dem eine beliebte Schenke und ein Hotel angeschlossen sind, leben heute noch 18 Mönche. Führungen werden leider nur auf Tschechisch angeboten.

Bělohorská 1, Ⓢ 22, 25 Břevnovský klášter. Führungen durch Kirche, Krypta und Prälatur ganzjährig Sa/So um 10 und 14 Uhr. 3 €, erm. 1,90 €. Ansonsten ist die Kirche nur zu Gottesdiensten geöffnet. Man kann jedoch durch den verglasten Eingangsbereich meist einen Blick in die Kirche werfen. www.brevnov.cz.

Zoologická zahrada (Zoo): Neben dem Schloss Troja (s. u.) erstreckt sich auf felsigem Terrain der 1931 eröffnete Prager Zoo mit einer Fläche von 60 ha und einem Wegenetz von mehr als 10 km Länge. Auf dem weiten Gelände befinden sich neben Tiergehegen und Pavillons auch Restaurants, Kioske und eine Seilbahn. Bekannt wurde der Zoo durch die Zucht von Przewalski-Wildpferden, die in freier Wildbahn schon

Lustschloss Hvězda

Leben zwischen Plattenbau und Datscha

Das imposanteste Beispiel sozialistischer Wohnungsbaupolitik aus der Zeit der Tschechoslowakei ist in Prag *Jižní město*, die sog. Südstadt. Rund 100.000 Menschen leben hier in *Paneláky* – so nennen die Tschechen die aus Betonplatten zusammengeschraubten Blocks. Noch vor wenigen Jahren ähnelten sie sich wie ein Ei dem anderen. Und damit das Kind nach der Schule auch wieder nach Hause fand, versah man die Fassaden mit verschiedenen Symbolen. Heute ist die graue Trostlosigkeit weggeschminkt, die Modularbauten sind neu verschalt und frisch gestrichen, die Grünanlagen davor gepflegt. Doch im Innern lebt der Geruch des Sozialismus noch fort: ein eigenartiger Dreiklang aus Bohnerwachs, Küchenmief und dem in jeder Betonritze festsitzenden Gestank verheizter Braunkohle. Die Gänge erinnern an Flure von Krankenhäusern, in denen man unmöglich gesund werden kann. Bis zu 120 Familien wohnen in einem einzigen Block, in winzigen Apartments mit Minibädern und oft schon vorgebohrten Löchern für Wandbilder. Die Klospülung im 10. Stock ist auch im Keller noch zu hören und der Streit des jungen Ehepaars im Erdgeschoss durch die ganze Etage – als Mega-Reality-Soap entpuppt sich schließlich das Leben. Die Enge vieler Wohnungen ist bedrückend, aus dem Weg kann man sich kaum gehen – kein Wunder also, dass die Prager Kneipen immer voll sind.

Einen Ausgleich zur Anonymität der Trabantenstädte finden die Prager in ihren Datschen, die ebenfalls ein Relikt aus sozialistischer Zeit sind. Unzählige große Laubenkolonien liegen rund um den Großraum Prag, fast jede Familie besitzt ein Wochenendhäuschen. Dort vergisst man den Arbeitsstress und die nüchterne Betonsiedlung, in der man leben muss, grillt stattdessen Würstchen und plaudert mit dem Nachbarn am Gartenzaun. Wie die Zukunft der Plattenbauten liegt aber auch die der Datscha- bzw. Chata-Kultur im Ungewissen – für viele Prager ist mittlerweile ein Badeurlaub an der türkischen Riviera attraktiver als ein Schrebergarten an der Moldau.

---

als ausgestorben galten. Unter den 645 Tierarten, die hier gehalten werden (mehr als 4000 Tiere), finden sich über 130 Rote-Liste-Arten. Immer wieder wird der Prager Zoo zu einem der besten Tiergärten der Welt gewählt.

U Trojského zámku 3. Anfahrt → Zámek Troja. Tägl. April/Mai u. Sept./Okt. 9–18 Uhr, Juni–Aug. 9–19 Uhr, Nov.–Feb. 9–16 Uhr, März 9–17 Uhr. 8 €, erm. 6 €, Fam. 22 €. www.zoopraha.cz.

Zámek Troja (Schloss Troja): Die ehemalige Sommerresidenz des Grafen Wenzel Adalbert von Sternberg befindet sich im Stadtteil Troja, eingebettet zwischen Moldau und ein paar Weinbergen. Das Schloss, im Stil frühbarocker italienischer Villen Ende des 17. Jh. erbaut, gilt als eines der bemerkenswertesten Schlösser Böhmens. Heute nutzt die Städtische Galerie das Erdgeschoss des Schlosses für temporäre Kunstausstellungen. Im Obergeschoss wird ein wenig böhmische Landschaftsmalerei aus adeligen Sammlungen präsentiert. Sehenswert ist dort v. a. der sog. *Habsburger Saal*, der von den flämischen Brüdern Godyn rundum ausgemalt wurde, u. a. mit Motiven, die an die Belagerung Wiens durch die Osmanen erinnern. An den Saal schließen die *Chinesischen Kammern* an, zwei durch einen Korridor miteinander verbundene Räume, die von einem unbekannten Maler über und über mit chinesischen

Landschaftsszenerien dekoriert wurden. Sie zeugen vom Faible des barocken Adels für den fernen Osten. Die ehemaligen Wirtschaftsgebäude werden für wechselnde Ausstellungen genutzt. In der gepflegten barocken Gartenanlage, die nach französischen Vorbildern angelegt wurde, treffen sich zwischen Fontänen und Terrakotta-Vasen Verliebte zum nachmittäglichen Rendezvous oder Rentner auf ein Schwätzchen.

U Trojského zámku 4–6, Ⓜ C Nádraží Holešovice, weiter mit Ⓑ 112 Zoologická zahrada. April–Okt. Di–Do u. Sa/So 10–18 Uhr, Fr 13–18 Uhr. Nov.–März geschl. 4,40 €, erm. die Hälfte, Fam. 9,30 €. www.ghmp.cz.

Baba-Kolonie (funktionalistische Villen): Beeinflusst von der Weißenhofsiedlung in Stuttgart entstand zwischen den Weltkriegen unter Leitung des funktionalistischen Architekten Pavel Janák ein ähnliches Projekt auf einer Anhöhe im Norden des Stadtteils Dejvice. Dabei handelt es sich um über 30 eigenartige und für die damalige Zeit recht provokante würfelförmige Villen mit breiten Fensterfronten und verschachtelten Aussichtsterrassen. Ihren luxuriösen Charakter erhielten die Häuser nicht durch die Verwendung wertvoller Materialien, sondern durch großzügige Raumgestaltung. Zugänglich ist leider keines der Gebäude, doch Blicke über die Gartenzäune lohnen für Architekturinteressierte in den Straßen Na ostrohu, Na Babě, Nad Paťankou und Průhledová.

Ⓜ A Hradčanská, weiter mit Ⓑ 131 U Matěje.

Müllerova vila (Müllervilla): Das eigenwillige funktionalistische Wohnhaus, errichtet 1928, entwarf der österreichische Architekt Adolf Loos (1870–1933). Benannt wurde das Gebäude nach den Auftraggebern František Müller und dessen Ehefrau Milada. Nach den Grundsätzen von Loos sollte ein Gebäude von außen schmucklos und schlicht sein und erst im Inneren seinen Reichtum entfalten. So besticht das Innere des weißen Würfels mit gelben Fensterrahmen durch eine grandiose, offene Raumgestaltung und erstklassige Materialien wie Marmor, Mahagoni oder Zitronenbaum. Der größte Teil der Originalmöbelstücke blieb erhalten. Eine kleine Ausstellung informiert zudem über Leben und Werk des Architekten, der durch seinen Einsatz für ein ornamentfreies Bauen einer radikal neuen Baukunst den Weg ebnete. Aufgrund seiner einzigartigen Architektur wurde das Gebäude 1995 zum nationalen Kulturdenkmal erhoben.

Nad hradním vodojemem 14, Štřesovice. Ⓢ 1, 2, 18 Ořechovka. Führungen April–Okt. Di, Do und Sa/So um 9, 11, 13, 15 und 17 Uhr. Nov.–März nur um 10, 12, 14 und 16 Uhr. Voranmeldung vonnöten, unter ✆ 224312012 oder www.mullerovavila.cz erfahren Sie, wann Sie sich einer deutsch- oder englischsprachigen Tour anschließen können. Eintritt 16,70 €, erm. 13 €.

Letecké muzeum (Museum des Flugwesens): Es liegt im nordöstlichen Stadtteil Kbely. Die Sammlung des Museums besteht aus rund 280 Flugzeugen, gezeigt werden allerdings „nur" rund 110 Exemplare, darunter eine *Spitfire* aus dem Zweiten Weltkrieg. Außerdem: Flugzeugmotoren, Raketen und eine Weltraumkapsel. Bei vielen der jüngeren Maschinen hat man den Eindruck, sie stehen einfach da, weil man sich die Verschrottung sparen wollte. Lediglich die alten Flieger sind wirklich sehenswert.

Letiště (Flugplatz) Kbely, Ⓜ C Letňany, weiter mit Ⓑ 259, 302 Letecké muzeum. Mai–Okt. tägl. (außer Mo) 10–18 Uhr. Eintritt frei. www.vhu.cz.

Karlín (Karolinenthal): Der fast kleinstädtisch wirkende, gepflegte Stadtteil Karlín grenzt unmittelbar ans touristische Zentrum, doch das Gros aller Touristen lässt Karlín links liegen. Das einstige Industrie- und Arbeiterviertel stand während des Jahrhunderthochwassers im August 2002 meterhoch unter Wasser, viele Häuser mussten danach abgerissen werden. Von der Katastrophe hat sich Karlín mittlerweile erholt und sein Gesicht verändert. In den Gründerzeithäusern richteten sich moderne Cafés und Restaurants ein. Die alten Industrieanlagen am Moldauufer wurden von schicken Glaspalästen abgelöst, aus manchen Fabrikhallen wurden Ateliers. In einer haben sich die *Karlín Studios* einquartiert, die immer wieder spannende Kunstausstellungen präsentieren. Eine weitere „Attraktion" des Stadtteils ist die Bierkneipe *Pivovarský Klub* (**2** → Karte S. 222/223) in der Křižikova 17 nahe der Metrostation Florenc – laut Eigenwerbung die kleinste Brauerei der Welt. Neben dem selbst gebrauten *Ale* bereiten auch die über 200 Biere aus dem In- und Ausland schaumgekrönte Freuden.

Ⓜ B,C Florenc. **Karlín Studios**, Křížikova 34. Mi–So 12–18 Uhr. Eintritt frei. www.futuraproject.cz.

Burg Vyšehrad (Wyschehrad): Zahlreiche Legenden ranken sich um die südlich von Nové Město gelegene Burg Vyšehrad auf einem Felsen hoch über der Moldau. Angeblich war sie die erste Residenz böhmischer Könige, und Prinzessin Libuše soll – wie vielfach in der Literatur beschrieben – von hier die glorreiche Zukunft Prags prophezeit haben (→ Kasten). Leider alles Humbug – Vyšehrad entstand erst um das Jahr 930 und damit später als die Prager Burg.

Von der ursprünglichen Burganlage ist heute außer den ziegelroten Festungsmauern und ein paar Toren kaum mehr etwas erhalten. Dort, wo Herzog Vratislav II. im frühen 12. Jh. residierte, erstrecken sich Grünflächen mit Spazierwegen. Wirklich sehenswert ist lediglich der im 19. Jh. errichtete *Ehrenfriedhof*. Auf ihm ruht die Crème de la Crème der tschechischen Kunstszene unter reich verzierten Arkaden in prachtvollen Gräbern, darunter Antonín Dvořák, Božena Němcová und Bedřich Smetana. Ein Plan am Eingang weist auf die wichtigsten Gräber hin. Der Friedhof liegt direkt neben der *Peter-und-Paul-*

Ehrenfriedhof auf dem Burggelände Vyšehrad

Libušes Liebe und Visionen

Erstmals berichtete Domdechant Cosmas Anfang des 12. Jh. von Libuše, der Thronfolgerin des slawischen Königs Crocco. Er beschrieb sie als „liebenswürdig zu jedermann" und als „die Zierde und Pracht der Weiblichkeit, die mit klugem Urteil sich der Geschäfte der Männer annahm". Doch sei sie laut Cosmas aber eine Frau gewesen und habe folglich nicht ordentlich von einem Thron aus regiert, sondern von „einem hoch getürmten Haufen weicher und bestickter Kissen, wie es der wollüstigen Weichlichkeit der Frauen entspricht". Das konnte selbstverständlich nicht gut gehen. Das Volk verlangte nach einem Herzog. Libuše entschied sich für einen jungen, kräftigen Ackersmann, genannt „Přemysl der Pflüger", der von seinem Glück nichts wusste, bis ihn Libuše zu sich bringen ließ. Er wurde ihr Gemahl und damit auch Fürst, der erste des Geschlechts der Přemysliden. Und an seiner Seite prophezeite Libuše, dass dort, wo ein Mann eine Schwelle (auf Tschechisch „prah") zimmert, man eine Burg bauen wird, die den Namen Praha trägt. Und mit Worten, die an Vergil erinnern, lässt Cosmas Libuše fortfahren: „Siehe, ich sehe eine große Stadt, deren Ruhm bis an die Sterne reichen wird."

Cosmas Zeilen inspirierten unzählige Autoren und Komponisten, u. a. Herder, Grillparzer, Brentano, Smetana, Mahler usw. Bis in die Gegenwart lebt Libuše in Kunst und Literatur fort.

Kirche (Kapitulní Chram sv. Petra a Pavla), deren Zwillingstürme die Burg dominieren. Ihre Fundamente reichen bis ins 11. Jh. zurück. Zu sehen gibt es ansonsten noch einen *gotischen Keller (Gotický sklep)* mit einer Ausstellung zur Geschichte der Burg, eine romanische *Rotunde,* auf der 1776 Prags erster Blitzableiter installiert wurde, eine kleine Kunstgalerie, die spärlichen Überreste einer Basilika aus dem 11. Jh. und die *Kasematten,* unterirdische Gewölbegänge des Befestigungswalls am nördlichen Ziegeltor. Sie münden in einen großen Saal, in dem einige Originalstatuen der Karlsbrücke aufbewahrt werden. Auf eine Pause lädt das Café Citadela mit einem gemütlichen Biergarten ein.

Öffnungszeiten/Eintritt

Ⓜ C Vyšehrad, von dort ausgeschildert. Informationsbüro wenige Meter hinter dem Eingang, hier gibt es auch einen Plan zur Burganlage (alles ist jedoch bestens ausgeschildert). **Infobüro**, tägl. 9.30–17 Uhr, im Sommer bis 18 Uhr. Führungen durch die **Kasematten** tägl. 10–17 Uhr (Nov.–März bis 16 Uhr) zu jeder vollen Std. 2,20 €, erm. 1,10 €, Dauer 20 Min. **Kirche** (Achtung: häufig sich ändernde Öffnungszeiten) zuletzt Sa–Mi 10–18 Uhr, Do/Fr bis 17 Uhr. Eintritt (!) 1,10 €, erm. 0,40 €. **Friedhof**, Nov.–Feb. tägl. 8–17 Uhr, März/April und Okt. bis 18 Uhr, Mai–Sept. bis 19 Uhr. **Gotischer Keller**, tägl. 9.30–18 Uhr (Nov.–März bis 17 Uhr). 2 €,

Muzeum Městské Hromadné Dopravy (Verkehrsmuseum): Zu sehen gibt es alte Busse und Straßenbahnen, die einst in Prag unterwegs waren. Darunter auch eine Pferdebahn aus dem Jahr 1886. Hinein darf man aber in kaum ein Gefährt. Übrigens werden in einem hier ausliegenden Prospekt „Besucher, die mit langfingrigen Kindern ohne Sitzfleisch kommen", gebeten, „diese an der Hand zu halten".

Patočkova 4, Střešovice, Ⓜ A Malostranská, weiter mit Ⓢ 18 Vozovna Střešovice. Juli bis Mitte Nov. Sa/So und feiertags 9–17 Uhr. 1,30 €, erm. 0,80 €. www.dpp.cz.

Im Hof des Schlosses Nelahozeves und Knochenkapelle von Sedlec bei Kutná Hora

Ziele rund um Prag

Rund um Prag liegt der Hund begraben – so sagt man in Tschechien, und das stimmt auch zum Teil. Dennoch gibt es einiges zu entdecken, und zwar

Die Tourenveranstalter in Prag werben mit etlichen Zielen, darunter auch weiter entfernten wie dem 150 km westlich gelegenen Kurort **Karlsbad** (Karlovy Vary) oder dem 180 km südlich gelegenen Städtchen **Böhmisch Krumau** (Český Krumlov), dessen historisches Zentrum wie das von Prag UNESCO-Welterbe ist. Diese Ziele sind aber eine eigene Reise wert, z. B. übers Wochenende. Wer nur ein paar Tage in Prag verweilt, findet genügend Interessantes in der Stadt. Wahrgenommen werden solche größeren Touren i. d. R. von Überseetouristen, die längere Zeit in Prag verweilen.

Die hier aufgeführten Ausflugsziele lassen sich relativ einfach von Prag aus erreichen und erfordern keine Übernachtung. Sie müssen sich dafür keiner organisierten Tour (für Tourenveranstalter → S. 45) anschließen. Auch mit öffentlichen Verkehrsmitteln gelangen Sie zu allen hier aufgeführten Zielen.

Nelahozeves (Mühlhausen an der Moldau)

25 km nördlich von Prag liegt das unscheinbare 1800-Seelen-Städtchen Nelahozeves. Darüber thront seit dem 16. Jh. jedoch ein alles andere als unscheinbares **Renaissanceschloss**, ein prächtiger, u-förmiger Bau mit einer schönen Sgraffitofassade und auffälligen Schornsteinen. Das Schloss ist im Besitz der Adelsfamilie Lobkowitz – 1623 fiel es in ihre Hände, 1950 wurde es von den Kommunisten konfisziert, 1993 restituiert. Heute präsentiert man darin die Dauerausstellung „Eine Adelsfamilie zu Hause", die Einblicke in das Privatleben der Familie Lobkowitz gewährt. Im Rahmen einer Besichtigung

Ziele rund um Prag

bekommt man u. a. den Speisesaal, diverse Schlafzimmer, das Raucherzimmer, die Familienkapelle und die Bibliothek zu sehen.

Im Schatten des monumentalen Schlossbaus verbrachte Antonín Dvořák (1841–1904, → S. 126) die ersten elf Jahre seines Lebens. Das nur 100 m vom Schlossparkplatz entfernt gelegene **Geburtshaus Dvořáks** kann ebenfalls besichtigt werden. Zu sehen gibt es hier u. a. den Schaukelstuhl des großen Meisters.

Öffnungszeiten/Eintritt

Schloss, April–Okt. tägl. (außer Mo) 9–17 Uhr. Eintritt mit dt. Text 4,60 €, erm. 3 €, mit fremdsprachiger Führung 9,30 €, erm. 6,30 €. www.lobkowicz.cz. **Dvořák-Geburtshaus**, 1. und 3. Woche im Monat Mi–So 9.30–12 und 13–17 Uhr, 2. und 4. Woche selbe Zeit, jedoch nur Mi–Fr; Nov.–Feb. nur bis 16 Uhr und nur nach Vorbestellung. Eintritt 1,10 €, erm. die Hälfte. www.nm.cz.

Anfahrt

Zug, bis zu 10-mal tägl. Direktzüge vom Masarykovo nádraží Ⓜ B Náměstí Republiky). Dauer ca. 45 Min. **Auto**, von Prag die Autobahn D 8 Richtung Teplice/Dresden nehmen. Bei Ausfahrt Nr. 9 abfahren und weiter Richtung Kralupy nad Vltavou, dann ausgeschildert.

Hrad Karlštejn (Burg Karlstein)

Kaiser Karl IV. ließ die Burg Karlštejn, 28 km südwestlich von Prag, im 14. Jh. zur Aufbewahrung seiner Kronjuwelen und Reliquiensammlung errichten. Heute zählt sie zu den berühmtesten Baudenkmälern Tschechiens. Wenn man sie aus der Ferne sieht, mächtig auf einem Kalksteinfelsen thronend, wirkt sie äußerst imposant. Aus der Nähe jedoch sieht der Sachverhalt anders aus: Zum einen geht es auf und rund um das Burggelände zu, als würde man eine Plastikburg in Eurodisney besuchen, zum anderen lassen die Ende des 19. Jh. ohne Feingefühl vorgenommenen Restaurierungsarbeiten den ursprünglichen Burgcharakter nur noch erahnen. Mittlerweile ist man daran, die alten

Burg Karlštejn

Restaurierungsarbeiten wieder wegzurestaurieren.

Eine Führung durch die Burg ist im Ganzen ebenfalls eine Enttäuschung, da die größte Attraktion, die Heilig-Kreuz-Kapelle, nur nach vorheriger Reservierung zugänglich ist. In ihr wurden einst die Kronjuwelen aufbewahrt, hinter meterdicken Mauern, deren Wände mit 2200 Halbedelsteinen und Tafelbildern des Meisters Theodoricus verziert sind. So spaziert man durch ein paar kärglich möblierte Räume, lediglich der holzvertäfelte Audienzsaal beeindruckt ein wenig.

Durch das gleichnamige Dorf unterhalb der Burg am Flüsschen Berounka laufen etwa eine Million Touristen jährlich. Kaum ein Haus, das nicht an ihnen zu verdienen versucht. Neben etlichen Restaurants gibt es auch ein nettes **Krippenmuseum** (Muzeum Betlémů) und ein **Wachsfigurenkabinett** (ein nur wenig spannender Ableger aus Prag).

Öffnungszeiten Burg

März 9.30–16 Uhr, April 9.30–17 Uhr, Mai u. Sept. 9.30–17.30 Uhr, Juni 9–17.30 Uhr, Okt. 9.30–16.30 Uhr, jeweils tägl. (außer Mo). Juli/Aug. tägl. (inkl. Mo) 9–18.30 Uhr. In den restlichen Monaten i. d. R. nur Sa/So 10–15 Uhr (Details auf www.hradkarlstejn.cz).

Eintritt Burg

Führung (obligatorisch, Dauer 50–60 Min.) 10 €, erm. 6,70 €. Die völlig andere Führung, die auch die Heilig-Kreuz-Kapelle beinhaltet, muss man unter ✆ 311681617 buchen (mind. einen Monat vorher, nur Mai–Okt. möglich). 11,20 €/Pers., erm. 7,40 €.

Anfahrt

Zug, ca. halbstündl. vom Prager Hauptbahnhof. Dauer ca. 45 Min. Vom Bahnhof in Karlštejn sind es noch ca. 35 Min. zu Fuß bis zur Burg, der Beschilderung „Hrad" folgen.

Auto, vom westlichen Moldauufer im Prager Süden nimmt man die Landstraße 4 Richtung Dobříš, dann ausgeschildert. Großer, gebührenpflichtiger Parkplatz nahe dem Dorf Karlštejn (teuer!). Von dort sind es ca. 15 Min. zu Fuß steil bergauf auf einer Straße, die für Autos gesperrt ist.

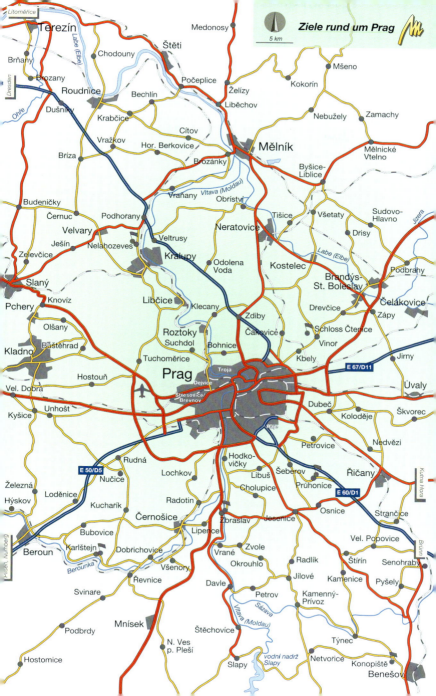

Ziele rund um Prag

Von böhmischen Dörfern und der Boheme

„Ich sag' ihm das bei meiner Ehren, mir das böhmisch' Dörfer wären" – im didaktischen Tierepos *Froschmeuseler* von Georg Rollenhagen, das im Jahr 1595 erschien, tauchte die Redewendung erstmals auf. Viele Ortsnamen Böhmens klangen für deutsche Reisende schon damals fremd und unaussprechbar – was nach und nach dazu führte, dass der Ausdruck „böhmische Dörfer" für Unverständliches bzw. Unverstandenes im Allgemeinen verwendet wurde. Die Tschechen benutzen übrigens eine ganz ähnliche Wendung, nur sind es dort keine böhmischen, sondern spanische Dörfer, mit denen sich der Ahnungslose konfrontiert sieht. Kommt Ihnen das etwa spanisch vor?

Der Böhme steckt auch im Wort Boheme (frz. bohème), das zunächst für die Pariser Künstleravantgarde vom Anfang des 19. Jh. stand und schon bald ungezwungenes (Lebens-)Künstler-Dasein schlechthin bezeichnete. Nun ist offenkundig nicht jeder Böhme ein Bohemien, aber das ist auch gar nicht gemeint. Die Wortgeschichte fußt auf einer früheren Verwendungsweise von *Böhme*, als auch noch Zigeuner so genannt wurden – weil sie über Böhmen nach Westeuropa eingewandert waren. Populär wurde das Wort *bohème* durch Henri Murgers Roman *Scènes de la bohème* (1851), der literarischen Vorlage von Puccinis Oper *La Bohème* (1896).

Schloss Konopiště

Ein weiteres beliebtes Ausflugsziel ist Schloss Konopiště, 40 km südöstlich von Prag. Es entstand im 13. Jh. als gotische Burg, wurde jedoch im frühen 17. Jh. zu einem Renaissancepalast umgebaut. 1887 gelangte es in den Besitz des Erzherzogs und österreichischen Thronfolgers Franz Ferdinand d'Este, dessen Ermordung in Sarajewo 1914 den Ersten Weltkrieg ins Rollen brachte. Franz Ferdinand war ein begeisterter Jäger. Angeblich soll er auf alles geschossen haben, was kreuchte und fleuchte. Bis 1906 erlegte er allein über 171.000 Tiere; dies zumindest verkündet die Abschussliste im Schloss.

Für Besucher stehen drei geführte Touren zur Auswahl: Tour 1 führt durch die Empfangssäle Franz Ferdinands mit einer großen Sammlung präparierter Tiere, Tour 2 durch Waffenkammer, Bibliothek und Rauchsalon, Tour 3 durch die Privatgemächer der Familie. Zu sehen gibt es da jede Menge Renaissancemöbel und Meißner Porzellan.

Kleine Extragebühren zahlt man für das Treibhaus, den Schießstand aus dem Jahr 1900 und das St.-Georgs-Museum (Muzeum sv. Jiří): Der Erzherzog sammelte nämlich nicht nur Jagdtrophäen, sondern auch alles, was mit dem heiligen Drachentöter zusammenhing. Lohnenswert ist zudem ein Spaziergang durch den weitläufigen Schlosspark, in dem sich mehrere Teiche und ein Rosengarten befinden.

Öffnungszeiten

April/Mai u. Sept. tägl. (außer Mo) 10–12 u. 13–16 Uhr, Juni–Aug. tägl. (außer Mo) 10–12 u. 13–17 Uhr, Okt./Nov. nur Sa/So 10–12 und 13–15 Uhr. Dez.–März geschl. Eintritt je nach Tour (fremdsprachig) 8,20–11,90 €, erm. 5,20–8,20 €. www.zamek-konopiste.cz.

Anfahrt

Züge mind. alle 30 Min. vom Prager Hauptbahnhof nach Benešov. Dauer ca. 45 Min. Bus- und Zugbahnhof liegen in Benešov nahe beieinander, von dort regelmäßig Busse zum Schloss (Entfernung ca. 2,5 km).

Auto, Autobahn D 1 Richtung Brünn/Benešov nehmen, ab Benešov ausgeschildert.

Großer gebührenpflichtiger Parkplatz mit Souvenirläden unterhalb des Schlosses.

Kutná Hora (Kuttenberg)

Sieben Jahrhunderte ist es her, da war die königliche Bergbaustadt Kuttenberg reich an Silber und Kupfer und nach Prag das bedeutendste Zentrum Böhmens. Heute ist Kutná Hora ein beschauliches Städtchen mit rund 20.400 Einwohnern 60 km östlich von Prag. An den Glanz alter Tage erinnern aber noch immer prächtige Bauten, so wertvoll, dass das charmante historische Zentrum und zwei monumentale Kirchen in die UNESCO-Welterbeliste aufgenommen wurden. Eine der UNESCO-Welterbekirchen ist die **St.-Barbara-Kathedrale** (Chrám sv. Barbory) aus der zweiten Hälfte des 14. Jh. Als Architekten beauftragte man den aus Schwaben kommenden Peter Parler, der auch für die Prager Karlsbrücke verantwortlich zeichnete. Beachtenswert sind die bemalten Fenster und Fresken der Kapellen im Chor, die Statue eines Bergknappen in der Tracht um 1700 und die gotische Kanzel – halb Holz, halb Stein –, die sich an einer tragenden Säule emporrankt.

Eine weitere Sehenswürdigkeit ist das sog. **Steinerne Haus** (Kamenný dům) am Václavské náměstí. Es ist zugleich das schönste gotische Patrizierhaus der Stadt und beherbergt heute u. a. eine Dauerausstellung zum Thema „Bürgerliches Leben und Kultur vom 17. bis zum 19. Jh.". Das **Böhmische Silbermuseum** ist im **Kastell** (Hrádek) untergebracht, einer kleinen, einst freistehenden Burganlage an der Barborská. Das Museum verwaltet auch ein mittelalterliches Bergwerk, in das man hinabsteigen kann. Schließlich kann man am Havlíčkovo náměstí noch einen Blick in den **Welschen Hof** (Vlašský dvůr) werfen, die ehemalige königliche Münze, die bis 1727 in Betrieb war. Bevor man sich in den Vorort Sedlec aufmacht, ist Zeit für ein Bier: Am besten schmeckt es in der urigen **Brauereigaststätte Dačický pivnice** an der Rakova, wo man auch deftig-gut essen kann.

Im 3 km östlich gelegenen Sedlec steht die zweite UNESCO-Welterbekirche

Das Steinerne Haus in Kutná Hora

Kutná Horas. Die fünfschiffige **Mariä-Himmelfahrts-Kirche** (Chrám Panny Marie) wurde zwischen 1290 und 1330 im Grundriss eines lateinischen Kreuzes gebaut. Pracht besitzt sie nur ansatzweise, da die Zisterzienser Schlichtheit forderten, so fehlen z. B. auch die Türme. Den beachtenswerten Umbau im Stil der Barockgotik führte Anfang des 18. Jh. Giovanni Santini durch. Ca. 400 m nördlich der Kirche kann man Kutná Horas heimliche Hauptattraktion besuchen: die ziemlich schief stehende, ursprünglich gotische **Knochenkapelle** (Kostnice) von Sedlec. Ein kaum bekannter „Künstler" machte sich um 1870 daran, die hier eingelagerten Knochen von rund 40.000 Menschen so zu drapieren, wie sie heute noch zu sehen sind: da ein Kronleuchter aus Oberschenkelknochen und Rippen, dort Schädelketten ...

Mariensäule in Kutná Hora

Information

Palackého nám. 377, ✆/✉ 327512378, www.kutnahora.cz. April–Sept. tägl. 9–18 Uhr, Okt.–März Mo–Fr 9–17 Uhr, Sa/So 10–16 Uhr.

Öffnungszeiten/Eintritt

St.-Barbara-Kathedrale, April–Okt. tägl. 9–18 Uhr, sonst 10–16 Uhr. Eintritt (!) 2,30 €, erm. 1,50 €. **Mariä-Himmelfahrt-Kirche**, April–Okt. Mo–Sa 9–17 Uhr, restliche Monate 10–16 Uhr, So stets erst ab 12 Uhr. Eintritt (!) 1,90 €, erm. 1,20 €. **Knochenkapelle**, Nov.–Feb. tägl. 9–16 Uhr, März u. Okt. tägl. 9–17 Uhr, April–Sept. tägl. 8–18 Uhr (So erst ab 9 Uhr). Eintritt 3,40 €, erm. 2,30 €. www.kostnice.cz. **Steinernes Haus**, Mai/Juni u. Sept. tägl. (außer Mo) 9–18 Uhr, Juli/Aug. 10–18 Uhr, April u. Okt. 9–17 Uhr, Nov. 10–16 Uhr. 1,90 €, erm. 1,20 €. www.cms-kh.cz. **Böhmisches Silbermuseum**, Mai/Juni u. Sept. tägl. (außer Mo) 9–18 Uhr, Juli/Aug. 10–18 Uhr, April u. Okt. 9–17 Uhr. Eintritt je nach Rundgang 2,60–4,50 €, erm. 1,50–3 €. www.cms-kh.cz. **Welscher Hof**, Nov.–Feb. tägl. 10–16 Uhr, März u. Okt. tägl. 10–17 Uhr, April–Sept. tägl. 9–18 Uhr. Führungen 3,20 €, erm. 1,70 €. www.vlasskydvur.cz.

Anfahrt

Ab Prag ca. alle 2 Std. **Direktzüge** (vom Hauptbahnhof, Dauer ca. 1 Std.) oder ca. stündl. **Busse** (von Ⓜ C Háje, Dauer ca. 1 ¾ Std.). Busbahnhof von Kutná Hora ca. 10 Fußmin. nördlich des Zentrums, Bahnhof ca. 3 km nordöstlich des Zentrums im Vorort Sedlec (Stadtbusverbindungen).

Auto, von Prags Südtangente (E 55) zweigt die Nationalstraße 2 nach Kutná Hora ab.

Terezín (Theresienstadt)

Die Festungsstadt Terezín – benannt nach der österreichischen Kaiserin Maria Theresia – wurde Ende des 18. Jh. von den Habsburgern zur Verteidigung der nördlichen Grenze gegen die Preußen gebaut. Sie besteht aus der **Großen Festung** (Hlavní pevnost) – mit der schachbrettförmig angelegten Kasernenstadt Terezín in ihrem Inneren – und der

Theresienstadt: Eingang zur Kleinen Festung

einen Kilometer südlich davon gelegenen **Kleinen Festung** (Malá pevnost).

Im Oktober 1941 entschieden sich die Nazis für die Errichtung eines Ghettos in der Großen Festung. Ab Juni 1942 entwickelte sich Theresienstadt zu einem Sammel- und Durchgangslager auf dem Weg in die osteuropäischen Vernichtungslager. Die Zahl der Gefangenen stieg rapide an, die Lebensverhältnisse verschlechterten sich drastisch. Dort, wo in Vor-Ghetto-Zeiten gerade mal etwa 7000 Menschen gelebt hatten, fristeten nun zeitweise bis zu 60.000 Inhaftierte ihr Dasein.

Im Jahr 1944 nutzten die Nazis Theresienstadt für einen großen Propagandacoup: Am 23. Juni öffneten sie einer Delegation des Internationalen Roten Kreuzes die Ghetto-Tore und kamen damit den schon lange erhobenen Forderungen nach einer von unabhängiger Seite durchzuführenden Inspektion der deutschen Konzentrationslager nach. Was der Delegation präsentiert wurde, war aber nichts weiter als eine von langer Hand vorbereitete Inszenierung, bei der man die Festung in eine kurortähnliche Anlage mit Parks, Musikpavillons und gar einem „Gesellschaftshaus" verwandelt hatte. Dass für die Propagandaaktion viele Kranke und unterernährte Häftlinge, die das Bild der Sommerfrische getrübt hätten, nach Auschwitz abtransportiert worden waren, konnten die Inspekteure nicht wissen. Kurz vor Kriegsende wurde Theresienstadt schließlich zu einem reinen Durchgangslager auf dem Weg nach Auschwitz. Bis Mai 1945 hatten etwa 150.000 Juden das Ghetto durchlaufen, davon starben 33.000 Menschen bereits vor Ort, 87.000 bestiegen die Züge in die todbringenden Vernichtungslager.

Heute wirkt die Stadt unheimlich und seelenlos, nur 3000 Menschen leben noch hier, überwiegend Rentner und Roma. Neben kleineren Expositionen konfrontieren auch zwei hervorragende Museen auf erschütternde Weise mit dem dunkelsten Kapitel deutscher Vergangenheit. Das zentral am Hauptplatz gelegene **Ghetto-Museum** informiert über das Schicksal der Juden und die

Lebensverhältnisse im Ghetto von 1941 bis 1945 – absolut sehenswert, nehmen Sie sich Zeit dafür. In der ehemaligen **Magdeburger Kaserne** (Magdeburská kasárna, etwa 350 m südlich des Ghetto-Museums, ausgeschildert), einst Sitz der eingeschränkten jüdischen Selbstverwaltung, widmet man sich dem kulturellen Leben im Ghetto: dem literarischen Schaffen, den Theateraufführungen, der Musik und der Bildenden Kunst. Zudem wurde hier eine Häftlingsunterkunft aus der Ghettozeit rekonstruiert.

Besichtigen kann man auch die **Kleine Festung** (Malá pevnost), die die Prager Gestapo ab 1940 als Gefängnis für Oppositionelle nutzte. Etwa 32.000 Häftlinge wurden während des Krieges darin interniert. Die Gemeinschaftszellen waren mit bis zu 600 Mann belegt, es wurde gefoltert und gemordet. Dazwischen, im sog. „Herrenhaus", wohnten die Aufseher mit ihren Familien. Der zynische Nazi-Slogan „Arbeit macht frei" ist über einem Tor links hinter dem Eingang noch zu sehen. Auf dem Friedhof vor dem Eingang liegen über 10.000 Menschen begraben.

In Verbindung mit Terezín lohnt ein Besuch des nur 3 km nördlich gelegenen 24.200-Einwohner-Städtchens **Litoměřice** (Leitmeritz). Die Bistumsstadt besitzt eine sehr schöne denkmalgeschützte Altstadt. Zentrum ist der kopfsteingepflasterte Mírové náměstí, der zu den größten Marktplätzen Böhmens gehört. Drum herum gibt es ein Labyrinth an geschäftigen oder verwunschen-einsamen Gassen und einige sehenswerte Kirchen zu entdecken.

Öffnungszeiten/Eintritt

Ghetto-Museum und Magdeburger Kaserne, April–Okt. tägl. 9–18 Uhr, sonst 9–17.30 Uhr. Kleine Festung, April–Okt. tägl. 8–18 Uhr, sonst 8–16.30 Uhr. Kombiticket für Ghetto-Museum, Magdeburger Kaserne und Kleine Festung 7,80 €, erm. 6 €. www.pamatnik-terezin.cz.

Anfahrt

Bus, stündl. ab Busbahnhof Nádraží Holešovice (Ⓜ C). Dauer ca. 50 Min. **Auto**, Autobahn D 8 Richtung Teplice/Dresden nehmen, etwa 30 km vor Teplice ausgeschildert. Stadtbusverbindungen zwischen Terezín und Litoměřice.

St.-Stephans-Dom in Litoměřice

Etwas Tschechisch

Aussprache

Grundsätzlich gilt, dass alle Vokale ohne Längenzeichen kurz gesprochen werden, alle mit gedehnt werden. Die Betonung liegt stets auf der ersten Silbe. **Hier nur die Abweichungen von der deutschen Aussprache:**

á	langes A wie in Vater
é	langes Ä wie in Hände
C, c	wie Ts (nie wie K!)
d'	erweichtes D wie Dj
Ě, ě	wie Je, erweicht zudem vorangehendes D, T und N
H, h	wenn es zwischen zwei Vokalen steht, wie das deutsche H, ansonsten wird es zum Teil leicht angehaucht ausgesprochen, also fast wie unser Ch
í, ý	langes I wie in Liebe
ch	wie das Ch in Ach
K, k	K, unbehaucht
Ň, ň	erweichtes N wie Nj in Sonja
ó	langes O wie in Mode
R, r	gerolltes R
Ř, ř	in etwa Rsch
S, s	wie Ss
Š, š	wie Sch
t'	erweichtes T wie Tj
ů, ú	langes U
V, v	wie W
Z, z	stimmhaftes S (nie Tz)
Ž, ž	wie J in Journal

Grundlegende Wörter und Sätze

Ano/Ne	*Ja/Nein*	Jak se máte?	*Wie geht es Ihnen?*
Děkuju/Prosím	*Danke/Bitte*	Prosím vás, můžete mi pomoci?	*Können Sie mir bitte helfen?*
Pardon, promiňte	*Entschuldigung*		
Ahoj	*Hallo/Tschüs*	Máte …?	*Haben Sie …?*
Na shledanou	*Auf Wiedersehen*	Kolik je hodin?	*Wie viel Uhr ist es?*
Dobré jitro	*Guten Morgen*	Pomoc!	*Hilfe!*
Dobrý den	*Guten Tag*	Velké/Malé	*groß/klein*
Dobrý večer	*Guten Abend*	Dobře/Špatně	*gut/schlecht*
Dobrou noc	*Gute Nacht*	S/Bez	*mit/ohne*

Frank O. Gehrys Tanzendes Haus in der Neustadt

Unterwegs

Ortsbezeichnungen

Nádraží	Bahnhof
Zámek	Schloss
Ulice	Straße/Gasse
Třída	Boulevard
Náměstí	Platz
Klášter	Kloster
Hrad	Burg
Zahrada	Garten
Kostel	Kirche
Banka	Bank
Směnárna	Wechselstube
Nemocnice	Krankenhaus
Most	Brücke
Starožitnictví	Antiquitätengeschäft
Knihkupectví	Buchhandlung
Lékárna	Apotheke
Lahůdky	Feinkostladen
Obchodní dům	Kaufhaus
Potraviny	Lebensmittelgeschäft
Trh	Markt
Pošta	Postamt
Cestovní kancelář	Reisebüro

Zur Orientierung

Kde je …?	Wo ist …?
Jak je to daleko?	Wie weit ist das?
Jak se dostanu k …?	Wie komme ich zu …?
Kdy?	Wann?
Nalevo	Links
Napravo	Rechts
Rovně	Geradeaus
Autobusem	Mit dem Bus
Vlakem	Mit dem Zug
Příjezd/Odjezd	Ankunft/Abfahrt
Musím přestupovat?	Muss ich umsteigen?
Musím mít místenku?	Muss ich reservieren?
Autem	Mit dem Auto
Pěšky	Zu Fuß
Taxíkem	Mit dem Taxi
Jízdenka	Fahrkarte
Autobusová stanice	Busbahnhof

Mit dem Auto unterwegs

Měl/-a jsem poruchu	Ich habe eine Panne
Můžete se na to podívat?	Können Sie mal nachsehen?
Je tady někde blízko autoopravna?	Wo ist hier in der Nähe eine Werkstatt?
Stala se nehoda	Es ist ein Unfall passiert
Zavolejte prosím rychle policii	Rufen Sie bitte schnell die Polizei
Plnou prosím	Voll tanken, bitte

Verständigung

Rozumím	Ich verstehe
Nerozumím	Ich verstehe nicht
Co?	Was?
Mluvíte anglicky/německy?	Sprechen Sie Englisch/Deutsch?
Mluvím jen málo …	Ich spreche nur wenig …
Jak se to řekne česky?	Wie sagt man das auf Tschechisch?
Jmenuji se …	Ich heiße …

Hinweise

Vchod	Eingang
Východ	Ausgang
Záchod	Toilette
Muži	Männer
Ženy	Frauen
Otevřeno/Zavřeno	Offen/Geschlossen
Pozor!	Gefahr!
Policie	Polizei
Kouření zakázáno	Rauchen verboten
Koupání zakázáno	Baden verboten
Vstup zakázán	Eintritt verboten

Zahlen

Jeden	1	Čtrnáct	14	Osmdesát	80
Dva	2	Patnáct	15	Devadesát	90
Tři	3	Šestnáct	16	Sto	100
Čtyři	4	Sedmnáct	17	Sto jedna	101
Pět	5	Osmnáct	18	Dvě stě	200
Šest	6	Devatenáct	19	Tři sta	300
Sedm	7	Dvacet	20	Čtyři sta	400
Osm	8	Dvacetjedna	21	Pět set	500
Devět	9	Třicet	30	Šest set	600
Deset	10	Čtyřicet	40	Sedm set	700
Jedenáct	11	Padesát	50	Osm set	800
Dvanáct	12	Šedesát	60	Devět set	900
Třináct	13	Sedmdesát	70	Tisíc	1000

Wochentage

Pondělí	Montag	Pátek	Freitag
Úterý	Dienstag	Sobota	Samstag
Středa	Mittwoch	Neděle	Sonntag
Čtvrtek	Donnerstag		

Monatsnamen

Leden	*Januar*	Červenec	*Juli*
Únor	*Februar*	Srpen	*August*
Březen	*März*	Září	*September*
Duben	*April*	Říjen	*Oktober*
Květen	*Mai*	Listopad	*November*
Červen	*Juni*	Prosinec	*Dezember*

Übernachten

Můžete mi prosím doporučit nějaký dobrý hotel?	*Können Sie mir bitte ein gutes Hotel empfehlen?*	Na jednu noc	*Für eine Nacht*
		Kolik stojí pokoj se snídaní?	*Was kostet ein Zimmer mit Frühstück?*
Máte ještě volné pokoje?	*Haben Sie noch Zimmer frei?*	Máme bohužel všechno obsazené	*Wir sind leider voll belegt.*
Jednolůžkový	*Einzelzimmer*	Mám reservaci	*Ich habe reserviert*
Dvoulůžkový	*Doppelzimmer*	Nosič	*Portier*
Se sprchou/s koupelnou	*Mit Dusche/Bad*	Klíč	*Schlüssel*

Essen und Trinken

Allgemein

Kde je tady nějaká dobrá restaurace?	*Wo gibt es hier ein gutes Restaurant?*	Máslo	*Butter*
		Vejce	*Eier*
Dobrou chuť	*Guten Appetit*	Vajíčko na měkko	*Weiches Ei*
Na zdraví!	*Prost!*	Míchaná vejce	*Rühreier*
Jsou tyto místa volná?	*Sind diese Plätze frei?*	Vejce na slanině	*Eier mit Speck*
		Med	*Honig*
To jsem si neobjednal/-a	*Das habe ich nicht bestellt*	Džem	*Marmelade*
		Šunka	*Schinken*
Nejím maso	*Ich esse kein Fleisch*	Salám	*Wurst*
Zaplatím prosím	*Die Rechnung bitte*	Sýr	*Käse*
Snídaně	*Frühstück*	Uzený sýr	*Räucherkäse*
Oběd/večeře	*Mittag-/Abendessen*	Cukr	*Zucker*
Bylo to výborné	*Das Essen war ausgezeichnet*	Sůl	*Salz*
		Pepř	*Pfeffer*

Frühstück

Getränke

Chléb	*Brot*	Pivo	*Bier*
Houska	*Rundes Brötchen*	Budvar	*Budweiser*
Rohlík	*Längliches Brötchen*	Plzeňský prazdroj	*Pilsner Urquell*

Etwas Tschechisch

Černé pivo	*Dunkles Bier*
Nealkoholické pivo	*Alkoholfreies Bier*
Bílé víno	*Weißwein*
Ryzlink	*Riesling*
Červené víno	*Rotwein*
Frankovka	*Blaufränkischer (trockener, beliebter Rotwein)*
Svařené vino	*Glühwein*
Džus	*Saft*
Minerální voda	*Mineralwasser*
Čaj	*Tee*
Káva	*Kaffee*
Káva překapávaná	*Filterkaffee*
Černá káva	*Schwarzer Kaffee*
Bílá káva	*Kaffee mit Milch*
Káva bez kofeinu	*Koffeinfreier Kaffee*
Vídeňská káva	*Wiener Kaffee (mit Sahnehaube)*
Mléko	*Milch*
Čokoláda	*Schokolade*

Zum Auftakt

Předkrmy	*Vorspeisen*
Pražská šunka	*Prager Schinken*
Polévka	*Suppe*
Bramborová polévka	*Kartoffelsuppe*
Čočková	*Linsensuppe*
Hovězí vývar	*Rinderbrühe*
Žampionový krém	*Champignoncremesuppe*
Hrachová	*Erbsensuppe*
Rajská	*Tomatensuppe*
Zeleninová	*Gemüsesuppe*

Das Beste zum Bier

Nabídka dne	*Tagesgericht*
Hlavní jídlo	*Hauptgericht*
Maso	*Fleisch*
Vepřové	*Schweinefleisch*
Vepřový řízek	*Schweineschnitzel*
Vepřový steak	*Schweinesteak*
Kotleta	*Kotelett*
Žebírko	*Rippchen*
Uzená krkovice	*Rauchfleisch*
Hovězí	*Rindfleisch*
Telecí	*Kalbfleisch*
Guláš	*Gulasch*
Svíčková neobjednal/-a	*Lendenbraten mit Sahnesoße*
Španělský ptáček	*Gefüllte Rinderroulade*
Sekaná	*Hackbraten*
Biftek	*Beefsteak*
Skopové	*Lammfleisch*
Játra	*Leber*
Ledvinky	*Nieren*
Jazyk	*Zunge*
Kuře	*Hähnchen*
Kachna	*Ente*
Pečená husa	*Gänsebraten*
Ryby	*Fisch*
Pstruh	*Forelle*
Kapr	*Karpfen*
Zavináč	*Hering*
Tuňák	*Tunfisch*
Krevety	*Krabben*
Na roštu	*gegrillt*

Und dazu

Přílohy	*Beilagen*
Houskové knedlíky	*Semmelknödel*
Špekové knedlíky	*Speckknödel*
Bramborové knedlíky	*Kartoffelknödel*
Brambory	*Kartoffeln*
Bramborový salát	*Kartoffelsalat*
Hranolky	*Pommes frites*
Rýže	*Reis*
Zelí	*Sauerkraut*
Červené zelí	*Rotkraut*
Špenát	*Spinat*
Zelenina	*Gemüse*
Cibule	*Zwiebeln*
Česnek	*Knoblauch*

Im Spiegelkabinett

Fazole	*Bohnen*
Hrášek	*Erbsen*
Květák	*Blumenkohl*
Mrkev	*Karotten*
Chřest	*Spargel*
Houby	*Pilze*
Salát	*Salat*
Okurka	*Gurke*
Rajčata	*Tomaten*
Ocet	*Essig*
Tatarská omáčka	*Remouladensoße*

Zum Abschluss

Zákusky	*Nachspeisen*
Kompot	*Kompott*
Zmrzlina	*Speiseeis*
Ovocné knedlíky	*Obstknödel*
Palačinky	*Palatschinke*
Vdolečky se šlehačkou	*böhmisches Hefegebäck mit Sahne*
Sýrový talíř	*Käseplatte*
Dort	*Kuchen*

Zwischendurch

Chlebíček	*Belegtes Brötchen*
Pečivo	*Gebäck*
Klobásy	*Würste*
Párek	*Würstchen*
Slanina	*Speck*
Hořčice	*Senf*
Oříšky	*Erdnüsse*

Obst

Ovoce	*Obst*
Banán	*Banane*
Hrozny	*Weintrauben*
Hruška	*Birne*
Jablko	*Apfel*
Jahody	*Erdbeeren*
Maliny	*Himbeeren*
Pomeranč	*Orange*

Abruzzen • Ägypten • Algarve • Allgäu • Allgäuer Alpen • Altmühltal & Fränk. Seenland • Amsterdam • Andalusien • Andalusien • Apulien • Australien – der Osten • Auvergne & Limousin • Azoren • Bali & Lombok • Barcelona • Bayerischer Wald • Bayerischer Wald • Berlin • Bodensee • Bornholm • Bretagne • Brüssel • Budapest • Chalkidiki • Chiemgauer Alpen • Chios • Cilento • Comer See • Cornwall & Devon • Costa Brava • Costa de la Luz • Côte d'Azur • Cuba • Dolomiten – Südtirol Ost • Dominikanische Republik • Dresden • Dublin • Ecuador • Eifel • Elba • Elsass • Elsass • England • Fehmarn • Föhr & Amrum • Franken • Fränkische Schweiz • Fränkische Schweiz • Friaul-Julisch Venetien • Gardasee • Gardasee • Genferseeregion • Golf von Neapel • Gomera • Gran Canaria • Graubünden • Hamburg • Harz • Haute-Provence • Ibiza • Irland • Island • Istanbul • Istrien • Italien • Span. Jakobsweg • Kalabrien & Basilikata • Kanada – Atlantische Provinzen • Karpathos • Kärnten • Katalonien • Kefalonia & Ithaka • Köln • Kopenhagen • Korfu • Korsika • Korsika Fernwanderwege • Korsika • Kos • Krakau • Kreta • Kreta • Kroatische Inseln & Küstenstädte • Kykladen • Lago Maggiore • La Palma • La Palma • Languedoc-Roussillon • Lanzarote • Lesbos • Ligurien – Italienische Riviera, Genua, Cinque Terre • Ligurien & Cinque Terre • Limnos • Liparische Inseln • Lissabon & Umgebung • Lissabon • London • Lübeck • Madeira • Madeira • Madrid • Mainfranken • Mainz • Mallorca • Mallorca • Malta, Gozo, Comino • Marken • Mecklenburgische Seenplatte • Mecklenburg-Vorpommern • Menorca • Rund um Meran • Midi-Pyrénées • Mittel- und Süddalmatien • Montenegro • Moskau • München • Münchner Ausflugsberge • Naxos • Neuseeland • New York • Niederlande • Norddalmatien • Norderney • Nord- u. Mittelengland • Nord- u. Mittelgriechenland • Nordkroatien – Zagreb & Kvarner Bucht • Nördliche Sporaden – Skiathos, Skopelos, Alonnisos, Skyros • Nordportugal • Nordspanien • Normandie • Norwegen • Nürnberg, Fürth, Erlangen • Oberbayerische Seen • Oberitalien • Oberitalienische Seen • Odenwald mit Bergstraße, Darmstadt, Heidelberg • Ostfriesland & Ostfriesische Inseln • Ostseeküste – Mecklenburg-Vorpommern • Ostseeküste – von Lübeck bis Kiel • Östliche Allgäuer Alpen • Paris • Peloponnes • Pfalz • Pfälzer Wald • Piemont & Aostatal • Piemont • Polnische Ostseeküste • Portugal • Prag • Provence & Côte d'Azur • Provence • Rhodos • Rom • Rügen, Stralsund, Hiddensee • Rumänien • Sächsische Schweiz • Salzburg & Salzkammergut • Samos • Santorini • Sardinien • Sardinien • Schottland • Schwarzwald Mitte/Nord • Schwarzwald Süd • Shanghai • Sinai & Rotes Meer • Sizilien • Sizilien • Slowakei • Slowenien • Spanien • St. Petersburg • Steiermark • Südböhmen • Südengland • Südfrankreich • Südmarokko • Südnorwegen • Südschwarzwald • Südschweden • Südtirol • Südtoscana • Südwestfrankreich • Sylt • Teneriffa • Teneriffa • Tessin • Thassos & Samothraki • Toscana • Toscana • Tschechien • Türkei • Türkei – Lykische Küste • Türkei – Mittelmeerküste • Türkei – Südägäis • Türkische Riviera – Kappadokien • Umbrien • Usedom • Venedig • Venetien • Wachau, Wald- u. Weinviertel • Wales • Warschau • Westböhmen & Bäderdreieck • Westliche Allgäuer Alpen und Kleinwalsertal • Wien • Zakynthos • Zentrale Allgäuer Alpen • Zypern

Reisehandbuch   MM-City   MM-Wandern

MM-Wandern
informativ und punktgenau durch GPS

- für Familien, Einsteiger und Fortgeschrittene
- ausklappbare Übersichtskarte für die Anfahrt
- genaue Weg-Zeit-Höhen-Diagramme
- GPS-kartierte Touren (inkl. Download-Option für GPS-Tracks)
- Ausschnittswanderkarten mit Wegpunkten
- Konkretes zu Wetter, Ausrüstung und Einkehr

Übrigens: Unsere Wanderführer gibt es auch als App für iPhone™, WindowsPhone™ und Android™

- Allgäuer Alpen
- Andalusien
- Bayerischer Wald
- Chiemgauer Alpen
- Eifel
- Elsass
- Fränkische Schweiz
- Gardasee
- Gomera
- Korsika
- Korsika Fernwanderwege
- Kreta
- La Palma
- Ligurien
- Madeira
- Mallorca
- Münchner Ausflugsberge
- Östliche Allgäuer Alpen
- Pfälzerwald
- Piemont
- Provence
- Rund um Meran
- Sächsische Schweiz
- Sardinien
- Schwarzwald Mitte/Nord
- Schwarzwald Süd
- Sizilien
- Spanischer Jakobsweg
- Teneriffa
- Toscana
- Westliche Allgäuer Alpen
- Zentrale Allgäuer Alpen

Schloss Troja

Register

Die (in Klammern gesetzten) Koordinaten verweisen auf die beigefügte Prag-Karte.

Absinth 119
Abteikirche Mariä Himmelfahrt (A5) 191
Agnes, Heilige 156
Alter Jüdischer Friedhof (D5) 162
Altes jüdisches Rathaus (D5) 156
Altneusynagoge (D5) 161
Altstadt (E6) 132
Altstädter Brückenturm (D5) 148
Altstädter Rathaus (D/E5) 143
American Express 31
Anreise 16
Antiquitäten 85
Apartments 63
Apotheken 28
Architektur 104
Arcibiskupský palác (B5) 186
Armádní muzeum (G/H5) 224
Armeemuseum (G/H5) 224
Ärztliche Versorgung 28
Astronomische Uhr 143
Atelier Josefa Sudka (A5) 177
Atombunker des Jalta-Hotels 122
Ausflugsboote 27
Auskunft 46
Aussichtsturm (B6) 180
Ausstellungsgelände (F2) 217
Autobahngebühren 17

Baba-Kolonie 108, 243
Bahnhof Holešovice (B2) 19
Ballonfahrten 43
Banken 37
Barock 105
Barrandov 71
Bars 76
Baťa, Tomáš 118
Baustile 104
Bazilika sv. Jiří 204
Beethoven, Ludwig van 170
Behinderte 29
Běleč 44
Belvedér (C4) 207
Beneš, Edvard 96
Bethlehemskapelle (D6) 141
Betlémská kaple (D6) 141
Bevölkerung 21
Bier 52
Bierstube 52
Bílá hora 93, 240
Bílá věž 205
Bílek, František 191
Bílekvilla (C4) 191
Bílkova vila (C4) 191
Bioprodukte 50
Blanka-Tunnel 218
Boheme 250
Böhmische Dörfer 250
Boleslav I. 89
Boleslav II. 89
Boots- und Schiffsausflüge 26
Bootsverleih 27
Bořivoj I. 89
Botanická zahrada (E8) 126
Botanischer Garten (E8) 126
Botschaften 30
Brahe, Tycho 137
Brandstätter Platz (A5) 188
Brauerei Staropramen (C8) 210
Brauhaus U Fleků (D7) 126
Břevnov-Kloster 241
Břevnovský klášter 241
Briefmarken 39
Brod, Max 233
Bubeneč (C2) 212
Buchhandlungen 86
Burg Vyšehrad (D/E9) 244
Bus 24
Busbahnhof Florenc (G5) 20

Camping 64
Camus, Albert 185
Casinos 29
Čech 88
Celetná (E5) 139
Centrum Futura (B7) 209
Černá Růže 118
Černá věž 197
Černínský palác (A5) 187
Černý, David 116, 117
Čertovka (C6) 170
České Muzeum Hudby (C6) 177
Charta 77 97
Chata 242
Chochol, Josef 108, 146
Chrám Panny Marie Vítězné (C5) 177
Chrám sv. Víta (B5) 200
Clam-Gallasův palác (D5) 142
Clubszene 73
Colloredo-Mansfeld-Palais 148
Colloredo-Mansfeldský palác 148
Comenius, Jan Amos (Komenský, Jan Amos) 172
Comenius-Museum (C5) 172
Cosmas 245
Crowne Plaza, Hotel 109
Crystal Meth 41
Czernin-Palais (A5) 187

D'Este, Franz Ferdinand 250
Daliborka 196
Datscha 242
Dekonstruktivismus 109
Deutsche Botschaft (B5) 174
Diebstahl 39
Dienstbier, Jiří 99
Dientzenhofer, Kilian Ignaz 105, 124, 126, 144, 171
Diplomatische Vertretungen 30
Divadlo Hybernia (F5) 139
Divadlo na zábradlí (D6) 141
Divoká Šárka 240
Doba temna 93
Dolls Land 206
Dominikanerkirche St. Ägidus (D6) 140
Dox Galerie (H2) 216
Dreißigjähriger Krieg 93
Drogen 41
Dubček, Alexander 97
Dům Pánů z Kunštátu a Poděbrad (D6) 142
Dům U Černé Matky Boží 145

Dům U Kamenného Zvonu (E5) 137
Dům U Zlatého prstenu (E5) 138, 144
Dürer, Albrecht 189
Dvořák, Antonín 126
Dvořák-Geburtshaus 247
Dvořák-Museum (E/F8) 126

Eden-Arena 44
Ehemalige Reitschule der Prager Burg (B4) 198
Einhornapotheke 137
Einkaufen 82
Eishockey 43
Elektrizität 30
Elektronische Musik 73
Emauskloster (D8) 126
Emauzský klášter (D8) 126
Engste Gasse Prags 171
Erzbischöfliches Palais (B5) 186
Essen und Trinken 48
Expo-Praha-58-Pavillon (F3/4) 217
Expressionismus 108

Fähren 26
Fahrrad 25
Fausthaus (D8) 125
Faustův dům (D8) 125
Feiertage 30
Fensterstürze 203
Ferdinand II. 93
Fernsehturm (H6) 226
Feste 30
Flohmarkt 85
Flughafen 18
Forman, Miloš 71
Franz Ferdinand, Erzherzog 95
Franz-Kafka-Museum (C5) 177
Freibäder 29
Friedhof Olšany 225
Friedrich von der Pfalz, Winterkönig 93
Fundbüro 30
Funktionalismus 108
Fürstenberg-Garten 173
Fürstenberská zahrada 173
Fußball 43

Galerie Gambra (A5) 187
Galerie Hollar (D6) 150
Galerie Jaroslava Fragnera 146
Galerie Jiří Svěstka (F5) 128
Galerie Josefa Sudka (A5) 188
Galerie Robert Guttmann 158
Galerie Václava Špály 119
Gallenmarkt 133
Gehry, Frank Owen 109, 120
Geld 30
Geldautomaten 31
Gemäldegalerie der Prager Burg 199
Geografie 21
Georgsbasilika 204
Georgskloster 204
Gepäckaufbewahrung 19
Geschichte 88
Geschichte der Prager Burg 203
Gočár, Josef 108, 145
Goethe-Institut (D7) 31
Goldenes Gässchen (C4) 205
Golem 160
Golf 44
Gotik 104
Gottesdienste 31
Gottwald, Klement 96
Gröbovka 232
Großes Ballhaus (B4) 198
Großpriorsplatz (C5) 170

Háje 238
Hanavský pavilón (D4) 217
Handy 46
Hard Rock Café 143
Hašek, Jaroslav 141
Hauptbahnhof (F/G7) 19
Haus der Herren von Poděbrad und Kunstadt (D6) 142

Register

Haus Diamant (E6) 146
Haus zu den Drei weißen Rosen 142
Haus zu den Zwei goldenen Bären 140
Haus zum Goldenen Ring (E5) 138, 144
Haus zur Schwarzen Madonna 145
Haus zur Steinernen Glocke (E5) 137
Haustiere 41
Havel, Václav 97, 98, 120, 149
Havelské tržiště 133
Havlíčkovy sady (G8) 232
Heilig-Kreuz-Kirche 118
Heilig-Kreuz-Rotunde (D6) 104
Henlein, Konrad 95
Herna Bars 29
Herz-Jesu-Kirche (H7) 234
Heydrich, Reinhard 96
Historismus 107
Hochwasser 100
Hohe Synagoge 156
Holešovice (G2) 212
Hotels 57
Hrad Karlštejn 247
Hradčanské náměstí (B5) 185, 194
Hradčany (A/B4) 184
Hradschin (A/B4) 184
Hradschiner Platz (B5) 185, 194
Hus, Jan 91, 136, 141
Hus-Denkmal 136

IMAX-Kino 70
Inlineskating 44
Insel Kampa (C6) 175
Internet 32

Jalta (Hotel) 122
Janák, Pavel 243
Jaroslav-Fragner-Galerie 146
Jazz 78
Jerusalem-Synagoge (F6) 127
Jeruzalémská synagoga (F6) 127
Jesuiten 105
Ježek, Jaroslav 157
Jindřišská věž 123
Jízdárna (B4) 198
Jižní město 242
Joggen 44

Johann von Luxemburg 90
Johanniterkirche Maria unter der Kette (C5) 176
Josefov (E4) 154
Josefstadt (E4) 154
Joseph II. 94, 154
Jüdisches Museum (D5) 159
Jugendstil 107
Julius Meinl 118

Kaffeehaus 53
Kafka, Franz 156, 157, 169, 177, 205, 225, 233
Kafka-Denkmal (E5) 156
Kampa, Insel (C6) 175
Kampa-Museum (C6) 175
Kampa-Park 175
Kapelle des Heiligen Kreuzes 199
Kapitulní Chram sv. Petra a Pavla (D9) 245
Kaple svatého Kříže 199
Karel-Zeman-Museum 176
Karl IV. 91
Karlín Studios (H4) 244
Karlín (H4) 243
Karlovo náměstí (E7) 124
Karlsbrücke (C5) 146
Karlsbrückenmuseum (D5) 148
Karlsplatz (E7) 124
Karlstein, Burg 247
Karlštejn 44
Karlův most (C5) 146
Karolinenthal (H4) 243
Karolinum (E5) 140
Kartensperrung 31
Kavárna 53
Kepler, Johannes 198
Kepler-Museum 148
Keplerovo muzeum 148
Kinský, Bertha 144
Kirche Maria Schnee (E6) 123
Kirche Sankt Johannes Nepomuk am Felsen (D8) 126
Kirche Sankt Martin in der Mauer (D6) 150
Kirche Sankt Simon und Juda (E4) 156
Kisch, Egon Erwin 140, 160
Klassische Musik 66
Klassizismus 106
Klášter sv. Anežky (E4) 160
Klášter sv. Jiří 204
Klausensynagoge (D5) 163

Klausová synagóga (D5) 163
Kleinseite (B6) 166
Klein-Venedig 171
Klementinum (D5) 149
Klima 33
Klöße 50
Kloster Břevnov 241
Kloster Strahov (A5/6) 190
Kneipen 76
Komenský, Jan Amos (Comenius, Jan Amos) 172
Kommunismusmuseum (E6) 123
Königliches Lustschloss (C4) 207
Königsgarten (B/C4) 206
Königspalast 202
Königsweg 146
Konopiště 250
Konzertsäle 66
Kostel P. Maria před Týnem (E5) 137
Kostel P. Marie Sněžné (E6) 123
Kostel Panny Marie pod řetězem (C5) 176
Kostel Srdce Páně (H7) 234
Kostel sv. Cyrila a Metoděje (D7) 124
Kostel sv. Havla (E5) 133
Kostel sv. Ignáce (E7) 125
Kostel sv. Jakuba (E5) 139
Kostel sv. Jana na Skalce (D8) 126
Kostel sv. Jiljí (D6) 140
Kostel sv. Jindřicha (F6) 116
Kostel sv. Kříže 118
Kostel sv. Martina ve zdi (D6) 150
Kostel sv. Mikuláše (D5) 138
Kostel sv. Šimona a Judy (E4) 156
Kostel sv. Václava ve Vršovicích (H7) 234
Kostel sv. Vavřince (B6) 179
Kostel sv. Voršily (D6) 120
Kostel svatého Mikuláše (B5) 173
Kostel svatého Tomáše (C5) 171
Kotva, Kaufhaus (E5) 139
Kozojed, Dalibor von 196
Královská cesta 145
Královská zahrada (B/C4) 206
Královský palác 202
Krankenhäuser 28

270 Register

Kreditkarten 31
Kreuzherrenkirche (D5) 142, 148
Kreuzherrenplatz 142
Kriminalität 33
Křižíkova fontána (F2) 217
Křižovnické náměstí 142
Křižovnický kostel (D5) 142, 148
Kubismus 108, 146
Kultur 66
Kundera, Milan 35
Kunstgalerie Mánes (D7) 124
Kunstgewerbemuseum (D5) 162
Kunsthandwerk 82
Kutná Hora 251
Kutschfahrten 27
Kuttenberg 251
Kyrill 89
Kyrill und Method 89

Langweil, Antonín 128
Lanová dráha (B6) 179
Lapidárium (F2) 217
Laterna Magika 69
Laurenziberg (B6) 178
Lebensmittel 85
Ledebour-Garten 173
Ledeburská zahrada 173
Leica Gallery Prague (E7) 128
Lékárna U Jednorožce 138
Lennon, John 170
Lesben 42, 78
Letecké muzeum 243
Letenské sady (D4) 217
Letenský zámeček (E4) 217
Letiště Ruzyně 18
Letná-Park (D4) 217
Letohrádek Hvězda 240
Letohrádek Kinských (B7) 209
Libuše 245
Lidice 96
Liliencron, Detlev von 113
Literaturhinweise 34
Litoměřice 254
Lobkovický palác (Hradčany) (C4) 206
Lobkovický palác (Malá Strana) (B5) 174
Loos, Adolf 243
Loreta (A5) 189
Loretánské náměstí (A5) 187
Loreto-Heiligtum (A5) 189
Löwenhof 198

Lucerna Filmpalast 70
Lucerna Music Bar 73
Lucerna-Filmpalast 70
Ludmila, Fürstin 204
Lustschloss Stern 240

Mácha, Karel Hynek 178
Mahnmal für die Opfer des Kommunismus (C6) 178
Maisel, Markus Mordechaj 157
Maiselova synagóga (D5) 161
Maiselsynagoge (D5) 161
Malá Strana (B5) 166
Malostranská beseda 167
Malostranské náměstí (B5) 167
Malteserplatz (C5) 170
Maltézské náměstí (C5) 170
Mánes, Josef 124, 156
Manierismus 105
Maria Theresia 94
Marionettentheater 68, 69
Märkte 85
Maroldovo panorama (E2) 217
Masaryk, Tomáš Garrigue 95
Masaryk-Bahnhof 20
Masarykovo nádraží 20
Masopust 80
Matthias von Arras 200
Medien 47
MeetFactory (C10) 209
Mehrwertsteuer-rückerstattung 87
Meister Hanuš 143
Meister Theodoricus 160
Messepalast – Museum moderner und zeitgenössischer Kunst (F3) 213
Městská knihovna (D5) 150
Metro 23
Meyrinck, Gustav 160
Míčovna (B4) 198
Mietwagen 37
Milunič, Vladimír 120
Miniaturmuseum 191
Mitfahrzentrale 20
Mode 83
Mozart, Wolfgang Amadeus 209
Mozartmuseum (B8) 209
Mucha, Alfons 108, 123, 201, 213
Mucha-Museum (E6) 123

Muchovo muzeum (E6) 123
Mühlhausen an der Moldau 246
Müllerova vila 243
Müllervilla 243
Münchner Abkommen 95
Musaion (B7) 209
Musée Grévin 149
Museen 37
Museum der Stadt Prag (G5) 128
Museum des Flugwesens 243
Museum Kampa (C6) 175
Museum of Communism (E6) 123
Museum of medieval torture instruments (D5) 148
Musicals 69
Musik 85
Muzeum Antonína Dvořáka (E/F8) 126
Muzeum Bedřicha Smetany (D5/6) 148
Muzeum hlavního města Prahy (G5) 128
Muzeum Hraček 206
Muzeum Karla Zemana 176
Muzeum Karlova Mostu (D5) 148
Muzeum Městské Hromadné Dopravy 245
Muzeum Montanelli (D5) 174
Muzeum Policie (E/F8) 126

Nachtleben 72
Náměstí Jiřího z Poděbrad (H7) 234
Náměstí Míru (F/G7) 229
Náměstí Republiky (F5) 139
Náprstek-Museum (D6) 146
Náprstkovo muzeum (D6) 146
Národní divadlo (D6) 67, 124
Národní dům (G7) 229
Národní muzeum (F7) 121
Národní památník (H5) 222
Národní technické muzeum (E3) 216
Národní třída (D6) 118
Nationale Gedenkstätte (H5) 222
Nationaler Stil 108
Nationalmuseum (F7) 121
Nationalsozialismus 95
Nationalstraße (D6) 118

Nationaltheater (D6) 67, 124
Nebozízek 179
Nelahozeves 246
Němcová, Božena 124
Neorenaissance 107
Nepomuk 91
Nepomuk, Johann aus 91
Neruda, Jan 174
Nerudagasse (B5) 174
Nerudova ulice (B5) 174
Neue Bühne (D6) 120
Neue Sachlichkeit 108
Neue Welt (A4) 187
Neuer Jüdischer Friedhof (I7) 225
Neustadt (E8) 112
Neustädter Rathaus (E7) 125
Nikolauskirche (D5) 138
Nikon Photo Gallery (C6) 177
Norbert von Xanthen 190
Notruf 39, 46
Nová scéna (D6) 120
Nové Město (E8) 112
Nové Židovské Hřbitovy (I7) 225
Novoměstská radnice (E7) 125
Nový svět (A4) 187

Obecní dům (F5) 145
Obrazárna Pražského hradu 199
Obstmarkt (E6) 139
Öffnungszeiten (Restaurants) 49
Olšanské hřbitovy 225
Oper 66, 69
Orloj 143
Österreichisches Kulturforum 31
Ovocný trh (E6) 139

Pacassi, Nicolo 193
Palác Kinských (E5) 144
Palach, Jan 97, 113
Palácové zahrady pod Pražským hradem (C4) 172
Palais Adria (E6) 108, 118
Palais Clam-Gallas (D5) 142
Palais Kinský (E5) 144
Palais Koruna (E6) 118
Palais Lobkowitz (Hradčany) (C4) 206
Palais Lobkowitz (Malá Strana) (B5) 174
Palais Nostitz (C6) 170
Palais Salm (B5) 188
Palais Schwarzenberg (B5) 188
Palais Sternberg (B5) 189
Palais Toscana (B5) 187
Palais Waldstein (C5) 172
Palastgärten unter der Prager Burg (C4) 173

Palladium (F5) 139
Památník Jaroslava Ježka 157
Panna Maria Vítězná 241
Pannenhilfe 17
Pappenheim, Gottfried Heinrich Graf zu 191
Pariser Straße (D4/5) 155
Pařížská (D4/5) 155
Parken 17, 38
Parler, Peter 147, 148
Pedagogické Muzeum Jana Amose Komenského (C5) 172
Perestrojka 97
Pervitin 41
Peter-und-Paul-Kirche (D9) 245
Petřín (B6) 178
Pferderennen 44
Pinkasova Synagóga (D5) 162
Pinkassynagoge (D5) 162
Pivnice 52
Planetarium (E2) 109, 218
Plastic People of the Universe 75, 97
Plattenbau 242
Platz der Republik (F5) 139
Platzer, Ignaz 193
Plečnik, Jože 194, 234
Pohořelec (A5) 188
Politisches System 21

Register

Polizei 39
Polizeimuseum (E/F8) 126
Porto 39
Post 39
Postmuseum (F4) 128
Poštovní muzeum (F4) 128
Prager Burg (B5) 193
Prager Frühling 80, 97
Prager Jesulein 178
Prager Literaturhaus (E7) 34
Prager Markt (H3) 85
Prager Zeitung 47
Prašná brána (E/F5) 145
Prašná věž 196
Pravěk (Restaurant) 210
Pražská tržnice (H3) 85
Pražský hrad (B5) 193
Pre Paid SIM Card 46
Preise 39
Přemysliden 89
Příběh Pražského Hradu 203
Prostitution 40
Průhonice 240
Pulverbrücke 193
Pulvertor (E/F5) 145
Pulverturm 196

Rabbi Löw 160
Reed, Lou 75
Reiner, Wenzel Lorenz 172
Reinerová, Lenka 36
Reisedokumente 41
Reiseschecks 31
Reisezeit 41
Religion 21
Renaissance 105
Rilke, Rainer Maria 116
Robert-Guttmann-Galerie 158
Rockbands 72
Rokoko 106
Romanik 104
Rondokubismus 108
Rosenberg-Palast 204
Rotunda sv. Kříže (D6) 104
Rozhledna (B6) 180
Rožmberský palác 204
Rudolf II. 92, 198
Rudolfinum (D5) 66, 157, 162

Salmovského palác (B5) 188
Šaloun, Ladislav 234
Samtene Revolution 99
Sankt Ignatius (E7) 125
Sankt-Agnes-Kloster (E4) 160
Sankt-Gallus-Kirche (E5) 133
Sankt-Heinrich-Kirche (F6) 116
Sankt-Ignatius-Kirche (E7) 125
Sankt-Jakobs-Kirche (E5) 139
Sankt-Kyrill-und-Method-Kirche (D7) 124
Sankt-Laurentius-Kirche (B6) 179
Sankt-Martins-Rotunde (E5) 104
Sankt-Nikolaus-Kirche (B5) 173
Sankt-Thomas-Kirche (C5) 171
Sankt-Ursula-Kirche (D6) 120
Sankt-Veits-Dom (B5) 200
Šárka-Tal 240
Saudek, Jan 233
Sazka Arena 43
Schloss Konopiště 250
Schloss Troja 242
Schützeninsel (C6) 125
Schwarzer Turm 197
Schwarzenberský palác (B5) 188
Schwarzer Turm 197
Schwarzes Theater 69
Schwimmbäder 29
Schwule 42, 78
Seaworld (F2) 217
Sedlec 252
Seifert, Jaroslav 225
Sex Machines Museum (E5) 143
Sezessionsstil 107
Shoppingmalls 84

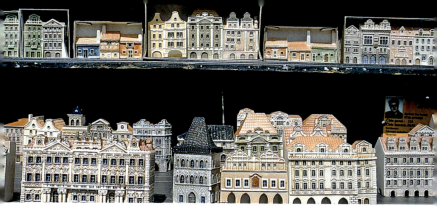

Singender Brunnen (C4) 207
Škvorecký, Josef 35
Slaweninsel (D7) 124
Slovanský dům (E5) 116
Slovanský ostrov (D7) 124
Smetana, Bedřich 95, 146
Smetana-Museum (D5/6) 146
Smetana-Saal 67
Smíchov (C9) 208
Sommerpalais Kinský (B7) 209
Souvenirs 82
Sozialistischer Realismus 109
Španělská synagóga (E5) 158
Španělský Sál 67
Spanische Synagoge (E5) 158
Spanischer Saal 67
Spiegelkabinett (B6) 180
Spielzeugmuseum 206
Spital der Barmherzigen Brüder (E4) 156
Špitálu Milosrdných Bratří (E4) 156
Sport 43
Spytihněv I. 89
Staatsoper (F6) 67, 127
Stadtbücherei (D5) 150
Stadtführungen 45
Stadtpläne 37
Stag Parties 77
Stalinismus 96
Ständetheater (E5) 67, 139
Standseilbahn (B6) 179
Staré Město (E5/6) 132

Staroměstská mostecká věž (D5) 148
Staroměstská radnice (D/E5) 143
Staroměstské náměstí (E5) 136
Staronová synagóga (D5) 161
Staropramen, Brauerei (C8) 210
Starý Židovský Hřbitov (D5) 162
Státní opera (F6) 67, 127
Stavovské divadlo (E5) 67, 139
Štefánikova Hvězdárna (B6) 179
Štefánik-Sternwarte (B6) 179
Šternberský palác (B5) 189
Strahover Bildergalerie (A5) 191
Strahov-Kloster (A5/6) 190
Strahovská obrazárna (A5) 191
Strahovský klášter (A5/6) 190
Strahov-Stadion (A6) 179
Straßenbahn 24
Střelecký ostrov (C6) 125
Stromovka-Park (D2) 218
Sudek, Josef 177
Sudetendeutsche 95
Südliche Wallgärten der Prager Burg 198
Südstadt 242
Švec, Otakar 218
Švejk 141

Tančící dům (D7) 120
Tanken 17
Tanzendes Haus (D7) 109, 120
Taxi 24
Technisches Nationalmuseum (E3) 216
Teinhof 139
Teinkirche (E5) 137
Telefonieren 46
Terezín 252
Tesla Arena (F2) 217
Teufelsbach (C6) 170
The Chemistry Gallery 216
Theater 68
Theater am Geländer (D6) 141
Theresienstadt 252
Thun'sches Palais 168
Tickets 67
Tipsport Arena (F2) 217
Toiletten 46
Toskánský palác (B5) 187
Tourismus 170
Tramvaj 24
Trinkgeld 50
Trödel 85
Tschechische Sprache 42
Tschechisches Musikmuseum (C6) 177
Turm der Sankt-Heinrich-Kirche (F5) 123
Týn 139

U černého vola 192
U dvou Zlatých Medvědů 140
U Fleků, Brauhaus (D7) 126
Übernachten 56

Uměleckoprůmyslové muzeum (D5) 162
Unfall 17
Ungelt 139
Unterwegs in Prag 22

Václav (Wenzel) I. 89
Václav (Wenzel) IV. 91
Václav Havel – český mýtus (C5) 149
Václav Havel Prague International Airport 18
Václav-Havel-Ausstellung (C5) 149
Václavské náměstí (E6) 121
Václav-Špála-Galerie 119
Valdštejnská jízdárna (C5) 168
Valdštejnská zahrada 172
Valdštejnský palác (C5) 172
Vegetarier 51
Veitsberg (I5) 222
Veletržní palác – Muzeum moderního a současného umění (F3) 213
Velkopřevorské náměstí (C5) 170
Velotaxi 24
Velvet-Underground 75
Veranstaltungskalender 80
Verkehrshinweise 16

Verkehrsmuseum 245
Vietnamesen 38
Villa Amerika (E7) 67, 126
Villa Bertramka (B8) 209
Vinárna 53
Vinohradské divadlo (G7) 229
Vinohrady (G6) 228
Vítkov (I5) 222
von Kozojed, Dalibor 196
Vorverkaufsstellen 67
Vratislav I. 89
Vršovice 233
Vrtba-Garten (B5) 175
Vrtbovská zahrada (B5) 175
Vyšehrad, Burg (D/E9) 244
Výstaviště (F2) 217
Výstavní síň Mánes (D7) 124

Wachsfigurenmuseum (E5) 149
Wagner, Otto 107
Waldstein, Albrecht von (Wallenstein) 172
Wallfahrtskirche Maria zum Siege (C5) 177
Waschsalons 46
Wax Museum (E5) 149
Wechselstuben 30

Wein 53
Weinstube 53
Weißer Berg 93, 240
Weißer Turm 205
Wenzel, Heiliger 199
Wenzelskrone 202
Wenzelsplatz (E6) 121
Wetter 33
Wirtschaft 21
Wyschehrad, Burg (D/E9) 244

Zámek Troja 242
Zeit 46
Zeitungen 47
Zeltnergasse (E5) 139
Zeman, Karel 176
Zeman, Miloš 21
Zeremoniensaal 163
Žižka, Jan 92, 221, 222
Žižkovská Věž 226
Zlatá ulička (C4) 205
Zollbestimmungen 47
Zoo 241
Zoologická zahrada 241
Zracadlové Bludiště (B6) 180
Zum Schwarzen Ochsen 192

Was haben Sie entdeckt?

Wenn Sie Tipps, Anregungen oder Verbesserungsvorschläge zum Buch haben, lassen Sie es uns bitte wissen.

Schreiben Sie an: Michael Bussmann und Gabriele Tröger, Stichwort „Prag"
c/o Michael Müller Verlag GmbH | Gerberei 19, D – 91054 Erlangen
michael.bussmann@michael-mueller-verlag.de

Vielen Dank!

Ein herzlicher Dank für die vielen wertvollen Tipps zur Aktualisierung dieser Auflage gilt Till Janzer (Prag), Gerald Schubert (Prag) und Linda Pölzer (A-Wien).

Des Weiteren danken wir folgenden Lesern für ihre Tipps und Anregungen: Martina Krammer (München), Michael Dahl (Linden), Anne Kessler (Mainz), Bettina Hoyme, Ernst Sulzberger (CH-Schaffhausen), Peter Märtens, Michael Mager (Ludwigsburg), Dorothee Leffers, Svenja Käshammer, Christina Schöning, Klaus Preen (Nürnberg), Günter Huth (Saarbrücken), Karl-Heinz Beck, Karin I. Voigt (Aachen), Jeannette Keiser (CH-Bannwil), Michael Jens Reiser, Josefine Herrmann, Horst Bättenhausen (Köln), Susanne und Ulli Roth, Reimund Neumann (Lage), Manon Lee, Gregor Lechner (Freiburg), Hannelore und Jürgen Witzel, Martha Eckl (A-Wien), Niklas Kramm (Berlin), Sven Müller (Hamburg), Marion Hölczl, Julia und Alexander Tettamanti, Michael Dahl (Linden), Marcus Schrömer (München), Renate Pieper (München) und Marie Schneider (Dresden).

Fotonachweis

Alle Fotos Michael Bussmann bis auf S. 19, 39, 56, 86, 131, 156, 167, 179, 200, 205, 218, 227, 241, 260, 266 von Gabriele Tröger; S. 1 © apops /fotolia.com; S. 247 ©Spectral-Design/fotolia.com; S. 248 © pettys/fotolia.com; S. 14/15 Annette Melber; S. 67 Fotoarchiv Obecní dům und S. 100 Prague Pill.

Die in diesem Reisebuch enthaltenen Informationen wurden von den Autoren nach bestem Wissen erstellt und von ihnen und dem Verlag mit größtmöglicher Sorgfalt überprüft. Dennoch sind, wie wir im Sinne des Produkthaftungsrechts betonen müssen, inhaltliche Fehler nicht mit letzter Gewissheit auszuschließen. Daher erfolgen die Angaben ohne jegliche Verpflichtung oder Garantie der Autoren bzw. des Verlags. Autoren und Verlag übernehmen keinerlei Verantwortung bzw. Haftung für mögliche Unstimmigkeiten. Wir bitten um Verständnis und sind jederzeit für Anregungen und Verbesserungsvorschläge dankbar.

ISBN 978-3-95654-042-4

© Copyright Michael Müller Verlag GmbH, Erlangen 2001–2015. Alle Rechte vorbehalten. Alle Angaben ohne Gewähr. Druck: Stürtz GmbH, Würzburg.

Aktuelle Infos zu unseren Titeln, Hintergrundgeschichten zu unseren Reisezielen sowie brandneue Tipps erhalten Sie in unserem regelmäßig erscheinenden Newsletter, den Sie im Internet unter www.michael-mueller-verlag.de kostenlos abonnieren können.

Klimaschutz geht uns alle an.

Der Michael Müller Verlag verweist in seinen Reiseführern auf Betriebe, die regionale und nachhaltig erzeugte Produkte bevorzugen. Ab Januar 2015 gehen wir noch einen großen Schritt weiter und produzieren unsere Bücher klimaneutral. Dies bedeutet: Alle Treibhausgasemissionen, die bei der Produktion der Bücher entstehen, werden durch die Ausgleichszahlung an ein Klimaprojekt von myclimate kompensiert.

Der Michael Müller Verlag unterstützt das Projekt »Kommunales Wiederaufforsten in Nicaragua«. Bis Ende 2016 wird der Verlag in einem 7 ha großen Gebiet (entspricht ca. 10 Fußballfeldern) die Wiederaufforstung ermöglichen. Dadurch werden nicht nur dauerhaft über 2.000 t CO_2 gebunden. Vielmehr werden auch die Lebensbedingungen der lokalen Bevölkerung deutlich verbessert.

In diesem Projekt arbeiten kleinbäuerliche Familien zusammen und forsten ungenutzte Teile ihres Landes wieder auf. Eine vergrößerte Waldfläche wird Wasser durch die trockene Jahreszeit speichern und Überschwemmungen in der Regenzeit minimieren. Bodenerosion wird vorgebeugt, die Erde bleibt fruchtbarer. Mehr über das Projekt unter **www.myclimate.org**

myclimate ist einer der weltweit führenden Anbieter im Bereich der freiwilligen CO_2-Kompensation. myclimate Klimaschutzprojekte erfüllen höchste Qualitätsstandards und vermeiden Treibhausgase, indem fossile Treibstoffe durch alternative Energiequellen ersetzt werden. Das Projekt »Kommunales Wiederaufforsten in Nicaragua« ist zertifiziert von Plan Vivo, einer gemeinnützigen Stiftung, die schon seit über 20 Jahren im Bereich Walderhalt und Wiederaufforstung tätig ist und für höchste Qualitätsstandards sorgt.

www.michael-mueller-verlag.de/klima